Klaus Douglass
Die neue Reformation

Klaus Douglass

Die neue Reformation

96 Thesen zur Zukunft der Kirche

Kreuz

Inhalt

Geleitwort
  von Kirchenpräsident Dr. Peter Steinacker 7
Vorwort des Autors:
  »Diene deiner Kirche, aber gehorche ihr nicht.« 9
Einleitung:
  Die Krise der Kirche ist eine große Chance 15

Die erste Aufgabe:
  Zur reformatorischen Mitte zurückkehren 47
Die zweite Aufgabe:
  Spiritualität freisetzen 67
Die dritte Aufgabe:
  Den Auftrag wiederentdecken 87
Die vierte Aufgabe:
  Das allgemeine Priestertum der Gläubigen aktivieren ... 111
Die fünfte Aufgabe:
  Den Pfarrberuf neu definieren 131
Die sechste Aufgabe:
  Führungsverantwortung übernehmen 153
Die siebte Aufgabe:
  Eine gesunde Kleingruppenstruktur aufbauen 171
Die achte Aufgabe:
  Eine Kultur der Liebe entwickeln 201
Die neunte Aufgabe:
  Den Gottesdienst losketten 229
Die zehnte Aufgabe:
  Die innergemeindlichen Strukturen vereinfachen 251
Die elfte Aufgabe:
  Den Primat der Gemeinde wieder herstellen 267
Die zwölfte Aufgabe:
  Die Kirche nach vorne träumen 295

Nachwort 317

Die 96 Thesen 327
Index 341
Literaturverzeichnis 345

Geleitwort des Kirchenpräsidenten Prof. Dr. Peter Steinacker

Liebe Leserinnen und Leser,

mit großer Freude habe ich die Anfrage von Klaus Douglass bejaht, ein Geleitwort zu seinem neuen Buch über die »neue Reformation« zu verfassen. Spannungsvoll habe ich die neue Publikation erwartet – und nun liegt sie vor. Über die bisherigen Bücher von Klaus Douglass wusste ich, dass sie – bei aller kritischen Substanz – mit Gewinn zu lesen waren. Von seiner Gemeindearbeit und besonders den GoSpecial-Gottesdiensten wusste ich, dass hier neue Wege auf einer zu reformierenden Kirche beschritten wurden und werden. Und nun also dies: eine neue Reformation, und dazu noch in 96 Thesen. Nun wird niemand von einem Theologen, der als leitender Geistlicher Kirchenpräsident ist, erwarten, dass er die mitunter harsche Kritik, die Klaus Douglass an der Kirche unserer Tage übt, bedingungslos teilt. Darum geht es nicht in diesem Geleitwort und so zu denken wäre auch ganz unprotestantisch. Aber es geht sehr wohl darum, die mit diesem Buch und der damit verbundenen Gemeinde- und Gottesdienstgestaltung einhergehende Liebe zur Kirche, die Kritik und Vision beinhaltet, wahrzunehmen, zu diskutieren und kritisch zu würdigen. Da stelle ich fest, dass Klaus Douglass in seinen zwölf Aufgaben, die er formuliert, in der Tat zentrale Herausforderungen unserer evangelischen Kirche benennt. Die Wiederentdeckung der reformatorischen Theologie, die Entwicklung einer tragfähigen Frömmigkeit und Spiritualität, die Aktivierung der Ehrenamtlichen: all das sind notwendige Aufgaben, denen sich die Kirche mit allem Ernst und mit aller Freude in dieser Zeit des Umbruchs zu stellen hat. Meiner Einschätzung nach sind wir auf diesem Weg schon etwas weiter, als Klaus Douglass es vermutet – aber eben das könnte man trefflich diskutieren.

Ich jedenfalls wünsche dem Buch viele aufmerksame und kritische Leserinnen und Leser, die das Potenzial, welches in ihm steckt, entdecken und sich von dem Gehalt der Ausführungen anstecken lassen. Gewinnen kann durch eine solche Lektüre und durch die sich daran anschließende Diskussion nur eine: die Kirche Jesu Christi, die sich in vielen Gemeinden und noch mehr interessierten und klugen Köpfen lebendig zeigt.

Mit allen guten Wünschen und in Hoffnung auf eine fruchtbare Debatte verbleibt Ihr

Prof. Dr. Peter Steinacker, Kirchenpräsident

Vorwort:
»Diene deiner Kirche, aber gehorche ihr nicht.«

Vor einiger Zeit saß ich an meinem Schreibtisch und schrieb an einem Grußwort, das ich bei einer Ordinationsfeier halten sollte. Ein guter Freund von mir wurde zum Pfarrer ernannt und ich wollte ihm nicht irgendwelches Blabla und die üblichen guten Wünsche mit auf den Weg geben, sondern etwas Grundlegendes. Während ich so dasaß, nachdachte und betete, stand mir plötzlich ein Satz vor Augen, und zwar mit ungeheurer Intensität. Ich sah ihn nahezu in Buchstaben vor mir stehen.

Normalerweise neige ich nicht zu Visionen. Ich bin ein eher nüchterner Mensch. Darum war ich zunächst auch sehr zurückhaltend. Der Satz, der mir vor Augen stand, klang außerdem ziemlich aufrührerisch. Ob das wirklich von Gott kam? Aber da ich diesen Satz vorher so noch nie gedacht hatte und ihn einfach nicht mehr loswurde, gab ich ihn an meinen Freund weiter. Ich sagte: »Prüf es selber. Dein Geist ist scharf und dein Herz ist weich genug, um zu unterscheiden, ob dieses Wort wirklich von Gott kommt.«

Der Satz lautete: »Diene deiner Kirche, aber gehorche ihr nicht.« Vielleicht verstehen Sie, warum ich zögerte, diesen Satz damals vor allen Leuten zu sagen. Zum einen war ein hochrangiger Vertreter unserer Kirche anwesend – nämlich der, der die Ordination vollzog –, und mir stellte sich natürlich die Frage, ob es denn wirklich weise sei, ausgerechnet in seiner Gegenwart so etwas zu sagen, statt meinem Freund einfach einen Brief zu schreiben. Bedeutete das nicht, den Löwen mutwillig am Bart zu zupfen? Noch viel schwerer aber wog für mich die Überlegung, was ich mit diesem Satz bei den vielen inner- und außerkirchlichen Gästen, die an jenem Tag anwesend waren, auslösen würde. Es ist ja ein sehr gefährliches Wort. Ob sie es richtig verstehen würden?

Dabei liegt der erste Teil des Satzes durchaus noch im Erwartungshorizont einer Ordinationsrede. »Diene deiner Kirche«, das heißt ja: »Suche ihr Bestes. In einer Zeit, in der alle auf der Kirche herumhacken, setze deine Kräfte dafür ein, dass diese Kirche wieder aufgebaut wird, dass sie wieder Tritt fasst, dass sie neu zum Blühen kommt.« Unwillkürlich musste ich an Franz von Assisi denken, der seinerzeit bei seiner Berufung von Gott eine kleine, verfallene Kirche gezeigt bekam. Gott sagte zu ihm: »Baue dieses Kirchlein wieder auf!« Und indem Franziskus anfing, diese kleine Kirche buchstäblich mit seinen Händen wieder aufzubauen, veränderte er nach und nach die Institution Kirche als Ganzes. Franziskus diente seiner Kirche – und zwar erst einmal im Kleinen. So bin ich fest davon überzeugt, dass die Gesundung der Kirche im Großen auch heute von der Gesundung im Kleinen, genau gesagt: von der Gesundung der *Gemeinden* ausgehen wird. So sagte ich mei-

Ich bin fest davon überzeugt, dass die Gesundung der Kirche im Großen von der Gesundung der Gemeinden ausgehen wird.

nem Freund damals: »Baue die dir anvertraute Gemeinde auf und du wirst erleben, dass Gott deinen Dienst segnen wird – und zwar weit über die Grenzen deiner Gemeinde hinaus! Diene deiner Kirche.« »Aber gehorche ihr nicht.« Das ist der gefährliche Teil des Satzes. Denn er kann leicht als Aufruf zur Miss-, ja sogar zur Verachtung der Kirche aufgefasst werden. Diese Geisteshaltung ist innerhalb wie außerhalb unserer Kirche ohnehin latent verbreitet, und ich habe nicht die Absicht, sie dadurch noch zu verstärken, dass ich Wasser auf ihre Mühlen kippe. Auf der anderen Seite darf man Wahrheiten nicht einfach verschweigen, nur weil die Gefahr besteht, dass einem die falschen Leute applaudieren. Darum sage ich es noch einmal ganz deutlich: Mir geht es um *Dienst* an der Kirche, und sehr oft wird dieser Dienst an der Kirche in schlichtem Gehorsam bestehen. Es gibt eine Fülle von Regeln und Ordnungen unserer Kirche, die einfach sinnvoll sind. Und der bloße Ungehorsam der Kirche gegenüber ist wahrhaftig noch keine Tugend.

Man darf Wahrheiten nicht einfach verschweigen, nur weil die Gefahr besteht, dass einem die falschen Leute applaudieren.

Doch das andere ist auch wahr und gilt in gleichem Maße: Der Einzige, dem wir wahrhaft und letztendlich Gehorsam schuldig sind, ist Gott allein. Es ist eine Grundüberzeugung evangelischen Glaubens, dass kein Pfarrer, kein Kirchenvorstand, kein Kirchenparlament und keine Kirchenleitung für einen Christen letzte bindende Autorität haben dürfen. Derjenige, dem gegenüber wir wirklich gehorsamspflichtig sind, ist Gott allein. Wenn ich sage: »Diene deiner Kirche, aber gehorche ihr nicht«, dann ist das kein Aufruf zum Ungehorsam, sondern zum rechten Gehorsam, das heißt zur Rückbesinnung auf den, dem unsere Loyalität letztendlich dienen muss.

»Ja«, mag man fragen, »glaubst du denn, dass die Ordnungen, Regeln und Strukturen deiner Kirche dem Gehorsam Gott gegenüber widersprechen?« – Es ist nicht leicht, auf diese Frage eine einigermaßen differenzierte Antwort zu geben. Weder ein einfaches »Nein« noch ein plattes »Ja« würden den Sachverhalt richtig treffen. Lassen Sie es mich so versuchen: Nahezu jede kirchliche Ordnung und Struktur ist einmal entwickelt worden, weil Menschen der Auffassung waren, dass sie dem Evangelium auf diese Weise am besten gerecht würden. Sie wollten dem, was sie in der Bibel über das Leben der Gemeinde lasen, so nahe wie möglich kommen und in größtmöglicher Weise entsprechen.

Doch das ist gar nicht so einfach. In der Bibel finden wir weder eine ausgearbeitete Gemeindeordnung noch eine klar strukturierte Anweisung darüber, wie der Gottesdienst abzulaufen hat. Meiner Meinung nach ist das kein Nachteil, sondern durchaus beabsichtigt: Gemeinden und Gottesdienste *sollen* heute anders aussehen als vor 2000 Jahren. Sie

Gemeinden und Gottesdienste sollen heute anders aussehen als vor 2000 Jahren. Sie sollen meiner Meinung nach sogar anders aussehen als noch vor 20 Jahren.

sollen meiner Meinung nach sogar anders aussehen als noch vor 20 Jahren. Was wir im Neuen Testament finden, sind einige sehr klare Prinzipien, nach denen alle Gemeinden aufgebaut sind. Darüber hinaus finden wir eine Fülle von Beispielen, wie diese Prinzipien an verschiedenen Orten in den verschiedenen Gemeinden umgesetzt wurden. Doch bereits diese biblischen Beispiele zeigen, dass die jeweilige Umsetzung dieser Prinzipien von Anfang an – je nach Zeit und Situation – sehr unterschiedlich aussah. Die christliche Gemeinde sah in Jerusalem anders aus als in Korinth und in Korinth wiederum anders als in Rom. Und die Gemeinden der ersten Generation unterschieden sich in vielerlei Hinsicht von Gemeinden der zweiten und diese wiederum von denen der dritten.

Weil bereits die Bibel ein derart differenziertes Bild abgibt, kann jede Kirchen-, Gemeinde- und Gottesdienstordnung immer nur eine relative Nähe zu der biblischen Vorgabe für sich reklamieren; keine kann für sich beanspruchen, ihr absolut zu entsprechen. Vor allem aber darf keine Kirchen-, Gemeinde- und Gottesdienstordnung für sich beanspruchen, für alle Menschen zu allen Zeiten und an allen Orten Gültigkeit zu besitzen. Wenn nicht einmal in der Bibel ein solcher Anspruch erhoben wird, darf das eine kirchliche Ordnung erst recht nicht. Das Evangelium, an das wir glauben und für das die Kirche einzustehen hat, ist ewig. Aber die äußere Form, die sich die Kirche gibt, ist in ständigem Fluss, sie ist kultur- und zeitgebunden und soll es auch sein: ganz nah dran an den Menschen, die ihr anvertraut sind. Es ist wichtig, sich dies vor Augen zu führen, denn im Lauf der Zeit pflegen Kirchen dies mehr und mehr zu vergessen.

Es ist eine Ironie der Geschichte: Nahezu jede Ordnung und Tradition unserer Kirche begann als der Versuch, biblische Prinzipien in einer ganz bestimmten Zeit und Situation neu umzusetzen, und musste sich dabei gegen eine vorher geltende Tradition durchsetzen. In aller Regel wurde dabei seitens der Neuerer immer darauf hingewiesen, dass keine menschliche Ordnung für sich beanspruchen darf, ewig und universal zu gelten. Wenn sich die Neuerung dann aber – nach oft erbitterten Kämpfen – durchgesetzt hatte, wurde sie oft schon nach kurzer Zeit selber zur geheiligten Tradition, an der niemand mehr rütteln durfte. Was einmal als pragmatische und moderne Antwort auf die Fragen und Probleme einer ganz bestimmten Zeit entwickelt wurde, geriet zur ehernen Institution, deren Dauerhaftigkeit von den ursprünglichen Pionieren weder beabsichtigt war noch vorausgesehen werden konnte.

Traditionen entstehen in aller Regel als etwas ungeheuer Modernes, Revolutionäres. Doch in dem Moment, in dem eine vormals revolutionäre Idee als neue kirchliche Ordnung etabliert ist, fängt ihre Uhr bereits an zu ticken. Ich unterstelle keiner kirchlichen Ordnung, dass sie im Ungehorsam gegenüber Gott entwickelt wurde. Aber das *Festhalten* an Strukturen und Ordnungen vergangener Zeiten kann in einer sich pfeilschnell ändernden Gesellschaft wie der unseren tatsächlich zum Ungehorsam Gott gegenüber werden. Denn so wird verabsolutiert, was nicht verabsolutiert werden darf: nicht das biblische Ur-Bild, sondern ein zeit- und kulturgebundener Versuch der Umsetzung dieses Ur-Bildes, das heißt letztlich eine zufällige geschichtliche Gestalt.

Jemand hat einmal gesagt:»Wer will, dass Kirche so bleibt, wie sie ist, will nicht, dass sie bleibt.« Eine Kirche, die so bleibt, wie sie ist, verliert mehr und mehr den Anschluss an die Menschen, die ihr anvertraut sind. Kein Wunder, dass dann viele Menschen aus der Kirche austreten und dass selbst von denen, die in der Kirche verbleiben, nur noch ein Bruchteil die gemeindlichen Angebote nutzt oder unsere Gottesdienste besucht!

Die Hüter der Tradition sind in vielen Fällen die Totengräber unserer Kirche. Dann nämlich, wenn diese Traditionen nicht mehr der bestmögliche Weg sind, dass Menschen zum Glauben finden und im Glauben wachsen und im Glauben handeln. Ich habe nichts gegen Traditionen, aber sie müssen diesem Ziel dienen, und wenn sie es nicht tun, müssen wir uns schnellstmöglich von ihnen verabschieden. Was sich in diesem Fall nämlich – oft unter Aufbietung der honorigsten Argumente – als treue Ergebenheit der Kirche gegenüber darstellt, ist dann nichts anderes als mangelnde Wachheit, Trägheit (Veränderungen machen ja unendlich Mühe!) und im Grunde Lieblosigkeit gegenüber den vielen Menschen, die für den Glauben durchaus offen sind, die aber nicht einsehen, warum sie sich der Kultur und dem Lebensgefühl einer vergangenen Zeit anpassen sollen, nur um an Gott zu glauben. Wer irgendwelche Traditionen wichtiger nimmt als diese Menschen, bewahrt nicht Kirche, sondern zerstört sie.

»Wer will, dass Kirche so bleibt, wie sie ist, will nicht, dass sie bleibt.«

Und umgekehrt muss man sagen, dass die ungehorsamen Kinder unserer Kirche in vielen Fällen ihre besten Diener sind: Dann nämlich, wenn ihr scheinbarer Ungehorsam sie dazu führt, neue Wege auszuprobieren, damit Menschen zum Glauben und Gemeinden zum Blühen kommen. Es ist schon verrückt: Nahezu alle blühenden Gemeinden unserer Kirche, die ich kenne, tun dies in einem gewissen inneren Abstand zu den vorhandenen kirchlichen Strukturen. Sie legen die Bestimmungen manchmal sehr großzügig aus und testen so manche Grenze. Doch nichts wäre verkehrter, als diese»Jungen Wilden« deswegen dem Verdacht der Illoyalität auszusetzen. Das genaue Gegenteil ist der Fall: Solange diese Gemeinden das nicht in einer Haltung der Auflehnung oder der Überheblichkeit tun, werden sie sich im Endeffekt vielleicht als die besten und treusten Diener der Kirche erweisen.

In diesem Sinn möchte ich mein Buch verstanden wissen. Auch wenn ich manchmal ziemlich schonungslos auf die Schwachstellen unserer heutigen kirchlichen Situation hinweise, geht es mir doch immer um etwas Konstruktives. Ich möchte mit diesem Buch einen Beitrag zur Heilung unserer Kirche leisten. Denn unsere Kirche ist krank, schwer krank sogar. Allein dies zu behaupten, bringt einen in binnenkirchlichen Kreisen allerdings sehr schnell in den Geruch der Schwarzseherei oder der Nestbeschmutzung. Doch ich bin weder ein Stirnrunzler noch ein Pessimist, schon gar nicht in Hinblick auf die Zukunft unserer Kirche. Freilich wird die Kirche nicht gesunden, wenn sie sich der Diagnose nicht stellt. Stattdessen wird sie der Versuchung erliegen, an irgendwelchen Symptomen herum zu kurieren, statt sich den Mühen einer umfassenden Therapie zu unterziehen.

Nahezu alle blühenden Gemeinden unserer Kirche, die ich kenne, tun dies in einem gewissen inneren Abstand zu den vorhandenen kirchlichen Strukturen

Kann sein, dass ich einen Riesenärger bekomme. Vielleicht verpufft dieses Buch auch wirkungslos im Raum. Vielleicht kommt es zur Unzeit. Aber ich musste es einfach schreiben. Selten zuvor habe ich mich innerlich so genötigt gefühlt – und gleichzeitig ist es mir unglaublich schwer gefallen, dieses Buch zu schreiben. Mag sein, dass ich damit eine mittlere Katastrophe herbeiführe. Doch der Auslöser einer Katastrophe ist selten ihr eigentlicher Grund. Und was mich letztendlich über meine Bedenken hinwegsteigen lässt, ist die Tatsache, dass Jesus seiner Gemeinde eine große Zukunft verheißen hat – und daran wird auch mein Buch nichts ändern. Vielleicht aber wird es diese Zukunft mit herbeiführen. Ich wünsche Ihnen eine anregende Lektüre!

Klaus Douglass

Einleitung:
Die Krise der Kirche ist eine große Chance

Ist die Kirche in einer Krise?

Die Stimmung in der Kirche ist derzeit nicht allzu gut. Allerorten hört man das Lamento über zurückgehende Mitgliederzahlen, rückläufigen Gottesdienstbesuch, über die knapper werdenden Finanzmittel und über die nachlassende Bereitschaft der Menschen zur Mitarbeit. Pessimismus ist angesagt und in regelmäßigen Abständen kommen neue Horrorzahlen auf den Tisch: So sollen die Kirchensteuereinnahmen in den nächsten zehn bis fünfzehn Jahren angeblich noch einmal um ein Drittel zurückgehen, bis zum Jahr 2030 angeblich sogar um die Hälfte. Eine Vielzahl von kirchlichen Kindergärten und Sozialstationen steht zur Schließung bereit, Gemeinden werden aus Rentabilitätsgründen zusammengelegt, Kirchen verkauft und der Verteilungsschlüssel für Pfarrstellen soll von derzeit 2000–2500 auf 3500–4000 Gemeindeglieder erhöht werden. Das alles klingt nicht gut und kann einem schon ziemlich Sorge machen. Dass wir in einer Krise stecken, lässt sich unter diesen Umständen eigentlich kaum leugnen.

Auf der anderen Seite kenne ich nicht wenige Vertreter der Kirche, die bereits Schaum vor den Mund kriegen, wenn sie das Wort »Krise« auch nur hören. Schwarzseherei, so sagen sie, bringt uns auch nicht weiter. Im Gegenteil: Indem wir ständig auf die Zahlen starren wie das Kaninchen auf die Schlange, lähmen wir uns selbst und verbreiten Resignationsstimmung. Außerdem sehen die Zahlen teilweise gar nicht so schlecht aus, wie manchmal behauptet. Immer wieder kann man erleben, wie der allgemeine Negativtrend hier und dort durchbrochen wird. Vielleicht zeichnet sich ja ein Silberstreif am Horizont ab: Die Anzahl der Kirchenaustritte geht leicht zurück, es gibt auch in dieser Zeit durchaus aufblühende Gemeinden und so manche Landeskirche erlebt derzeit eine umfassende Neustrukturierung, deren Ergebnisse hier und dort bereits zu greifen beginnen. »Die Kirche hat bislang noch alle Krisen überwunden. Also lasst uns die Zähne zusammenbeißen und die Ärmel hochkrempeln. Mit dem nötigen Selbst- und Gottvertrauen werden wir es schon schaffen.« So weit die Vertreter dieser zweiten Position.

Ich teile weder die eine noch die andere Auffassung. Ich denke durchaus, dass man die Zahlen und Trends ernst nehmen muss – sehr ernst sogar. Auf der anderen Seite liegt mir nichts ferner, als darin einen Anlass zur Resignation zu sehen. Glaube und Hoffnungslosigkeit vertragen sich nicht gut miteinander. Glaube kann aber auch nicht bedeuten, dass man Fakten nicht in genügender Weise zur Kenntnis

Glaube und Hoffnungslosigkeit vertragen sich nicht gut miteinander. Glaube kann aber auch nicht bedeuten, dass man Fakten nicht in genügender Weise zur Kenntnis nimmt.

nimmt. Ich behaupte darum zweierlei. Erstens: Die Kirche ist in einer Krise – und zwar in einer ganz erheblichen. Und zweitens: Das ist – wenn man es recht bedenkt – durchaus eine gute Nachricht.

Mir ist vollkommen bewusst, dass diese Doppelbehauptung zu massivem Widerspruch reizt. Miesmacherei werden mir die einen vorwerfen, Zynismus die anderen und Plattheit die dritten. Doch ich glaube fest daran: Die derzeitige Krise der Kirche ist eine große Chance. Geben Sie mir ein wenig Zeit, diese These im Einzelnen zu begründen. Und glauben Sie mir: Ich sehe weder schwarz noch habe ich das Bedürfnis, meine Kirche zu beschmutzen. Ich habe allerdings auch keine Lust, die offensichtliche Krise, in der wir derzeit stecken, schönzufärben.

Lassen Sie mich zunächst sagen, dass ich die eigentliche Krise unserer Kirche *nicht* in den Zahlen sehe, auf die man in diesem Zusammenhang normalerweise als erstes guckt – also nicht in den zurückgehenden Mitgliederzahlen, im rückläufigen Gottesdienstbesuch oder in der immer dünner werdenden Finanzdecke. Natürlich sind diese Zahlen beeindruckend, vielleicht sogar beängstigend. Aber sie sind nicht die eigentliche Krise. Die Zahlen sind nur das Symptom, nicht die Krise selbst. Dies zu sehen ist wichtig für unseren Umgang mit den Fragen, die unsere Kirche derzeit bedrängen. Die Versuchung ist nämlich groß, lediglich an diesen Symptomen herumzukurieren, statt dem Problem an die Wurzel zu gehen.

Die Zahlen sind nur das Symptom, nicht die Krise selbst.

Das Herumkurieren an Symptomen löst keine Probleme. Darum stehe ich Versuchen, Menschen durch wie auch immer geartete Appelle daran zu hindern, aus der Kirche auszutreten oder sie durch aufwändige Werbeaktionen wieder in die Kirche zu bringen, eher skeptisch gegenüber. Ich glaube, dass es erst dann wieder nachhaltig zu Kircheneintritten kommen wird, wenn wir glaubhaft deutlich machen, dass es uns gar nicht um Kircheneintritte geht, sondern um die Menschen. Und dies werden wir nur erreichen, wenn wir uns von Grund auf ändern und uns sehr viel deutlicher als bisher auf die Menschen unserer Zeit einlassen. Durch Aktionen wie die eben genannten aber zäumen wir das Pferd von hinten auf. Statt dass *wir* uns als Kirche ändern, erwarten wir von den Menschen, dass sie sich ändern bzw. ihren Entschluss, uns den Rücken zu kehren, zurücknehmen. Wir stellen das Symptom ab und meinen, damit sei unser Problem gelöst. Doch damit lügen wir uns selbst in die Tasche. In gleicher Weise können wir mit einem Riesenaufwand und ungewöhnlichen Aktionen zusätzliches Geld für unsere Gemeinden beschaffen. Aber das wird unser Finanzproblem bestenfalls lindern, nicht aber dauerhaft beseitigen. Und auch irgendwelche besonderen Gottesdienste mit hoher Öffentlichkeitswirkung – etwa, weil ein Gospelchor singt oder der Bundeskanzler predigt – werden unsere Kirchen zwar vorübergehend füllen, aber nicht auf Dauer.

Verstehen Sie mich recht: Ich respektiere und begrüße prinzipiell alle Bemühungen, die derzeitige Krise der Kirche zu bewältigen. Aktionen wie die eben von mir genannten haben meine uneingeschränkte Sympathie. Mir ist es sehr viel lieber, dass Menschen die Ärmel hochkrempeln und sich anschicken, den Karren aus dem Dreck zu ziehen, als dass sie in scheinbar frommer Ergebenheit darauf warten, dass es der Herr schon irgendwie richten wird. Aber wir müssen aufpassen, dass wir dabei nicht nur an äußeren Symptomen herumkurieren, sondern dem Problem wirklich an die Wurzel gehen, um die eigentliche Krise zu bewältigen. Was aber ist diese »eigentliche« Krise?

Mir ist es sehr viel sympathischer, dass Menschen die Ärmel hochkrempeln und sich anschicken, den Karren aus dem Dreck zu ziehen, als dass sie in scheinbar frommer Ergebenheit darauf warten, dass es der Herr schon irgendwie richten wird.

Die eigentliche Krise unserer Kirche

Bereits Anfang der siebziger Jahre beschrieb der evangelische Theologe Jürgen Moltmann eine doppelte Krise der Kirche und der Theologie: Die eine nannte er ihre Relevanzkrise, die andere ihre *Identitätskrise*. Die eine Krise besteht darin, dass die Kirche die Menschen von heute nicht mehr erreicht. Die andere Krise ist die, dass letztlich niemandem deutlich ist, was die Kirche eigentlich zur Kirche macht. Jedenfalls gibt es über diese Frage keine allgemein akzeptierte Übereinkunft.

Beide Krisen, so sagt Moltmann, stehen in Wechselwirkung zueinander. Je stärker man versucht, der einen Krise zu entkommen, umso sicherer gerät man in die Fänge der jeweils anderen. Das bedeutet: Je mehr die Kirche versucht, in den Problemen der Gegenwart relevant zu werden, umso tiefer gerät sie in eine Krise ihrer eigenen christlichen Identität. Je mehr sie hingegen auf ihrer eigenen Identität in Form von traditionellen Dogmen, Riten und Moralvorstellungen beharrt, desto irrelevanter und unglaubwürdiger erscheint sie in unserer Zeit. Die Kirche steht offensichtlich vor der unglücklichen Wahl, entweder den Kontakt zu ihrem Ursprung oder den zu den Menschen zu verlieren.

Die Kirche steht vor der unglücklichen Wahl, entweder den Kontakt zu ihrem Ursprung oder den zu den Menschen zu verlieren.

Nichts von dem, was Jürgen Moltmann damals beschrieb, hat sich seitdem erübrigt. Im Gegenteil: Die doppelte Krise, die er beschrieben hat, hat sich seither sogar noch verschärft. Während Moltmann postulierte, dass die Kirche nur einem von beiden wirklich nahe sein könne – entweder ihrer eigenen Identität oder den Menschen von heute –, so scheint es heute, dass sie die Nähe zu beiden verloren hat.

1. Die Relevanzkrise:
Die Kirche erreicht die Menschen nicht mehr.

Das ist zweifellos eine steile These. Und sie stimmt auch nicht, wenn man sie verabsolutiert. Selbstverständlich gibt es Menschen, die die Kirche auch heute noch erreicht. Der Prozentsatz dieser Leute aber befindet sich gesamtgesellschaftlich gesehen mittlerweile nur noch im einstelligen Bereich und er nimmt weiter ab – und das ist einfach zu wenig für eine Volkskirche, wie ich finde. »Die Kirche erreicht die Menschen nicht mehr«, das heißt in der Praxis: Ihre Themen sind nicht die Themen, welche die Menschen heute wirklich bewegen. Ihre Antworten gehen an den Fragen, die die Leute wirklich stellen, in vielen Fällen vorbei. Und ihre äußeren Formen und Antworten zu Fragen der Lebensgestaltung korrespondieren nicht mehr mit dem Lebensgefühl der heutigen Gesellschaft.

Die Gründe dafür sind vielschichtig. Zum einen ist es ein *Sprachproblem*. Die Wurzeln dieses Problems liegen lange zurück: Nachdem die Kirche in Europa ein rundes Jahrtausend lang *die* bestimmende Macht in unserer Gesellschaft war, war sie es einfach nicht mehr gewöhnt, sich auf die Menschen einzulassen. Sie erwartete vielmehr völlig selbstverständlich, dass sich die Menschen auf *sie* einließen: auf ihre Sprache, ihre Rituale, ihre Regeln. Vor 500 Jahren dann löste ein junger Mönch namens Martin Luther eine Revolution aus. Seine Devise war: »Man muss den Leuten aufs Maul schauen.« Dieser Satz, der sich eigentlich auf seine Bibelübersetzung bezog, war programmatisch für die ganze Art und Weise, wie sich Kirche seiner Auffassung nach den Menschen präsentieren sollte. Ironischerweise mühten sich seine Nachfolger bis in die heutige Zeit hinein mehr darum, die Sprache Luthers zu sprechen als die Sprache des Volkes, um das es Luther eigentlich ging. Die evangelische Kirche wiederholte in vielfacher Weise die gleichen Fehler, die die katholische begangen hatte. So reden, singen und beten wir bis heute am überwie-

Ironischerweise mühten sich Luthers Nachfolger bis in die heutige Zeit hinein mehr darum, Luthers Sprache zu sprechen als die Sprache des Volkes, um das es Luther eigentlich ging.

genden Teil der Menschen vorbei. Wir verwenden Vokabeln, die sonst nirgendwo anders in der realen Welt vorkommen. Kirchliche Insiderthemen beschäftigen uns mehr als die Themen der Leute von heute. Wir sprechen nicht ihre Sprache, wir spielen nicht ihre Musik, wir verwenden Symbole, die ihnen fremd und unwirklich erscheinen, ja die sie in vielen Fällen sogar abstoßen. Das alles subsummiere ich unter dem Begriff »Sprachproblem«. Es ist ein hausgemachtes, selbstverschuldetes Problem.

Zum andern ist die Relevanzkrise der Kirche aber auch eine *Folge der allgemeinen Individualisierung* und des allgemeinen Pluralismus in unserer Gesellschaft. Wir leben in einer Zeit, in der nichts mehr selbstverständlich ist. »Anything goes« (alles ist möglich) ist die allgemeine Devise – und das gilt auch und gerade für die Religion. Man kann heute alles denken, man darf alles leben, man darf alles glauben – Hauptsache, es fühlt sich gut an und es stört den anderen nicht. Jeder soll nach seiner Fasson selig werden. In einer solchen Zeit vielfältiger Lebensentwürfe ist es ungleich schwieriger als früher, allgemein gültig zu formulieren, was jedermann unbedingt angeht, oder gar verbindlich festzuschreiben, wie die Menschen zu leben haben. Und es ist nahezu ein Ding der Unmöglichkeit, mit dem gleichen Angebot – etwa einem wie auch immer gearteten Gottesdienst – mehr als nur ein bestimmtes Segment der Gesellschaft anzusprechen. Das heißt: Es gibt kaum ein Thema, das *jeden* interessiert, kaum eine Form, die *jeden* anspricht, und kaum eine Antwort, die *alle* zufrieden stellt.

> *Es ist nahezu ein Ding der Unmöglichkeit, mit dem gleichen Angebot – etwa einem wie auch immer gearteten Gottesdienst – mehr als nur ein bestimmtes Segment der Gesellschaft anzusprechen.*

Dies ist *kein* hausgemachtes Problem und dafür können wir nichts. *Wofür* wir aber etwas können, ist die Art und Weise, wie wir mit diesem Problem umgehen – und ob wir es überhaupt tun. Denn faktisch ignorieren wir es allzu oft, das heißt wir tun so, als ob sich nichts geändert hätte und alles noch wie früher wäre. Wir ändern schlichtweg nichts oder doch zumindest kaum etwas: Wir feiern weiterhin die gleiche Art von Gottesdienst, verhandeln die gleichen Themen wie eh und je und ändern auch nicht die Art unserer Verkündigung. Ab und zu mal werfen wir dem Volk einen Bissen Brot in Form eines Familiengottesdienstes vor und halten uns dann für modern und weltoffen. Aber wir sind nicht bereit, dauerhaft und konsequent die Sprache der Menschen von heute zu sprechen. Im Ergebnis aber haben wir – wie Jürgen Moltmann konstatiert – eine Kirche, die den Kontakt zu den Menschen von heute verloren hat. Stattdessen wird sie mehr und mehr zum Sammelbecken alter, müder und resignierter Menschen, die den Wandel der

Welt nicht mehr verstehen und die hoffen, wenigstens in der Kirche einen Hort des Ewig-Bleibenden bzw. des guten Alten zu finden. Die Relevanzkrise ist eine Zeitbombe im Gebälk unserer Kirche. Im Moment profitieren wir noch davon, dass es genügend ältere Menschen gibt, die mit den alten Formen groß geworden sind und die einen solchen Hort des Verlässlich-Bleibenden suchen. So sind unsere Gottesdienste weitgehend auf die Bedürfnisse dieser speziellen Gruppe ausgerichtet, und entsprechend setzt sich der Gottesdienstbesuch in den meisten Gemeinden zusammen. Nur haben wir es hier mit einer aussterbenden Gattung zu tun. Ich meine das nicht nur buchstäblich. Ich kenne auch mehr und mehr *ältere* Menschen, die mit dieser Art von Gottesdienst und Kirche nichts anfangen können. Das Problem ist also nicht nur, dass wir als Kirche kaum mehr jüngere, sondern fast nur noch alte Menschen ansprechen, sondern dass die an unserem Angebot interessierten älteren Menschen auch innerhalb ihrer Altersklasse mittlerweile eine Minderheit sind. Ich habe nichts gegen Gottesdienste für Minderheiten oder überhaupt für Zielgruppen. Im Gegenteil: Ich halte solche zielgruppenorientierten Gottesdienste sogar für ein Gebot der Stunde. Aber ich habe etwas dagegen, dass die weit überwiegende Mehrheit unserer Gottesdienste auf die gleiche Minderheitengruppe abzielt. Es geht nicht an, dass wir 95% unserer Gottesdienste für lediglich 5% unserer Kirchenmitglieder ausrichten. Zum einen widerspricht das dem Charakter einer Volkskirche. Zum andern werden unsere Gottesdienste, wenn wir diese »Strategie« weiterverfolgen, mitsamt ihrer Zielgruppe aussterben.

Vor allem in den großen Städten kann man immer öfter hören, dass Gottesdienste nur noch mit zwanzig, dreißig Gottesdienstbesuchern gefeiert werden – und das in Gemeinden, die eigentlich Tausende von Gemeindegliedern haben. Dem Problem wird dann dadurch zu Leibe gerückt, dass man mehrere Gemeinden zusammenlegt. Damit schafft man zwar eine vorübergehende Entlastung, auf Dauer aber verschärft man die eigentliche Krise. Es ist nur eine Frage der Zeit, wann auch diese »Riesengemeinden« nur noch eine Hand voll Leute im Gottesdienst haben werden (vgl. hierzu → These 82).

Verstehen Sie mich recht: Es geht mir nicht um die Zahlen. Große Zahlen sind nicht automatisch gut, kleine Zahlen sind nicht automatisch schlecht. Aber hinter jeder dieser Zahlen stehen Menschen, Biografien, Schicksale. Und wir haben schlicht ein Relevanzproblem, wenn über 95 Prozent unserer eigenen Mitglieder der Ansicht sind, dass an einem normalen Sonntagmorgen nichts im Gottesdienst passiert, was es lohnen würde, dass man dazu aus dem Bett

Es geht mir nicht um Zahlen. Hinter jeder dieser Zahlen stehen Menschen, Biografien, Schicksale.

aufsteht. Und leider gibt es nur wenig hoffnungsvolle Zeichen am Horizont, dass die Kirche sich auf den Weg macht, ihre Relevanzkrise nachhaltig zu überwinden. Viel zu sehr ist sie gefangen in einem engen Dickicht von Strukturen, Ordnungen und Traditionen, die die Vergangenheit bewahren statt die Zukunft zu gestalten, bzw. die eher auf den Erhalt der Institution Kirche zielen als auf wirkliche Nähe zu den Menschen.

2. Die Identitätskrise:
Die Kirche weiß nicht mehr um ihre Mitte.

Die zweite Krise der Kirche hängt unmittelbar mit der ersten zusammen. Kaum eine Frage ist innerhalb der Kirche selbst so umstritten wie diejenige, was Kirche zur Kirche macht. Ein entsprechend diffuses Bild kommt bei den Menschen an, was nicht gerade zur Relevanz der Kirche beiträgt. Freilich *streitet* man binnenkirchlich nicht einmal mehr über diese Frage (diese Zeiten sind merkwürdigerweise vorbei), sondern jeder hat auf diese Frage einfach eine andere Antwort. Salopp gesagt: Fragen Sie hundert Theologen, was Kirche zur Kirche macht, und Sie bekommen hundert verschiedene Auskünfte.

Fragen Sie hundert Theologen, was Kirche zur Kirche macht, und Sie bekommen hundert verschiedene Auskünfte

»Kirche ist der Verbund aller getauften und konfirmierten und später nicht aus der Kirche ausgetretenen Gemeindeglieder«, wäre ein streng empirischer Ansatz. »Kirche ist die Gemeinschaft aller Menschen, die Jesus Christus kennen und ihm nachfolgen wollen«, wäre die eher kerngemeindliche Replik. »Kirche ist überall dort, wo das Wort Gottes lauter verkündet und die Sakramente recht verwaltet werden«, lautet die streng lutherische Devise. »Kirche ereignet sich überall dort, wo Menschen im Namen Jesu solidarisch für andere eintreten«, lautet dagegen der Standpunkt der politischen Theologie. »Die Kirche ist etwas Sichtbares«, sagen die einen. »Die wahre Kirche ist unsichtbar«, antworten die anderen. Die einen behaupten: »Die Kirche muss der Gesellschaft dienen.« – Die anderen sagen: »Nein, die Kirche muss im Gegenteil eine Kontrastgesellschaft bilden.« Die einen empfinden die Vielzahl der Kirchen als einen Schandfleck und eine bleibende Wunde am Leib Christi. Für die anderen spiegelt sich in der Vielfalt der Konfessionen eher etwas von dem Reichtum der Kirche Christi auf Erden. »Die Kirche muss primär für das Heil und Wohl ihrer Mitglieder sorgen.« – »Nein, Kirche ist nur Kirche, wenn sie für andere da ist.«

Dies sind nur einige idealtypische Auffassungen, zwischen und unter denen es Dutzende von Abstufungen und Ausdifferenzierungen gibt. Noch einmal: Es gibt kaum eine Frage, über die in der Kirche so weitgehende Uneinigkeit besteht, wie die, was Kirche letztlich zur Kirche macht. Und das kann sich eine Organisation von dieser Größe eigentlich nicht leisten. Stellen Sie sich eine Fabrik vor, in der keine Einigkeit darüber besteht, was dort überhaupt hergestellt werden soll. Oder eine Bank, in der sich die Mitarbeiter darüber streiten, ob man den Menschen lieber etwas schenken oder ob man an ihnen verdienen will. Oder auch eine Ehe, in der die Partner völlig verschiedener Auffassung darüber sind, was diese Ehe zur Ehe macht und wie man das zu leben gedenkt. Eine solche Konfusion, was die gemeinsame Gruppenidentität anbetrifft, kann sich kein Verbund von Menschen leisten, der dauerhaft zusammenbleiben will, auch nicht die Kirche.

Es gibt kaum eine Frage, über die in der Kirche so weitgehende Uneinigkeit besteht, wie die, was Kirche letztlich zur Kirche macht.

Doch was ist die Alternative? Wer will sich hinstellen und sagen, was Kirche wirklich zur Kirche macht? Mir sagte neulich ein Kollege: »Bei Ihnen kommen die Leute in die Gottesdienste, anderswo kommen sie in die verschiedenen Erwachsenenbildungsangebote. Ob Nähkurs oder Gottesdienst: Beides ist ein legitimer Ausdruck von Kirche.« Nun habe ich überhaupt keinen Zweifel daran, dass ein Nähkurs Ausdruck lebendiger Gemeinde sein kann; freilich bin ich absolut der Meinung, dass Nähkurs und Gottesdienst *nicht* gleichrangig nebeneinander stehen, wenn es um die Frage geht, was Kirche zur Kirche macht. Doch im gleichen Moment, in dem ich das sage, weiß ich, dass ich mich heftiger Kritik aussetze. Denn Kirche ist ein Begriff, den heute jeder anders füllt. Nahezu alles kann sich heute Kirche nennen und wehe, jemand kommt daher und löst diese Indifferenz auf.

Das Problem ist: Wenn *alles* zur Kirche wird, ist letztlich *nichts* Kirche. Kirche ist dann merkwürdig profil- und konturenlos. Und so ist es nur konsequent, wenn heute – anders als noch vor dreißig, vierzig Jahren – die Menschen nicht mehr deswegen aus der Kirche austreten, weil sie sich an dem Profil oder den Lehren der Kirche stoßen, sondern weil sie irgendwann einmal zu dem Entschluss kommen, dass sie die Kirche nicht brauchen, um an Gott zu glauben. Und weil sie nicht einsehen, warum sie etwas derart Konturen- und Profilloses wie die Kirche weiter mit ihrem Geld unterstützen sollen. Im Grunde ist damit der Gedanke »Alles ist Kirche« nur zu Ende gedacht. Wenn *alles* Kirche ist, wozu braucht man dann noch eine Institution dieses Namens?

Spätestens wenn der letzte Gottesdienstbesucher das Licht ausgeknipst hat, wird sich die Kirche wohl oder übel überlegen müssen, wie sie wieder relevanter werden kann.

Ich persönlich halte die Identitätskrise der Kirche im Vergleich mit der Relevanzkrise für die schlimmere. Nicht relevant zu sein und die Leute nicht mehr anzusprechen, ist ein Problem, das sich durch steigenden Leidensdruck (das heißt, wenn eines Tages tatsächlich keine Leute mehr kommen werden) vielleicht selbst regulieren wird. Spätestens wenn der letzte Gottesdienstbesucher das Licht ausgeknipst hat, wird sich die Kirche wohl oder übel überlegen müssen, wie sie wieder relevanter werden kann. Die Frage nach der Identität hingegen kann sich nicht von selbst regulieren. Um diese Frage zu klären, müsste es entweder einen breiten Konsens innerhalb der Kirche darüber geben, worin diese Identität besteht, oder es müsste eine allgemein akzeptierte Autorität geben, die so etwas einfach festlegt. Sowohl das eine wie das andere aber ist im Moment völlig undenkbar.

In dieser Krise sind auf Dauer nur drei mögliche Szenarien denkbar: Das erste ist eine weiter fortschreitende *Verwässerung der Konturen* unserer Kirche, die dadurch immer stärker zu einem bedeutungslosen Betrieb verkommt, bis sie sich schließlich in Wohlgefallen auflöst. Das zweite Szenario ist eine *Kirchenspaltung*, in der Gruppen und Gemeinden, die das Proprium der Kirche eindeutig definieren wollen und den allgemeinen Pluralismus nicht mehr mittragen wollen, eine eigene Kirche bilden. Das dritte Szenario schließlich ist eine zunehmende *Segmentierung* unserer Kirche in verschiedene Flügel, die sich im Idealfall gegenseitig stehen und gelten lassen, sehr wahrscheinlich aber eher befehden werden. Dies kann, muss aber nicht unbedingt eine Vorstufe einer später erfolgenden Kirchenspaltung sein. Im Moment ist noch nicht abzusehen, welches der drei Szenarien sich durchsetzen wird. Ansätze gibt es zu allen dreien.

Das also ist die doppelte Krise der Kirche: Sie erreicht die Menschen nicht mehr und sie weiß nicht mehr um ihre Mitte. Und wo immer sie versucht, eine dieser beiden Krisen anzugehen, verschärft sie die jeweils andere. Angesichts dieses Dilemmas sind die vielen Kirchenaustritte und die zurückgehenden Kirchensteuermittel das relativ kleinere Problem. Sie sind lediglich die Folge dieses sehr viel tiefer sitzenden Dilemmas. Und solange wir uns nur damit beschäftigen, unsere Mitgliederzahlen einigermaßen stabil zu halten, kurieren wir lediglich an Symptomen herum. Wir müssen dem Problem an die Wurzel gehen. Dazu aber müssen wir es als solches erst einmal erkennen.

Lösungen, die keine sind

Halten wir also fest: Die Kirche *ist* in einer Krise. Mir geht es nicht darum, meine Kirche schlecht zu reden. Ihre Verdienste in Vergangenheit und Gegenwart stehen außer Frage, aber ihre Botschaft kommt einfach nicht mehr an. Es ist schon erstaunlich: Trotz Hunderter Stunden von Religions- und Konfirmandenunterricht und immer wieder auftauchender Berührungspunkte mit der Kirche haben die meisten Menschen in Deutschland keine Ahnung, worum es uns im Grunde eigentlich geht. Das, was die Menschen in Deutschland von den Zielen der Kirche wissen, verfehlt mit notorischer Regelmäßigkeit das Zentrum dessen, was wir eigentlich glauben und wollen. Der Grund dafür ist nicht zuletzt darin zu suchen, dass wir es selber oft gar nicht so genau wissen bzw. uns selber darüber uneinig sind. Und selbst wenn wir es wissen, sind wir scheinbar nicht in der Lage, es so zu kommunizieren, dass es bei den Menschen auch ankommt. Oder *wollen* wir es vielleicht auch nicht kommunizieren, weil wir fürchten, damit vollends ins gesellschaftliche Abseits zu geraten?

> *Das, was die Menschen in Deutschland von den Zielen der Kirche wissen, verfehlt mit notorischer Regelmäßigkeit das Zentrum dessen, was wir eigentlich glauben und wollen.*

Das Ergebnis ist nicht nur ein langfristiger Erosionsprozess und dadurch ein Heer von Ausgetretenen, das inzwischen fast so groß geworden ist wie die beiden Großkirchen, sondern vor allem eine Volkskirche, deren Mitglieder sich *innerlich* mittlerweile längst von der Kirche gelöst haben. Sie haben ihre Gründe, in der Kirche zu bleiben, aber für die allerwenigsten bedeutet dies eine Bejahung oder gar aktive Unterstützung dessen, was Kirche letztlich und eigentlich will. Und das halte ich für ein erheblich größeres Problem als die Austritte. Hier müssen wir nach geeigneten Lösungen suchen. Ich will Ihnen aber gleich sagen, was für mich *keine* Lösungen sind:

Keine Lösung ist es, wenn wir uns wie die **sprichwörtlichen drei Affen** verhalten, die nichts sehen, nichts hören und nichts sagen. Ich denke nicht, dass es uns viel weiterhilft, wenn wir die gegenwärtige Krise der Kirche einfach ignorieren und nicht weiter darüber reden. Ich persönlich will nicht darüber schweigen. Dafür macht mir die Abwanderung der Menschen aus der Kirche einfach zu viel Sorge. Und ich halte es für nahezu unverantwortlich, sich über den verbleibenden 28 Millionen Mitgliedern darüber zu beruhigen, dass uns 300.000 Leute pro Jahr verloren gehen, und so zu tun, als hätten wir kein Problem. Vielleicht brauchen wir uns tatsächlich keine Gedanken zu machen, was den Fortbestand unserer Kirche betrifft, aber ich mache mir

Sorgen um diese *Menschen*! Ich habe unzählige von ihnen kennen gelernt: Sie sind weder besonders heidnisch noch ausgesprochen störrisch oder irgendwie verblendet. Es sind ganz normale Menschen. Zum guten Teil verstehen sie sich auch nach ihrem Austritt aus der Kirche durchaus noch als Christen. Aber sie verstehen einfach nicht mehr, was die Kirche will und wie sie nach außen hin wirkt, sie werden nicht davon berührt und sie sehen deswegen auch nicht ein, warum sie die Kirche weiter mit ihrer Mitgliedschaft und ihrem Geld unterstützen sollen. Diesem Problem müssen wir ins Auge sehen und auch offen darüber sprechen. Gejammer und Schwarzmalerei bringen uns tatsächlich nicht weiter. Leugnung und Herunterspielen der vorhandenen Probleme allerdings auch nicht.

Manche sagen: »**Die Kirche schrumpft sich gesund.**« Doch diese Behauptung ist eine ziemliche Augenwischerei. Der Begriff der »Gesundschrumpfung« mag – gerade im Zusammenhang mit der Debatte um die vielen Kirchenaustritte – zwar durchaus verbreitet sein, aber in der Natur findet er kaum eine Entsprechung. Normalerweise ist Gesundheit nämlich nicht mit Schrumpfung, sondern mit Wachstum und Fruchtbarkeit verbunden. »Gesundschrumpfung« ist in der Natur eine höchst seltene Ausnahme, nämlich vornehmlich dort, wo es vorher krankhafte Geschwüre und Auswüchse gab. Doch meinen wir wirklich, dass es die eher krankhaften Teile sind, die derzeit aus der Kirche herausbrechen? Ich sehe das völlig anders. Es sind viele unserer besten Kräfte, die derzeit von Bord gehen: Viele unserer klügsten Köpfe treten aus und viele unserer frömmsten Leute wandern ab in die Freikirchen. Von daher grenzt der Begriff der Gesundschrumpfung fast an Zynismus. Der derzeitige Schrumpfungsprozess bedeutet keine Gesundung, sondern ist Bestandteil der Krankheit! Dass die Zukunft der Kirche nicht im Schrumpfen liegt, zeigt allein die Entwicklung der Kirchen in den neuen Bundesländern, die lediglich *kleiner*, aber keineswegs *vitaler* geworden sind.

Es sind viele unserer besten Kräfte, die derzeit von Bord gehen: Viele unserer klügsten Köpfe treten aus und viele unserer frömmsten Leute wandern ab in die Freikirchen. Von daher grenzt der Begriff der »Gesundschrumpfung« fast an Zynismus.

Ein immer häufiger zu hörender Vorschlag lautet wie folgt: »Wenn die Bundesregierung nach italienischem oder schwedischem Vorbild beschlösse, die **Kirchensteuer nach einem eventuellen Austritt aus der Kirche durch eine andere Sozialsteuer zu ersetzen** (das heißt, die Abgabe bleibt die gleiche, sie wird lediglich in einen anderen Topf gelenkt), würde sich der allgemeine Negativtrend mit Sicherheit radikal verlangsamen. Denn dann könnte man mit einem Kirchenaustritt kein Geld sparen.« Ich glaube, dass einiges für dieses Argument spricht, aber irgendetwas stört mich an dem Gedanken, dass die Zukunft der Kirche von den Modalitäten einer zukünftigen Steuerreform abhängen soll. Natürlich geben viele Leute zunächst finanzielle Erwägungen an, wenn sie nach dem Grund ihres Kirchenaustritts befragt werden. Aber im Vorfeld dieser Entscheidung haben sie doch in aller Regel schon lange nichts mehr mit der Kirche zu tun gehabt. Und irgendwann fragen sie sich, warum sie dafür noch Geld ausgeben sollen. Aber die eigentlichen Gründe, warum die Menschen der Kirche heute den Rücken kehren, sind nur in den seltensten Fällen wirklich finanzieller Natur. Der Kirchenaustritt ist in aller Regel nur die letzte Konsequenz einer längst vollzogenen inneren Trennung von der Kirche. Ich halte diese *innere* Trennung und Loslösung der Menschen von der Kirche für viel problematischer als die äußere. Hand aufs Herz: Was wäre wirklich gewonnen, wenn – wovon ich übrigens ausgehe – eine wie auch immer geartete Steuerreform es schaffen würde, den finanziellen Totalabsturz der Kirche zu verhindern? Die eigentliche Krise – die oben geschilderte Relevanz- und Identitätskrise der Kirche – wäre selbst bei einem sofortigen Stopp aller Kirchenaustritte doch keineswegs behoben. Im Gegenteil. Die eigentliche Krise würde sich infolge fehlender negativer Rückmeldungen vielmehr ungehindert ausweiten.

Die eigentlichen Gründe, warum die Menschen der Kirche heute den Rücken kehren, sind nur in den seltensten Fällen wirklich finanzieller Natur. Der Kirchenaustritt ist in aller Regel nur die letzte Konsequenz einer längst vollzogenen inneren Trennung von der Kirche.

Wieder andere meinen: **»Sie können den negativen Trend der letzten dreißig Jahre nicht einfach auf die nächsten Jahre übertragen.«** Diese Auffassung bekommt scheinbar Auftrieb durch die leichte Verzögerung, die der von mir beschriebene Erosionsprozess in den letzten Jahren erfahren hat. Doch machen wir uns deutlich: Auch wenn die Kirchenaustritte sich im Moment verlangsamen, so sind es immer noch rund 280.000 (statt vorher einer halben Million) Menschen, die jede der beiden Großkirchen Jahr für Jahr verlassen. Dazu kommt, dass wir bereits jetzt jährlich rund 50.000 mehr Beerdigungen als Taufen zu verzeichnen haben, ein Trend, der sich infolge der Alterspyramide in Zukunft noch verstärken wird. Ich denke nicht, dass wir uns darüber beruhigen können. Uns geht Jahr für Jahr eine ganze »Großstadt« von Menschen verloren. Die politischen Ereignisse des Jahres 1989 haben überdies gezeigt, wie schnell eine latente Stimmung und ein über Jahre schleichender Erosionsprozess plötzlich in eine lawinenartige Entwicklung umkippen können, in der alles, was vorher fest gegründet zu sein schien, innerhalb kürzester Zeit zusammenbricht. Lassen Sie ein paar unglückliche Ereignisse zusammenkommen – ein paar unpopuläre Entscheidungen unserer Kirche, einen großen Finanzskandal, einen kritischen Aufbruch von der Kirchenbasis oder was auch immer – wer sagt uns, dass die bis dahin nur latent unzufriedene Stimmung dann nicht umkippt wie seinerzeit in der DDR und dass die Leute unsere Kirche dann nicht in Scharen verlassen? Verstehen Sie mich recht: Ich sage diese Zukunft unserer Kirche nicht voraus, aber gebe zu bedenken, dass man das Argument, dass die schleichende Erosion der vergangenen Jahre nicht auf die Zukunft übertragen werden kann, auch zu unseren Ungunsten auslegen kann. Es kann sein, dass sich diese Erosion weiter verlangsamt, es kann aber auch passieren, dass dieser Prozess auf Dauer nicht mehr nur *schleichen* wird.

Eine fünfte und letzte Lösung, die keine ist, ist die **Konzentration der Kirche auf so genannte »Kernkompetenzen«, die ihr von der Gesellschaft zugewiesen werden.** Dies ist ein besonders erwägenswertes Argument, weil die Gesundung der Kirche in der Tat damit beginnen wird, dass sie sich auf ihre Kernkompetenzen zurückbesinnt. Nur so wird sie ihre Identitäts- und ihre Relevanzkrise in den Griff bekommen. Das Problem ist nur: Wer sagt uns eigentlich, was unsere Kernkompetenzen sind?

In der Praxis ist es oftmals so, dass wir uns diese von der Gesellschaft zuweisen lassen. Es gibt vor allem zwei Aufgaben, bei denen die Gesellschaft ausgesprochenen Wert darauf legt, dass die Kirche sie wahrnimmt. Die erste Aufgabe ist *»Krisenmanagement«*. Wenn Menschen nicht mehr zurechtkommen, Probleme haben, in Nöte geraten, am Ende sind, dann ist es gut, dass es die Kirche gibt und die wird dann häufig zu Rate gezogen. Der Normalfall ist natürlich, dass die Leute alleine zurechtkommen, aber wenn's nicht mehr klappt, dann tritt die Kirche auf den Plan und hilft aus, »repariert« oder pflegt. Die andere Platzanweisung, die die moderne Gesellschaft der Kirche heute zuteilt, ist die einer *religiösen Grundversorgung* durch Taufen, Beerdigungen, Konfirmandenunterricht, Weihnachtsgottesdienste, Orgelkonzerte etc. Hier wie dort scheint ein wirkliches gesellschaftliches Bedürfnis vorzuliegen, wie alle einschlägigen Umfragen ergeben. Solange wir uns als Kirche diese Doppelrolle zuweisen lassen, so scheint es, wird immer ein Platz für uns da sein.

Ist das eine gute Nachricht? Ich fürchte, nein. Wir müssen uns entscheiden, von wem wir uns unsere Rolle zuweisen lassen: von der Gesellschaft oder von Jesus. Und dessen Auftrag beschränkt sich weder auf das Gleichnis vom barmherzigen Samariter noch hat er gewollt, dass seine Kirche die Men-

Jesus hat nie gewollt, dass seine Kirche die Menschen durch die Bereitstellung einer »religiösen Grundversorgung« von der Nachfolge des Alltags entbindet.

schen durch die Bereitstellung einer »religiösen Grundversorgung« von der Nachfolge des Alltags entbindet, was aber zwangsläufig passieren muss, wenn man sich mehr darauf konzentriert, Menschen religiös zu versorgen, als sie in die Nachfolge Jesu zu rufen. Das aber ist der Platz, den Jesus seiner Gemeinde zuweist: Menschen zur Umkehr zu rufen von einem überwiegend selbstzentrierten zu einem mehr und mehr auf Christus ausgerichteten Leben. Natürlich beinhaltet dieses christuszentrierte Leben auch die liebevolle Zuwendung zu unseren Mitmenschen, aber es erschöpft sich nicht darin. Eine Kirche, die nur versorgen, verbinden, beruhigen und absegnen, aber nicht mehr zur Umkehr und in die Nachfolge rufen darf, erfüllt vielleicht den Auftrag dieser Gesellschaft, aber nicht den Auftrag Jesu, die Menschen in seine Nachfolge zu rufen.

Der Auftrag Jesu deckt sich nicht mit dem der Gesellschaft. Somit ist auch dieser Vorschlag – die Konzentration auf so genannte Kernkompetenzen, die ihr nicht von Jesus, sondern von der Gesellschaft zugewiesen werden – keine Lösung. Er stärkt ihre Relevanz, aber schwächt ihre Identität. Die Annahme dieses Vorschlages würde die Kirche in einige vorbereitete Nischen unserer Gesellschaft verbannen. Ihre eigentliche Bestimmung aber, Menschen in die Nachfolge Jesu zu rufen und diese Gesellschaft als »Salz und Licht« zu durchdringen, würde die Kirche auf diesem Weg verfehlen.

Wo liegt bei alledem die gute Nachricht?

Das alles klingt in Ihren Ohren vielleicht ziemlich entmutigend. Dass die Kirche in einer Krise steckt, sehen wir nach all dem Gesagten vielleicht noch ein. Die Frage stellt sich aber, wie man dieser Krise etwas Positives abgewinnen kann und wo bei alledem die »Chance« liegt, von der ich weiter oben gesprochen habe. Gibt es denn auch gute Nachrichten für die Kirche? Ja. Aber sie kommen zu dem, was ich bislang über die Kirchenkrise ausgeführt habe, nicht ergänzend hinzu, sondern die Krise selbst *ist* die gute Nachricht. Dazu im Folgenden sieben Thesen, die ich jeweils kurz begründen möchte.

1. Krisen sind keine Katastrophen

Sprachlich entstammt das Wort »Krise« drei verschiedenen Wurzeln: Zum einen dem griechischen Wort »*krisis*«, welches so viel bedeutet wie »Entscheidung, entscheidende Wende«. Für den Griechen ist damit keinesfalls gesagt, dass diese Wende negativ sein muss. Diese neutrale Urbedeutung von »*krisis*« lebt auch in der medizinischen Fachsprache weiter, wo das Wort den Höhe- und Wendepunkt einer Krankheit bezeichnet. Die zweite Wurzel des Wortes »Krise« ist das lateinische Wort »*cribum*«, welches so viel bedeutet wie »Sieb«. In eine ähnliche Richtung weist die dritte sprachliche Wurzel des Wortes »Krise«, nämlich das mittelhochdeutsche Verb »*kreian*«, was so viel heißt wie »reinigen«.

Eine Krise bringt also eine entscheidende Wende. Sie siebt Unnötiges von Nötigem aus und hat somit reinigende und läuternde Wirkung. Sie ist eine schmerzhafte, aber klärende Erfahrung. Wer in einer Krise steckt, weiß noch nicht, ob sich die Sache zum Guten oder zum Schlechten wenden wird. Diese Ungewissheit macht unruhig, aber in aller Regel ist die Gleichsetzung von »Krise« und »Katastrophe« kurzschlüssig. Die Verwechslung von Krise und Katastrophe, wie sie heute an vielen Stellen beobachtet werden kann, macht die Krisenerfahrung erst deprimierend und schlimm. Dem ist entgegenzuhalten: Eine Krise kann auch durchaus etwas Positives auslösen. Es gibt beispielsweise kein Wachstum und kein Gesundwerden ohne Krise. Darum sollten wir die derzeitige Lage einer grundsätzlichen Neubewertung unterziehen. (Vielleicht würde uns das auch helfen, sie leichter anzunehmen.) Die derzeitige Krise der Kirche ist keine Katastrophe, sondern ein notwendiger Läuterungsprozess. Sie zwingt die Kirche zu wichtigen Entscheidungen und Weichenstellungen. Deswegen ist sie zunächst einmal etwas Positives.

In aller Regel ist die Gleichsetzung von »Krise« und »Katastrophe« kurzschlüssig.

2. Krisen sind Herausforderungen Gottes an uns.

Die Geschichte der Menschen entwickelt sich in der Dynamik von schöpferischen Herausforderungen und den jeweiligen Antworten des Lebens. Der Mensch wächst und reift je nach dem, wie er sich diesen Herausforderungen stellt und wie er auf sie reagiert. Diese Dynamik von Herausforderung und antwortendem Handeln (*»challenge and response«*), wie das der englische Geschichtsphilosoph Arnold J. Toynbee genannt hat, bringt sowohl den einzelnen Menschen als auch die Menschheit als Ganze voran. Diese These ist prinzipiell unabhängig von einer christlichen Weltsicht. Es kann theoretisch auch »das Leben selbst« sein oder die Natur oder das Schicksal, das den Menschen immer wieder vor schöpferisch provokatorische Situationen stellt. Für uns als Christen aber ist es ohne Zweifel Gott selbst, der den Menschen oder die Menschheit oder – in unserem Fall – die

Kirche durch eine Krise zu einem notwendigen Reifungsschritt herausfordert.

Krisen gehören zum souveränen Geschichtshandeln unseres Gottes. Für den Glaubenden bedeutet das eine erhebliche Beruhigung: Hinter dem, was ihm hier in höchst beunruhigender Weise widerfährt, steht jener Gott, an den er glaubt und dem er vertraut. Gott selbst ist es, der uns das läuternde »Sieb« hinhält bzw. uns zu einer notwendigen Weichenstellung provoziert. Wir brauchen Krisen auch nicht künstlich zu suchen, sondern sie kommen im notwendigen Moment »von selbst« über uns. Ich bin fest davon überzeugt: Die derzeitige Krise der Kirche ist eine schöpferische Provokation unseres Gottes. Gott möchte, dass sich seine Kirche von Grund auf verändert. Gott nimmt uns derzeit zweifellos sehr viel – aber er tut es in der Absicht, uns noch viel mehr zu schenken.

Ich bin fest davon überzeugt: Die derzeitige Krise der Kirche ist eine schöpferische Provokation unseres Gottes.

3. Krisen sind für unsere Weiterentwicklung notwendig.

Man kann mit der Herausforderung Gottes, die in jeder Krise liegt, auf vielfältige Weise umgehen: Man kann sie überhören, ihr ausweichen, man kann an ihr scheitern, man kann diese Herausforderung aber auch wahrnehmen, sich der Krise stellen, sie aushalten, sie gestalten und daran wachsen und reifen. Es hängt entscheidend an unserer Einstellung: Sehen wir die Krise als ein bloßes Schicksal, das wir *hinnehmen* müssen, oder als eine Herausforderung, die wir *annehmen* sollen: Ich kann, ich darf, ich brauche nicht so zu bleiben, wie ich bin?

Es ist ein altes psychotherapeutisches Prinzip: Was geleugnet wird, kann auch nicht geheilt werden. Was vermieden und umgangen wird, kann uns nicht voran bringen. Und auf lange Frist gesehen rächen sich unterdrückte Wahrheiten immer. Sie sind ein Kredit auf die Zukunft, der mit hohen Zinsen abbezahlt werden muss. In der Kirche – nicht zuletzt in der Pfarrerschaft – gibt es viele Tendenzen, die derzeitige Krise herunterzuspielen oder sogar ganz zu leugnen. Doch damit verbauen wir uns den Weg zu notwendigen Entwicklungsschritten. Die Herausforderung Gottes an uns lautet tatsächlich: Wir können und dürfen nicht so bleiben, wie wir sind. Und es muss wahrhaft kein Zeichen der Illoyalität sein, wenn mehr und mehr Vertreter der Kirche sich diesen Satz zu Eigen machen: »Wir *wollen* nicht so bleiben, wie wir sind.« Das bedeutet keine Ablehnung dieser Kirche, sondern eine Annahme der Herausforde-

Was geleugnet wird, kann auch nicht geheilt werden.

rung, der wir derzeit gegenüberstehen. Es geht nicht so sehr um ein »Nein« zum Bisherigen, als vielmehr um ein »Ja« zu dem Neuen, das Gott für uns bereithält. Der dritte Aspekt meiner »guten Nachricht« ist also dieser: Die Krise der Kirche verstärkt sich im Moment so sehr, dass sie nicht mehr geleugnet werden kann. Im Ergebnis heißt das, dass sich immer mehr Pfarrerinnen und Pfarrer und Kirchenvorstände dieser Herausforderung Gottes zu notwendigen Entwicklungsschritten gegenüber nicht mehr verschließen.

4. Eine Krise, die angenommen und gestaltet wird, kann sich als große Chance entpuppen.

Es ist schon viel gewonnen, wenn wir beginnen, in einer Krise eine Herausforderung Gottes zu sehen. Freilich müssen wir diese Herausforderung auch *annehmen und aktiv gestalten*. Eine Krise ist gefährlich. Sie markiert einen »kritischen« Wendepunkt, sei es zum Guten oder zum Schlechten. Selbst wenn ich davon ausgehe, dass Gott mich nie zum Schlechten provoziert, hängt es doch stark von meinem Verhalten und von meiner Antwort ab, wie die Sache letztlich ausgehen wird: Nehme ich die Herausforderung an oder ignoriere ich sie? Gehe ich die Situation aktiv gestaltend an oder verhalte ich mich ihr gegenüber passiv und abwartend?

Jede Krise, die wir aus Gottes Hand annehmen, birgt in sich die Möglichkeit zu etwas Neuem, bisher Ungeahnten, Positiven. Das befreit uns nicht von der Tatsache, dass dieser Prozess sehr schmerzhaft sein kann. Aber – einer Geburt vergleichbar – steht hinter jeder Krise ein Ziel, das diesen Schmerz mehr als wettmacht. Diese Tatsache eröffnet sich mir aber nur, wenn ich die Krise annehme und gestalte. Das *Annehmen* der Krise bewirkt, dass ich *gelassen* werde: Hinter all dem, was mir widerfährt, steht letztendlich Gott. Ich kann nie tiefer fallen als in seine Hand. Das aktive *Angehen* der Krise hingegen bewirkt, dass ich dabei nicht *lässig* werde: Es geht darum, den nächsten Reifungsschritt nicht zu verpassen und jene Möglichkeiten freizulegen, die Gott in jeder Krise verborgen hat – tief genug, um uns zur Aktivität herauszufordern, aber nicht so tief, dass wir sie nicht finden könnten. Das ist der dritte Aspekt meiner »guten Nachricht«: In jeder Krise, die wir aktiv annehmen, sind Chancen und Möglichkeiten unseres Gottes verborgen – auch und gerade in der derzeitigen Kirchenkrise.

Das Annehmen der Krise bewirkt, dass ich gelassen werde. Das aktive Angehen der Krise hingegen bewirkt, dass ich dabei nicht lässig werde.

5. Krisen weisen uns auf mögliche Unter- und Fehlentwicklungen hin.

Nicht jede Krise ist eine Folge eigenen Fehlverhaltens. Aber bei vielen Krisen spielen Fehler und Fehlentwicklungen in der Vergangenheit eine wichtige Rolle. Und bei ausnahmslos allen Krisen sind wir herausgefordert, bisher ungelebte Möglichkeiten unseres Lebens freizusetzen. Dieser Prozess aber setzt voraus, dass wir bereit und fähig werden, die Haut über diesem in uns schlummernden, bislang aber noch nicht genutzten Potenzial abzustreifen. Es kann dies die »Haut« einer bewussten und früher auch durchaus angebrachten Entscheidung sein, die es heute hinter sich zu lassen gilt. Sehr oft aber werden wir merken, dass es vor allem Kleinglaube, Fehlentscheidungen, Lebenslügen und ein falsches Selbst- und Weltbild waren, die uns bislang daran hinderten, jenes Leben zu führen, das wir eigentlich hätten führen können und vielleicht auch hätten führen sollen. Hier kann eine Krise zum Katalysator werden, das bislang ungelebte Leben freizusetzen.

Bei ausnahmslos allen Krisen sind wir herausgefordert, bisher ungelebte Möglichkeiten unseres Lebens freizusetzen.

Man wird gar nicht umhin können, die derzeitige Kirchenkrise zu einem guten Teil auch auf geistliche Unter- und Fehlentwicklungen zurückzuführen. Wir wären nicht dort, wo wir stehen, wenn wir das, was wir im Neuen Testament über das Wesen der Kirche lesen, auch nur ansatzweise praktizieren würden. Und wir wären nicht dort, wo wir stehen, wenn wir die Ansätze der Reformation Martin Luthers wirklich konsequent umgesetzt hätten. Das ist zweifellos ein hartes Urteil, das ich später noch begründen werde. Die derzeitige Krise der Kirche weist uns hier auf erhebliche Defizite in Geschichte und Gegenwart hin – und das ist eine ganz wichtige Voraussetzung, um es in Zukunft anders und besser zu machen. Ohne klare Diagnose gibt es keine heilende Therapie. Und ohne Krise würden wir uns dieser Diagnose wahrscheinlich nicht stellen. Die – zweifellos schmerzhafte – Erkenntnis von Fehlentwicklungen in der Vergangenheit birgt in sich die Chance zu einer grundlegenden Kurskorrektur und zum Ergreifen von Möglichkeiten, die bislang eher ungenutzt blieben.

6. Krisen setzen kreative Kräfte in uns frei.

»Not macht erfinderisch«, heißt es im Volksmund. Wahrscheinlich wäre die Menschheitsgeschichte noch nicht allzu weit vorangekommen, wenn sich der Mensch nicht permanent irgendwelchen Proble-

Wir sollten uns angewöhnen, die derzeitige Kirchenkrise nicht so sehr als Problem als vielmehr als Herausforderung zu sehen.

men, Krisen oder Hindernissen gegenüber gesehen hätte, die es zu überwinden bzw. zu lösen galt. Zwar setzen auch Freude, Liebe und Hingabe schöpferische Kräfte in uns frei, aber ganz sicherlich haben solche Probleme, die als Herausforderungen angenommen wurden, die Entwicklung der Menschheit und auch unsere persönliche Entwicklung bestimmt wie kaum etwas anderes. Es liegt ein schöpferisches Potenzial in jeder Krise. Wer sich einer Krise nicht nur passiv hingibt, sondern ihre Herausforderung annimmt, fängt an, zwangsläufig unkonventionell zu denken, er probiert Dinge aus, die er noch nie getan hat, und er macht neue Erfahrungen. Darum sollten wir uns angewöhnen, die derzeitige Kirchenkrise nicht so sehr als Problem als vielmehr als Herausforderung zu sehen.

Dies ist eine Entwicklung, die sich in den letzten Jahren mehr und mehr abzeichnet und die sich in den kommenden Jahren noch weiter verstärken wird: Die Gemeinden werden erfinderisch. Völlig neuartige Gottesdienste werden angeboten. Vereine werden gegründet, um wichtige Personaleinstellungen finanzieren zu können. Es gibt mittlerweile erste ehrenamtliche Pastoren. Hier und dort werden Gemeinden zusammengelegt, andere bilden »Tochtergemeinden«, wieder andere bilden ein ganz bestimmtes Profil aus und konstituieren sich als »Richtungsgemeinden« – im Moment herrscht ein enorm schöpferisches, experimentelles Klima. Heute sind Dinge möglich, die noch vor zwanzig Jahren völlig undenkbar gewesen wären, und sie wären wahrscheinlich auch heute noch nicht möglich, wenn die Kirche nicht in einer Krise wäre, die das in ihr schlummernde schöpferische Potenzial mehr und mehr wachruft. Noch sind jene Gemeinden, die kreativ versuchen, aus dem gewohnten Trott auszubrechen und etwas ganz Neues auszuprobieren, in der Minderheit. Aber der Leidensdruck ist heute schon so groß geworden, dass ich keinen Zweifel daran habe, dass in den nächsten Jahren in unserer Kirche eine Fülle neuer, schöpferischer Gedanken und Formen freigesetzt wird.

7. Unser Gott ist der Herr über ausnahmslos jede Krise.

Es könnte sein, dass ich mich bei dem eben Gesagten an einem Punkt etwas missverständlich ausgedrückt habe. Ich bin zwar absolut davon überzeugt, dass Gott die derzeitige Kirchenkrise geschickt hat, um uns fit für das neue Jahrtausend zu machen. Ich möchte aber ausdrücklich betonen, dass ich nicht behaupte, dass für den Glaubenden jede Krise auch im äußerlichen Sinn »gut ausgehen« muss. Nein, eine Krise kann sich äußerlich auch zum Negativen wenden: Eine Beziehung, die in eine Krise geraten war, zerbricht nun völlig, eine Krankheit, die auf der Kippe stand, nimmt den denkbar schlimmsten Ausgang usw. Davor ist auch der Glaubende nicht gefeit. Meine These ist *nicht*, dass solches nicht geschehen kann, sondern dass Gott auch in diesem äußeren Zerbruch bei weitem noch nicht am Ende ist und immer noch Möglichkeiten für uns bereithält.

Ich bin absolut davon überzeugt, dass Gott die derzeitige Kirchenkrise geschickt hat, um uns fit für das neue Jahrtausend zu machen.

Und das ist das Netz, das auch unter die derzeitige Krise der Kirche gebreitet ist. Gott kann auch aus Schuld, Scheitern und Zerbruch etwas machen. Das soll uns nicht ermutigen, an falschen Verhaltensweisen weiter festzuhalten und fröhlich auf den Felsen zuzusteuern, gegen den uns die Wellen derzeit zu werfen drohen. Aber es kann uns getrost machen, dass selbst wenn wir mit unseren Bemühungen, der drohenden Katastrophe entgegenzuwirken, äußerlich scheitern, Gott mit seiner Kirche noch lange nicht am Ende ist. Wenn wir glauben, dass auch die derzeitige Kirchenkrise nur ein Werkzeug in der Hand unseres Gottes ist und dass über der Kirche als Ganzer eine Verheißung liegt, dann können wir gelassen – wenn auch keinesfalls lässig – an diese Krise herantreten. Es ist noch nicht abzusehen, ob das Schiff der Kirche wieder an Fahrt gewinnen oder an diesem Felsen zerbrechen wird. Aber was bedeutet schon der Schiffbruch, wenn Gott der Ozean ist? Er ist nicht nur Herr unserer Krisen, sondern auch unserer Katastrophen. Und ich bin fest davon überzeugt, dass er alles – egal, was kommt – letztendlich zu unserem und der Menschen Besten führen wird. Das ist der siebte und abschließende Aspekt meiner »guten Nachricht«.

Was bedeutet schon der Schiffbruch, wenn Gott der Ozean ist? Er ist nicht nur Herr unserer Krisen, sondern auch unserer Katastrophen.

Reformation oder Reform?

Noch nie drehte sich die Welt so schnell wie heute. Das Wissen zur Zeit Jesu brauchte 1500 Jahre, um sich zu verdoppeln. Heute verdoppelt sich das Wissen dieser Welt bereits alle zwei bis drei Jahre. Entsprechend schnell veralten die Erkenntnisse von gestern. Weltweit wird jede Viertelstunde ein neues Produkt auf dem Markt eingeführt. Man kann einen neu gekauften Computer gar nicht so schnell nach Hause tragen, wie er schon wieder veraltet ist. Das, was gestern noch undenkbar schien, ist heute bereits selbstverständlich und morgen wahrscheinlich schon überholt. Wir erleben dramatische Wandlungen im Arbeits- und Familienleben, in den gesellschaftlichen Strukturen und im Lebensgefühl der Menschen. Das einzig Beständige in unserer Zeit, so scheint es, ist der Wandel, und vieles spricht dafür, dass sich diese Entwicklung noch beschleunigen wird.

Die Kirche kann sich dieser rasend schnellen Entwicklung nicht entziehen, wenn sie nicht den Anschluss an die Menschen verlieren will. Wir können es uns einfach nicht mehr leisten, eine sich ständig verändernde Gesellschaft mit ihren sich vielfältig ausdifferenzierenden Bedürfnissen im Wesentlichen mit dem gleichen Angebot abzuspeisen wie schon vor fünfzig Jahren. Wir können nicht eine Struktur retten, die für eine ganz andere Zeit und eine ganz andere Gesellschaft entwickelt worden ist und die dort wirklich gute Dienste geleistet hat, die aber heute einfach nicht mehr greift und die uns lähmt, unserem eigentlichen Auftrag nachzukommen: die Menschen mit der Liebe Gottes in Berührung zu bringen. Wir können nicht einfach stehen bleiben, während alles um uns herum im Fluss ist.

Wir können nicht einfach stehen bleiben, während alles um uns herum im Fluss ist.

Manche versuchen, aus der Not eine Tugend zu machen und stellen sich auf den Standpunkt: »Die Kirche ist der Fels in der Brandung inmitten dieser sich pfeilgeschwind verändernden Welt.« Doch wir müssen aufpassen, dass wir hier nicht Dinge verwechseln, die nicht verwechselt werden dürfen. Natürlich soll die Kirche so etwas wie ein »Hort des Bleibenden« sein. Dieses »Bleibende« aber ist das Evangelium, es sind die Inhalte, für die Kirche einzustehen hat, es ist letztlich unser Herr Jesus Christus, der »gestern, heute und in Ewigkeit« derselbe bleibt (Hebräer 13,8). Daran ändert sich nichts und wird sich auch in alle Ewigkeit nichts ändern. Das Bleibende liegt aber nie in der äußeren Form oder Vorgehensweise. Wenn die Kirche an dieser Stelle »bleibt« und nicht mit der Zeit »geht«, hat sie sich von der Nachfolge Jesu verabschiedet. Sie ist dann nicht mehr Anwältin des Ewigen, sondern schlicht unzeitgemäß und altmodisch. Fakt ist: Wenn wir stillstehen, läuft uns die Zeit davon.

Wenn wir stillstehen, läuft uns die Zeit davon.

In dieser Situation können wir uns nicht einfach in unserem Elfenbeinturm verschanzen und darauf warten, dass sich die Welt wieder langsamer dreht. Wir dürfen es nicht um der Menschen willen, an deren Seite wir zu bleiben haben. Und wir dürfen es nicht um unser selbst willen. Denn eine Kirche, die nicht in der Lage ist, auf die derzeitigen Entwicklungen schnell genug zu reagieren, wird aussterben. Anders ausgedrückt: Wer nicht mit der Zeit geht, geht mit der Zeit. Das klingt ziemlich stressig, aber warum soll der rasante Wandel, der in den letzten zwanzig, dreißig Jahren nahezu alle Bereiche des Lebens erfasst hat, ausgerechnet die Kirche verschonen? Es gibt keinen vernünftigen Grund, anzunehmen, dass die Kirche einen geringeren Preis für ihre Zukunftsfähigkeit bezahlen soll als alle anderen auch. Nahezu alle großen Organisationen haben in den letzten Jahren entweder eine radikale Umstrukturierung durchgeführt oder Schiffbruch erlitten, und am schlimmsten hat es in aller Regel die früheren Monopolisten getroffen. Und auch wir werden nicht darum herumkommen, uns der gleichen Mühe zu unterziehen. Natürlich ist das unbequem, aber wir haben keine andere Wahl. Wer heute nicht schnell ist, ist morgen tot. Wenn die Kirche nicht bereit ist, sich einem radikalen Wandel zu unterziehen, wird sie in maximal dreißig Jahren endgültig zum Museum werden.

Es gibt keinen vernünftigen Grund, anzunehmen, dass die Kirche einen geringeren Preis für ihre Zukunftsfähigkeit bezahlen soll als alle anderen auch.

Das aber bedeutet nicht mehr und nicht weniger, als dass sich unsere Kirche einer grundlegenden Neuausrichtung unterziehen muss. Es geht nicht nur darum, einige Teilbereiche des kirchlichen Lebens und Angebotes zu verbessern, sondern um tief gehende Einschnitte in das Gesamtsystem der Kirche. Das heißt aber: Mit *Reformen* allein ist es heute nicht mehr getan. Wenn wir wieder Anschluss an die Zukunft und an die Menschen gewinnen wollen, brauchen wir einen richtig großen Wurf. Dann brauchen wir eine neue *Reformation*. Was ist der Unterschied? Sprachlich hängen beide Worte eng miteinander zusammen und das Wörterbuch definiert sie auch relativ ähnlich. Um der Sache willen, um die es hier geht, ist es aber wichtig, dass wir das eine nicht mit dem anderen verwechseln, sondern klar unterscheiden:

Wenn wir wieder Anschluss an die Zukunft und an die Menschen gewinnen wollen, brauchen wir einen richtig großen Wurf. Dann brauchen wir eine neue Reformation.

Eine **Reform** ist eine mehr oder minder große Verbesserung eines bestehenden Zustandes. Eine Reform betrifft meist einen Teilbereich eines komplexen Gesamtsystems. Sie kann mehr oder weniger weit gehen, wirkt aber im Endeffekt systemstabilisierend. Zumeist wird sie durch einen Menschen oder durch ein Gremium erlassen, das dazu die Machtbefugnisse hat. Reformen können zwar durch die Basis angeregt werden, werden aber in der Regel »von oben« verordnet.

Anders die **Reformation**: Hierbei geht es nicht nur um eine graduelle Verbesserung, sondern um eine grundlegende *Veränderung* des

Bestehenden. Eine Reformation bezieht sich nicht nur auf einen Teilbereich – und sei er noch so groß –, sondern auf das System selber. Weil dem so ist, werden Reformationen nur selten durch »Machthaber« erlassen. Hierbei gibt es löbliche Ausnahmen, in aller Regel aber werden Reformationen »von unten« initiiert.

Eine Reform verhält sich zur Reformation wie eine Erderschütterung zu einer geotektonischen Umbildung, wie ein reinigendes und befruchtendes Gewitter zu einem Klimawechsel, der eine völlig neue Fauna und Flora hervorbringt. Letzteres ist es, was wir als Kirche brauchen. Bloße Reformen werden unser Überleben nicht sichern, sondern lediglich unser Sterben hinauszögern. Es geht nicht mehr nur um bloße Erneuerung, sondern um etwas viel Grundlegenderes, um eine Art Sterben und Neugeburt. Was wir derzeit erleben, sind die Geburtswehen einer neuen Gestalt von Kirche. Diese Wehen nehmen immer mehr zu.

Bloße Reformen werden unser Überleben nicht sichern, sondern lediglich unser Sterben hinauszögern.

Das klingt für den einen oder anderen vielleicht beängstigend. Doch wir müssen uns klar machen, dass diese Kirche die nächsten dreißig Jahre nicht überleben wird, wenn sie nicht zu einschneidenden Änderungen bereit ist. Wir kommen schon allein aufgrund der immer weiter zurückgehenden Gottesdienstbesucher und Mitgliederzahlen und Kirchensteuermittel um eine grundlegende Neustrukturierung der Kirche überhaupt nicht herum. Ich bin davon überzeugt, dass auch ohne die von mir ins Feld geführte »neue Reformation« von der jetzigen Gestalt der Kirche kaum mehr ein Stein auf dem anderen bleiben wird. Das Ausmaß, in dem heute Kirchen verkauft, Personal reduziert und Gemeinden aus Rentabilitätsgründen zusammengelegt werden, dokumentiert hinlänglich, dass die Kirche bereits heute mit dem Rücken zur Wand steht. Die Kirche wird bereits in wenigen Jahren – so oder so – ein völlig anderes Gesicht haben. Wir haben lediglich die Wahl, ob wir diese Entwicklung aktiv mitgestalten und versuchen wollen, etwas Sinnvolles daraus zu machen, oder ob wir in hilfloser Opferrolle einfach zuschauen, wie die Kirche »den Bach huntergeht«. Weitgehende Destruktion oder totale Neukonstruktion – das ist die Alternative, vor der wir heute stehen. Entweder wir werden uns selbst ändern oder das Leben wird uns ändern.

Diese Kirche wird die nächsten dreißig Jahre nicht überleben, wenn sie nicht zu einschneidenden Änderungen bereit ist.

Wir kommen um einen radikalen Wandel nicht herum. Machen wir uns nichts vor: Was wir im Moment erleben, ist mehr als nur eine kleine Krise. Es ist vielleicht die größte Herausforderung, vor der die Kirche seit den Tagen der Reformation gestanden hat. Vieles deutet darauf hin, dass wir vor einer neuen konstantinischen Wende der Kirche stehen – wenn auch sozusagen unter umgekehrtem Vorzeichen. Damals wurde aus einer vitalen, schlagkräftigen Untergrundkirche eine nach außen hin abgesicherte, etablierte Staatskirche. Im Moment sieht alles danach aus, als ob wir viele der im Lauf der Kirchengeschichte gewonnenen Sicherheiten und Privilegien wieder aufgeben und uns auf eine sehr viel bescheidenere Rolle im gesamtgesellschaftlichen Gefüge einstellen müssten.

Wir haben die Wahl: Entweder wir schauen dieser Entwicklung passiv zu und reagieren, reagieren, reagieren – das heißt, wir führen ein Rückzugsgefecht nach dem anderen, bis vor lauter Verschlankung am Schluss nichts mehr übrig bleibt, oder wir gestalten die Entwicklung aktiv mit und versuchen, etwas Konstruktives daraus zu machen. Mag sein, dass die Kirche der Zukunft deutlich kleiner dimensioniert sein wird als heute – solange sie dabei an Vitalität und Schlagkraft gewinnt, sollten wir bereit sein, diesen Preis zu zahlen. Dies wird aber nur geschehen, wenn wir die derzeitige Kirchenkrise als etwas Positives begreifen. Statt die Krise einfach nur zu bekämpfen, sollten wir die Chance ergreifen, die in ihr verborgen liegt.

Statt die Krise einfach nur zu bekämpfen, sollten wir die Chance ergreifen, die in ihr verborgen liegt.

Über der Kirche steht eine grandiose Verheißung, die uns bei alledem Gelassenheit schenken sollte. Jesus hat gesagt, dass er seine Gemeinde bauen will und dass selbst die Pforten der Hölle sie nicht überwältigen werden (Matthäus 16,18). Allein auf Grund dieser Verheißung ist jeglicher Pessimismus, was die Zukunft der Kirche anbetrifft, völlig unangebracht. Jesus sorgt für seine Kirche. Und weil er es tut, kann die Kirche nicht sterben. Was Jesus allerdings *nicht* versprochen hat, ist, dass die Kirche dabei immer die gleiche Gestalt behalten wird. Die äußere Form der Kirche hat sich im Verlauf der Geschichte oft geändert und sie wird es auch in Zukunft tun. Es sollte uns nachdenklich stimmen, dass wenige Verse nach der eben erwähnten Verheißung in Matthäus 16 dieser andere Satz steht: »Wer sein Leben retten will, der wird es verlieren, wer aber sein Leben um meinetwillen verliert, der wird es gewinnen« (Vers 25).

Jesus sorgt für seine Kirche. Und weil er es tut, kann die Kirche nicht sterben. Was Jesus allerdings nicht versprochen hat, ist, dass die Kirche dabei immer die gleiche Gestalt behalten wird.

Dieses Wort zitieren wir oft in unseren Predigten, aber wenn wir dann auf einmal erfahren, dass es Ernst wird damit, dass in der Kirche tatsächlich etwas zu Ende geht und abstirbt, verstehen wir Gott nicht mehr und klammern uns mit allem, was wir haben, an die alte Gestalt.

Wenn wir wieder Anschluss an die Zukunft und an die Menschen gewinnen wollen, dann brauchen wir einen richtig großen Wurf, dann brauchen wir eine neue Reformation.

Die Kirchenväter verwenden in diesem Zusammenhang ein schönes Symbol: So wie der Mond in der Nacht das Licht der Sonne aufnimmt und in die Nacht hineinstrahlt, so sagen sie, soll die Kirche das Licht Christi in der Nacht der Welt aufnehmen und reflektieren. Der Mond aber kann dies nur tun, indem er im Rhythmus der Zeiten immer wieder abnimmt und stirbt, vom Vollmond in die Finsternis eintaucht, um dann erneut und erneuert strahlkräftig in diese Welt hineinzuwirken. So muss auch die Kirche im Laufe der Zeiten immer wieder abnehmen und sterben in ihrer jeweiligen geschichtlichen Gestalt, um das Licht Christi wirkungsvoll in ihre Zeit hineinstrahlen zu können. Vielleicht erleben wir in Europa so etwas wie ein Sterben einer lange Zeit bewährten und strahlkräftigen, aber inzwischen nicht mehr tragfähigen Gestalt von Kirche. Dann käme es also darauf an, bei der anstehenden Umgestaltung nicht zu bremsen, sondern aktiv an der Entwicklung neuer Strukturen mitzuhelfen, voller Vorfreude darauf, was Gott im nächsten Jahrtausend für uns bereithält. Ich sehe eine zu Ende gehende Gestalt von Kirche, ich sehe aber auch eine Vielzahl hoffnungsvoller Aufbrüche vor Ort, die geeignet sind, der Kirche den Weg in die Zukunft zu weisen. Und das macht mir Mut, eine neue Reformation auszurufen. Sie ist keine bloße Utopie. Sie findet bereits statt.

Jesus sorgt für seine Kirche. Und weil er es tut, kann die Kirche nicht sterben. Die Gestalt der Kirche aber unterliegt dem geschichtlichen Wandel.

Zur Absicht dieses Buches

So wenig, wie man mit den Bestimmungen der Straßenverkehrsordnung den Flugverkehr regeln kann, so wenig taugen die herkömmlichen kirchlichen Strukturen, um die Zukunft zu meistern.

Dieses Buch widmet sich der Frage, wie eine solche Reformation aussehen kann und welche Grundentscheidungen wir in unserer Kirche heute treffen müssen, um sowohl den Menschen unserer Zeit als auch den Vorgaben der Heiligen Schrift gerecht zu werden. Mir geht es nicht darum, eine neue Kirche ins Leben zu rufen. Ich möchte, dass unsere evangelische Kirche wieder evangelisch wird. Andernfalls haben wir nur noch eine Vergangenheit, aber keine Zukunft. Das bedeutet nicht, dass alles Frühere als schlecht zu bewerten ist. Aber es ist für die kommende Zeit in vielerlei Hinsicht nicht mehr tragfähig. So wenig, wie man mit den Bestimmungen der Straßenverkehrsordnung den Flugverkehr regeln kann, so wenig taugen die herkömmlichen kirchlichen Strukturen, um die Zukunft zu meistern. Sie haben ihren Sinn und ihr Verdienst. Aber neue Zeiten brauchen neue Regeln und Strukturen. Man kann dabei nur in begrenztem Umfang von den Erfahrungen der Alten lernen: Die Regel »rechts vor links« kann man vielleicht noch auf den Flugverkehr übertragen. Man wird aber sehr schnell an den Punkt kommen, an dem die frühere Erfahrung nicht viel bringt, ja, wo das Beharren auf alten Regeln (zum Beispiel »Tempo 130«) sich geradezu als tödlich erweisen kann.

Vergleichbares gilt auch für die Kirche: Frühere Strukturen haben ihr Recht und ihren Ort gehabt und waren für ihre Zeit in aller Regel durchaus angemessen und gut. Und manches davon mag auch heute noch gut und zweckmäßig sein. Aber um das herauszufinden, muss von Zeit zu Zeit jeder einzelne Stein in der Kirche umgedreht, geprüft und neu bewertet werden. Hierbei darf es keine Tabus geben, solange nicht der Kern des Evangeliums selbst betroffen ist. Solch eine grundlegende Sichtung vorzunehmen ist das Anliegen dieses Buches. Das Wort »Reformation« klingt bei alledem vielleicht sehr hoch gegriffen, aber es macht in wünschenswerter Klarheit deutlich, dass es nicht darum gehen kann, in einer derzeit für die Kirche sehr angespannten Situation ein wenig Flickschusterei zu betreiben, im Wesentlichen aber alles beim Alten zu belassen.

Das Wort »Reformation« klingt bei alledem vielleicht sehr hoch gegriffen, aber es macht in wünschenswerter Klarheit deutlich, dass es nicht darum gehen kann, in einer derzeit für die Kirche sehr angespannten Situation ein wenig Flickschusterei zu betreiben, im Wesentlichen aber alles beim Alten zu belassen.

Um allen Missverständnissen vorzubeugen: Ich sehe mich selbst nicht als den neuen Reformator. Kaum etwas von dem, was ich in diesem Buch schreibe, ist wirklich neu, sondern es ist alles schon einmal gesagt worden, wenn auch nicht in dieser Zusammenstellung und Zuspitzung. Die Ideen, die ich hier vortrage, schweben bereits seit einiger Zeit im Raum. Ich versuche nur, ihnen auf meine Weise und von meinem Erfahrungshorizont her Ausdruck zu verleihen. Die neue Reformation wird – anders als die erste – nicht auf einige wenige Führerpersönlichkeiten zurückzuführen sein, sondern sehr viel stärker von der kirchlichen Basis ausgehen. Das hat nicht zuletzt etwas mit dem seit der ersten Reformation radikal gewandelten Verständnis von Autorität zu tun. Seit dem Siegeszug der Aufklärung ist es nicht mehr möglich, dass sich in der Kirche einfach jemand hinstellt und sagt: »Da geht es lang!« – und der Rest folgt hinterher. Entsprechend wirkte, wo immer Menschen in jüngerer Zeit mit dem Anspruch auftraten,»der neue Martin Luther« zu sein, oder gar pathetisch irgendwelche Thesen an die Kirchentür nagelten, dies in aller Regel ziemlich lächerlich und peinlich. Es passt einfach nicht mehr in diese Zeit und das ist auch gut so. Denn die Orientierung an einer einzigen Führerfigur würde letztlich doch wieder nur auf neue Hierarchien und eine große unmündige Masse innerhalb der Christenheit hinauslaufen. Doch genau dies gilt es innerhalb der evangelischen Kirche endlich zu überwinden.

Die neue Reformation wird viele Mütter und Väter haben. Deren Namen werden vielleicht in keinem Geschichtsbuch auftauchen, aber auf sie wird zutreffen, was der bekannte Kindervers sagt: »Viele kleine Leute an vielen kleinen Orten, die viele kleine Schritte tun, können das Gesicht der Welt verändern.« Ich habe in den letzten Jahren viele dieser Menschen kennen gelernt, die mit Gottvertrauen, Phantasie, Mut und Durchhaltevermögen jeweils an ihrem Platz die nötige Veränderung vorantreiben.

Die neue Reformation wird viele Mütter und Väter haben.

Noch sind sie in der Minderheit und es ist unglaublich, mit welcher Herablassung sie manchmal durch Vertreter der etablierten Kirche behandelt werden, wie oft sie an die Seite gedrängt werden und mit was für Schwierigkeiten und Vorwürfen sie sich auseinander setzen müssen. Aber ihr Wirken zieht immer weitere Kreise und ich bin überzeugt davon, dass sich das, was sie tun, auf Dauer durchsetzen wird.

Die neue Reformation ist bereits voll im Gang. Die Frage ist nur, ob sie ein Partikularereignis bleiben wird, das sich auf einzelne Gemeinden beschränkt, oder ob sie zu einer Bewegung wird, die nach und nach die gesamte Kirche erreichen und von Grund auf verändern wird. Wenig Chancen räume ich dem Ansatz ein, die Kirche »von oben nach unten« durch irgendwelche Verordnungen der kirchenleitenden Gremien zu reformieren. Solche Versuche sind gut gemeint, aber die Praxis zeigt, dass die Gemeinden an der Basis sich solchen Maßnahmen nur zähneknirschend beugen. Sie gehen so weit mit wie nötig, aber ihr Herz ist nicht dabei – und auf diese Weise wird alles Mögliche entstehen, aber kein neues Leben in unserer Kirche.

Darum wiederhole ich noch einmal meine bereits im Vorwort aufgestellte These: Die Gesundung der Kirche wird in erster Linie von den Gemeinden ausgehen. Kleinere Gebilde lassen sich schneller wiederbeleben und umstrukturieren als große, komplexe. Darum wendet sich mein Buch überwiegend an die Gemeinden. Ich habe die Hoffnung, dass sie den Willen und die Kraft aufbringen, die nötigen Veränderungen an sich vorzunehmen. Meine andere Hoffnung ist die, dass die kirchenleitenden Gremien sich diesen Veränderungsschritten nicht in den Weg stellen, sondern die Gemeinden auf diesem Weg unterstützen. Denn sehr viel Zeit bleibt uns nicht mehr, die Reformation voranzubringen. Und wer zu spät kommt, den bestraft bekanntlich das Leben.

Der Hauptteil dieses Buches gliedert sich in zwölf verschiedene Aufgaben, die der Kirche bzw. den Gemeinden in den nächsten Jahren bevorstehen. Die Tatsache, dass es gerade 96 Thesen geworden sind, mag zu manch symbolischer Deutung Anlass geben, ist aber letztlich zufällig. Sie ist rein mathematisch in dem Umstand begründet, dass ich den zwölf Aufgaben jeweils acht Thesen zugeordnet habe. Die zwölf Aufgaben lauten wie folgt:

Sehr viel Zeit bleibt uns nicht mehr, die Reformation voranzubringen. Und wer zu spät kommt, den bestraft bekanntlich das Leben.

Die erste Aufgabe:	Zur reformatorischen Mitte zurückkehren
Die zweite Aufgabe:	Spiritualität freisetzen
Die dritte Aufgabe:	Den Auftrag wiederentdecken
Die vierte Aufgabe:	Das allgemeine Priestertum der Gläubigen aktivieren
Die fünfte Aufgabe:	Den Pfarrberuf neu definieren
Die sechste Aufgabe:	Führungsverantwortung übernehmen
Die siebte Aufgabe:	Eine gesunde Kleingruppenstruktur aufbauen
Die achte Aufgabe:	Eine Kultur der Liebe entwickeln
Die neunte Aufgabe:	Den Gottesdienst losketten
Die zehnte Aufgabe:	Die innergemeindlichen Strukturen vereinfachen
Die elfte Aufgabe:	Den Primat der Gemeinde wieder herstellen
Die zwölfte Aufgabe:	Die Kirche nach vorne träumen

Bei alledem ist es fast beliebig, mit welcher Aufgabe wir den Anfang machen. Die Kirche verhält sich wie ein Uhrwerk, in dem ein Rad in das andere greift. Wenn man an *einem* Rädchen dreht und etwas verändert, hat dies auch Auswirkungen auf die anderen. Darum ist die Reihenfolge, in der die von mir formulierten zwölf Aufgaben angegangen werden – mit Ausnahme der ersten –, nicht so wichtig. Sinnvollerweise wird man dort beginnen, wo man in der eigenen Gemeinde die größten Schwachstellen sieht. Insgesamt müssen wir uns aber darüber im Klaren sein, dass wir, egal an welcher Schraube wir auch drehen, einen gewaltigen Eingriff in das Gesamtsystem der Kirche vornehmen. Und wer in dieser Hinsicht »A« sagt, wird nicht umhin können, auf die Dauer auch »B« und dann auch »C« zu sagen. Sonst werden die anderen Teile des Systems dafür sorgen, dass die zuerst bewegte Schraube allmählich wieder in ihre Ausgangsposition zurückversetzt wird und sich nicht allzu viel verändert.

Ich bin mir dessen bewusst, dass die von mir beschriebenen zwölf reformatorischen Aufgaben eine Menge Zündstoff in sich bergen und für viele eine große Herausforderung, ja vielleicht sogar eine Provokation bedeuten. Mancher und manche, die seit Jahren treu ihren Dienst in der Kirche tun, werden sich und ihre Arbeit durch das, was ich hier schreibe, in Frage gestellt sehen. Dies tut mir menschlich Leid, ist aber um der Zukunft unserer Kirche willen nicht vermeidbar. Die Fragen und Herausforderungen, die ich in diesem Buch formuliere, sind nicht die einer Privatperson, die sich auf Kosten der Kirche profilieren will. Sie ergeben sich vielmehr aus dem Selbstverständnis unserer Kirche, sie stehen seit Jahren unterschwellig und immer deutlicher werdend im Raum und sie gewinnen angesichts der heutigen Kirchenkrise an besonderer Dringlichkeit.

Mir geht es nicht um Negation, Ablehnung oder Infragestellung, sondern um die Kirche der Zukunft, um einen positiven Entwurf. Allerdings lässt sich nicht vermeiden, dass das Bild der zukünftigen Kirche einen mitunter starken Kontrast zu ihrer Jetztgestalt aufweist. Auch wird immer wieder die Frage zu stellen sein, wie wir denn von unserer heutigen Situation aus zu dieser Zukunft gelangen wollen. Auch dies wird häufig zwangsläufig mit einer Kritik der gegenwärtigen Verhältnisse gekoppelt sein. Ich hoffe, dass es mir gelingt, das Konstruktive und Positive und Hoffnungsvolle, um das es mir geht, hinreichend deutlich zu machen.

Es ist zweifellos ein radikales Programm, das mir hier vorschwebt. Am Ende dieses Prozesses wird eine Kirche stehen, die für das neue Jahrtausend und seine Herausforderungen gut gerüstet ist. Sie wird, zumindest was das Äußere anbetrifft, mit der Kirche, die wir heute kennen, nicht mehr viel gemein haben. Meine Erfahrung ist, dass allein dieser Gedanke bei vielen kirchlichen Insidern große Ängste auslöst. Ich will auch keineswegs behaupten, dass der hier vorgeschlagene Weg ohne Gefahren und Risiken wäre. Keiner von uns kennt die Zukunft, und vieles bekommen wir nur über Versuch und Irrtum heraus. Dabei werden wir zwangsläufig jede Menge Fehler machen. Das ist bedauerlich, aber immer noch besser, als wenn wir es überhaupt nicht erst versuchen. Ich wünschte mir ein gesamtkirchliches Klima, das solche Fehler nicht kritisiert, sondern belohnt.

In den achtziger Jahren machte die seinerzeit größte Firma der Welt, IBM, nahezu pleite. Der damalige Chef von IBM fasste den Grund der Misere in einem einzigen Satz zusammen: »Wir haben nicht genügend Fehler gemacht.« IBM hatte sich auf das konzentriert, was die Firma immer gemacht hatte und womit sie in der Vergangenheit sehr erfolgreich gewesen war: nämlich auf den Bau von industriellen Großrechnern. Als in den siebziger Jahren ein paar junge Studenten, die nachts in ihren Garagen bastelten, die Vision hatten, dass eines Tages ein Computer auf jedem Schreibtisch stehen würde, hatte IBM nur Hohnlachen übrig. Zum einen war die Idee absurd: Computer waren viel zu groß für Schreibtische. Zum anderen gab es dafür seinerzeit überhaupt keinen Markt. Selbst wenn es gelingen würde, kleinere Rechner zu bauen – was sollten die Leute damit anfangen? Und so blieb IBM auf der vermeintlich sicheren Seite, riskierte nichts Neues, sondern behielt die alten, ehedem sehr erfolgreichen Vorgehensweisen, Strategien und Organisationsformen bei – und ging in den Folgejahren fast in die Knie. Nur eine radikale Kurskorrektur in den achtziger Jahren rettete die Firma. Die Marktführerschaft aber musste sie an die »Garagenfirmen« von damals abgeben.

> *Es gibt in diesen bewegten Zeiten kaum etwas Unsichereres als die Sicherheiten von gestern.*

Könnte es sein, dass genau *das* auch unser Fehler ist: dass wir nicht genügend Fehler machen? Dass wir immer noch versuchen, auf der vermeintlich sicheren Seite zu bleiben und die Erfolgsrezepte früherer Tage fortzuschreiben, und dabei nicht merken, dass sich die Zeit und die Menschen mittlerweile radikal gewandelt haben? Es gibt in diesen bewegten Zeiten kaum etwas Unsichereres als die Sicherheiten von gestern. Zweifellos ist der Weg, den ich in diesem Buch vorschlage, gefährlich. Aber das Gefährlichste, was ich mir in der heutigen Situation überhaupt vorstellen kann, ist, dass wir die Hände in den Schoß legen und in vermeintlichem Gottvertrauen dabei zuschauen, wie der große »Tanker« Kirche auf einen Felsen zuläuft. Hier nichts zu tun oder lediglich die Ladung auf dem Tanker zu verrücken, ist viel schlimmer als jedes Versagen.

> *Könnte es sein, dass genau das auch unser Fehler ist: dass wir nicht genügend Fehler machen?*

Bert Brecht sagt: »Wer sich nicht in Gefahr begibt, kommt darin um.« Es ist eine Schicksalsfrage an unsere Kirche und an unsere Gemeinden, wie lange wir es uns noch leisten können, uns nicht in Gefahr zu begeben. Wenn wir als Kirche nicht in unserer eigenen Sicherheit umkommen wollen, müssen wir viel mehr Risiken auf uns nehmen. Sicher ist nur der Tod. Doch wenn wir auch noch im neuen Jahrtausend lebendige Gemeinden haben wollen, müssen wir die alten Sicherheiten preisgeben. Wer neue Horizonte entdecken will, muss bereit sein, die alten Ufer zu verlassen.

> *Wer neue Horizonte entdecken will, muss bereit sein, die alten Ufer zu verlassen.*

Die erste Aufgabe:
Zur reformatorischen Mitte zurückkehren

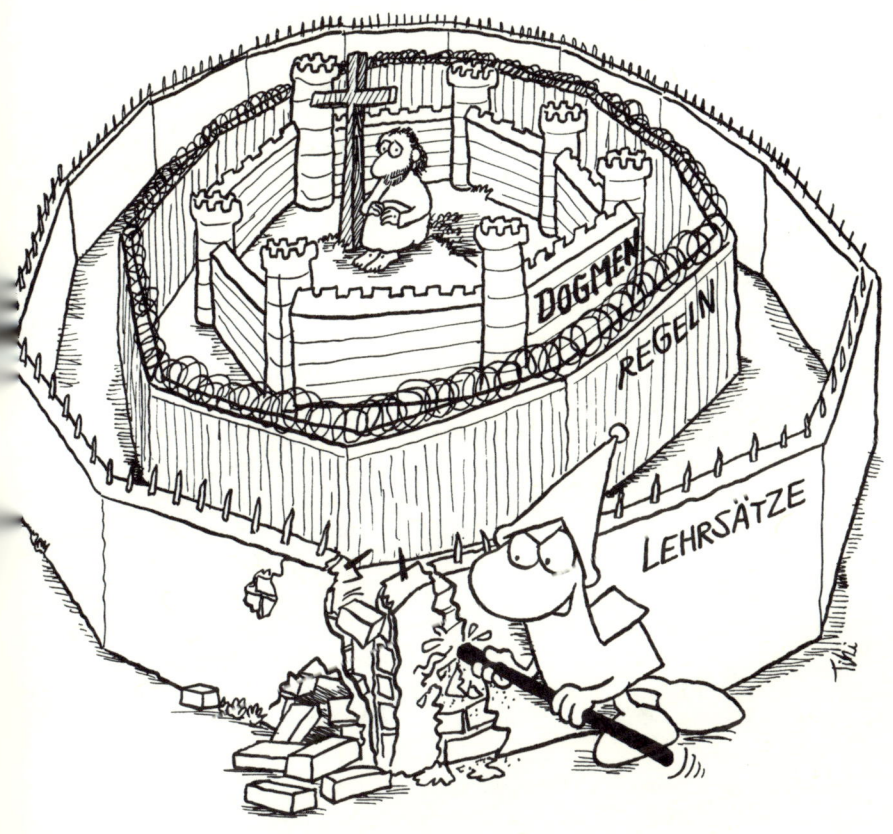

»In der Kirche von morgen
werden die Menschen nicht in erster Linie Forderungen,
Sätzen oder Regeln begegnen,
sondern der Person Jesu.«

1 Martin Luther wollte die Botschaft der Kirche auf das Fundament der Bibel stellen und ihre äußeren Formen auf die Höhe der Zeit bringen. Die evangelische Kirche ist derzeit im Begriff, sowohl das eine wie auch das andere zu verfehlen.

Protestantismus ist eine Haltung der Wachsamkeit gegenüber zwei grundlegenden Gefahren, denen die Kirche überall und zu allen Zeiten ausgesetzt ist. Die erste Gefahr ist die Aufweichung ihrer zentralen Inhalte. Die zweite Gefahr ist die Erstarrung und Verselbständigung ihrer äußeren Formen. Dieser doppelten Aufgabe sind wir als evangelische Kirche dauerhaft verpflichtet: Zum einen die Mitte des christlichen Glaubens zu bewahren, und zum andern die äußeren Formen in der Kirche so flexibel zu halten, dass sie in der jeweils für ihre Zeit bestmöglichen Weise auf diese Mitte hinweisen.

Wenn ich mich in diesem Buch für eine neue Reformation ausspreche, dann meine ich keineswegs, dass wir die Reformation Martin Luthers hinter uns lassen sollen. Es geht mir weder um einen neuen Glauben noch um eine neue Kirche. Vielmehr geht es mir darum, dass die protestantische Kirche wieder protestantisch wird. Die »neue Reformation« wird zum guten Teil darin bestehen, dass wir zu den Grunderkenntnissen Luthers und seiner Mitstreiter zurückfinden. Denn diese sind in der evangelischen Kirche keineswegs allgemein akzeptiert oder gar durchgesetzt. Im Gegenteil: Es ist erschreckend, wie wenig von dem, was Martin Luther seinerzeit theologisch wollte, in der evangelischen Kirche überhaupt noch bekannt ist. Vor allem an der Basis unserer Gemeinden herrscht hierüber eine erstaunliche Unkenntnis. Zwar fehlt es nicht an Leuten, die mit einem gewissen Pathos (und oft auch mit einem gewissen Dünkel) betonen, dass sie »protestantisch« seien. Doch auf genauere Nachfragen, worin dieses Protestantisch-Sein denn konkret besteht, bekommt man als Antwort oft nur Äußerlichkeiten genannt: »Wir haben keinen Papst, keine Heiligen, kein ›Brimborium‹ und keine Beichte.« Dabei schaut man teils verächtlich, teils bedauernd auf die »armen Katholiken« herab, die sich mit einem derartigen »Unsinn« noch abgeben müssen.

Fragt man aber noch ein bisschen genauer, was die Leute denn *positiv* glauben – alles eben Genannte sind ja nur Negationen –, dann wird sehr schnell deutlich, dass sich die Volksfrömmigkeit innerhalb der evangelischen Christenheit über weite Strecken auf einem Niveau befindet, das keinen Anlass gibt, sich über den Katholizismus zu erheben. Da ist für den normalen evangelischen Christen die

---

Es ist nicht übertrieben, wenn wir sagen, dass von dem, was Luther inhaltlich wollte, innerhalb der evangelischen Christenheit so gut wie nichts mehr präsent ist.

Nächstenliebe das Wichtigste am christlichen Glauben. Da wird die Einhaltung der bürgerlichen Moral zum Kriterium dafür erhoben, ob ein Mensch Christ ist oder nicht. Da kommt man fraglos in den Himmel, solange man sich halbwegs anständig verhält. Da gilt als Sünder auch weiterhin jemand, der etwas ganz besonders Schlimmes getan hat. Als hätte es Luther und Paulus und deren Theologie nie gegeben! Es ist nicht übertrieben, wenn wir sagen, dass von dem, was Luther inhaltlich wollte, innerhalb der evangelischen Christenheit so gut wie nichts mehr präsent ist. Das aber lässt uns fragen, inwieweit die evangelische Kirche tatsächlich noch evangelisch ist. Die neue Reformation wird daher in vielerlei Hinsicht darin bestehen, dass wir – zumindest was die Inhalte anbetrifft – uns auf das zurückbesinnen, was Martin Luther und seine Weggefährten damals wollten.

Die zentralen *Inhalte,* um die es Luther zu tun war, sind kaum jemandem bekannt. Stattdessen haben wir die reformatorischen *Formen* konserviert. Äußerlichkeiten sind es, die – neben dem Fehlen einiger typisch katholischer Elemente wie Papst, Weihrauch und Rosenkranz – für viele Protestanten unsere »evangelische Identität« ausmachen: der schwarze Talar, die Lutherbibel, der karge, schmucklose Gottesdienst, das seltene Abendmahl und Ähnliches. Mit dieser Fixierung auf äußere Formen bei gleichzeitigem Vergessen der zentralen Inhalte wird die doppelte Aufgabe des Protestantismus in beide Richtungen hin unterlaufen. Das aber bedeutet nicht mehr und nicht weniger, als dass wir Luthers Grundanliegen noch einmal ganz neu in unserer Kirche entdecken und einführen müssen. Auf gut Deutsch: Die Kirche der Reformation bedarf einer neuen Reformation.

> *Die zentralen Inhalte, um die es Luther zu tun war, sind kaum jemandem bekannt. Stattdessen haben wir die reformatorischen Formen konserviert.*

2 Die Reformation hat nicht im sechzehnten Jahrhundert stattgefunden, sondern liegt als Aufgabe vor uns.

Stellen Sie sich einen Betrieb vor, in dem seit vielen Jahren nach völlig veralteten Methoden gearbeitet wird. Eines Tages bekommt die Firma einen neuen Chef. Der gibt die Devise aus: »Wir müssen diesen Betrieb modernisieren!« Er krempelt die Ärmel hoch und beginnt, grundlegende Neuerungen einzuführen. Seine Vorschläge werden teils zögerlich, teils begeistert aufgegriffen und setzen sich tatsächlich durch. Ein Ruck geht durch die Firma. Es entsteht so etwas wie eine *corporate identity,* ein gemeinsames Bewusstsein: »Wir sind ein moderner Betrieb.« – Einige Zeit später stirbt der Chef. Es vergehen Jahrzehnte und immer noch wird in diesem Betrieb als »modern« angesehen, was dieser Mann seinerzeit an Neuerungen eingeführt hatte. Die Firma läuft immer schlechter, aber jegliche Veränderung – etwa der Vorschlag, die alten Schreibmaschinen durch Computer zu ersetzen – wird bekämpft mit dem Argument, man wolle doch »modern« bleiben und »im Geist des Chefs« arbeiten. Dabei kommt kaum jemand auf den Gedanken, dass das, was zu des alten Chefs Zeiten modern war, mittlerweile schon längst wieder veraltet ist. Und dass man sehr viel mehr im Geiste dieses Mannes handeln würde, wenn man die von ihm eingeführten Methoden durch neue, der Zeit angemessenere ersetzte.

Eine Firma, die jegliche Neuerung bekämpft, weil sie unbedingt »modern« bleiben möchte – das klingt zweifellos grotesk, aber etwas Vergleichbares vollzieht sich tagtäglich vor unseren Augen. Wir nennen uns »Kirche der Reformation« – das heißt Kirche der Umgestaltung und Neustrukturierung –, doch es hat den Anschein, dass wir nichts mehr fürchten, als dass unsere Kirche tatsächlich umgestaltet und neu strukturiert wird. Ja, viele sehen es geradezu als Verrat an den ursprünglichen Prinzipien der Reformation an, wenn diese Kirche allzu sehr verändert wird. Reformation ist für sie etwas, was im sechzehnten Jahrhundert stattgefunden hat, und nichts, was als Aufgabe vor uns liegt. Sie bekämpfen notwendige Reformen, weil sie unbedingt »reformatorisch« bleiben wollen. Die Logik, die dahinter steht, ist die gleiche wie die jener Firma, die unbedingt »modern« bleiben will und sich deswegen jeglicher Modernisierung entgegenstellt. Nur: Etwas, was vor fünfzig Jahren modern war, ist es heute in aller Regel nicht mehr. In ähnlicher Weise darf eine »Kirche der Reformation« nicht das Gesicht vergangener Zeiten haben, sondern muss sich immer wieder einer umfassenden Veränderung unterziehen.

Der Begriff »Reformation« hat – ähnlich wie das Wort »modern« – ein eingebautes Verfallsdatum. So wie man nicht gleichzeitig modern *und* nostalgisch sein kann, muss sich auch eine Kirche entscheiden, was sie sein möchte: reformatorisch *oder* in alten Strukturen verhaftet. Nicht, dass die evangelische Kirche jeder Mode hinterherlaufen muss, ist damit gemeint, wohl aber, dass sie – was ihre äußeren Formen anbetrifft – in engem Kontakt mit den Menschen ihrer Zeit bleiben muss. Wenn der Protestantismus sich in seiner äußeren Form mehr an der Vergangenheit als an der Gegenwart orientiert, wird er zu einem Gebilde, gegen das selbst protestiert werden muss.

Wir sind eine erschütternd konservative Kirche geworden, was die äußeren Formen anbetrifft. Die *Inhalte* hingegen, bei denen ein gewisser Konservatismus tatsächlich wichtig wäre, haben wir weithin aus den Augen verloren. Ich bin davon überzeugt: Luther würde beim Anblick jener Kirche, die sich heute auf ihn beruft, die Hände über dem Kopf zusammenschlagen und sagen: »Ja seid ihr noch gescheit, euch bei alledem auf mich zu berufen? Eins meiner Hauptanliegen war es doch, mit den Menschen meiner Zeit in Tuchfühlung zu kommen. Glaubt ihr allen Ernstes, es sei in meinem Sinne, wenn ihr immer noch versucht, mit den Menschen meiner Zeit in Tuchfühlung zu bleiben?« Protestantismus ist anstrengend. Über der protestantischen Kirche schwebt ständig das Damoklesschwert eines drohenden Verfallsdatums. Eine katholische (= »alles umgreifende«) Kirche kann es sich von ihrem Selbstverständnis her leisten, auch in ihren äußeren Formen geschichtsübergreifend, universal und einheitlich zu sein – ja sie *muss* das sogar anstreben. Salopp gesagt: In der katholischen Kirche darf eine Neuerung nur dann eingeführt werden, wenn sich beweisen lässt, dass diese gar nicht neu ist, sondern auf eine uralte Tradition zurückgreift. Der Protestantismus hingegen »funktioniert« völlig anders. Er muss sich ständig selbst erneuern. Da er mit den Menschen seiner Zeit in Tuchfühlung bleiben will, muss er auch in den äußeren Formen seiner jeweiligen Zeit entsprechen. Er darf nicht das Gesicht vergangener Tage haben. Er darf eine Tradition nur dann beibehalten, wenn sichergestellt ist, dass diese Tradition die Menschen in ihrem heutigen Lebensgefühl anspricht und weiterführt.

Der Protestantismus ist seinem Wesen nach nicht anti-traditionell, aber er pflegt einen pragmatischen Umgang mit der Tradition. Tradition kann ein sehr hilfreiches Instrument sein, das Rad nicht immer wieder neu erfinden zu müssen. Die Tradition gibt uns wichtige Stichworte vor, die wir selbst vielleicht vergessen hätten, und wirkt insofern auch als Korrektiv zu unserer eigenen begrenzten Sicht der Dinge. Tradition vermittelt überdies für viele ein Gefühl der Vertrautheit und des Zuhauseseins. Insofern ist Tradition wichtig und gut. Tradition *an sich* ist aber nichts, wovor sich der Christ ehrfürchtig zu verneigen braucht. Nirgends in der Bibel ist uns aufgetragen, die Tradition zu bewahren, und zwar aus einem einfachen Grunde: Sie ist kein sinnvoller Zweck in sich selber. Tradition ist ein *Hilfsmittel*, nicht mehr und nicht weniger. Wenn sie einer Vielzahl von Menschen nicht mehr hilft, sondern sie vielleicht sogar daran hindert, mit dem Evangelium in Berührung zu kommen, müssen wir uns von ihr lösen. Unsere evangeli-

> *Der Protestantismus ist seinem Wesen nach nicht anti-traditionell, aber er pflegt einen pragmatischen Umgang mit der Tradition.*

sche Identität behalten wir dabei trotzdem – freilich nicht über die äußeren Formen, sondern über die Inhalte.

3 Wer die Kirche reformieren möchte, muss bei den Inhalten ansetzen. Er darf dabei aber nicht stehen bleiben.

Reformation kann nur von der Mitte her zu den Rändern erfolgen. Die Erneuerung der Kirche lässt sich nicht durch bloße Änderungen an ihrem Äußeren herbeiführen – und seien diese noch so einschneidend. Dies gliche dem Versuch eines Menschen, seinen Charakter dadurch zu ändern, dass er sich neue Kleider anzieht. Zweifellos wirkt das Äußere auf das Innere zurück, aber die äußere Veränderung kann die Arbeit an diesem Inneren nicht ersetzen, sondern lediglich ergänzen und unterstützen. Versuche, die Kirche durch äußere Reformen zu erneuern, hat es im Lauf der jüngeren Kirchengeschichte durchaus gegeben. Sie sind gescheitert, weil mit ihnen nicht eine entsprechende Reformation der Inhalte einherging.

Die Erneuerung der Kirche lässt sich nicht durch bloße Änderungen an ihrem Äußeren herbeiführen. Dies gliche dem Versuch eines Menschen, seinen Charakter dadurch zu ändern, dass er sich neue Kleider anzieht.

Die Reformation hat eine Innen- und eine Außenseite. Die Außenseite ist das, was wir auf den ersten Blick wahrnehmen. Die Innenseite der Reformation hingegen liegt nicht offen zu Tage. Sie ist aber das Entscheidende, denn sie bestimmt auch die Außenseite. Wer beispielsweise von Martin Luther nur zu sagen weiß, dass er den Beichtstuhl, die Klöster und die lateinische Messe abgeschafft hat, hat das Wesen der Reformation nicht verstanden. Natürlich haben Luther und die anderen Reformatoren dies alles getan. Aber das Wesen der Reformation bestand in etwas anderem: nämlich in der Neubesinnung auf die Mitte des christlichen Glaubens. Die Reformation entzündete sich nur scheinbar an der äußerlichen Frage des Ablasshandels. Worum es Luther bei diesem Konflikt aber eigentlich ging, war die hinter dem Ablasshandel stehende grundfalsche Theologie. Ähnlich ließe sich das für alle anderen Änderungen zeigen, die Luther an der äußeren Gestalt der Kirche vorgenommen hat. Es ging ihm in allen äußeren Änderungen darum, der von ihm wiedergefundenen und klar umrissenen »Mitte des christlichen Glaubens« Ausdruck zu verleihen.

Auch die neue Reformation muss bei den Inhalten ansetzen. Wie ich in meinem Einleitungskapitel aufgezeigt habe, ist die derzeitige Krise unserer Kirche eine innerliche. Sie lässt sich mit äußerlichen Veränderungen nicht beheben. Wenn die Mitte nicht klar ist, helfen uns die besten Formen und Strukturen nichts. Nehmen wir ein Beispiel: Wir können einen modernen Gottesdienst anbieten, um neue Menschen für die Kirche zu gewinnen: Wenn aber die Inhalte nicht stimmen, wenn die Mitte nicht klar ist, ist das Ganze zum Scheitern verurteilt. Wir können die erfolgreichsten Gottesdienstkonzepte der Welt 1:1 kopieren: Wenn wir es versäumen, die entsprechende Hintergrundarbeit in unseren Gemeinden zu leisten, werden wir vielleicht eine Hand voll spektakulärer Gottesdienste abhalten – doch dann läuft sich die Sache tot. Eine Reformation der Strukturen kann nur mit einer Reformation der Inhalte einhergehen.

Freilich wird die Kirche auch nicht reformiert, wenn wir uns damit begnügen, eine vermeintlich »biblische« Botschaft zu predigen, die äußeren Formen aber nicht ändern. Das ist die Schwierigkeit vieler Kreise, die sich sehr betont um »Bibel und Bekenntnis« scharen. Auch sie fordern seit Jahren eine neue Reformation, werden mit ihrem Anliegen aber nicht durchdringen. Sie formulieren zwar eine durchaus richtige Mitte, sind aber, was die Erneuerung der äußeren Formen anbetrifft, völlig leidenschaftslos. Die Folge: Sie wirken altmodisch und besitzen kaum begeisternde Ausstrahlung über ihre eigenen engen Kreise hinaus. Die Auffassung, die Kirche ließe sich allein dadurch erneuern, dass wir zu den reformatorischen Erkenntnissen des sechzehnten Jahrhunderts zurückkehren, ist ein Irrglaube. Die Inhalte sind wichtig, von ihnen geht alles aus. Aber wenn diese Inhalte sich nicht immer wieder in neuen, ihrer Zeit entsprechenden Formen äußern, werden sie die Menschen nicht erreichen.

Eine Kirche, die nicht auf der Höhe der Zeit bleibt, verliert auch ihre Nähe zur Heiligen Schrift. Diese Nähe ist nämlich nicht konservierbar. Sie muss immer wieder neu errungen und für jede Zeit neu definiert werden. Sogar in der Bibel selbst kleidet sich die Botschaft von der Liebe Gottes immer wieder in eine neue Gestalt: Sie nimmt bei Mose eine andere Form an als bei den Propheten, sie sieht für Judenchristen anders aus als für Heidenchristen. So wird Paulus nicht müde, zu betonen, dass es »kein anderes Evangelium« gibt als das von ihm verkündete (Galater 1,8+9). Aber die Konsequenz, die er daraus zieht, ist gerade nicht die *Festlegung*, sondern die *Freiheit* der äußeren Form (vgl. Galater 5,1)! Die Form muss den Menschen der jeweiligen Zeit entsprechen und nicht irgendwelchen Vorgaben der Tradition – auch nicht den Vorgaben einer *biblischen* Tradition. Darum kann niemand sagen: »Wir sind vielleicht nicht auf der Höhe der Zeit, aber wir sind auf der Höhe der Bibel.« Letzteres ist vielmehr ohne das Erstere nicht zu haben. Denn die Bibel ist weder altmodisch noch modern: Sie ist ewig. Das heißt aber, dass sie allen Zei-

Eine Kirche, die nicht auf der Höhe der Zeit bleibt, verliert auch ihre Nähe zur Heiligen Schrift.

ten in gleicher Weise nah ist. Wir müssen nicht erst einen Umweg über die Vergangenheit machen, um ihr zu entsprechen.

4 Reformatorisch sind wir dann, wenn wir die Werke der Reformatoren weiter vorantreiben, und nicht, wenn wir sie lediglich konservieren.

Ein Kerngedanke der Reformation lautete: »*Ecclesia semper reformanda.*« Auf Deutsch heißt das: »Die Kirche ist immer wieder (neu) zu reformieren.« Das hat im Wesentlichen zwei Gründe: *Zum einen* ist die Kirche darum bemüht, dem neutestamentlichen Ideal von Gemeinde so nahe wie irgend möglich zu kommen. Dieses Ideal aber lässt sich – wie alle Ideale – immer nur annäherungsweise verwirklichen. Wir werden *nie* vollkommene Liebe oder die ultimative Form der Spiritualität oder eine unüberholbare Form des Gottesdienstes gefunden haben oder auf Dauer verwirklichen. Die evangelische Kirche hat, weil sie sich an einem hohen Ideal orientiert, ständigen Nachhol- und Korrekturbedarf. Sie will in dem, was sie ist und lebt, möglichst auf der Höhe der Heiligen Schrift bleiben. Der *andere* Grund, warum die Kirche einer ständigen Erneuerung bedarf, wurde bereits genannt: Ohne fortgesetzte Reformation nach innen hin kann die Kirche nicht angemessen auf eine sich ständig wandelnde Welt reagieren. Dies führt dazu, dass die Kirche sich mehr und mehr nach außen hin isoliert und dass es im Inneren zu Fäulnisprozessen kommt.

Der verhängnisvolle Irrtum vieler »Lutheraner« ist es, dass sie die Kirche des neuen Jahrtausends mit Mitteln und Methoden des sechzehnten Jahrhunderts bauen wollen. Als »lutherisch« (bzw. auch als »reformatorisch«) gilt auf diese Weise, wer am überzeugendsten darauf verweisen kann, dass die Dinge, die er tut, von den Reformatoren des sechzehnten Jahrhunderts auch schon so getan wurden. Und jemand, der sich anschickt, die Kirche heute zu reformieren, gilt entsprechend nicht als »Reformator«, sondern als Störer oder gar Zerstörer der Tradition – obwohl er vielleicht nichts anderes tut, als Luther beim Wort zu nehmen.

Der verhängnisvolle Irrtum vieler »Lutheraner« ist es, dass sie die Kirche des neuen Jahrtausends mit Mitteln und Methoden des sechzehnten Jahrhunderts bauen wollen.

Wir preisen es heute als reformatorische Meisterleistung, dass Luther die Rituale der damaligen Zeit dem Lebensgefühl der damaligen Menschen angepasst hat. So schaffte er im Gottesdienst das altehrwürdige Latein ab und entwickelte eine eigene, evangelische Liturgie. Das, was seiner Meinung nach »brauchbar« war, behielt er, alles andere warf er hinaus. Er und die anderen Reformatoren seiner Zeit warfen kurzerhand die altehrwürdigen gregorianischen Gesänge aus dem Normalgottesdienst und schrieben eigene, deutsche Lieder. In vielen Fällen sah das so aus, dass sie die Tanzlieder, die »Gassenhauer«, die »*Top ten*« der damaligen Zeit aufnahmen und mit christlichen Texten versahen. Luther versuchte nicht, das Volk auf das hohe kulturelle Niveau der Kirche zu bringen, sondern passte das kulturelle Niveau der Kirche dem einfachen Volk an. Das Volk liebte ihn dafür, aber viele Menschen sagten damals auch: »Hat dieser Mann denn keine Ehrfurcht vor der Tradition? Das kann man doch nicht machen!« Doch Luther ging noch weiter. Er übersetzte die Bibel in die Umgangssprache der damaligen Zeit, in etwas, was wir heute als Gassendeutsch bezeichnen würden. Keine Spur einer eigenen sakralen Kirchensprache! »Man muss den Leuten aufs Maul schauen«, sagte er. Und eben *diese* Sprache, die er den Leuten vom Maul abschaute, benutzte er, um ihnen die Inhalte des Evangeliums nahe zu bringen.

Ich frage mich: Was ist eigentlich geschehen, dass wir die Lieder und die Sprache und die Gottesdienstform, die Luther seinerzeit benutzt hat, weil sie *damals* hochaktuell und auf der Höhe der Zeit waren, für Jahrhunderte festgefroren haben als »die« sakrale Sprache, als »das« sakrale Liedgut, als »die« gültige Gottesdienstform – und dass wir diese Vorgehensweise auch noch »lutherisch« nennen? Dadurch haben wir im Laufe der Jahrhunderte ein neues kulturelles Hochniveau geschaffen, dem sich die Menschen gefälligst anzupassen haben, wenn sie unsere Gottesdienste besuchen wollen. Doch das ist – bei aller Verwendung von Sprache, Formen und Liedern Martin Luthers – zutiefst unevangelisch. Wirklich evangelisch wäre es indes, wenn wir unsere Traditionen, so alt und ehrwürdig (und so »lutherisch«) sie auch sein mögen, ständig neu daraufhin befragen, ob sie denn noch dem Lebensgefühl der Menschen entsprechen, und wenn wir sie, wenn sie dies nicht mehr tun, durch neue ersetzen.

Jemand hat einmal gesagt: »Wenn wir das, was die Väter taten, so tun, wie es die Väter taten, tun wir nicht mehr, was die Väter taten.« Ich bin mir sicher, dass, wenn Luther die Bibel heute neu übersetzen würde, diese Übersetzung völlig anders aussehen würde als selbst unsere aktuellste Luther-Revision. Die Lutherübersetzung hat zwar ihren guten Sinn und Wert, aber eine Bibel für das Volk ist sie schon lange nicht mehr! Gleichermaßen bin ich sicher, dass Luther, wenn er heute lebte, die Orgel aus der überwiegenden Mehrzahl der bestehenden Gottesdienste verbannen würde. Stattdessen hielten dort Schlagzeug, Gitarre und Keyboard Einzug. Die überwiegende Mehrzahl der Gottesdienste hätte eine moderne Gestalt. Die Kirche wäre auch anders organisiert, und die aus dem Mittelalter stammende Territorienaufteilung würde bei uns mit Sicherheit keine Rolle mehr spielen. Freilich ist nicht ganz auszuschließen, dass Luther bei seinem Vorgehen heute die gleichen Widerstände entgegenschlagen würden wie damals – nur diesmal aus Reihen der evangelischen Kirche. Aus vermeintlicher »Treue zur Reformation« würde man es ihm nicht erlauben, heute sein Werk weiterzuführen.

Protestantisch zu sein heißt, das zu tun, was die Reformatoren taten, – und nicht, wie sie es taten. Luther hat das, was er getan hat, für das sechzehnte Jahrhundert getan. Für seine Zeit war das gut und wichtig. Doch wenn wir heute dasselbe tun wie er, ist es nicht mehr dasselbe! Was damals ein Schritt in die Zukunft war, ist heute ein Schritt zurück in eine ferne Vergangenheit. Ein Lutherlied, das damals topaktuell und modern war, ist heute einfach alt. Es mögen gute Gründe dafür sprechen, ein solches Lied trotzdem zu singen, aber nicht die Treue zur Reformation. Reformatorisch sind wir dann, wenn wir die Werke der Reformatoren weiter vorantreiben, und nicht, wenn wir sie lediglich konservieren. Protestantisch sind wir dann, wenn wir die von den Reformatoren herausgestellte Mitte bewahren und von dieser Mitte her unsere Formen immer wieder neu einer kritischen Sichtung unterziehen. Da diese Mitte heute aber weithin unklar geworden ist, bedeutet das: Wir müssen uns noch einmal ganz neu darauf besinnen, was das Zentrum des evangelischen Glaubens ist. Von dort aus können wir dann zu der Frage der äußeren Formen schreiten.

> *Protestantisch zu sein heißt, das zu tun, was die Reformatoren taten, – und nicht, wie sie es taten.*

5 Der christliche Glaube ist weder ein System von Normen und Regeln noch eine Weltanschauung oder Lehre. Im Zentrum des christlichen Glaubens steht vielmehr die Vertrauensbeziehung eines Menschen zu Jesus Christus.

Das heute wohl am weitesten verbreitete Missverständnis über den christlichen Glauben besteht in der Gleichsetzung von Christlichkeit und *Moral*. Als Christ gilt jemand, der sich an bestimmten ethischen Regeln und Normen orientiert. Was genau diese Regeln sind, bleibt dabei allerdings unklar. So berufen sich manchmal die gegensätzlichsten Positionen auf ihre Christlichkeit. Ganz allgemein aber herrscht ein weitgehender Konsens darüber, dass »christlich« so etwas Ähnliches bedeutet wie »sozial«.

Ein zweites Missverständnis über den christlichen Glauben besteht darin, dass dieser häufig gleichgesetzt wird mit dem *Für-wahr-Halten* irgendwelcher Aussagen über Gott oder Jesus. »Ich glaube natürlich auch an Gott« ist einer der häufigsten Aussprüche, die ich bei meinen Hausbesuchen zu hören bekomme. Der Hintergrund dieses Satzes ist regelmäßig der gleiche: Die Leute gehen zwar nicht in die Kirche, beeilen sich aber, dem Pfarrer zu versichern, dass sie trotzdem »gute Christen« sind. Schließlich glauben sie an die Existenz Gottes, ja, vielleicht sogar, dass Jesus der Sohn Gottes und von den Toten auferstanden ist. Das heißt: Sie halten es für wahr. Sehr viel Konsequenzen für ihr Leben hat dies zwar nicht, aber es genügt, dass sie sich als Christen empfinden.

Noch ein drittes Missverständnis ist in diesem Zusammenhang zu nennen: Die Gleichsetzung von Glaube und *Kirchenmitgliedschaft*. Eigentlich ist die Abwegigkeit dieser Auffassung mit Händen zu greifen: Ebenso wenig wie die bloße Mitgliedschaft in einem Sportverein oder beim Roten Kreuz jemanden automatisch zum Fußballer oder zum Rettungssanitäter macht, macht einen die bloße Kirchenmitgliedschaft zum Christen. Aber viele Menschen hier zu Lande glauben genau dies, und es gibt erstaunlich viele Theologen, die sie in dieser Ansicht unterstützen. Oft wird dies mit der Tauflehre Luthers begründet: Jeder Getaufte sei ihr zufolge als Christ anzusehen. Doch nichts lag Luther ferner als eine solche Auffassung. Er stellte eindeutig klar: »Die Welt und die Menge sind und bleiben Unchristen, ob sie gleich alle getauft (sind) und Christen heißen.« Luther betonte immer wieder, dass uns die Taufe nicht davon freistellt, unser Leben auf Christus auszurichten. Durch die Taufe werde ich zwar Mitglied der Kirche, aber noch lange kein Christ. Die Taufe ist vielmehr auf Glauben bezogen, und ohne Glauben nützt die Taufe nichts.

Ebenso wenig wie die bloße Mitgliedschaft in einem Sportverein oder beim Roten Kreuz jemanden automatisch zum Fußballer oder zum Rettungssanitäter macht, macht einen die bloße Kirchenmitgliedschaft zum Christen.

Ich frage mich, was passiert ist, dass nach 500 Jahren der Zentralbegriff der lutherischen Reformation in Deutschland derart diffus geworden ist. Fragen Sie hundert Leute auf der Straße, was »Glaube« ist, und Sie werden nicht einmal eine Hand voll finden, die Ihnen antworten: »Glaube im christlichen Sinne ist die Vertrauensbeziehung eines Menschen zu Jesus Christus.« Doch genau dies war die zentrale Erkenntnis Luthers, es war die Aussage, auf die seine gesamte Theologie aufbaute und mit der seine Reformation stand oder fiel.

Im Namen dieser Erkenntnis schob er den ganzen Wust von Regeln und Vorschriften und Lehrsätzen, den es damals in der Kirche gab, zur Seite und sagte: »Der Glaube an Christus ist das Entscheidende!« Die Identifizierung von Glaube und Moral bzw. von Glaube und Fürwahr-

Halten oder auch von Glaube und Getauftsein ist keineswegs neu. Sie war zu Luthers Zeiten ebenso verbreitet wie heute und es ist das große Verdienst der Reformatoren, hier die Begriffe zurechtgebracht und damit das Zentrum des christlichen Glaubens wieder freigelegt zu haben: Nicht ein Verhalten, sondern ein Verhältnis macht uns zu Christen; nicht allein ein Für-wahr-Halten, sondern eine lebendige Vertrauensbeziehung.

Nicht ein Verhalten, sondern ein Verhältnis macht uns zu Christen; nicht allein ein Für-wahr-Halten, sondern eine lebendige Vertrauensbeziehung.

Von Nikolaus Ludwig Graf Zinzendorf (1700-1760), einem der Urväter des so genannten »Pietismus«, stammt das Wort: »Man muss dem Heiland in Person bekannt werden, sonst nützt alle Theologie nichts.« Wir können diesem Satz hinzufügen: Sonst nützt auch alle Moral und alle Kirchenmitgliedschaft nichts. Diese zentrale Erkenntnis gilt es, in der evangelischen Kirche wiederzugewinnen. Sie ist uns im Lauf der Jahrhunderte aus dem Blick geraten, was viel zu der weiter oben beschriebenen Identitätskrise unserer Kirche beigetragen hat. Zwar hat es nie an Menschen gefehlt, die auf dieses Zentrum evangelischer Theologie hingewiesen haben, aber daneben haben sich – teils von links, teils von rechts kommend – andere »Zentren« etabliert, die den Platz in der Mitte für sich reklamieren. So stehen wir heute in der Situation, dass sich vor allem Fragen der Lebensgestaltung so sehr vor die Mitte geschoben haben, dass die meisten Menschen nicht mehr wissen, was das Eigentliche am Christsein ist. Darum wird die neue Reformation zunächst und zuerst darin bestehen, dass wir uns auf den Kern der christlichen Botschaft zurückbesinnen. In der Kirche von morgen werden die Menschen nicht in erster Linie Forderungen, Sätzen oder Regeln begegnen, sondern der Person Jesu. Er wird die erklärte Mitte der Kirche sein.

6 Eine Theologie mit einer klaren Mitte kann sich flexible Ränder leisten. Eine unklare Mitte hingegen führt dazu, dass die Ränder zementiert werden.

Die Reformation entstand nicht an äußeren Fragen wie Papst, Mönchtum, Beichtstuhl, Ablass oder Heiligenverehrung, sondern an der Frage nach der Mitte des christlichen Glaubens. Luther selbst nannte die so genannte »Rechtfertigungslehre« als das Zentrum seines Denkens und Glaubens. Das Problem ist, dass wir heute unter »Rechtfertigung« etwas völlig anderes verstehen als man das im 16. Jahrhundert tat, was uns den Zugang zu Luthers Denken nicht gerade leichter macht. Aber auch wenn die *Begriffe* sich geändert haben, in der *Sache* hat sich nichts geändert. Die Mitte des christlichen Glaubens ist und bleibt nach evangelischem Verständnis die Ermöglichung einer geheilten, gelingenden Gottesbeziehung des Menschen durch Jesus Christus. Darum kennt die evangelische Kirche keine wichtigere Aufgabe, als Menschen in eine Vertrauensbeziehung zu Jesus Christus zu rufen. Ich komme später ausführlich auf die Frage zurück (vgl. die → Thesen 17 bis 24). In all ihren Lebensäußerungen muss es für die Kirche überdies absolute Priorität haben, dass ihr eigenes Reden und Handeln aus einer solchen intensiven Christusbeziehung entspringt. Andernfalls bleibt es belanglos – oder es gleitet ab in Ideologie oder Moralismus.

Es ist diese Christus-Mitte, die unsere evangelische Identität ausmacht. Wenn diese Mitte klar und eindeutig ist, können wir mit Randfragen relativ flexibel umgehen. Wir müssen die Ränder dann nicht so scharf ziehen und brauchen trotzdem keine Sorge zu haben, dass wir unsere Identität verlieren. Umgekehrt gilt allerdings: Wenn wir uns über die Mitte uneins sind, geraten wir über kurz oder lang in jene Identitätskrise, von der weiter oben die Rede war. Wenn die Mitte unklar ist, müssen wir unsere Identität mehr und mehr über die Peripherie (= die Ränder) definieren. Genau dies ist aber heute der Fall. So kann ein Pfarrer heute beispielsweise ohne nennenswerte Konsequenzen die Auferstehung Jesu leugnen, auf der anderen Seite ist er aber nicht frei, in einem Gottesdienst zu tragen, was er möchte. Das normale Gemeindeglied kann heute glauben und für richtig halten, was es will – wenn es aber auch nur einen Euro weniger bezahlt als die vorgeschriebene Kirchensteuer, muss es die Kirche verlassen. Dies scheint mir symptomatisch zu sein für unsere gegenwärtige Identitätskrise: Die Ränder der Kirche sind oft betonfest – die Mitte hingegen ist weitgehend weich und schwammig.

Ein Pfarrer kann heute ohne nennenswerte Konsequenzen die Auferstehung Jesu leugnen, auf der anderen Seite ist er aber nicht frei, in einem Gottesdienst zu tragen, was er möchte.

Zu meiner Ordination gab mir ein alter Pfarrer den auf den ersten Blick etwas simplen Satz auf den Weg: »Die Hauptsache ist, dass die Hauptsache die Hauptsache bleibt.« Je länger ich in meinem Beruf tätig bin, desto mehr scheint mir dies *die* Herausforderung an unsere Kirche überhaupt zu sein: darüber zu wachen, dass die Mitte des christlichen Glaubens wirklich die Mitte bleibt. Hieraus ergibt sich eine dreifache Aufgabe für die nächsten Jahre: Wir müssen *erstens* die Frage klären, was die Mitte des evangelischen Glaubens ist. Meine Auffassung dazu habe ich in → These 5 dargelegt. *Zweitens* müssen wir uns fragen, wie diese Mitte wieder zur Mitte werden soll. Denn die theoretische Mitte unserer Kirche ist noch lange nicht identisch mit ihrer faktischen Mitte. Und *drittens* müssen wir die »Ränder« wieder

»Die Hauptsache ist, dass die Hauptsache die Hauptsache bleibt.«

freigeben. Sie dürfen in unserer Kirche nicht mehr jene zentrale Rolle spielen, die sie derzeit oft innehaben.

Mit solchen »Rändern« meine ich zum Beispiel die vielfältigen *ethischen* Fragen, die uns in der Kirche beschäftigen. Egal, ob es um die Friedensdiskussion, die Asyldebatte oder die Frage der Homosexualität geht: Immer wieder werden diese Dinge von links wie von rechts in einer Weise diskutiert, als hingen das Christsein und die ewige Seligkeit davon ab, dass wir die richtige Einstellung zu diesen Fragen einnehmen.

Ein anderer Bereich, in dem sich immer wieder Ränder in unzulässiger Weise verdichten, sind die verschiedenen *Lehraussagen* der Kirche, allen voran die theologischen Dauerbrenner »Taufe und Abendmahl«, die Frage nach dem rechten Verständnis der Heiligen Schrift oder nach der Möglichkeit von Wundern bzw. überhaupt nach dem Verhältnis von Glaube und Naturwissenschaft usw. Auch hier möchte ich mir eine größere Weite bei evangelischen Christen wünschen. Es mag zu all diesen Fragen verschiedene Auffassungen geben, die entsprechend kontrovers diskutiert werden. Wir kommen aber nicht in den Himmel, weil wir das rechte Abendmahls- oder Schriftverständnis haben, sondern weil Christus, an den wir glauben, für uns gestorben und auferstanden ist!

Ein dritter »Rand«, der heute betonhart geworden ist, sind die vielen *kirchenrechtlichen Bestimmungen* und Auflagen, die genau festlegen, wie eine Gemeinde zu funktionieren hat. Dadurch sind diese häufig in ihrem Handeln über die Maßen eingeengt. Auf Grund von Festlegungen der Vergangenheit sind Gemeinden oft nicht mehr frei, den Herausforderungen der Zukunft mit der nötigen Flexibilität und Phantasie entgegenzutreten. Protestantismus erweist sich aber gerade in einer größtmöglichen Freiheit der Formen. Ich komme später ausführlich auf diese Frage zurück (vgl. → Thesen 77 bis 79).

Das Vierte, was ich im Zusammenhang mit den »Rändern« nennen möchte, sind die vielfältigen im Laufe der Jahrhunderte gewachsenen *Formen und Traditionen,* die im protestantischen Raum eine unangemessene Macht haben und dadurch so manchen Neuaufbruch und viele notwendige Reformen im Keim ersticken. Sage niemand, wir hätten keine »Heiligen« in unserer evangelischen Kirche: Wir haben die »heilige Tradition«! Es ist an der Zeit, sich in Erinnerung zu rufen, dass auch diese Art von »Heiligenverehrung« zutiefst unevangelisch ist.

Um nicht missverstanden zu werden: Die genannten Fragen sind durchaus wichtig. Sie sind auch nicht beliebig, wie ich gleich noch erläutern werde. Aber sie dürfen innerhalb des christlichen Glaubens nicht den gleichen Rang einnehmen wie die Christus-Mitte. Im Vergleich mit dieser Mitte sind sie tatsächlich nur Rand-Fragen. Die Einstellung zu ihnen definiert nicht, was als evangelisch oder gar als christlich zu gelten hat und was nicht. Das ist es, was es klarzustellen gilt: Die Identität der evangelischen Kirche entsteht an ihrer Mitte und nicht an den Rändern. Welch eine Befreiung könnte durch unsere Kirche gehen, wenn wir dies wieder erkennen und uns gegenseitig zugestehen würden!

Sage niemand, wir hätten keine »Heiligen« in unserer evangelischen Kirche: Wir haben die »heilige Tradition«!

Die Ränder der Kirche sind nicht beliebig. Sie müssen vielmehr von der Mitte her geformt werden bzw. in bestmöglicher Weise auf diese Mitte hinweisen. 7

Wenn ich eben Fragen der Ethik, der Lehre, der Kirchenordnung und der äußeren Formen zu »Rand-Fragen« des christlichen Glaubens erklärt habe, heißt das keineswegs, dass sie deswegen unwichtig oder beliebig wären. Vielmehr müssen sie von der Mitte her geformt werden bzw. in bestmöglicher Weise auf diese Mitte hinweisen. Darum wird in der evangelischen Kirche auch weiterhin leidenschaftlich um solche Rand-Fragen gerungen werden. Doch brauchen wir uns, wenn wir aus der gleichen zentralen Botschaft unterschiedliche Konsequenzen ziehen, deswegen nicht gleich gegenseitig das Christsein abzusprechen. Wenn wir uns über die Mitte einig sind, bleibt das Verbindende immer stärker als das Trennende.

Die Mitte der Kirche wie unseres Christenlebens überhaupt ist unsere Christusbeziehung. Diese – und keine der genannten Rand-Fragen – ist es, die den Christen zum Christen und die Kirche zur Kirche macht. Die Christusbeziehung hat aber *Auswirkungen* auf die Ränder. Das ist die Grundspannung, unter der der Protestantismus von Anfang an gestanden hat: Die Gnade Gottes ist zwar voraussetzungslos, aber nicht ohne Folgen. Sie nimmt den Menschen an, wie er ist, aber sie *lässt* ihn nicht so, wie er ist. Sie zielt – was der Begriff der »Rechtfertigung« zumindest nach unserem heutigen Verständnis höchst problematisch verschleiert – auf Lebensveränderung, auf eine immer stärker werdende Ausrichtung des Lebens auf Christus hin. Luther kämpfte an dieser Stelle zeit seines Lebens einen Kampf gegen zwei Fronten. Da waren – vor allem vom Katholizismus herkommend – diejenigen, die den Glauben im äußeren Handeln

Die Gnade Gottes ist zwar voraussetzungslos, aber nicht ohne Folgen. Sie nimmt den Menschen an, wie er ist, aber sie lässt ihn nicht so, wie er ist.

des Menschen festmachen wollten. Für sie galt jemand als Christ, wenn er die ethischen und kultischen Regeln einhielt, die die Kirche den Menschen auferlegte. Auf der anderen Seite waren die so genannten »Schwärmer«, die Luthers Gnadenlehre teilweise ins Extrem übersteigerten und sagten: »Das Entscheidende ist der Glaube. Ethische und äußere Fragen sind unwichtig.«

Eine evangelische Theologie wird immer beides im Blick behalten: Zum *einen*, dass unser Christsein nicht auf dem gründet, was *wir* tun, sondern auf dem, was *Gott* in Jesus Christus für uns getan hat. Mit Luther gesprochen: Alles Christsein basiert auf Gnade. Auf der *andern* Seite besteht die Gnade Gottes nicht nur darin, dass sie uns eine erneute, versöhnte Gottesbeziehung ermöglicht. Damit fängt zwar alles an und das ist ihr Zentrum. Die neue Gottesbeziehung aber verändert uns im Kern unserer Persönlichkeit und strahlt von dort nach und nach auf alle unsere Lebensbereiche aus. Wenn wir den Menschen Ersteres vorenthalten, wird unsere Theologie »gnadenlos«. Wenn wir ihnen hingegen Letzteres verschweigen, verhindern wir, dass die Gnade Gottes wirklich zum Ziel kommt, und damit wird sie folgenlos. Beide Aussagen gehören zusammen und wir müssen zusehen, dass wir sie auch zusammenhalten, sonst wird unsere Theologie unevangelisch.

Unser Christsein gründet nicht auf dem, was wir tun, sondern auf dem, was Gott für uns getan hat.

Was bedeutet das nun für unsere Frage nach den »Rändern«: also den Umgang mit Ethik, Kirchenlehren und -ordnungen, sowie Traditionen und anderen äußeren Formen? (Im Folgenden nenne ich diese der Kürze halber zusammenfassend Rand-Fragen.) Ich sehe vor allem sieben Konsequenzen:

1. Es ist gut, wenn die Kirche sich auch zu solchen Rand-Fragen äußert, um ihren Mitgliedern eine Orientierungshilfe zu geben. Sie muss aber gleichzeitig klarstellen, dass sich an diesen Fragen weder das Christsein noch die Mitgliedschaft in unserer evangelischen Kirche entscheidet.

2. Es muss das oberste Bemühen der Kirche in allen Rand-Fragen sein, diese von der Mitte des christlichen Glaubens zu formen bzw. jene Lösung vorzuschlagen, die auf diese Mitte in bestmöglicher Weise hinweist. Alle Antworten zu Rand-Fragen, die diesem Kriterium nicht gerecht werden wollen, haben in der Kirche nichts zu suchen.

3. Eine »evangelische« Stellungnahme zu Rand-Fragen muss darum immer deutlich machen können, inwiefern diese Position im Evangelium – das heißt in der Guten Nachricht von Jesus Christus – verankert ist. Es genügt nicht einfach, ein biblisches Gebot zu zitieren, wenn wir nicht gleichzeitig deutlich machen können, wo dabei die »Gute Nachricht« liegt.

4. Die Kirche darf das, was sie auf Grund ihrer Christusbeziehung formuliert, darum auch nicht einfach auf Menschen übertragen, die diese Christusbeziehung nicht haben. Es geht nicht um eine allgemeine Ordnung oder Moral, sondern um Konsequenzen, die wir aus unserer Christusbeziehung ziehen.

5. Das, was wir als Konsequenz aus unserer Christusbeziehung heraus leben, sollte im Idealfall aber besser, schöner, humaner, einleuchtender und praktikabler sein als alle menschliche Ordnung und Moral, die ohne Christus formuliert wurde. Wenn dem nicht so ist, haben wir noch Nachbesserungsbedarf.

6. In einer immer komplexer werdenden Welt sind einfache Lösungen oft nicht mehr möglich. Oft muss abgewogen werden zwischen verschiedenen berechtigten Interessen, Gütern, Werten und Normen. Das ist häufig eine Ermessensfrage, die von verschiedenen Christen verschieden beantwortet wird. Darum müssen innerhalb der evangelischen Kirche abweichende Ansichten akzeptiert werden, wenn diese sich ebenfalls auf die Christusmitte beziehen.

7. Darum – und damit schließt sich der Kreis – darf eine evangelische Kirche, was Rand-Fragen betrifft, nicht einfordern, dass sich ihre Mitglieder unter allen Umständen an ihre Vorgaben halten – es sei denn, die Mitte selbst wäre damit in Frage gestellt. An unserem Umgang mit abweichenden Meinungen und mit Abweichlern in Rand-Fragen zeigen wir, wie evangelisch oder unevangelisch wir in Wahrheit sind.

Es fehlt in unserer Kirche nicht an Stimmen, die heute ein »härteres Durchgreifen von oben« fordern und denen viele offizielle Stellungnahmen der Kirche zu weich formuliert sind. Ich verstehe die Sehnsucht, die hinter solchen Aussagen steht, aber ihr nachzugeben wäre zutiefst unevangelisch. Wenn man es recht betrachtet, ist es eine Stärke und nicht eine Schwäche unserer Kirche, dass sie ihren Mitgliedern zwar Entscheidungs*hilfen* an die Hand gibt, ihnen diese Entscheidung aber nicht abnimmt. Damit wird ernst genommen, was Martin Luther

Es fehlt in unserer Kirche nicht an Stimmen, die heute ein »härteres Durchgreifen von oben« fordern und denen viele offizielle Stellungnahmen der Kirche zu weich formuliert sind. Ich verstehe die Sehnsucht, die hinter solchen Aussagen steht, aber ihr nachzugeben wäre zutiefst unevangelisch.

1520 als »die Freiheit eines Christenmenschen« bezeichnet hat. Diese ist auch und gerade eine Freiheit gegenüber der Kirche und ihren Vorgaben. Die Rechte, die Luther der katholischen Kirche seinerzeit unter Einsatz seines Lebens abtrotzte – das Recht auf ein eigenes Urteil, das Recht auf Berufung auf die Heilige Schrift sowie die Verweigerung des Gehorsams gegenüber der Kirche aus Gehorsam Christus gegenüber – müssen in einer sich auf Luther berufenden Kirche allerhöchste Priorität behalten. Dieses Recht müssen wir uns hier und dort sogar Luther selbst gegenüber herausnehmen. Davon handelt meine nächste These.

8 Die neue Reformation kann sich in vielen Punkten an die erste Reformation anlehnen. In einigen Fragen muss sie aber auch deutlich darüber hinausgehen.

Ich habe versucht, in den ersten sieben Thesen zu zeigen, wie eng wir uns bei dem Projekt einer neuen Reformation an die erste Reformation anlehnen können. In vielerlei Hinsicht bedeutet die neue Reformation nichts anderes, als die Grundentscheidungen der alten wiederzuentdecken, nachzuvollziehen und in die heutige kirchliche Praxis umzusetzen. Vieles von dem, was Luther vor 500 Jahren schrieb, ist gerade deswegen von atemberaubender Aktualität, weil es sich in der Kirche, die sich auf ihn beruft, keineswegs durchgesetzt hat. Wenn mir darum jemand nach der Lektüre dieses Buches sagt: »Das, was Sie schreiben, ist keineswegs neu. Vieles davon kann man im Grunde schon bei Martin Luther und den anderen Reformatoren nachlesen«, so kann ich dem nur zustimmen. Das sehe ich genauso. Das ist auch der Grund, warum ich nicht die Kirche wechsle oder gar vorhabe, eine neue zu gründen: Ich halte das Programm, das ich hier vorstelle, für zutiefst evangelisch.

Freilich bin ich auch der Meinung, dass wir in manchen Punkten deutlich über die Reformatoren des sechzehnten Jahrhunderts hinausgehen müssen. Es wäre auch schlimm, wenn dem nicht so wäre. Diese Leute sind immerhin seit über 450 Jahren tot und wir sollten davon ausgehen, dass es in der Zwischenzeit den einen oder anderen Erkenntnisgewinn gegeben hat. Und nicht nur das: Auch die Reformatoren haben sich mitunter handfest geirrt. Sie haben teilweise sogar ziemlich schlimme Fehler gemacht. Denken Sie an Luthers Haltung in der Judenfrage oder an seinen Umgang mit dem so genannten »linken Flügel« der Reformation. Oder an den »Gottesstaat«, den Johannes Calvin in Genf zu errichten versuchte, wobei er auch vor der einen oder anderen Hinrichtung nicht Halt machte. Es ist nicht besonders schwierig, diese Leute an Hand ihrer Schwachstellen zu demontieren. Doch damit würden wir ihrer Lebensleistung nicht gerecht. Der Volksmund sagt: »Wo viel Licht ist, da ist auch viel Schatten.« Wenn dieses Sprichwort jemals auf jemanden zugetroffen hat, dann auf die Reformatoren – und zwar in beiderlei Hinsicht. Martin Luther selbst scheint das für sich auch so gesehen zu haben, denn von ihm sind einige ausgesprochen selbstkritische Worte überliefert. Er hat sich deswegen auch zeit seines Lebens dagegen gewehrt, dass sich die von ihm ins Leben gerufene Kirche »lutherisch« nannte.

Hinzu kommt, wie wir gesehen haben, dass sich die Welt seit den Tagen der Reformatoren radikal verändert hat. Vieles von dem, was zu ihrer Zeit vielleicht noch gut oder angebracht war, können wir heute so nicht mehr machen. Die Kirche des neuen Jahrtausends lässt sich nicht mit den Methoden und Strukturen des sechzehnten Jahrhunderts bauen. Ich bin absolut davon überzeugt, dass Martin Luther der Erste wäre, der dies heute zugeben, ja der sogar darauf dringen würde. Er hat nie den Anspruch erhoben, neben den Fragestellungen seiner Zeit auch die des 21. Jahrhunderts zu lösen. Was ich hier schreibe, ist also nicht kritisch gegen die erste Reformation gesagt.

Luther hat nie den Anspruch erhoben, neben den Fragestellungen seiner Zeit auch die des 21. Jahrhunderts zu lösen.

Wohl aber wendet es sich kritisch gegen all jene, die meinen, bei den Errungenschaften der ersten Reformation stehen bleiben zu können.

Entsprechend steht dieses Buch in einer doppelten Frontstellung: Zur »Linken« wendet es sich gegen die in der evangelischen Kirche relativ häufig vertretene Auffassung, Luthers Lehre von Sünde, Gnade und Rechtfertigung sei heute nicht mehr an der Zeit und müsse durch etwas anderes, gesellschaftlich Relevanteres ersetzt werden. Nein, an dieser reformatorischen Grundlehre müssen wir unter allen Umständen festhalten: Sie ist es, die unsere Kirche zur evangelischen macht. Dies gilt es wiederzuentdecken, hier und dort vielleicht etwas von den Eigenarten einer immerhin schon 500 Jahre alten Sprache und Vorstellungswelt zu »entstauben« und neu zur Geltung zu bringen. An dieser Stelle haben wir keine Veranlassung, die erste Reformation hinter uns zu lassen. Nach »rechts« hin müssen wir uns aber auch gegen alle Bestrebungen zur Wehr setzen, Strukturen und Formen zu zementieren, die im sechzehnten Jahrhundert für die Kirche der damaligen Zeit entwickelt worden sind. Diese Formen und Strukturen sind keineswegs heilsnotwendig. In vielen Fällen sind sie nicht einmal mehr hilfreich. Sie müssen spätestens dann abgeschafft werden, wenn sie dem eigentlichen Ziel unserer Kirche, Menschen in Berührung mit dem Evangelium zu bringen, mehr hinderlich als förderlich sind. Wilhelm Löhe, ein Theologe des 19. Jahrhunderts, sagte: »Die Reformation ist teils vollendet, teils unvollendet. Sie ist vollendet in der Lehre, sie ist unvollendet in den Folgen der Lehre.« Ich persönlich teile nicht die Auffassung, dass die Lehre der Reformatoren »vollendet« sei. Es gibt wichtige Themen – wie beispielsweise die Frage der Evangelisation oder auch der Gottesliebe –, die bei Luther keine nennenswerte Rolle spielten. Auf der anderen Seite spielte beispielsweise die Frage der Sakramente in Luthers theologischem Denken eine Rolle, die ihr von der Heiligen Schrift her nicht zusteht. Hierin war er noch ganz den Fragestellungen der mittelalterlichen Theologie verhaftet. Im Großen und Ganzen aber bietet die reformatorische Lehre eine solide Basis für unsere Kirche. Darum geht es mir in diesem Buch tatsächlich primär um die »Folgen der Lehre«. Sehr viele Probleme, vor denen wir heute stehen, haben ihren Grund darin, dass wir die Konsequenzen aus den Erkenntnissen der Reformation nur unzureichend gezogen haben. Manchmal geht diese Fehlentwicklung auf die Reformatoren selbst zurück. Sie waren auch nur Menschen und nicht in der Lage, alles, was sie als gut und richtig erkannt hatten, auch umzusetzen. Das ist absolut verständlich. Freilich hätten wir 500 Jahre Gelegenheit gehabt, ihre Fehler zu verbessern statt sie einfach fortzuschreiben.

Im Vergleich mit den Reformatoren sind wir wie Zwerge, die auf den Schultern von Riesen sitzen. Wir sind kleiner als sie, aber die Tatsache, dass wir auf ihren Schultern sitzen, erlaubt uns, von dort aus etwas weiter zu blicken, als sie selbst es taten, und Dinge zu erkennen, die sie noch nicht erkannt haben.

Im Vergleich mit den Reformatoren sind wir wie Zwerge, die auf den Schultern von Riesen sitzen. Wir sind kleiner als sie, aber die Tatsache, dass wir auf ihren Schultern sitzen, erlaubt uns, von dort aus etwas weiter zu blicken, als sie selbst es taten, und Dinge zu erkennen, die sie noch nicht erkannt haben. Die neue Reformation, für die ich mich ausspreche, ist im Vergleich mit der ersten Reformation tatsächlich weniger eine Reformation der Inhalte, als vielmehr eine Reformation der Strukturen. Was die Inhalte betrifft, gibt es gegenüber der ersten Reformation nicht viel Neues zu sagen. Sehr viel mehr geht es darum, das Alte, bereits Gesagte, neu zu entdecken und endlich zur Geltung zu bringen. Was aber die Formen und Strukturen anbetrifft, betritt jede Zeit Neuland. Dieses aber können wir nur erobern, wenn wir möglichst viel Ballast aus der Vergangenheit hinter uns lassen.

Die zweite Aufgabe:
Spiritualität freisetzen

»Das größte Problem der Kirche ist nicht die äußere Form, sondern der fehlende Funke.«

9 Die Menschen des 21. Jahrhunderts sind durchaus offen für religiöse Fragestellungen. Allerdings suchen sie die Antwort auf ihre Fragen nicht mehr in der Kirche.

Von Zeit zu Zeit tauchen wie aus dem Nichts Begriffe auf, in denen sich entscheidende Erfahrungen und Bedürfnisse einer Zeit bündeln und konzentrieren. Diese Worte hat es oft auch schon zuvor gegeben, aber mit einem Mal gewinnen sie an ganz neuer Aktualität und Bedeutung. Meist erleben sie dann eine kurze Blütezeit, verkommen aber relativ schnell zu Modebegriffen, deren Sinngehalt sich durch häufigen Gebrauch und Vieldeutigkeit mehr und mehr auflöst, bis man die leere Worthülse schließlich wegwirft. Mir fallen in diesem Zusammenhang Worte ein wie »Selbstverwirklichung«, »Ganzheitlichkeit« oder auch »Postmoderne«. Ein Begriff, dem ein ähnliches Schicksal droht, ist das Wort »Spiritualität«. Zum einen drückt sich in ihm ein immenses Bedürfnis unserer Zeit aus, auf der anderen Seite droht es ebenfalls zu einer bloßen Worthülse zu entarten, die jeder so füllt, wie es ihm gerade ins Konzept passt.

Spiritualität ist der aufmerksame Umgang damit, dass es mehr Dinge zwischen Himmel und Erde gibt, als unsere Sinne erfassen können. Wir leben mehr von dem, was wir glauben, als von dem, was wir sehen. Uns ergreifen und bewegen seelische, geistige und andere Kräfte, die wir selber nicht begreifen. Spiritualität ist darum eine Einstellung und Haltung, mit der ein Mensch die Wirklichkeit um ihn herum sozusagen von ihrer Tiefendimension her wahrnimmt und entsprechend mit ihr umgeht. Der spirituelle Mensch hat eine tiefe Ahnung davon, dass es eine Art »Wirklichkeit hinter der Wirklichkeit« gibt, die das vor Augen Liegende umfasst und durchdringt. Erst von dieser Wirklichkeit her, so ahnt er, kann die Welt um uns herum richtig gedeutet werden. Auf sie muss man sich beziehen, wenn man den wahren Sinn der Dinge und des Lebens nicht verfehlen will. Die entscheidenden Fragen, die den spirituellen Menschen interessieren und bewegen, sind: Was ist diese »Wirklichkeit hinter unserer Wirklichkeit«? Wie beziehe ich mich auf sie? Wie deute ich die Welt um mich herum von dieser »inneren Sicht der Dinge« her? Und was für Konsequenzen hat das für meine Lebensführung und für meinen Umgang mit den Dingen?

Es ist kein Zufall, dass der Begriff der Spiritualität gerade in einer Zeit an Bedeutung gewinnt, in der die Menschen unseres Kulturkreises mehr und mehr dem Äußeren und Äußerlichen zu verfallen drohen. Hier bewahrheitet sich aufs Neue das biblische Wort, dass der Mensch nicht vom Brot allein lebt. Immer mehr Menschen begeben

Wir leben mehr von dem, was wir glauben, als von dem, was wir sehen.

sich in kritische Distanz zu einer Weltsicht und einem Lebensgefühl, in denen materielle Absicherung, äußerer Status und schnelle Lustbefriedigung die höchsten Werte geworden sind. Sie suchen geradezu verzweifelt nach einer *inneren Sicht* der Dinge, die sie dem allgemein verbreiteten technisch-rationalen Denken der heutigen Zeit entgegensetzen können.

Spiritualität ist eine Einstellung und Haltung, mit der ein Mensch die Wirklichkeit um ihn herum von ihrer Tiefendimension her wahrnimmt und entsprechend mit ihr umgeht.

Deutschland hat sich in den letzten Jahrzehnten mehr und mehr zu einem spirituellen Supermarkt entwickelt. Nachdem es in der zweiten Hälfte des 20. Jahrhunderts für kurze Zeit so aussah, als würden eher materialistische und rationalistische Weltanschauungen in Europa die Oberhand gewinnen, schlug das Imperium der Religion zurück. Durch die jedermann erschwinglich gewordenen Reisemöglichkeiten und vor allem auch durch die neuen Medien war die Welt zu einem globalen Dorf zusammengeschrumpft. So wurden in den letzten fünfzig Jahren nicht nur die großen Religionen ganz neu entdeckt, sondern Hunderte von Sekten und religiösen Gruppierungen erleben eine nicht gekannte Blütezeit. Vor allem aber legt sich mit der so genannten New-Age-Bewegung ein enormer religiöser Nebel über das Land. Die Menschen stellen sich heute ihren ganz individuellen Religionsmix zusammen: eine Portion Esoterik, ein bisschen Jesus, eine Prise Buddha – immer gerade so viel, dass es nicht wirklich weh tut. Alles ist möglich und erlaubt ist, was gefällt. Vor allem die Reinkarnationslehre findet viele Anhänger, aber auch die Astrologie erlebt einen neuen Aufschwung. Die Leute pilgern nach Indien, meditieren, lassen sich Karten legen oder was auch immer. Gab es früher in den Buchhandlungen kleine Esoterik-Ecken, so füllen die Bücher zu religiösen und spirituellen Themen heute ganze Wände.

An sich sollte man meinen, dass die Kirche von dem allgemeinen religiösen Boom hätte profitieren müssen. Doch sie tut es nicht und das ist bezeichnend für die Misere, in der wir uns befinden. Wohl werden die Kirchen noch hinzugerufen, wenn es um irgendwelche *sozialen* Fragen geht (vor allem, wenn man sich von ihnen Unterstützung der eigenen Ansichten erhofft). In *spiritueller* Hinsicht wird der Kirche heute hingegen von der weit überwiegenden Anzahl der Menschen keine Kompetenz mehr zugetraut. Die Menschen sind zwar spirituell hochgradig interessiert, aber sie suchen die Antwort auf ihre Fragen abseits der alten Kirchen-Institutionen, selbst wenn sie noch als Mitglieder in ihnen verbleiben.

Derzeit gibt es in Deutschland ca. 600 Sekten und Psychogruppen mit insgesamt 2 Millionen Mitgliedern. Dabei ist das Graufeld des

Rund 40.000 evangelischen und katholischen Pfarrern stehen in Deutschland über 100.000 steuerpflichtig registrierte Wahrsager gegenüber.

nichtorganisierten Okkultismus nicht inbegriffen. Rund 40.000 evangelischen und katholischen Pfarrern stehen in Deutschland über 100.000 steuerpflichtig registrierte Wahrsager gegenüber. Kein christliches Buch unserer Tage kann mit den Verkaufsziffern von Bestsellern mithalten, die uns über die geheimnisvollen Mondkräfte belehren, welche unser Leben angeblich beeinflussen. Es wäre zum Lachen, wenn es nicht so traurig wäre: Viele Menschen sind heute eher bereit, irgendwelchen Duftstäbchen schwingenden Gurus zu glauben oder Geister zu beschwören, als die Antwort auf ihre religiösen Fragen bei uns Christen zu suchen. Und das haben wir uns zu einem guten Teil selbst zuzuschreiben.

10 Es ist Zeit, dass sich die evangelische Kirche vor allem andern wieder für die Gottesfrage zuständig erklärt.

Wenn ich eben den Begriff der Sekte benutzt habe, bin ich mir dessen bewusst, dass dieser heute nicht sonderlich präzise verwandt wird. Vom Wortsinn her bedeutet er nur so viel wie »Abspaltung«. In diesem – ziemlich neutralen – Sinne ist das Christentum eine jüdische Sekte und die evangelische Kirche eine Sekte der römischen Kirche. Und viele Gruppierungen, die wir gerne als »Sekten« bezeichnen, sind gerade *keine* Sekte, sondern eine eigene Religionsgemeinschaft. In der Praxis verbindet sich mit dem Begriff »Sekte« ein negatives Werturteil, das besagt: »Hier werden abstruse religiöse Lehren verbreitet sowie Menschen missbraucht und in ihrer Freiheit unterdrückt.« Dabei lässt sich durchaus darüber streiten, welche religiöse Lehre als »abstrus« zu bezeichnen ist und welche nicht. Doch in der Tat ist es kaum zu fassen, welchen Unsinn manche Menschen glauben und was sie an elementaren Grundrechten aufzugeben bereit sind auf ihrer Suche nach einem festen Sinn- und Wertesystem, nach Geborgenheit in einer Gruppe von Glaubensgeschwistern.

Die Kirche weist zwar immer wieder warnend auf solche Gruppierungen hin, kann ihnen aber in aller Regel nur wenig entgegensetzen. Kein Wunder: Schließlich hat sie selbst das Vakuum verursacht, in das diese Gruppen einströmen. Sie hat lange Jahre ihr ureigenstes Anliegen aufgegeben: den Menschen die Gottesfrage zu beantworten. Ich selbst habe des öfteren erlebt, wie sich Pfarrer – teils aus theologischer Arroganz, teils aus Hilflosigkeit – für religiöse Fragen nicht zuständig erklärten. Das kommt nicht von ungefähr: An den Universitäten wurde lange Zeit ein »religionsloses Christentum« gelehrt und auf den Kan-

zeln wurde eine Theologie verkündet, in der Gott zu einer bloßen Umschreibung für die Nächstenliebe wurde. In der Konsequenz fragten sich die Leute: »Wenn es letztlich nur darum geht, ein anständiger Mensch zu sein, wozu brauchen wir noch das Gerede von Gott?« Und viele Theologen pflichteten ihnen bei: »Genau. Es ist nicht so wichtig, dass du an Gott glaubst. Hauptsache, du liebst deinen Nächsten.« Spötter nannten das die »Oben-ohne-Theologie«.
Jedes Sektierertum spiegelt die Defizite der christlichen Kirche. Salopp gesagt: Die Kirche hat die Sekten, die sie verdient. Das Ethische wurde in der Kirche über lange Jahre derart überbetont, dass dies nicht ungestraft bleiben konnte. Ich kenne unzählige Menschen, die auf ihrer religiösen Suche von kirchlichen Vertretern mit moralischen Appellen abgespeist wurden. Statt dass man ihnen – wie in einer evangelischen Kirche doch eigentlich zu erwarten wäre – das Evangelium verkündet hätte, löste man Gott in irgendeiner allgemeinen oder auch manchmal sehr spezifischen Moral auf. Bis heute kann man in vielen Gemeinden nicht in den Gottesdienst gehen, ohne dass einem ein schlechtes Gewissen gemacht wird. Der Flurschaden, der hier angerichtet wurde und immer noch wird, ist immens. So darf es uns nicht wundern, dass sich viele Menschen in ihrer religiösen Suche von der Kirche abwandten und in irgendwelche obskure Gruppierungen abgewandert sind.

Jedes Sektierertum spiegelt die Defizite der christlichen Kirche.

Die Dinge sind heute nicht mehr ganz so extrem. Vor allem die einseitig politischen Forderungen seitens der Kirche sind leiser geworden und man hört von den Kanzeln in den letzten Jahren wieder vermehrt religiöse Aussagen. Das macht Hoffnung. Ich denke, es ist Zeit, dass die Kirche hier einen deutlichen Strich zieht und sich wieder für die Gottesfrage bzw. für religiöse und spirituelle Fragen überhaupt zuständig erklärt. Die Ängste, dass sich für diese Fragen niemand mehr interessiere, können wir getrost beiseite legen. Sie stammen noch aus den sechziger Jahren, als religiöse Themen scheinbar weniger »in« waren. Doch die Vielzahl der religiösen Gruppierungen und der spirituellen Aufbrüche in den letzten Jahren belehrt uns eines Besseren. Darüber hinaus sollte es uns zu denken geben, dass die wenigen noch vollen Kirchen in Deutschland fast ausnahmslos die Frage nach Gott in den Mittelpunkt ihrer Verkündigung stellen. Darum sollten wir den Mut haben, wieder im guten Sinne »religiös« zu werden. Selbst wenn die »Marktlage« in Deutschland eine ganz andere wäre und die Leute sich nicht für religiöse Fragen interessieren würden: Hätten wir wirklich eine andere Wahl? Wir müssen als Kirche das tun, was uns aufgetragen ist, und das ist vor allem anderen, den Menschen von der Liebe Gottes zu erzählen, die sich in Jesus Christus offenbart hat.

11 Jesus Christus ist die Antwort auf den spirituellen Hunger unserer Zeit. Allerdings genügt es nicht, dies lediglich zu *behaupten*. Es muss in unseren Gemeinden auch *erfahrbar* werden.

Ich bin davon überzeugt: Jesus Christus ist die Antwort Gottes auf den spirituellen Hunger unserer Zeit. Wenn einige Theologen im letzten Jahrhundert das »Ende der Religion« ausgerufen haben, kann ich dem nur insofern einen Sinn abgewinnen, als in Jesus Christus in der Tat unsere religiösen Fragen und Sehnsüchte zur Ruhe kommen. Damit erkläre ich nicht alle anderen Religionen für unwahr, aber ich ordne zu: Sie sind die Frage, Christus ist die Antwort. Auch in den anderen Religionen finden sich Wahrheiten, Christus hingegen *ist* die Wahrheit, auf die alles hinläuft.

Dies ist in der Tat ein steiler Anspruch, der in der Kirche oft so rüberkam: »Wir haben die Wahrheit!« – Nein, wir *haben* die Wahrheit nicht. Wir *kennen* sie lediglich. Das ist ein Unterschied. Wir verfügen nicht über die Wahrheit, sondern die Wahrheit verfügt über uns. Wir glauben an den, der von sich gesagt hat: »Ich bin der Weg und die Wahrheit und das Leben; niemand kommt zum Vater denn durch mich« (Johannes 14,6). Es geht nicht um einen Absolutheitsanspruch des *Christentums*, sondern um den Absolutheitsanspruch *Christi*! Wir wissen nicht, wie stark Jesus Christus auch in anderen Religionen wirkt. Ich habe Moslems und Hindus getroffen, die mir in ihrer Spiritualität und ihrem Zugang zum Leben näher waren als Christen, die pausbäckig den Absolutheitsanspruch des Christentums vertreten.

Es geht nicht um einen Absolutheitsanspruch des Christentums, sondern um den Absolutheitsanspruch Christi.

Lessing hat in seiner Ringparabel die damals bekannten drei großen Religionen aufgefordert, in einen edlen Wettstreit miteinander zu treten. Da man von außen nicht sehen könne, welcher »Ring« der echte ist, müsse sich seine Kraft in der Praxis erweisen. Ich selbst neige je länger, je mehr zu dieser Ansicht. Schließlich hat Jesus selbst gesagt: »An ihren Früchten sollt ihr sie erkennen« (Matthäus 7,16+20). Obwohl ich davon überzeugt bin, dass Jesus Christus die ultimative Wahrheit Gottes ist, genügt es meiner Meinung nach nicht, dies lediglich zu behaupten. Schon gar nicht ist es uns erlaubt, diese Auffassung mit irgendwelchen Druckmitteln durchzusetzen. Besser ist es schon, zu vergleichen, wer die besseren Argumente hat. Ich glaube, dass es gute Gründe gibt, die für den christlichen Glauben sprechen. Aber die Menschen heute wollen mehr als nur gute Argumente. Sie wollen die Wahrheit spüren und erfahren. Und sie haben ein Recht darauf.

Eine neue Reformation innerhalb der evangelischen Kirche wird nicht umhinkönnen, dieses Problem zu lösen. Deswegen brauchen wir nicht aufzuhören, uns als Kirche des Wortes zu verstehen. Das Wort Gottes ist das alleinige Kriterium dafür, welche Art von Spiritualität wirklich Verheißung hat und als christlich zu bezeichnen ist. Christliche Spiritualität muss sich – zumindest nach evangelischem Verständnis – im Wort gründen, sie wird durch das Wort genährt, sie beugt sich korrigierenden Einflüssen dieses Wortes und führt letztlich immer wieder auf das Wort zurück. Aber auf der anderen Seite muss dieses Wort immer und immer wieder »Fleisch« werden. Es muss sich »verleiblichen« in einer Vielzahl spiritueller Formen. Es war ein Versäumnis Martin Luthers, dass er den Menschen die Heiligenverehrung, den Beichtstuhl und die vielen anderen religiösen Praktiken nahm, ohne geeignete Alternativen zu entwickeln, die das dadurch entstehende spirituelle Vakuum ausfüllen konnten. Die Reduzierung der sieben katholischen Sakramente auf zwei wirkte in eine ähnliche – zumindest in dieser Hinsicht – verhängnisvolle Richtung. Denn so gab es in der evangelischen Kirche meist nur etwas »auf die Ohren«, und das ist auf Dauer einfach zu wenig, um die spirituellen Bedürfnisse der Menschen zu stillen.

An dieser Stelle komme ich noch einmal auf die Frage der Sekten zurück: Sie geben den Menschen zum einen festes Sinngefüge, das manchmal besser und manchmal schwächer begründet ist. Vor allem aber geben diese religiösen Gruppierungen den Menschen etwas zu erleben und zu erfahren. Der *ganze* Mensch – und nicht nur der Kopf (der oft am allerwenigsten!) – wird von ihnen angesprochen. Die bleibende Anfrage aller Sekten an uns ist, was wir dem als Alternative entgegenzusetzen haben. Ablehnung allein genügt nicht. Und so wichtig Aufklärung auch sein mag: Die entscheidende Frage ist: Haben wir wirklich das bessere Angebot? Natürlich *behaupten* wir das, aber nehmen die Leute das auch so wahr? Haben wir die besseren Antworten, die bessere Lebensweise, die bessere Gemeinschaft, das bessere Sinn- und Wertesystem? Kann man in unseren Gottesdiensten Gott *erfahren,* oder wird nur »über ihn« gepredigt? Wenn Jesus Christus die Wahrheit ist, dann muss sie sich als solche im *Leben* der Kirche erweisen – sonst werden die Leute sie nicht annehmen.

Die Spiritualität in unseren Gemeinden sollte von Hingabe, Begeisterung und Strahlkraft geprägt sein. 12

Wenn ich für unsere Kirche ein elftes Gebot formulieren dürfte, würde ich es nennen: »Du sollst nicht langweilen.« Es ist für mich einfach erschütternd, dass das mit Abstand häufigste Urteil der Deutschen über

Wenn ich für unsere Kirche ein elftes Gebot formulieren dürfte, würde ich es nennen: »Du sollst nicht langweilen.«

unsere Gottesdienste, aber auch über Kirche und Christsein insgesamt, lautet: »Das ist alles so langweilig.« Natürlich kann man lange darüber streiten, ob dieses Urteil gerecht oder ungerecht ist: Fest steht, dass die Leute es so empfinden – und das lässt sich nicht wegdiskutieren. Doch wer andere langweilt, sündigt – vor allem, wenn er sie mit dem Evangelium langweilt. Wenn wir Leute langweilen, dann stehlen wir ihnen die Zeit, wir vergeuden eine wunderbare Gelegenheit, in der wir ihre Aufmerksamkeit haben könnten, und vor allem vermitteln wir ihnen den fatalen Eindruck, wir hätten einen langweiligen Gott.

Natürlich findet sich in unseren Gemeinden auch Spiritualität. Wer wollte den Leuten, die Sonntag für Sonntag in die Kirche gehen, absprechen, dass es ihnen ernst damit ist, wenn sie beten und singen? Wer weiß, wie viel im Verborgenen stattfindet, wo Menschen beten oder in der Bibel lesen. *Eins* allerdings vermisst man immer wieder schmerzlich: Begeisterung, Hingabe und Elan. Vieles wirkt in der Tat ziemlich langweilig. Begeisterung ist in vielen deutschen Gemeinden kein besonderer Wert. Im Gegenteil: Begeisterung und Enthusiasmus werden von vielen Christen hier zu Lande skeptisch beäugt. Ein allzu begeistertes Christentum erscheint vielen unseriös. Zwar besuchen wir gerne mal ein Gospelkonzert und manch einer beneidet die afrikanische Kirche um ihre lebendigen Gottesdienste, aber eine deutsche Gemeinde, in der die Menschen tatsächlich begönnen, im Gottesdienst zu klatschen und zu tanzen, geriete wohl ziemlich schnell unter Sektenverdacht.

Das Problem unserer Gemeinden sind nicht so sehr die äußeren Formen, sondern das fehlende Feuer im Innern. Fast alle meine amerikanischen Freunde haben in deutschen Gottesdiensten zuerst die für ihr Empfinden unbegreifliche Steifheit und Förmlichkeit registriert. So gut wie nirgends bekamen sie den Eindruck, dass den Menschen hier zu Lande das Christsein auch nur im Entferntesten Spaß macht. Und das sollte uns ernsthafte Sorgen machen. Der Philosoph Friedrich Nietzsche hat bekanntlich gesagt: »Die Christen müssten mir erlöster aussehen, wenn ich an ihren Erlöser glauben soll.« Mein Wunsch wäre, dass Nietzsche, wenn er in unsere Gemeinden käme, diesen Satz zurücknehmen würde. Dass er bei uns auf eine Vielzahl von Menschen träfe, die ihm in Wort und Tat vermittelten: »Wir sind gerne Christen. Christsein ist etwas, was uns erfüllt, wo wir uns hingeben können, was uns Sinn gibt, was uns immer wieder Kraft und oft sogar Flügel verleiht. Christsein begeistert uns.«

Es ist ein großer Unterschied, ob Menschen in den Gottesdienst gehen, in der Gemeinde mitarbeiten, beten, in der Bibel lesen usw., weil sie es als ihre *Pflicht* ansehen, oder ob sie es aus *Hingabe und Begeisterung* tun! So wie es in der ersten Gemeinde der Fall war: Wenn diese Leute beteten, fiel »Feuer« auf sie herab. Wenn sie ihre Gottesdienste feierten, kam Begeisterung auf. Wenn sie die Bibel auslegten, kamen Tausende zum Glauben! Sie dienten dem Herrn voller Freude und Hingabe. Die Frage ist, wie es kommt, dass solch eine Begeisterung in unseren Gemeinden einfach nicht aufkommen will.

Zweifellos lassen sich Begeisterung und Enthusiasmus weder künstlich herstellen noch verordnen. Was wir aber tun können, ist, dass wir Faktoren systematisch beseitigen, die Begeisterung *verhindern*.

Begeisterung und Enthusiasmus lassen sich weder künstlich herstellen noch verordnen. Was wir aber tun können, ist, dass wir Faktoren systematisch beseitigen, die Begeisterung verhindern.

Der Begeisterungskiller Nr. 1 ist die *Langeweile*. Sei es, dass die Menschen im Gottesdienst den Eindruck haben, »Immer dasselbe!«, sei es, dass das kirchliche Angebot mit ihren Fragen und ihrer Lebenswelt nicht viel zu tun hat oder dass sie einfach nicht verstehen, was dort vor sich geht: Solange wir der Langeweile in unseren Gemeinden nicht rigoros den Kampf ansagen, brauchen wir uns nicht zu wundern, warum so wenig Menschen in unsere Gottesdienste und Veranstaltungen kommen.

Der Begeisterungskiller Nr. 2 ist *Gesetzlichkeit*. Hierin geben sich »linke« und »rechte« Kreise in unserer Kirche die Hand, dass in ihnen eine derart moralingesäuerte Atmosphäre herrscht, dass hier einfach keine Freude und kein Enthusiasmus aufkommen können. Die gute Nachricht von der befreienden Liebe Gottes kommt hier einfach nicht durch.

Begeisterungskiller Nr. 3 ist das *Mittelmaß*. Das fängt an bei der geradezu notorischen Zweckmäßigkeit unserer Bauten und Möbel, die wenig Raum für Schönheit und Atmosphäre lässt, und führt über die kaum vorhandenen Qualitätsstandards vieler Veranstaltungen und Druckerzeugnisse bis hin zur Banalität mancher Predigten.

Auf die Begeisterungskiller Nr. 4 und 5 – negatives Denken und Reden und liebloses Verhalten – komme ich später noch zu sprechen.

Ich bin mir sicher: Wenn wir auch nur anfingen, uns auf die aufregende Reise zu machen, in unseren Gemeinden Schönheit und Esprit an die Stelle der Langeweile, Befreiung und Entfaltung an die Stelle der Gesetzlichkeit sowie Qualität und Hingabe an die Stelle von Mittelmaß zu setzen, wir – und auch die anderen – würden schon sehr bald realisieren, dass wir es mit einem aufregenden, begeisternden Gott zu tun haben.

Wir brauchen dringend ansteckende Christen und ansteckende Gemeinden! Wenn Leute aus unseren Gottesdiensten kommen, müssten

Wir haben einen aufregenden, begeisternden Gott. Warum ist dann Kirche oft so langweilig?

sie eigentlich sagen: »Was, schon zu Ende? Wann ist der nächste?« Wenn die Leute mit uns reden, müssten sie sich fragen: »Was haben diese Leute, was ich nicht habe?« Ein Durst nach Gott müsste in den Leuten um uns herum entstehen, wenn sie sehen, mit welcher Hingabe wir leben und mit welcher Begeisterung wir unsere Gottesdienste feiern! Alles andere halte ich für ein Abweichen von der biblischen Normalität.

13 Es gibt mindestens fünfzig verschiedene Weisen zu beten – freilich kennen wir davon meist nicht einmal eine Hand voll.

Jemand hat einmal gesagt: »Gebet ist das Atemholen der Seele.« Das ist ein schöner Satz. Nur: Warum fällt uns das Beten dann so schwer? Eigentlich dürfte uns doch dann nichts leichter fallen als das. Es fällt uns doch auch leichter, Atem zu holen als die Luft anzuhalten. Warum also ist Beten für uns oft so mühselig? Die Antwort lautet: Weil wir *falsch* beten. Viele Christen haben deswegen Probleme mit dem Beten, weil ihnen niemand beigebracht hat, wie man richtig betet. Sie mühen sich ab wie jemand, der mit seinem Boot vorankommen will und dabei das Ruder verkehrt herum hält. Das macht nicht sonderlich viel Spaß und nach einiger Zeit wird ein solcher Mensch vermutlich denken: »Ein Ruder ist ein ziemlich unpraktisches Gerät, wenn ich mit meinem Boot vorwärts kommen möchte.« Doch das ist nicht wahr. Er hält es nur verkehrt herum. Freilich müsste jemand ihm zeigen, wie genau er das Ruder zu halten und zu führen hat. Der bloße Befehl: »Los, rudere!« bringt nicht sehr viel.

Vergleichbares gilt für das Gebet. Gebet ist eine zentrale Äußerung christlicher Spiritualität. Jede persönliche Beziehung lebt von der Kommunikation. Das gilt auch für unsere Beziehung zu Gott. Doch auch hier genügt es nicht, den Menschen einfach zu sagen: »Los, bete!«, sondern wir müssen ihnen auch zeigen, wie sie das tun können. Eine Entdeckung, die ich über die Jahre gemacht habe, ist die, dass es mindestens fünfzig verschiedene Weisen gibt, wie man beten kann. Welche davon einem liegen und welche nicht, ist abhängig von der persönlichen Prägung, dem Persönlichkeitstyp und der jeweiligen Lebensphase, in der man sich gerade befindet. So betet der eine gerne in Gemeinschaft, der andere betet lieber allein, der eine singt gerne, der andere bevorzugt eher meditative Gebetsformen usw. Es gibt – auch innerhalb des Christentums – eine große Variationsbreite an spirituellen Formen. Und vermutlich ist nicht einmal die Hälfte von dem entdeckt worden, was darüber hinaus noch an spirituellen Formen möglich ist! Das Problem ist, dass die Menschen in unseren Gemeinden aus der Fülle der vorhandenen Gebetsmöglichkeiten meist nicht einmal eine Hand voll beigebracht bekommen und dabei denken, so wie sie es kennen und nicht anders *müsse* Gebet sein. Die Wahrscheinlichkeit, dass da gerade die für einen selbst »passende« Möglichkeit darunter ist, ist relativ gering. Das Ergebnis ist, dass die meisten Christen in Deutschland nicht gerne beten. Sie sind nicht gerne allein mit ihrem Gott zusammen, weil sie ein falsches Bild davon haben, wie die Kommunikation mit ihm abzulaufen hat. Sie werden diese Beziehung auf Dauer entweder ganz abbrechen oder auf möglichst geringer Flamme kochen. Ihr Gebets- und Glaubensleben wird vielleicht nicht völlig zum Erliegen kommen, aber es wird von Langeweile und Routine geprägt sein. Meiner Meinung nach muss die Kirche alles andere stehen und liegen lassen, um diesen Notstand zu beheben. Dies nicht nur um des Einzelnen, sondern auch um der Gemeinden willen: Denn ein unerfülltes, langweiliges und leidenschaftsloses Gebetsleben steckt auf Dauer alle anderen Bereiche des Gemeindelebens an.

Ein unerfülltes, langweiliges und leidenschaftsloses Gebetsleben steckt auf Dauer alle anderen Bereiche des Gemeindelebens an.

Auf einer meiner Auslandsreisen habe ich eine lutherische Gemeinde kennen gelernt, die eigens einen Pastor für Gebet angestellt hatte. Seine Aufgabe war es, Seminare zu halten und zahllose Einzelgespräche zu führen, um mit den Menschen zusammen herauszubekommen, welches die Art zu beten ist, die ihnen in ihrer derzeitigen Situation am meisten entspracli. Ich halte es für keine Überraschung, dass dies eine der interessantesten und inspirierendsten Gemeinden ist, die ich je kennen gelernt habe. Seitdem bin ich fest davon überzeugt: Wer seine eigene Weise zu beten gefunden hat, für den ist Beten keine bloße Pflicht mehr, sondern ein echtes Vergnügen, eben weil es ein lebendiger und in der Form auf die eigene Person zugeschnittener Ausdruck seines Innersten ist. Ich habe mir seit jener Reise immer wieder überlegt, ob das in Deutschland denkbar wäre: dass eine Gemeinde einen Pfarrer oder einen anderen Hauptamtlichen nur für die Aufgabe einstellt, den Gemeindegliedern beim Beten zu helfen. Und selbst wenn eine Gemeinde hier zu Lande auf den Gedanken käme – ob man ihr solch einen Schritt überhaupt erlauben würde? Offizielle Gelder würden ihr für diesen Schritt sicherlich nicht bewilligt. Doch wie auch immer wir diese Frage organisatorisch oder personell lösen: Vor allen anderen Aktivitäten müssen wir den Christen in unseren Gemeinden beibringen, wie sie ein erfülltes, kurzweiliges und leidenschaftliches

Gebetsleben führen können. Nur so können wir das Feuer in unseren Gemeinden neu entfachen: indem wir den Menschen dabei helfen, mit Leidenschaft und Hingabe zu beten.

14 Unsere Kirche braucht einen spirituellen Befreiungsschlag.

Wenn innerhalb des Christentums so viele spirituelle Formen möglich sind, warum kennen wir sie dann nicht? Warum spielen sie im Leben unserer Gemeinden kaum eine Rolle? Die Antwort auf diese Fragen ist sicherlich vielschichtig, aber letztlich läuft alles in dem einem Begriff zusammen: Angst.

Als ich in meinem Buch »Gottes Liebe feiern« zum ersten Mal die These von den fünfzig Weisen zu beten publizierte und dabei die eine oder andere Möglichkeit, das eigene Gebetsleben zu bereichern, ins Spiel brachte, schlugen mir eine Menge Bedenken entgegen: Einige Gebetsformen wurden von Kritikern als »katholisch«, andere als »charismatisch«, wieder andere als »New Age« klassifiziert (woraufhin sie wohl der Meinung waren, sich nicht weiter damit auseinander setzen zu müssen). Ich habe mich gefragt, was hinter solchen Etikettierungen steckt. Oft sind es *schlechte Erfahrungen*, die jemand mit der entsprechenden Glaubensausprägung gemacht hat. Er hat in seiner eigenen Biografie den Katholizismus als beengend oder die charismatische Bewegung als zu bedrängend erlebt und lehnt darum alles ab, was ihn an diese Erfahrung erinnert. Dass die Praxis des Zungenredens oder des Rosenkranzbetens zumindest für *andere* trotzdem sinnvoll sein könnte, das kann der oder die Betreffende nicht nachvollziehen. Er sieht stattdessen nur die Gefahren.

Manchmal sind es nicht eigene Erfahrungen, die einen davon abhalten, in seinem Gebetsleben etwas Neues auszuprobieren, sondern schlicht die *Angst, etwas falsch zu machen*. Schließlich hat man es mit Gott zu tun, und da könnte sich eine unangemessene Art des Zugangs vielleicht rächen. »Wenn ich in meinem Gebet eine Atemtechnik benutze, die auch ein New-Age-Anhänger bei seiner Meditation verwendet, begebe ich mich damit nicht auf ein ziemlich dünnes Eis?« – Dieselbe Person, die diesen Einwand vorbringt, würde freilich nicht zögern, sich hinzuknien und Gott etwas zu bitten, obwohl ein gläubiger Moslem genau dasselbe tut, wenn er sich an *seinen* Gott wendet. Ob knien, Hände falten, Augen schließen oder Hände erheben – keine der uns bekannten Gebetsformen haben wir Christen (oder gar wir Protestanten) nur für uns alleine! Darum ist es kein Argument gegen ungewohnte Gebetsformen, wenn Vertreter anderer Religionen oder Glaubensrichtungen Ähnliches tun, wenn sie beten. Die entscheidende

Frage ist immer, an wen sich das Gebet richtet und wohin meine Seele dabei gelenkt wird.

Unterstützt werden die persönlichen Ängste mancher Gläubigen durch das Bedürfnis der Kirche nach Kontrolle. Strukturell ist dieses Bedürfnis gut zu verstehen: Eine Kirche muss ihre eigene Identität bewahren und hat dazu noch die Pflicht, ihre Mitglieder vor Irrlehren zu schützen. In der Praxis hat das allerdings dazu geführt, dass Spiritualität in unserer Kirche heute oft nur noch in reglementierter Form ausgelebt wird. Auf diese Weise halten wir den Heiligen Geist auf Sparflamme. Ich kenne Fälle, in denen Pfarrer ihren Gemeindegliedern verboten haben, einen Bibelkreis aufzumachen. Die Begründung: Ohne Theologiestudium würde das Lesen in der Bibel auf Dauer nur zu Missverständnissen führen. Letzteres Zitat, das leider keine Erfindung von mir ist, ist vielleicht extrem, zeigt aber die Richtung auf, in die viele evangelische Pfarrer denken. Sie wollen unbedingt die Kontrolle über ihre Gemeinde behalten, damit es dort nicht zu Irrlehren oder zu allzu großem spirituellen »Wildwuchs« kommt. Ob sie wohl schon mal gehört haben, dass auch *Theologen* in der Lage sind, Irrlehren zu verbreiten? Und dass der von ihnen vertretene Kontrollanspruch der Kirche über die Spiritualität in den Gemeinden genau *die* Haltung ist, gegen die Luther antrat, als er die Bibel ins Deutsche übersetzte und das allgemeine Priestertum *aller* Gläubigen ausrief?

Aus Angst, dass ein verheerender Flächenbrand entstehen könnte, hat man in unserer Kirche oft jedes kleine Lagerfeuer ausgetreten, das den Menschen in unseren Gemeinden Licht, Wärme und Hoffnung hätte geben können. Es gab und gibt viele spirituelle Ansätze – auch innerhalb unserer Kirche: Die einen praktizieren eine persönliche Bibellese am Morgen, andere meditieren oder versuchen sich in Schweigeübungen, wieder andere finden sich in Gruppen zusammen, um miteinander zu beten. Es gibt eine spezifische Frauen- und auch eine eigene Männerspiritualität. Menschen beginnen auch in unserer Kirche, das kommunitäre Leben wieder zu entdecken. Andere entdecken so etwas wie eine »politische Spiritualität«. Die Charismatiker bringen ihren Lobpreis, das Zungenreden, das Gebet um Heilung und die Praxis der Einzelsegnung ein. Es gibt liturgische Aufbrüche wie die Michaelsbruderschaft, Taizégottesdienste oder die Thomasmesse. All dies gilt es zu begrüßen und nebeneinander stehen zu lassen, denn in diesen und in noch viel mehr spirituellen Formen liegt die Zukunft unserer Kirche! Statt sie skeptisch zu beäugen und vor-

> *Aus Angst, dass ein verheerender Flächenbrand entstehen könnte, hat man in unserer Kirche oft jedes kleine Lagerfeuer ausgetreten, das den Menschen in unseren Gemeinden Licht, Wärme und Hoffnung hätte geben können.*

schnell theologischen Verdächtigungen auszusetzen, sollten wir diese zarten Pflänzchen hegen und pflegen. Unsere Kirche braucht einen »spirituellen Befreiungsschlag«: Wir müssen die Spiritualität von den falschen theologischen und strukturellen Fesseln lösen, an die sie derzeit gekettet ist.

Die Angst, die mir an dieser Stelle häufig begegnet, ist die, dass sich durch einen solchen »Befreiungsschlag« eine losgelöste Spiritualität entwickeln könnte, die wir nicht mehr ganz im Griff haben. In der Tat kann es passieren, dass sich auf diese Weise neben vielen gesunden auch einige fragwürdige Formen von Spiritualität herausbilden werden. Aber es hat keinen Sinn, aus Angst vor missbräuchlichen Formen nur noch eine kanalisierte und in enge Raster gepresste Spiritualität zuzulassen. Ich plädiere nicht für eine grenzenlose (= »Alles ist möglich«), wohl aber für eine entgrenzte (= »Es ist sehr viel mehr möglich, als bisher gelebt wird«) Spiritualität innerhalb der evangelischen Kirche. Nur so kann unsere Kirche wieder zu dem werden, was sie ursprünglich sein sollte. Und nur so können wir dem eminenten Hunger nach Spiritualität begegnen, der derzeit durch unser Land geht.

15 Die Gottesliebe ist weithin der blinde Fleck der evangelischen Theologie.

Der Kirchenvater Augustin hat den berühmten Satz gesagt: »Du hast uns zu dir hin geschaffen, o Herr, und unser Herz ist unruhig, bis es Frieden findet in dir.« Wenn wir nach einem Grund für die Tatsache suchen, warum wir Menschen ständig über uns selbst hinaus fragen, warum wir über unser Woher und Wohin philosophieren, warum wir immer nur kurzzeitig glücklich sein können und schon bald wieder auf der Suche nach mehr sind, warum wir ständig an den Tod denken bzw. an das, was danach kommt, warum wir nach Sinn fragen und nach einer »Wirklichkeit hinter der Wirklichkeit« suchen, so liegt hier die Antwort: Wir sind auf Gott hin geschaffen. Wie eine Saite, die erst dann ihre Bestimmung und ihre Erfüllung findet, wenn sie auf das richtige Instrument gespannt wird, so finden auch wir den Sinn nicht in uns selber, auch nirgendwo anders in dieser Welt, sondern erst in der Beziehung zu Gott kommen wir zur Ruhe, kommt unsere spirituelle Suche ans Ziel.

Darum ist die Erfahrung der Liebe Gottes die wichtigste Erfahrung, die ein Mensch in seinem Leben machen kann. Und wer diese Erfahrung macht, für den ist die antwortende Liebe zu Gott die natürlichste und selbstverständlichste Erwiderung auf dieses Erlebnis. Die Liebe Gottes zu uns Menschen und die antwortende Liebe des Menschen zu

Gott sind die beiden elliptischen Brennpunkte der biblischen Botschaft. Sie stehen im Zentrum sowohl des jüdischen als auch des christlichen Glaubens. Und es ist erschütternd, wie wenigen Menschen dies in unserem so genannten christlichen Abendland heute noch bewusst ist

Die Erfahrung der Liebe Gottes ist die wichtigste Erfahrung, die ein Mensch in seinem Leben machen kann.

Wenn man heute einen Abiturienten – der doch im Laufe der Jahre immerhin rund 1000 Religionsstunden absolviert hat – danach fragt, was das Wichtigste am christlichen Glauben ist, wird er mit an Sicherheit grenzender Wahrscheinlichkeit antworten: »Die Nächstenliebe«. Das ist in unserem Land weithin Konsens, nicht nur bei Abiturienten, sondern auch bei der allgemeinen Bevölkerung, ja sogar bei Theologen: »Im Zentrum des christlichen Glaubens steht die Nächstenliebe.« Doch das ist dasselbe, wie wenn ein Mensch auf die Frage, was das Wichtigste am Auto ist, antworten würde: »Der Auspuff.« Nach 1000 Stunden Kraftfahrzeuglehre sollte er es eigentlich besser wissen. Kein Auto (ich rede von den normalen, Benzin verbrennenden Autos, die wir kennen) kann ohne Auspuff fahren. Der Motor würde ersticken, wenn die bei der Verbrennung entstehenden Gase nicht abgeleitet würden. Der Auspuff ist zum Fahren absolut notwendig. Aber er ist bei einem Auto nun wirklich nicht das Zentrale. Ähnliches lässt sich für die Stellung der Nächstenliebe innerhalb des jüdisch-christlichen Glaubens sagen: Sie ist notwendige »Äußerung« dieses Glaubens, aber nicht sein Zentrum.

Als Jesus einmal gefragt wurde, was für ihn das höchste aller Gebote sei, antwortete er mit den Worten des jüdischen Glaubensbekenntnisses (vgl. Markus 12,29-30): »*Höre, Israel, der HERR , unser Gott, ist der HERR allein. Und du sollst den HERRN, deinen Gott, lieben von ganzem Herzen, von ganzer Seele, von ganzem Gemüt und von allen deinen Kräften.*« Mit diesem Satz beschrieb Jesus, was ihm das wichtigste Anliegen überhaupt war: nämlich Gott *über alles* zu lieben.

Jesus war sich mit seinen Zuhörern über die zentrale Bedeutung der Gottesliebe schnell einig. Freilich hatte er tagtäglich vor Augen, dass fromme Menschen in vermeintlicher Gottesliebe ihre Mitmenschen missachteten und vernachlässigten. Darum stellte er dem Gebot der Gottesliebe die Nächstenliebe an die Seite. »Wenn jemand spricht: Ich liebe Gott, und hasst seinen Bruder, der ist ein Lügner« (1. Johannes 4,20). Gott bewegt sich liebend auf die Menschen zu, und man kann Gott nicht lieben, ohne diese liebende Bewegung auf die Men-

Gott bewegt sich liebend auf die Menschen zu, und man kann Gott nicht lieben, ohne diese liebende Bewegung auf die Menschen zu positiv nachzuvollziehen.

schen zu positiv nachzuvollziehen. Die Nächstenliebe ist darum eine natürliche Konsequenz und Begleiterscheinung der Gottesliebe. Sie ist aber innerhalb des christlichen Glaubens keine isolierte, von der Gottesliebe abzutrennende Tugend.

Ich hatte vor einiger Zeit über das Gebot der Gottesliebe zu predigen und suchte für meine Predigtvorbereitung nach entsprechender Literatur. Das Ergebnis war erschütternd: Ich habe unter mehreren tausend theologischen Büchern, die ich zur Verfügung hatte, keine 20 Seiten gefunden, die irgend etwas Konstruktives zum Thema Gottesliebe gesagt hätten! Jede Menge Warnungen, dass man über der Gottesliebe die Nächstenliebe nicht vergessen dürfe (als ob das heute unser Problem wäre, dass die Leute Gott zu viel lieben würden!), allseits aber eine große Hilflosigkeit, die Gottesliebe positiv zu bestimmen. Wenn überhaupt, dann fand ich etwas bei katholischen Theologen, sodass ich mich schon frage: Was ist eigentlich passiert, dass wir im Christentum ein Zentralgebot haben, das (a) kaum einer kennt, und (b) worüber zumindest die evangelischen Theologen weder schreiben noch predigen? (Eine erfreuliche Ausnahme habe ich in der Zwischenzeit gefunden: das im Literaturverzeichnis aufgeführte Buch des Bensheimer Pfarrers Stefan Kunz: Ihr seid meine Freunde. Von der Freundschaft mit Gott.)

Die Gottesliebe ist der blinde Fleck der protestantischen Theologie – und das bereits seit Jahrhunderten. Für Luther war die Gottesliebe eine existenzielle Erfahrung und Wirklichkeit. Ausgesprochen plastisch schildert er, was es bedeutet, Christus zu erfassen, in seinen Armen zu liegen, sich an seinen Hals zu hängen. Mal bemüht Luther das Bild der liebenden Mutter, dann das von Braut und Bräutigam, dann wieder andere. Immer wieder redet Luther von der engen Beziehung mit Christus, die er gefunden hat. Wenn es jemals so etwas wie Gottesliebe gegeben hat, dann hier. Doch Luther wollte unbedingt vermeiden, seine Anhänger in eine neue »Werkgerechtigkeit« zu führen. Darum war er sehr zurückhaltend, das Wort Gottesliebe überhaupt in den Mund zu nehmen, geschweige denn, seinen Anhängern eine Spiritualität zu vermitteln, innerhalb derer die Gottesliebe ein integrativer Bestandteil oder ein zu erstrebendes Ziel gewesen wäre. Dieses Versäumnis ist in der evangelischen Kirche bis auf den heutigen Tag fortgeschrieben worden.

Mit Ausnahme einiger evangelischer Mystiker und der Bewegung des Pietismus hat die Gottesliebe im Protestantismus nie eine besondere Rolle gespielt. Doch wie soll sich innerhalb der evangelischen Kirche eine gesunde Spiritualität entwickeln, wenn uns dieses Herzstück christlicher Existenz weithin abhanden gekommen ist? Hierin liegt die wirkliche Krise unserer Kirche. Dass die Gottesliebe weithin kein Thema mehr ist in der evangelischen Christenheit, dass man sich über dieses Zentrum vielfach nicht mehr im Klaren ist, darüber sollten wir uns tausend Mal mehr Gedanken machen als über zurückgehende Mitgliederzahlen und Kirchensteuermittel. Freilich habe ich noch von keiner Synode oder Pfarrkonferenz gehört, in der diese Frage zum Thema erhoben wurde. Hoffnungsvoll erscheinen mir allerdings die vielfältigen zarten spirituellen Aufbrüche, die man derzeit an der Basis unserer Kirche beobachten kann. Hier entwickelt sich, weil von »oben« nichts oder doch nur herzlich wenig kommt, von unten her eine Spiritualität, die im Begriff ist, das verlorengegangene Herzstück unseres Glaubens wiederzuentdecken.

Dass die Gottesliebe weithin kein Thema mehr ist in der evangelischen Christenheit, darüber sollten wir uns tausend Mal mehr Gedanken machen als über zurückgehende Mitgliederzahlen und Kirchensteuermittel.

Wichtiger als all unser Tun und Bemühen ist, dass wir immer wieder in die Liebe Gottes eintauchen. **16**

Christsein wird im allgemeinen Bewusstsein meist mit einem bestimmten Tun und dem Einhalten bestimmter Regeln gleichgesetzt. Doch darum geht es, wie wir bereits gesehen haben (siehe zu → These 7), überhaupt nicht. Im Zentrum des christlichen Glaubens steht vielmehr die abgrundtiefe Liebe Gottes zu uns Menschen, der sich nichts sehnlicher wünscht, als dass wir auf seine Liebe mit *unserer* Liebe antworten. Die entscheidende Frage, die uns Jesus stellt, ist nicht die nach unserem Tun oder Lassen, sondern: »Hast du mich lieb?« (vgl. Johannes 21,15-17). Man stelle sich das vor: Er, der Sohn Gottes, der von Ewigkeit an eins mit dem Vater war und dem alle Engel des Himmels zur Verfügung stehen, sehnt sich nach unserer Liebe und ist gerade auch in dieser Sehnsucht ein exaktes Abbild des himmlischen Vaters! Gott liebt uns mit unendlicher Leidenschaft und wartet darauf, dass wir seine Liebe erwidern. Darum ist die Gottesliebe der Herzschlag alles Christlichen, und wo sie fehlt, sollten wir die Bezeichnung »christlich« um der Sauberkeit der Begriffe willen lieber nicht verwenden. Unsere Liebe zu Gott mag schwach und unvollkommen sein, aber wenn sie in unserem Leben gänzlich fehlt, können wir alle Regeln und Verhaltensweisen und äußeren Formen und auch unsere spirituellen Praktiken vergessen. Sie sind dann nicht christlich.

Ich bin fest davon überzeugt, dass unsere Kirche nur gesunden kann, wenn es ihr gelingt, ihren Mitgliedern wieder die Liebe zu Gott zu vermitteln. Bei aller Hochschätzung des Wortes: Durch Predigen allein wird uns das nicht gelingen. Die Liebe Gottes muss vielmehr

Ich bin fest davon überzeugt, dass unsere Kirche nur gesunden kann, wenn es ihr gelingt, ihren Mitgliedern wieder die Liebe zu Gott zu vermitteln.

erfahrbar werden in der Liturgie des Gottesdienstes, durch eine spirituelle Grundatmosphäre, in die die Gemeinde nicht nur sonntags eingetaucht ist, und durch die Art des Umgangs, den die Christen untereinander und mit anderen pflegen. Es ist das Gebot der Stunde, dass Menschen in unseren Gemeinden wieder hören und erfahren können, was ihnen die evangelische Theologie jahrzehntelang verschwiegen hat: Nämlich dass Gott eine Person ist, die uns leidenschaftlich liebt und die sehnlichst darauf wartet, dass wir diese Liebe erwidern. Es gilt, den Menschen wieder zu vermitteln, was es für unsere persönliche wie auch für unsere gemeinschaftliche Spiritualität bedeutet, Gott zu lieben.

Doch wie können wir Gott lieben? Gottesliebe entsteht ja nicht dadurch, dass wir uns nach Kräften bemühen. Die Liebe zu Gott entsteht vielmehr dadurch, dass wir Liebe von Gott her *erfahren*. In 1. Johannes 4,10 heißt es: »*Darin besteht die Liebe, nicht dass wir Gott geliebt haben, sondern dass er uns geliebt hat und gesandt seinen Sohn zur Versöhnung für unsre Sünden.*« Das heißt: Wir werden nicht zu Liebenden, indem wir uns nach Kräften anstrengen und bemühen, dies zu tun. Wenn wir Gott lieben wollen, müssen wir vielmehr »eintauchen« in die Liebe, mit der er uns liebt. Wir können auf der Außenseite unseres Lebens noch so viel ändern, es wird unser Herz nie erreichen. Wenn wir aber das, was Gott in Jesus für uns getan hat, in Anspruch nehmen und auf uns wirken lassen, dann wird dies unser Leben verändern und wir werden mehr und mehr selbst zu Liebenden.

Es geht bei der Gottesliebe zunächst einmal nicht um ein Lieben, sondern um ein Sich-lieben-Lassen.

Alle christliche Spiritualität hat den Zweck, sich für die Gegenwart Gottes zu öffnen, sich in die Gemeinschaft mit Gott hineinzuspüren, sie zu »pflegen«, um die Liebe Gottes in das eigene Leben aufzunehmen – um ihm dann ebenfalls mit Liebe zu antworten.

Alle christliche Spiritualität hat darum den Zweck, sich für die Gegenwart Gottes zu öffnen, sich in die Gemeinschaft mit Gott hineinzuspüren, sie zu »pflegen«, um die Liebe Gottes in das eigene Leben aufzunehmen – um ihm dann ebenfalls mit Liebe zu antworten: durch unser Singen und Beten, unser Tun und Feiern, durch unser ganzes Sein. Da Menschen aber verschieden strukturiert sind, tun unsere Gemeinden gut daran, möglichst viele Wege aufzuzeigen, wie Menschen in diese Liebe Gottes »eintauchen« können. Dem einen hilft es, meditierend ein Evangelium zu lesen, dem anderen vermittelt sich die Liebe Gottes durch eine persönliche Segnung, der dritte wiederum spricht besonders auf den gemeinschaftlichen Lobpreis in der Gemeinde an usw. Wenn es uns gelingt, das richtige »Medium« zu finden, in dem die Menschen die Liebe, die Gott für sie hegt, leise erspüren können, dann ist das – um ein Bild Luthers aufzugreifen –, wie wenn man ein Stück Eisen ins Feuer hält. Es wird auf Dauer selber rotglühend, es wird in etwas Feuerähnliches verwandelt. Menschen, die die Liebe Gottes erfahren, werden selbst zu Liebenden. Spiritualität ist darum auch der Schlüssel dazu, dass wir als Gemeinde unseren Auftrag in der Welt wahrnehmen. Denn nur als Menschen, die selbst von der Liebe Gottes verändert wurden, werden wir die Welt zum Positiven verändern.

Die dritte Aufgabe:
Den Auftrag wiederentdecken

»Eine Kirche, die nicht missionarisch sein will,
verfehlt den Auftrag Jesu –
und damit ihre Daseinsberechtigung.«

17 Der oberste Auftrag Jesu an seine Kirche lautet nicht, die Menschen zu betreuen, sondern sie zu Jüngern zu machen.

Es gibt zwei Gebote Jesu, in denen sich alles zusammenfassen lässt, was er den Menschen jemals an Regeln, Weisungen und Anweisungen mit auf den Weg gegeben hat. Das eine ist das so genannte Liebesgebot: »*Du sollst den Herrn, deinen Gott, lieben von ganzem Herzen, von ganzer Seele, von allen Kräften und von ganzem Gemüt, und deinen Nächsten wie dich selbst.*« (Lukas 10,27) Man könnte sagen: Dies ist Jesu oberstes Gebot an die ganze *Menschheit*. Das andere Gebot hingegen richtet sich speziell an die Jünger bzw. an seine *Kirche:* »*Gehet hin und macht zu Jüngern alle Völker, tauft sie auf den Namen des Vaters, des Sohnes und des Heiligen Geistes und lehrt sie halten alles, was ich euch befohlen habe.*« (Matthäus 28,19+20) Wir kennen dieses Gebot unter dem Namen »Missionsbefehl«.

Nun könnte man fragen: Warum hat Jesus es nicht einfach bei seinem Liebesgebot belassen? Warum fügt er speziell für seine Kirche noch den Missionsauftrag hinzu? Die Antwort ist ganz einfach: *Weil der Missionsauftrag keine Hinzufügung zum Liebesgebot ist, sondern eine Erklärung, eine Ausführung des Liebesgebotes.* Mission oder Evangelisation sind nichts, was zur Liebe noch zusätzlich hinzukäme, sondern Mission, wie Jesus sie versteht, ist Liebe in Aktion. Wenn man Jesus gefragt hätte: »Was bedeutet es, seinen Nächsten zu lieben?«, dann hätte er gesagt: »Erzählt den Menschen von der Liebe Gottes, sagt ihnen, dass ich für sie gestorben und auferstanden bin. Vermittelt ihnen diese Liebe, sorgt dafür, dass sie von dieser Liebe verändert werden. Und seht zu, dass sie selber in Stand gesetzt werden, *andere* mit dieser Liebe zu erreichen. Macht sie zu Jüngern!« Jesus wollte nicht nur, dass Menschen das Heil erfahren, er wollte auch, dass sie dieses Heil weitergeben. Er wollte *Multiplikatoren* der Gnade und der Liebe Gottes. Er suchte Jünger. Er wollte Menschen, die in der Lebensgemeinschaft mit ihm Heil und Leben erfahren und weiterverbreiten. Darum sagte er nicht nur: »Geht hin und erzählt den Menschen, dass Gott sie liebt.« Sondern er sagte: »Vermittelt ihnen die Liebe Gottes auf eine Art und Weise, dass sie ihrerseits fähig werden, diese Botschaft anderen weiterzugeben.« So hat Jesus es seinen Jüngern vorgelebt – es war seine Mission! – und so hat er es ihnen als Auftrag weitergegeben: seine Mission fortzuführen.

Es gibt viele Aufträge, die die Kirche heute wahrnimmt und die sie auch wahrzunehmen hat, doch der Missionsbefehl ist mit Abstand der wichtigste.

Jesus wollte nicht nur, dass Menschen das Heil erfahren, er wollte auch, dass sie dieses Heil weitergeben. Er wollte Multiplikatoren der Gnade und der Liebe Gottes.

Das allgemeine Gebot, Gott und die Menschen zu lieben, kann diesen Auftrag nicht ersetzen. Ich sage dies deshalb, weil die Kirche den Missionsauftrag in der Praxis vielfach durch die Botschaft von der Nächstenliebe ersetzt hat. Das ist überaus problematisch. Ich sage es noch einmal: Das Gebot der Nächstenliebe beschreibt den allgemeinen Menschheitsauftrag. Es sagt uns, was wir zu tun haben, damit der Mensch wirklich Mensch werde. Der Missionsauftrag hingegen sagt uns, was wir zu tun haben, damit Gott Gott werde. Sowohl die Zehn Gebote als auch das Vaterunser reden erst von der Gottwerdung Gottes, dann von der Menschwerdung des Menschen. An diese Reihenfolge haben wir uns als Kirche zu halten. Wenn wir versuchen, die Menschwerdung des Menschen ohne die Gottwerdung Gottes zu erreichen, werden wir scheitern.

Wenn wir versuchen, die Menschwerdung des Menschen ohne die Gottwerdung Gottes zu erreichen, werden wir scheitern.

Jesus sagt nicht nur: »Lehrt die Menschen halten alles, was ich euch befohlen habe«, sondern er sagt vorher: »Macht sie zu Jüngern.« Denn das ist die Voraussetzung dazu. Zuerst soll eine Beziehung der Menschen zu Christus geschaffen werden, und von dieser (Jüngerschafts-)Beziehung ausgehend soll dann die Mission Jesu weitergeführt werden. Es gibt keine »Sache Jesu«, die sich von der *Person* Jesu loslösen und isolieren ließe. Die Botschaft von der Nächstenliebe ist für den christlichen Glauben in der Tat unverzichtbar. Wenn sie aber losgelöst wird von der Beziehung zu Christus, dann isoliert man den Auftrag Jesu von seiner Person und nimmt ihm damit das eigentlich Christliche und ersetzt ihn durch eine allgemeine Moral. Das ist einfach zu wenig. Im Christentum geht es um viel mehr, nämlich um die Heilung des durch unsere Sünde zerstörten Verhältnisses zwischen Gott und Mensch und um ein neues Leben aus der Kraft Gottes heraus. Das gibt es aber nicht an der Person Jesu vorbei und auch nicht ohne Mission, welche die Menschen aus einem überwiegend selbstzentrierten oder auf falsche Götter ausgerichteten Leben in die Nachfolge Jesu ruft.

Unsere Kirche hat sich angewöhnt, den Menschen vor allem als ein diesseitiges Wesen zu betrachten. Entsprechend ist die Liebe, die wir den Menschen angedeihen lassen, in erster Linie »diesseitig«: Wir besuchen sie, geben ihnen zu essen, versorgen sie, wir geben ihnen Unterkunft. Das alles ist wichtig und soll keinesfalls durch eine rein »jenseitsbezogene« Liebe ersetzt werden. Aber die gleichen Menschen brauchen auch Vergebung ihrer Sünde und die Kraft Gottes in ihrem Leben (vgl. etwa Markus 2,5). Gott seinerseits will diese Menschen als Multiplikatoren für sein Heil. Beidem haben wir

Es gibt keine »Sache Jesu«, die sich von der Person Jesu loslösen und isolieren ließe.

Rechnung zu tragen. Darum kann eine Kirche, die die Mission Jesu fortführen will, nicht umhin, in einem guten Sinne missionarisch zu sein.

18 Es ist der Kirche Jesu Christi nicht ins Belieben gestellt, ob sie »Mission« treiben will oder nicht.

Die Kirche ist nicht für sich selber da. Sie trägt ihren Sinn und Zweck nicht in sich selber. Jesus hat sie vielmehr dazu eingesetzt, die Menschen ihrer Zeit mit der Botschaft von der Liebe Gottes zu erreichen, sie zu heilen und zu verändern. Er selbst hat dies getan und es ist Zweck und Auftrag der Kirche, seine Sendung, seine »Mission« fortzusetzen. Eine Kirche, die nicht missionarisch sein will, verfehlt darum den Auftrag Jesu – und damit ihre Daseinsberechtigung.

Zweifellos war in früheren Zeiten Mission häufig eine Form der Machtausübung und der Machterweiterung – was erheblich zu ihrem schlechten Ruf beigetragen hat. Mit der Mission Jesu aber hat diese Art von Mission nicht viel zu tun. Heute mag mancher versucht sein, das »missionarische« Anliegen wieder zu entdecken, um den Mitgliederbestand der Kirche zu halten oder gar zu vergrößern. Auch hier müssen wir wissen, dass wir damit den Missionsauftrag Jesu bereits im Ansatz verfehlen. Wenn wir von Mission reden, darf es uns nicht um eigennützige Motive gehen. Wenn Jesus sagt, dass wir die Menschen zu seinen Jüngern machen sollen, dann geht es ihm um diese Menschen – und es geht ihm um Gott. *Darum* sollen wir Menschen für den Glauben gewinnen: weil sie Gott wichtig sind und weil Gott für sie wichtig ist, und nicht, um die Kirche zu erhalten oder ihren Einfluss zu erweitern.

Wir müssen uns das bei jedem Menschen, dem wir begegnen, klarmachen: *Gott hat Sehnsucht nach diesem Menschen.* Gott sehnt sich nach einer lebendigen, erfüllten Beziehung zu ihm. Wenn er Gott findet, findet im Himmel ein Fest statt. Wenn er ihn nicht findet, bricht es Gott das Herz. Und das andere stimmt auch: *Dieser Mensch braucht Gott.* Es kann sein, dass er das noch nicht weiß. Es kann sein, dass es ihm auch ohne Gott scheinbar ganz gut geht. Aber solange ein Mensch Gott noch nicht kennt, fehlt seinem Leben der letzte Sinn und die letzte Erfüllung, kann er sein volles Potenzial nicht entfalten. Der Mensch ist auf Gott angelegt und es ist der Sinn und das Ziel seines Lebens, Gott kennen zu lernen. Für ausnahmslos jeden Menschen bedeutet es eine Daseinssteigerung, wenn er Christ wird. Darum sollen wir alles daran setzen, ihn mit Christus bekannt zu machen.

Für ausnahmslos jeden Menschen bedeutet es eine Daseinssteigerung, wenn er Christ wird.

»Kirche« und »Mission« sind zwei Begriffe, die sich nicht voneinander trennen lassen. Es ist der Kirche Jesu Christi nicht ins Belieben gestellt, ob sie »Mission« treiben will oder nicht. Die Kirche wurde ins Leben gerufen, um die Mission Jesu fortzusetzen. In der Bibel ist die Mission nicht eine Funktion der Kirche, sondern die Kirche ist eine Funktion der Mission Jesu (Klaus Eickhoff). Sie legitimiert sich allein dadurch, dass sie diese Mission weiterführt. Entsprechend war auch das Selbstverständnis der Ur-Kirche ein missionarisches. Die ersten Christen haben die Mission Jesu weitergeführt, Menschen mit der Botschaft von der Liebe Gottes zu erreichen, sie zu heilen und zu verändern. Dazu haben sie die Menschen aber zuallererst auf Jesus selbst hingewiesen – den »Mittler« zwischen Gott und Mensch. Gott, so lesen wir in der Apostelgeschichte, segnete dieses Vorgehen und fügte der Gemeinde in Jerusalem täglich neue Menschen hinzu. Immer mehr neue Gemeinden entstanden und verbreiteten sich über die ganze Welt.

Ich frage mich im Hinblick auf die Kirche in Europa: Wo ist diese Dynamik geblieben? Können wir uns wirklich darüber beruhigen, dass es heute überall in Deutschland Gemeinden gibt und dass die meisten Menschen hier zu Lande getauft sind und sich von daher als Christen ansehen? Glauben wir wirklich, wir hätten damit das erreicht und verwirklicht, wonach sich die ersten Christen mit jeder Faser ihres Lebens ausstreckten und sehnten? – Wir wissen, dass dies nicht der Fall ist. Kirche und Christentum in Europa sind in einem beklagenswerten Zustand. Da ist nur wenig zu spüren von der ursprünglichen Kraft, der spirituellen Dynamik und der ansteckenden Faszination, die die ersten Christen auszeichnete. Im Gegenteil: Die Entwicklung verläuft heute genau umgekehrt. Die Kirche verliert mehr und mehr »Marktanteile« an andere religiöse Anbieter. Das liegt zum einen daran, dass unsere Gemeinden für die meisten Menschen heute keinerlei attraktive Ausstrahlung besitzen. Selbst wenn sie nach alternativen Lebensentwürfen suchen, ist derjenige, den die Kirche anbietet, für viele keine ernsthafte Wahl. Zum andern haben die meisten Gemeinden heute ein geradezu erschütternd unmissionarisches Selbstverständnis. Eine Kirche aber, die auf Mission und Evangelisation verzichtet, nimmt entweder ihre eigene Botschaft oder die Menschen, die ihr anvertraut sind, nicht wirklich ernst. Damit aber verurteilt sie sich letztlich selber zum Tode.

Eine Kirche, die auf Mission und Evangelisation verzichtet, nimmt entweder ihre eigene Botschaft oder die Menschen, die ihr anvertraut sind, nicht wirklich ernst.

Es genügt heute weithin, einen allgemeinen Glauben an Gott und ein paar vage Vorstellungen von bürgerlicher Anständigkeit zu haben,

Die größte Sorge, die uns als Kirche umtreiben sollte, ist die, wie aus den vielen Menschen, die heute ein distanziertes Verhältnis zu Gott, Glaube und Gemeinde haben, hingegebene Nachfolger Jesu Christi werden.

um als Christ zu gelten. Kaum jemand in der Kirche wird einem dabei widersprechen. Damit aber verliert die Kirche nicht nur ihre klaren Konturen innerhalb des allgemeinen religiösen Supermarktes, sondern sie verfehlt ihren Auftrag, ihre Bestimmung. Eine Kirche, die die Menschen nicht für den Glauben gewinnen möchte, ist wie eine Lampe, die sich weigert zu leuchten, oder eine Posaune, die keine Töne von sich geben möchte. Vielleicht ist sie noch schön anzusehen, evtl. findet man sogar noch die eine oder andere sinnvolle Verwendung dafür, aber ihren eigentlichen Zweck und ihre eigentliche Bestimmung erfüllt sie nicht mehr.

Der ehemalige YMCA-Generalsekretär und Friedensnobelpreisträger John Mott (1865-1955) hat die Bestimmung der Kirche so formuliert:

> *»Der oberste Zweck der christlichen Kirche ist es, Jesus Christus auf der ganzen Breite des persönlichen Lebens, nach Leib, Seele und Geist und in allen menschlichen Verhältnissen so zu verkündigen, dass man Ihn kennen lernt, Ihm vertraut, Ihm gehorcht und Ihm nachfolgt. Das ist die wichtigste Aufgabe jedes Christen. Das ist der nötigste, im Großen und Ganzen aber der am meisten vernachlässigte Dienst.«*

Anders formuliert: Die größte Sorge, die uns als Kirche umtreiben sollte, ist die, wie aus den vielen Menschen, die heute ein distanziertes Verhältnis zu Gott, Glaube und Gemeinde haben, hingegebene Nachfolger Jesu Christi werden.

19 Mission und Toleranz widersprechen sich nicht.

Das Wort »Mission« ist innerhalb wie außerhalb der Kirche nicht sonderlich beliebt. Das hat zum einen historische Gründe. Vieles, was sich in der Vergangenheit mit diesem Wort verbunden hat, ist derart schrecklich, dass man in der Tat Lust bekommt, diesen Begriff ein für alle Mal aus dem christlichen Vokabular zu streichen. Im Namen der Mission wurde im Laufe der Kirchengeschichte unsäglicher Missbrauch betrieben. Menschen wurden manipuliert, unter Druck gesetzt, zwangschristianisiert usw. Ich kann gut verstehen, dass auch ernsthafte Christen heute eine große Zurückhaltung an den Tag legen, was den Gebrauch des Wortes »Mission« anbetrifft. Freilich wüsste ich nicht, wodurch wir diesen Begriff ersetzen könnten. Mission im Sinne der »missio Dei« (= Sendung Gottes) ist größer als die Kirche selbst. Sie ist nicht ein Dienst neben anderen – so wie Seelsorge, Diakonie oder Evangelisation –, sondern der Oberbegriff aller kirchlichen Äußerungen. An dieser Stelle kommt es uns entgegen, dass man heute auch außerhalb der Kirche – vor allem in der Wirtschaft – den guten Sinn des Wortes Mission wieder entdeckt. Viele große Firmen haben heute eine Unternehmensphilosophie, in der sich an vorrangiger Stelle ein so genanntes »*mission statement*« findet: »Das ist unsere Mission: Das genau wollen wir, dafür stehen wir ein, dies wollen wir erreichen.« Der Begriff Mission bezeichnet hier also – seinem ursprünglichen Wortsinn entsprechend – die Sendung, den Zweck und das Ziel eines solchen Unternehmens. Warum sollen wir als Kirche also nicht auch ein solches »*mission statement*« haben und frei und unbefangen davon reden, dass auch wir eine Mission haben?

Ein zweiter Grund, warum wir uns mit dem »Missionarischen« so schwer tun, ist ein prinzipieller: Wer sind wir, dass wir uns herausnehmen dürften, einfach anderen Menschen unsere Überzeugung aufzudrängen? – Natürlich geht es nicht um ein »Aufdrängen«. Aber die entscheidende Frage ist doch nicht die, wer *wir* sind, sondern wer dieser *Gott* ist, den wir den Menschen verkündigen! Jesus setzte alles daran, Menschen mit diesem Gott in Berührung zu bringen. Während er es als besonders liebevoll ansah, den Menschen das Evangelium weiterzusagen, und uns deshalb beauftragte, genau dieses zu tun, meinen wir, es wäre liebevoller, wenn wir es ihnen verschweigen. Schließlich wollen wir rücksichtsvoll sein und nicht aufdringlich. Wir wollen tolerant sein. Doch hier sollten wir uns keine falschen Alternativen einreden lassen: Natürlich sollen wir rücksichtsvoll sein und anderen nichts »aufdrängen«. Aber wenn es etwas gibt, was die Menschen wirklich brauchen, ist es das Evangelium von der Liebe Gottes. Es ihnen zu verschweigen ist nicht ein Akt der Liebe, sondern der Lieblosigkeit.

Während Jesus es als besonders liebevoll ansah, den Menschen das Evangelium weiterzusagen, meinen wir, es wäre liebevoller, wenn wir es ihnen verschweigen.

Wenn unsere Gleichsetzung von »Mission« und »Intoleranz« stimmen würde, dann wäre Jesus der intoleranteste Mensch gewesen, der je gelebt hat, denn er lebte seine »Mission« aus! Vielleicht müssen wir uns auch von einem falschen Verständnis des Wortes »Toleranz« lösen. Toleranz bedeutet *nicht*: jedem seinen Glauben lassen, den anderen nicht für den eigenen Glauben gewinnen wollen, von der Richtigkeit des eigenen Glaubens nicht überzeugt sein.

> *Toleranz ist eine Haltung, die zwei verschiedene Standpunkte als prinzipiell gleich berechtigt ansieht. Das heißt aber nicht, dass man beide Standpunkte deswegen für gleich richtig halten muss.*

Wenn ich zutiefst davon überzeugt bin, dass ein anderer Mensch Gott braucht und dass es für ihn eine enorme Steigerung an Lebensqualität bedeuten würde, wenn er diesen Gott kennen und lieben lernt, dann muss ich ihm das auch sagen können. Es ihm zu verschweigen, wäre keine Toleranz, sondern eine schlimme Lieblosigkeit, ja geradezu ein Verbrechen. Die Tugend der Toleranz kommt in dem Moment ins Spiel, in dem der andere mir signalisiert, dass er das nicht will. Lasse ich ihn dann oder setze ich ihn unter Druck oder strafe ihn gar in irgendeiner Weise ab? Toleranz ist eine Haltung, die zwei verschiedene Standpunkte als prinzipiell gleich *berechtigt* ansieht. Das heißt aber nicht, dass man beide Standpunkte deswegen für gleich *richtig* halten muss.

Der dritte Grund, warum wir in unseren Gemeinden kaum mehr missionarisch aktiv sind, ist schlicht und einfach *Angst*. Vielleicht haben wir schlechte Erfahrungen damit gemacht, als wir jemand anderem etwas von der Liebe Gottes weitersagen wollten. Vielleicht fühlen wir uns im eigenen Glauben nicht sicher genug, um ihn anderen Menschen anzutragen. Was durchaus auch vorkommt – und das erbost mich –, ist, dass Menschen sich in ihren missionarischen Bemühungen zurückhalten, weil sie Angst davor haben, dass die eigene Kirche sie unter Sektenverdacht stellt: der Pfarrer, der Kirchenvorstand oder wer auch immer. In vielen Gemeinden wirkt es heute eher störend und man muss sich geradezu rechtfertigen, wenn man Jesu Missionsauftrag ausführen will. Ich habe manchmal den Eindruck, viele Christen haben das zehnte Gebot für sich umformuliert. Es heißt nicht mehr: »Du sollst nicht *begehren*«, sondern »Du sollst nicht *bekehren*«. Unsere Gemeinden sollten aber den Leuten die Angst vor missionarischer Tätigkeit nehmen, statt sie zusätzlich zu schüren, und dafür Sorge tragen, dass diese in einer guten, fundierten und verantwortbaren Weise geschehen kann.

> *Viele Christen haben das zehnte Gebot für sich umformuliert. Es heißt nicht mehr: »Du sollst nicht begehren«, sondern »Du sollst nicht bekehren«.*

Alles in allem gibt es nur einen akzeptablen Grund, dem Missionsauftrag Jesu nicht nachzukommen, und das ist, wenn wir selber noch nicht von der Liebe Gottes erreicht und durchdrungen sind. Dann haben wir in der Tat nicht viel, was wir anderen weitergeben könnten. In allen anderen Fällen aber sollten wir unsere Motive überprüfen. Die Angst vor Missbrauch mag berechtigt sein, aber sie darf uns nicht dazu führen, den Menschen das Beste vorzuenthalten, was wir ihnen als Christen zu geben haben.

20 Es gibt kein Christsein ohne Bekehrung – aber durchaus ohne Bekehrungserlebnis.

Ich weiß, ich führe Sie im Moment durch ein Minenfeld. Erst »Mission« und »Evangelisation«, jetzt auch noch »Bekehrung«. Dieses Kapitel ist wahrhaftig nicht frei von Reizworten. Meine Hoffnung ist, dass Sie diese Begriffe erst einmal lesen und wahrnehmen, ohne damit sofort eine bestimmte Vorstellung zu verbinden. Ähnlich wie der Begriff der »Mission« fristet auch das Wort »Bekehrung« in der evangelischen Kirche eher ein Aschenputteldasein. Historisch gesehen ist das verständlich – der Begriff der Bekehrung kann auf eine ähnlich traurige Missbrauchsgeschichte zurückschauen wie der der Mission. Von der Sache her ist das fatal. Denn Christ wird jemand durch Bekehrung – und durch nichts anderes. Mir ist klar, dass bestimmte Kreise den Begriff der Bekehrung in einer Weise gebraucht haben, dass er bei vielen von uns negative Assoziationen hervorruft. Das Problem ist, dass Bekehrung ein *biblischer* Begriff ist, auf den wir nicht verzichten können, bloß weil einige ihn missbrauchen.

Der Begriff der Bekehrung beschreibt die Tatsache, dass ein Mensch eine umfassende Lebenswende vollzieht. Er bekehrt sich von einem überwiegend selbstzentrierten oder anderweitig ausgerichteten Leben zu einem auf Christus ausgerichteten Leben. Das kann auf zweierlei Weise passieren: Entweder Knall auf Fall oder in einem sich über einen längeren Zeitraum hinziehenden Prozess. Da gibt es Leute wie Paulus vor Damaskus (vgl. Apostelgeschichte 9). Er war ein Christenverfolger und hatte plötzlich – aus heiterem Himmel – eine Christusoffenbarung. Er fiel von einem gewaltigen Licht geblendet hin und bekehrte sich. Von da an war in seinem Leben nichts mehr, wie es zuvor gewesen war. Er vollzog die dramatische Wendung vom Christenverfolger zum wichtigsten Apostel der Christenheit. Eine Bekehrung, die nichts an Dramatik zu wünschen übrig lässt. Paulus hätte Ihnen Tag und Stunde nennen können, wann er zum Glauben kam. Ich kenne viele Christen, die eine ebenso klar datierbare Bekehrung erlebt haben.

Häufiger als eine solche Bekehrung nach dem »Modell Damaskus« ist eine andere Form der Bekehrung (ich nenne sie im Anschluss an die bekannte Geschichte in Lukas 24 das »Modell Emmaus«): Ein Mensch bekehrt sich nicht von heute auf morgen, sondern sein Leben ändert sich Schritt für Schritt und richtet sich mehr und mehr auf Christus aus. Es ist wie bei einer Waagschale, auf die ein Steinchen nach dem anderen gelegt wird. Sie senkt sich mehr und mehr. Irgendwann kommt der Punkt, an dem die Waage kippt. *Graduell* ist da vielleicht gar nicht viel passiert, vielleicht hat der Betreffende es nicht mal bewusst wahrgenommen, es war doch nur ein weiteres »Steinchen«!

Aber *qualitativ* ist die Waage in einen anderen Zustand übergegangen. Die überwiegende Mehrheit aller Christen könnte dies so von sich sagen:»So bin ich zum Glauben gekommen: Ich könnte kein Bekehrungsdatum nennen. Aber irgendwann einmal habe ich festgestellt, dass die ›Waage gekippt‹ ist. Und dass ich eigentlich schon längst glaube.« Diese Leute haben zwar keine Bekehrung nach dem »Modell Damaskus« erlebt, aber sie *haben* sich bekehrt. Ihr Leben hat eine neue Ausrichtung bekommen. Sie sind vielleicht nicht »auf dem Absatz« umgekehrt, wie Paulus, sondern sie haben einen mehr oder minder weiten Bogen geschlagen. Das Ganze zog sich über einen längeren Zeitraum hin; es war weniger eine Entscheidung als vielmehr ein Prozess. Aber sie sind umgekehrt. Ihr Leben hat eine neue Ausrichtung auf Christus bekommen und die hatte es vorher nicht.

Wir müssen uns hüten, Menschen auf einen der beiden Bekehrungswege festlegen zu wollen! Manche Christen sagen:»Bekehre dich: heute oder nie! Und wenn du kein Bekehrungserlebnis vorweisen kannst, dann bist du auch kein Christ!« Diese Leute haben schlimmen Schaden in der Kirche angerichtet. Größtenteils haben sie es zu verantworten, dass der Begriff der Bekehrung heute in Misskredit geraten ist. Sie nageln die Menschen auf einen Weg fest, der zwar durchaus von einer respektablen Menge, aber aufs Ganze gesehen doch immer nur von einer Minderheit der Christen gegangen wurde. Es gibt aber auch das Umgekehrte: Christen, die völlig aus der Rolle fallen, sobald irgendwo in einem christlichen Kreis das Wort »Bekehrung« fällt. Dabei steht dieser Begriff in der Bibel! Diese Leute machen spiegelverkehrt den gleichen Fehler wie die Bekehrungstreiber: Sie verabsolutieren ihre eigene Geschichte. »Ich habe mich nicht im Handumdrehen bekehrt, deshalb dürfen sich andere auch nicht so bekehren. Ich bin anders Christ geworden, deswegen müssen alle anderen auch ohne ein Bekehrungserlebnis Christ werden.« Die einen wie die anderen schreiben den Menschen ihren eigenen Weg vor. Vielleicht haben sie es nicht anders gelernt. In vielen Fällen aber ist das der pure Narzissmus. Nicht anders verhalten sich jene Christen, die mit pietistischen Kreisen schlechte Erfahrungen gemacht haben und deshalb das Kind mit dem Bade ausschütten und kein Reden von Bekehrung in ihrer Nähe mehr zulassen. Das ist Vergangenheitsbewältigung auf Kosten Dritter!

Gott geht mit jedem Menschen einen eigenen Weg. Die Kirche darf keinen Menschen darauf festnageln, auf welche *Weise* er sich zu be-

> *Die Kirche darf keinen Menschen darauf festnageln, auf welche Weise er sich zu bekehren hat. Aber von einem kann und darf sie ihn nicht entbinden: Nämlich von der Tatsache, dass es kein Christsein ohne Bekehrung gibt.*

kehren hat. Aber von *einem* kann und darf sie ihn nicht entbinden: Nämlich von der Tatsache, dass es kein Christsein ohne Bekehrung gibt, sondern dass man sich – so oder so – bekehren muss. Ziel unserer Arbeit muss es sein, dass die Menschen sich auf die eine oder andere Weise bekehren. Ich sage das deshalb so deutlich, weil in der Praxis in unserer Kirche meist alle Getauften als Christen angesprochen werden. Dass Taufe in Beschlag nimmt und eine Verpflichtung bedeutet, wird nicht kommuniziert bzw. kommt als Botschaft nicht an. Die an sich richtige Aussage: »Gott liebt dich ohne alle Vorleistungen« wird gleichgesetzt mit: »Du kannst so bleiben, wie du bist«. Damit aber postuliert man ein Christsein ohne Hinwendung zu Christus und dies ist ein Rückfall hinter die Bibel und hinter die Reformation Martin Luthers. Denn Christ – das sagte auch Luther – wird man nicht durch die Taufe. Durch die Taufe wird man Kirchenmitglied. Ein Christ hingegen ist jemand, der sich von einem überwiegend selbstzentrierten oder anderweitig ausgerichteten Dasein zu einem auf Christus ausgerichteten Leben bekehrt hat.

> *Durch die Taufe wird man Kirchenmitglied. Ein Christ hingegen ist jemand, der sich von einem überwiegend selbstzentrierten oder anderweitig ausgerichteten Dasein zu einem auf Christus ausgerichteten Leben bekehrt hat.*

21 Zum Prozess der Bekehrung gehört die Eingliederung in die Gemeinde.

Das Neue Testament vergleicht den Prozess des Zum-Glauben-Kommens des öfteren mit einer neuen Geburt (vgl. zum Beispiel Johannes 3,1-16). Eine Geburt fällt nicht »senkrecht vom Himmel«, sondern ihr geht eine längere Phase »Schwangerschaft« und dieser wiederum ein Akt der »Zeugung« voraus. Der Moment der geistlichen »Zeugung« ist der, in dem sich zum ersten Mal das Wort Gottes in ein Menschenherz einnistet. Vielleicht haben wir auch vorher schon viel von Gott gehört, dies aber immer wieder von uns gewiesen oder anderweitig an uns vorübergehen lassen. Irgendwann aber gab es ein Wort, das uns tiefer bewegt hat und sich in unser Herz einnistete. Was dann folgte, war eine mehr oder minder lange »Schwangerschaft«, in der dieses Wort in uns reifte und wuchs, bis es irgendwann einmal so stark und kräftig in uns war, dass wir zum Glauben kamen.

Ein Mensch, der einen anderen zum Glauben führt, hat – um in unserem Bild zu bleiben – so etwas wie eine »Hebammenfunktion«: Er sorgt dafür, dass das Kind gesund zur Welt kommt. Gerade wenn ein Mensch frisch zum Glauben kommt, gibt es relativ viel, was er falsch machen und was den neu gewonnenen Glauben verletzen, ja sogar zerstören kann. Es ist eine ernüchternde Tatsache, dass die überwiegende Anzahl der Menschen, die ein Bekehrungserlebnis aufweisen können, schon nach relativ kurzer Zeit ihren Glauben wieder verlieren. Das spricht nicht gegen Bekehrungserlebnisse, denn bei Bekehrungen, die »im Stillen« passieren, ist die Quote mindestens genauso hoch. Umso wichtiger ist es, dass wir den Menschen das *ganze* Evangelium kommunizieren und nicht nur die eine Hälfte. Es genügt nicht, den Menschen zu erzählen, dass sie Christus brauchen, dass sie Jesus in ihr Leben und in ihr Herz hineinbitten sollen und dass er ihnen ihre Schuld vergibt. Das ist alles richtig und wichtig. So werden Menschen zu Christen – aber so *bleiben* sie es nicht. Dafür gibt es sicherlich mehrere Gründe, aber der Hauptgrund, warum Menschen den christlichen Glauben annehmen, aber dann nicht behalten, ist sicherlich der, dass wir ihnen nicht deutlich genug sagen, wie wichtig die Bedeutung der Gemeinde für ihr Christsein ist.

Es ist eine ernüchternde Tatsache, dass die überwiegende Anzahl der Menschen, die ein Bekehrungserlebnis aufweisen können, schon nach relativ kurzer Zeit ihren Glauben wieder verlieren.

Keine Hebamme und kein Geburtshelfer käme auf den Gedanken, das Kind nach der Geburt zur Seite zu legen und seinem Schicksal zu überlassen: »Ich habe es ›zur Welt gebracht‹, der Rest folgt von alleine.« Oder, noch schlimmer: »Gott wird schon dafür sorgen!« Vielmehr legt sie es, nachdem sie die Nabelschnur durchtrennt und das Kind gebadet hat, in die Arme der Mutter oder des Vaters oder von sonst irgendjemand anderem, der sich des Kindes liebevoll annimmt. Dieser Akt ist für das Überleben des Kindes genauso wichtig wie eine fachgerecht eingeleitete Geburt. Ein Mensch, der frisch zum Glauben kommt, muss, wenn sein Glaube überleben soll, in die Arme einer *Gemeinde* gelegt werden, die sich seiner und seines Glaubens liebevoll und nährend annimmt. Einen Menschen zu Christus zu führen und ihn dann nicht in die Gemeinde zu integrieren, das ist, wie wenn ich ein frisch geborenes Baby auf den Tisch lege und sage: »So, jetzt komm alleine zurecht!« Das wäre geistlicher Mord.

Der Missionsbefehl lautet nicht nur: »Gehet hin und macht zu Jüngern«, sondern er geht weiter: »Tauft sie und lehrt sie halten alles, was ich euch befohlen habe.« Ich habe mich oft gefragt, warum es an dieser Stelle heißt: »Tauft sie«. Die Taufe, so haben viele Theologen daraus geschlossen, ist heilsnotwendig. Ohne das Wasser der Taufe ist es unmöglich, in den Himmel zu kommen. Selbst Martin Luther war der Meinung, dass ein ungetaufter Mensch in die Hölle kommt. Für ihn – und mit ihm für viele andere Theologen – war und ist Taufe mindestens genauso wichtig, wenn nicht sogar wichtiger als Evangelisation. Doch es geht bei der Taufe gar nicht um das Element Wasser. Vielmehr geht es in der Taufe primär um die Eingliederung eines Menschen in die Gemeinde Jesu. Paulus sagt: »*Ihr seid in einen Leib (hinein-) getauft*« (1. Korinther 12,13). Darum geht es, dass wir durch die Taufe in den »Leib Christi« einbezogen werden, dass wir Mitglied der christlichen Gemeinde werden. Hier erfahren wir die Liebe und bekommen die Nahrung, die wir brauchen, um geistlich zu wachsen. »Lehrt sie halten alles, was ich euch befohlen habe« – wo anders soll das geschehen, wenn nicht in unseren Gemeinden?

Ein Mensch, der frisch zum Glauben kommt, muss, wenn sein Glaube überleben soll, in die Arme einer Gemeinde gelegt werden, die sich seiner und seines Glaubens liebevoll und nährend annimmt.

In den verschiedenen Kirchen gibt es die unterschiedlichsten Taufverständnisse. Aber in dem *einen* sind sich diese Kirchen einig, dass sie Menschen durch die Taufe in ihre Gemeinschaft aufnehmen. Und das meint auch Jesus, wenn er sagt: »Tauft sie«. Übersetzt heißt das: »Nehmt die Menschen, die ihr zu mir führt, in eure Gemeinschaft auf. Lasst sie einen Teil eurer Gemeinschaft werden.« Indem Jesus den Tauf- und den Missionsbefehl aneinander bindet, macht er deutlich, dass ein Mensch ohne Eingebundensein in diese Gemeinschaft als Christ nicht überleben kann. »Allein geht man ein.« So wie ein frisch geborenes Kind nicht ohne die nährende Mutter oder andere Menschen, die sich um es kümmern, überleben kann, so wenig kann ein Christ ohne die nährende Gemeinschaft der anderen Christen überleben. Darum hat es wenig Sinn, Menschen zum Glauben zu rufen, wenn wir nicht gleichzeitig Aufnahmeräume in der Gemeinde schaffen.

Es ist freilich eine traurige Tatsache, dass die wenigsten Gemeinden für diese Aufgabe gewappnet sind. Es sind schon erschreckend wenig Gemeinden, für die es überhaupt ein Ziel ist, dass Menschen zum Glauben kommen bzw. zu einer persönlichen Christusbeziehung finden. Noch weniger Gemeinden sind es, die sich darauf einstellen, neu zum Glauben Gekommene in ihrer Mitte aufzunehmen und sie zu integrieren. Wo sind die Gemeinden, die neu Bekehrten nicht das Gleiche anbieten, was alle anderen auch bekommen, sondern die – bildlich gesprochen – Windeln und Gläschen mit Babynahrung bereithalten? Welche Vorsorge treffen wir in unseren Gemeinden, um neu geborenen Christen einen guten Start zu vermitteln, um sie zu nähren und ihr geistliches Wachstum zu fördern? Wo sind die entsprechenden Klein-

Es genügt nicht, anderen Menschen die gute Nachricht von Jesus Christus weiterzusagen; wir müssen sie auch in unsere Gemeinden einbinden.

gruppen, die seelsorgerlichen Hilfen und die speziellen Veranstaltungen für diese Leute? Wenn wir keine Antwort auf diese Fragen haben, können wir uns Evangelisation schenken. Dann bekehren sich die Leute und sind nach einem halben Jahr nicht nur wieder weg, sondern einmal mehr gegen das Christentum »geimpft«. Es genügt nicht, anderen Menschen die gute Nachricht von Jesus Christus weiterzusagen; wir müssen sie auch in unsere Gemeinden einbinden.

22 Wer anderen die gute Nachricht weitersagen möchte, sollte selber eine gute Nachricht sein.

In einer groß angelegten Untersuchung wurden mehrere Tausend Leute gefragt, warum sie nicht in die Kirche gehen. Dabei kamen auf den ersten Blick ziemlich unterschiedliche Antworten heraus. Doch als das Ganze einmal systematisiert wurde, merkten die Auftraggeber der Studie, dass im Grunde immer wieder die gleichen Dinge zur Sprache kamen. Da waren vor allem die schlechten Erfahrungen, die Menschen mit Christen oder Vertretern der Kirche gemacht hatten, Verletzungen, die ihnen von Christen zugefügt worden waren, oder ein Christentum, das man als sehr bedrängend und fanatisch erlebt hatte. Daneben hatten viele im Lauf der Zeit ein Bild vom Christentum gewonnen, das ihnen alles andere als attraktiv und nachahmenswert erschien: So wurden Christen oft als »altmodisch«, »verklemmt«, »rückwärts gewandt«, »merkwürdig«, »irgendwie nicht normal« und »selbstgerecht« eingeschätzt. Irgendein Witzbold fasste das Untersuchungsergebnis daraufhin in folgendem Satz zusammen: »Der Hauptgrund, warum so viele Menschen nicht in die Kirche gehen, sind *die* Menschen, die in die Kirche gehen.« Das ist wenig liebevoll ausgedrückt, aber bringt die Dinge auf den Punkt: Die Leute haben gar nichts gegen Gott. Sie haben nichts gegen Religion. Aber sie haben etwas gegen die Kirche. Nicht der christliche Glaube an sich stört sie, wohl aber das real existierende Christentum. »Gott im Himmel ist ja ganz in Ordnung – aber mit seinem ›Bodenpersonal‹ kann ich nicht viel anfangen!«

Es ist erstaunlich, wie wenig Positives wir zu hören bekommen, wenn in einem Gespräch mit einem Außenstehenden die Rede auf das Christsein kommt. Fragen Sie eine beliebige Person, die noch kein Christ ist, was sie sich unter »Christsein« oder »christlicher Gemeinde« vorstellt. Die Chancen sind groß, dass Ihnen die Antwort nicht gefallen wird. Mag sein, dass das im Einzelfall ungerecht ist, aber als Gesamturteil müssen wir das zur Kenntnis nehmen: *Die Menschen heute wollen nicht so werden wie wir!* Vielleicht sind sie zu wenig ehrlich oder zu barmherzig, um uns das so deutlich zu sagen. Aber sie *denken* es. Sie sind nicht daran interessiert, wirklich als Christen zu leben, weil ihnen die Verhaltensmuster, die sie bei Christen vorfinden, nicht attraktiv erscheinen.

Stellen Sie sich einen Menschen vor, der anderen eine neue Zahnpasta anbietet und sie zu diesem Zweck gewinnend anlächelt und dabei ein verfaultes Gebiss entblößt. Eine absurde Vorstellung! Eine Anti-Werbung! »Sehr viel«, so muss der auf diese Weise Umworbene doch denken, »taugt diese Zahnpasta offensichtlich nicht.« Mir ist bewusst, dass der Vergleich zwischen dem Evangelium und einer Zahnpasta Probleme mit sich bringt. Auf der anderen Seite bin ich davon überzeugt, dass wir, wenn wir andere Menschen für die gute Nachricht von Jesus Christus werben wollen, selber ein Stück »Werbung« sein müssen. Wenn wir anderen Menschen Jesus Christus als Antwort auf ihre wichtigsten Fragen präsentieren wollen, müssen wir selbst wirklich veränderte, positive Menschen sein, die Liebe und Lebensfreude ausstrahlen. Andernfalls wirken wir nicht glaubwürdig.

»*Der Hauptgrund, warum so viele Menschen nicht in die Kirche gehen, sind die Menschen, die in die Kirche gehen.*«

Wenige Christen denken darüber nach, wie sie auf Nichtchristen wirken und ob die Art, wie sie ihr Christentum leben, für diese in irgendeiner Weise ansprechend ist. Allein der Gedanke, dass Christsein nach außen hin attraktiv sein soll, erscheint ihnen fast schon als Gotteslästerung. Wenn man sie direkt darauf anspricht, weisen sie diese Frage weit von sich und sagen: »Es geht doch nicht darum, den Menschen zu gefallen! Wir haben darauf zu achten, dass wir *Gott* gefallen!« Oder, in anderer Variation: »Wir haben das Wort vom Kreuz zu verkündigen, und das *ist* nun einmal nicht attraktiv.« Das Problem ist nur, dass die Menschen oft kaum mehr Gelegenheit haben, sich am Ärgernis des *Kreuzes* zu stoßen, weil sie bereits im Vorfeld schon längst über unsere Marotten, Eigenarten und persönlichen oder charakterlichen Defizite gestolpert sind. Ihre Ohren sind so voll von dem, was wir *sind*, dass sie nicht mehr hören können, was wir *sagen*. Wir sollten uns hüten, dieses Manko theologisch dadurch schönzureden, dass wir sagen, wir wollten nicht den Menschen, sondern Gott zu Gefallen leben. So gut das auch klingt, ich kann mir nicht vorstellen, dass es Gott gefällt, wenn wir unser Christsein auf eine Weise leben, die für andere Menschen unattraktiv und womöglich sogar abstoßend ist. Ich glaube, dass Gott vielmehr von uns möchte, dass wir an unseren persönlichen und kommunikativen Mängeln und auch an unserer äußeren Erscheinungsform arbeiten – nicht, damit *wir* in den Himmel kommen, sondern damit *andere* in den Himmel kommen!

Von den ersten Gemeinden wird uns berichtet, dass sie ausgesprochen attraktiv auf Außenstehende wirkten (vgl. zum Beispiel Apostelgeschichte 2,47). Was spricht dagegen, dass wir es uns zur Maxime unserer gemeindlichen Arbeit machen, diesen Aspekt immer mit im Blick zu behalten? Dass Menschen, die eine Weile mit uns zusammen sind, sagen können: »Ich hätte nie gedacht, dass mich geistliche Fragen einmal so brennend interessieren würden, und ich wünschte, ich könnte so werden wie diese Leute!« Im Englischen gibt es den Unterschied zwischen »*mission by proclamation*« und »*mission by attraction*«: Mission durch Verkündigung und Mission durch Anziehungskraft. Das eine ist nicht gegen das andere auszuspielen. Der Glaube, sagt Paulus, kommt aus der Predigt (Römer 10,17). Eine Gemeinde mag noch so attraktiv sein, kein Mensch kommt allein deswegen zum Glauben an Christus. Irgendjemand muss da sein, der ihm das Evangelium weitersagt. Auf der anderen Seite hilft die bloße Proklamation des Evangeliums nicht viel, wenn unsere Gemeinden nicht attraktiv sind. Darum müssen unsere Gemeinden in einem Maße von Echtheit und lebendiger Spiritualität und Liebe und vor allem einem erlösten Lebensstil der einzelnen Gemeindeglieder gekennzeichnet sein, dass Menschen, die noch nicht an Jesus glauben, von dem angezogen werden, was in unserer Mitte passiert. In diesem Kontext macht eine gute Predigt, eine Evangelisation oder ein Glaubensgespräch Sinn. Außerhalb eines solchen Kontextes hingegen laufen derlei Bemühungen zu oft ins Leere.

> *Gott möchte von uns, dass wir an unseren persönlichen und kommunikativen Mängeln und auch an unserer äußeren Erscheinungsform arbeiten – nicht, damit wir in den Himmel kommen, sondern damit andere in den Himmel kommen!*

23 Wir können nicht erwarten, dass sich die Menschen auf Christus einlassen, wenn wir uns nicht auf sie einlassen.

Vor einiger Zeit machte ich einer Gruppe von Pfarrern den Vorschlag, regelmäßig Gottesdienste in einem Kino zu feiern. Diese Anregung stieß bei den meisten von ihnen auf ziemliche Skepsis und Ablehnung: Ein Gottesdienst gehört doch nicht ins Kino! – Warum eigentlich nicht? Wenn die Menschen nicht mehr zu uns kommen, warum gehen wir stattdessen nicht dorthin, wo die Menschen sind? Früher stand die Kirche auf dem Marktplatz. Die Märkte sind mittlerweile längst woanders, aber die Kirche steht immer noch da, wo sie seit Jahrhunderten steht. Die Wirkung nach innen wie nach außen ist verheerend. Wir denken mittlerweile, die Kirche *müsste* dort stehen, wo sie steht: In gewissem Abstand zu den anderen Menschen »da draußen«. Wir verschanzen uns in das Getto unserer kirchlichen Binnenkultur und pflegen unsere eigene Sprache, unsere eigenen Riten und hören unsere eigene Musik und wehren uns in einer Art Wagenburgmentalität gegen jegliche kulturelle »Überfremdung« von außen.

Früher stand die Kirche auf dem Marktplatz. Die Märkte sind mittlerweile längst woanders, aber die Kirche steht immer noch da, wo sie seit Jahrhunderten steht.

Wir reden heute gerne von »Kirchendistanzierten«, aber der Blickwinkel, unter dem wir das tun, ist ziemlich einseitig. Das Problem ist weniger, dass sich die Menschen von der Kirche distanziert haben, sondern die Kirche hat sich auf Grund ihrer Kultur, Sprache und ihrer Traditionen im Lauf der Zeit mehr und mehr von den Menschen distanziert. Ein moderner Mensch muss, um sich in unseren Gottesdiensten wohl zu fühlen, in aller Regel erst einmal seinen Musikgeschmack ändern und sich auf eine Sprache und auf Umgangsformen einlassen, die er aus dem Alltag nicht kennt und die ihm nicht im Geringsten attraktiv und ansprechend erscheinen. Wir erwarten von jemandem, der Christ werden will, dass er sich unserer binnenkirchlichen Kultur anpasst. Wie »erfolgreich« ein solches Ansinnen ist, zeigt die Geschichte der letzten 30 Jahre. Eine Generation, die – wie die meine – mit Pink Floyd groß geworden ist oder bei Jefferson Airplane die Hash-Pipe herumgereicht hat, kann mit Heinrich Schütz in aller Regel nicht allzu viel anfangen. Ich glaube nicht, dass das bei einem Vertreter der Techno-Generation sehr viel anders aussieht. Er wird sich vielleicht zu *Jesus Christus*, nicht aber zu unserer kirchlichen Kultur bekehren. Und er *muss* es auch nicht. Jedenfalls kenne ich keine einzige Stelle in der Bibel, die uns bzw. ihm das vorschreibt. Und dem Gedanken einer Volkskirche widerspricht dies ebenfalls (vgl. hierzu → These 64).

Das Christentum hat immer dann eine Blütezeit erlebt, wenn es ihm gelang, sich auf die Menschen seiner Zeit einzulassen. Ob wir als Beispiel die Urgemeinde oder die Zeit der Reformation nehmen: Wo immer das Christentum die Menschen wirklich in Massen erreichte und bewegte, geschah dies in Verbindung mit einer positiven Rezeption (= Aufnahme, Übernahme) der jeweiligen Gegenwartskultur. Von Hudson Taylor, dem großen China-Missionar des 19. Jahrhunderts, wird uns berichtet, dass er sich einen Zopf wachsen ließ. Damit erreichte er eine zweifache Reaktion: Die Leute in *China* liebten ihn dafür. Endlich erleb-

Das Problem ist weniger, dass sich die Menschen von der Kirche distanziert haben, sondern die Kirche hat sich von den Menschen distanziert.

103

Ein Vertreter der Techno-Generation wird sich vielleicht zu Jesus Christus, nicht aber zu unserer kirchlichen Kultur bekehren.

ten sie einen Missionar, der ihnen nicht von oben herab kam und ihnen neben einem neuen Glauben auch gleich noch eine neue Kultur bringen wollte. Taylor nahm ihre Kultur vielmehr ernst und äußerte durch diese symbolische Handlung seine Wertschätzung denen gegenüber, die er missionieren wollte. Die *Europäer* hingegen fanden seine Vorgehensweise unmöglich. Sie beschimpften ihn der Anbiederung und der Liebedienerei. Man warf ihm sogar vor, er verfälsche die klare biblische Botschaft! Wir können uns heute gar nicht mehr vorstellen, wie umstritten das damals war. Taylor ließ sich auf die Kultur ein, die er mit dem Evangelium in Berührung bringen wollte. Damit öffnete er den Menschen in China das Herz. Seine Mitchristen in Europa hingegen konnten das nicht nachvollziehen. Eine Ahnung davon, wie das gewesen sein muss, habe ich bekommen, als sich ein Bekannter von mir, der missionarisch in der Frankfurter Jugendszene tätig ist, seine Haare schachbrettmusterartig einfärben ließ, weil er viel mit so genannten »Punks« zu tun hatte. Diese nahmen ihn mit offenen Armen auf, die Leute in seiner Gemeinde aber setzten sich plötzlich von ihm ab und dachten, er sei vom Glauben abgefallen.

Der verheißungsvollste Weg, die Entkirchlichten zu erreichen, besteht darin, die Kirche zu »entkirchlichen«. Ihr den typischen »Stallgeruch« zu nehmen, der so viele Menschen davon abhält, sich ernsthaft auf das Christentum einzulassen. Wenn wir anderen Menschen die gute Nachricht weitergeben wollen, müssen wir uns auf ihre Kultur einlassen. Und wir sollten aufhören, zu verlangen, dass sie sich auf *unsere* Kultur einlassen. Dieser Ansatz ist zwar weit verbreitet, aber einfach gedankenlos, sogar lieblos. Wir sollten von unserem hohen Ross heruntersteigen, auf dem wir manchmal sitzen und die Kultur anderer bewerten. Mir sagte einmal ein Kirchenmusiker: »Wissen Sie, Rockmusik ist für mich unter Niveau.« Das halte ich nicht nur für einen fragwürdigen, sondern geradezu für einen gefährlichen Ansatz. Zum einen ist es ein ziemlich elitäres und liebloses Denken, das hinter solchen Worten steckt. Zum andern stellt es die Vorgehensweise eines Jesus oder auch Paulus auf den Kopf. Stellen Sie sich vor, Jesus hätte so argumentiert – glauben Sie, er hätte auch nur *einen* jener Menschen gewonnen, die dann seine Nachfolger wurden: einfache Fischer und Handwerker, ehemalige Pharisäer und Huren, Zöllner und Zeloten? Oder wenn sich Paulus auf den Standpunkt gestellt hätte: »Bevor ich den Europäern, diesen

Der verheißungsvollste Weg, die Entkirchlichten zu erreichen, besteht darin, die Kirche zu »entkirchlichen«.

Barbaren, das Evangelium bringe, sollten sie *wenigstens* das kulturelle Niveau von uns Juden erreicht haben! Mindestens die Gebote müssen sie vorher einhalten; wenigstens die Beschneidung und den Sabbat müssten sie einführen.« – Wir würden heute noch auf das Evangelium warten! Paulus hätte als ausgebildeter jüdischer Theologe allen Grund dazu gehabt, so zu denken. Stattdessen aber schrieb er: »*Damit ich die Juden für Christus gewinne, lebe ich wie ein Jude. Und wo man (ihre) religiösen Vorschriften genau befolgt, lebe ich auch danach, obwohl sie für mich keine Gültigkeit mehr haben. Denn ich möchte auch diese Leute gewinnen. Bin ich aber bei Menschen, die ohne diese Gesetze leben, dann passe ich mich ihnen genauso an, um sie für Christus zu gewinnen.*« (1. Korinther 9,20-21a nach »Hoffnung für alle«) Wir können nicht erwarten, dass sich die Menschen auf Christus einlassen, wenn wir uns nicht auf sie einlassen. Die Veränderung der Welt, die wir anstreben, muss vielmehr bei uns selbst beginnen.

24 Wir brauchen nicht nur missionarische *Veranstaltungen*, sondern missionarische *Gemeinden*.

Das Interesse einer normalen deutschen Gemeinde, dass Menschen in ihrem Einflussbereich zu einem lebendigen Christusglauben kommen, hält sich in engen Grenzen. Teils liegt es daran, dass die verantwortlichen Leute selber nicht so genau wissen, was das ist. In vielen Fällen aber ist es vor allem die Angst vor Veränderung, die sie daran hindert, mit dem Missionsauftrag Jesu allzu Ernst zu machen. Diese Angst ist durchaus berechtigt: Eine Gemeinde, die sich auf den Weg macht, den Auftrag Jesu zu leben, wird nicht die gleiche bleiben. Der Greifswalder Gemeindeaufbauprofessor Michael Herbst sagt, eine Gemeinde könne nicht »wie bei einem Turm aus Holzklötzchen ein evangelistisches Klötzchen dazustellen«. Sich auf den Missionsauftrag Jesu einzulassen, bedeutet ihn in die Mitte zu stellen. Damit aber verändern wir den Stil der gesamten Gemeindearbeit.

In der Vergangenheit haben sich viele Gemeinden deswegen damit begnügt, von Zeit zu Zeit eine evangelistische Veranstaltung durchzuführen. Das ist in diesen Zeiten, in denen das missionarische Anliegen in unserer Kirche nicht allzu hohe Priorität genießt, schon einmal etwas. Freilich genügt es nicht, um der anstehenden Herausforderung wirklich gerecht zu werden. Wir brauchen nicht nur

Sich auf den Missionsauftrag Jesu einzulassen, bedeutet ihn in die Mitte zu stellen. Damit aber verändern wir den Stil der gesamten Gemeindearbeit.

Gemeinden, die missionarische Veranstaltungen durchführen, sondern wir brauchen Gemeinden, die in sich selber missionarisch *sind*.

Dies ist kein Methodenbuch. Doch wir können dieses Kapitel über den Auftrag der christlichen Kirche nicht abschließen, ohne uns wenigstens kurz darüber Gedanken gemacht zu haben, wie Mission in der heutigen Volkskirche praktisch aussehen kann. Ohne einen Anspruch auf Vollständigkeit zu erheben, sehe ich im Moment vor allem folgende sieben Wege, die eine Gemeinde beschreiben kann, die den Missionsauftrag Jesu heute leben will:

1. Beziehungsevangelisation: Diese besteht darin, dass Christen bewusst Beziehungen zu (Noch-) Nichtchristen aufbauen, und zwar in dem jeweiligen Umfeld, in dem sie sich aufhalten: am Arbeitsplatz, in der Nachbarschaft, im Fitness-Center oder wo auch immer. So entstehen Freundschaften, man nimmt aneinander Anteil. In diesen Beziehungen, in denen der Christ den Nichtchristen nicht als »Missionsobjekt« ansieht, sondern in denen ein echtes Geben und Nehmen entsteht, kommen im Lauf der Zeit auf ganz natürliche Weise auch Fragen nach Gott, Glaube und Kirche zur Sprache. Das Interesse bei dem nichtchristlichen Partner nimmt zu, er beginnt in vielen Fällen, sich mehr und mehr auf den Glauben einzulassen. Ideal ist es, wenn der Christ ihn in eine Gemeinde einladen kann, die für Menschen, die auf der Suche sind, entsprechende Angebote hat.

2. Glaubenskurse: In einem Zeitalter, in dem Kursangebote, Seminare und Volkshochschulen Hochkonjunktur haben, lassen sich Menschen durchaus darauf ein, sich mit den Grundlagen des christlichen Glaubens zu beschäftigen, solange ein solcher Glaubenskurs auf einen überblickbaren Zeitraum von sechs bis acht Wochen begrenzt ist. Wenn der Kurs gut gemacht ist, werden einige Teilnehmer wahrscheinlich weitermachen wollen und entweder einen neuen Hauskreis gründen oder sich einer bestehenden Gruppe anschließen. (In unserer Gemeinde liegt die Anzahl dieser Interessenten bei etwa 50 % der Kursteilnehmer.)

3. Gottesdienste für Kirchendistanzierte: Diese Art von Gottesdienst, die vor allem im Sog der so genannten Willow-Creek-Bewegung in den späten 90er Jahren des letzten Jahrhunderts in Deutschland populär wurde, wird von vielen als eine Art »Wunderwaffe« gegen die allgemeine Kirchenmüdigkeit angesehen. Aus der Erfahrung unserer Gemeinde, die mit ihrem monatlichen Gottesdienst »GoSpecial« rund 800 Besucher erreicht, können wir die enorme innovative Kraft dieser Gottesdienstform nur bestätigen. Freilich verändert diese Art von Gottesdienst eine Gemeinde von Grund auf. Dies muss man vorher einkalkulieren. (Ich verweise hierzu auf unser Buch »Ein Traum von Kirche«.) Andere, nicht auf Willow Creek basierende Modelle von Gottesdiensten für Kirchendistanzierte sind beispielsweise die so genannte »Thomasmesse« oder »gottesdienst leben«.

4. *Veranstaltungsevangelisation:* Die klassischen Evangelisationsveranstaltungen müssen in verschiedener Hinsicht hinterfragt werden. Da Evangelisation innerhalb der Volkskirche oft tabuisiert ist, sind es oft Gruppen mit stark gesetzlicher Ausrichtung, die sich dieses Anliegens in besonderer Weise annehmen (was binnenkirchlich zu einer weiteren Tabuisierung der Evangelisation führt: ein Teufelskreis). Zudem atmen Evangelisationen oft noch den Geist vergangener Tage. Das zeigt sich daran, dass sie meist nur die ohnehin schon Frommen mobilisieren. Von denen, die sich auf solchen Veranstaltungen »bekehren«, bleibt nur ein Bruchteil wirklich dauerhaft dabei. Untersuchungen reden von weniger als 4 %. Der Grund dafür ist zumeist mangelnde Nacharbeit. Die neu zum Glauben Gekommenen werden weitgehend sich selbst überlassen oder an Gemeinden verwiesen, die ihnen nicht das geben, was sie wirklich brauchen, um im Glauben zu wachsen und zu reifen. All dies sind keine Argumente gegen evangelistische Veranstaltungen. Es zeigt aber die Notwendigkeit auf, Evangelisation nicht irgendwelchen Randgruppen zu überlassen, sondern sie wieder zu unserer eigenen Sache zu machen – und sie in eine lebendige Gemeindearbeit zu integrieren.

5. *Evangelisation durch Wertschätzung:* »Ehrung kommt vor Bekehrung.« Diese Formulierung, die meines Wissens von dem Rheinischen Pfarrer Wolfgang Vorländer stammt, drückt sehr schön aus, dass Mission in Zukunft nicht mehr »von oben nach unten« stattfindet (nach dem Motto: »Jetzt zeigen wir Christen euch Heiden mal, wo es langgeht«), sondern in einer Beziehung wechselseitigen Gebens und Nehmens. Eine der effektivsten Evangelisationsmethoden (obwohl wir es gar nicht »methodisch« einsetzen) unserer Gemeinde besteht darin, dass wir Menschen, die noch nicht glauben, in unsere Gruppen, Kreise und Veranstaltungen einladen und auch bei uns mitarbeiten lassen. Dadurch signalisieren wir ihnen, was wir wirklich empfinden: »Du bist uns wichtig. Es ist schön, dass du da bist. Du wirst hier gebraucht.« Die Tatsache, dass sie so eng mit uns Christen zusammenleben und -arbeiten, führt in vielen Fällen dazu, dass sie nach einiger Zeit selbst zu Christen werden.

6. *Evangelistische Diakonie:* Es ist weithin in Vergessenheit geraten, dass nahezu alle diakonischen Arbeitszweige unserer Kirche ursprünglich vor einem missionarischen Hintergrund entstanden sind. Erst im Lauf der Zeit löste sich die Diakonie von der »inneren Mission« – zum Schaden für alle Beteiligten. Können wir Menschen besser für die Gute Nachricht werben, als wenn wir ihnen in ihren Nöten helfend zur Seite stehen? Und stehen wir ihnen wirklich helfend zur Seite, wenn wir ihnen das Beste verschweigen, was wir als Kirche anzubieten haben: eben die Gute Nachricht von Jesus Christus? Evangelisation und Diakonie gehören unauflöslich zusammen. Sie bilden die beiden Seiten der einen Münze, die wir »Mission« nennen. Die Kirche der Zukunft wird beides wieder zueinander bringen.

7. *Fernsehen und Internet:* Was den Einsatz moderner Medien betrifft, steckt unsere Kirche noch weitgehend in den Kinderschuhen. Sowohl unsere einschlägigen Kirchensendungen (Ausnahmen bestätigen die Regel) wie auch unsere Internetpräsenz nehmen sich noch recht bieder aus und sind – glaubt man einer Umfrage des hessischen Rundfunks unter jüngeren Leuten – wenig aufregend. Hier wird sich in den nächsten Jahren einiges bewegen. Ein Blick in die USA kann uns darüber aufklären, welche Fehler es dabei zu vermeiden gilt. Viele evangelistische Sendungen in den USA sind an schlechtem Geschmack und an fragwürdiger Theologie kaum zu überbieten, was sich freilich schlecht reglementieren lässt. Außerdem dürfen Angebote in den Medien nicht dazu führen, dass sich »virtuelle Gemeinden« bilden, die sich zu Hause am Bildschirm mit dem Wort Gottes versorgen lassen, aber die konkrete Gemeinschaft der anderen Christen umgehen. Ein Fernseh- oder Internetgottesdienst kann das gemeindliche Angebot vor Ort nur ergänzen, nicht aber ersetzen. Was die Verknüpfung von modernen Medien und gemeindlicher Arbeit betrifft, ist hier in Deutschland vor allem die Arbeit »ProChrist« als beispielhaft herauszustreichen.

> *Können wir Menschen besser für die Gute Nachricht werben, als wenn wir ihnen in ihren Nöten helfend zur Seite stehen? Und stehen wir ihnen wirklich helfend zur Seite, wenn wir ihnen das Beste verschweigen, was wir als Kirche anzubieten haben: eben die Gute Nachricht von Jesus Christus?*

Alles in allem bestätigt diese Aufzählung unsere Grundthese, die sich wie ein roter Faden durch das ganze Kapitel gezogen hat: Das Beste, was wir tun können, um Menschen für den christlichen Glauben zu gewinnen, ist, für attraktive Gemeinden zu sorgen. Ob Gespräche unter Freunden oder Großveranstaltungen, ob diakonische oder mediale Präsenz – unsere missionarischen Bemühungen laufen ins Leere, wenn unsere Gemeinden keine Lebendigkeit und Freude ausstrahlen. Darum werden wir uns gerade, wenn wir unserem missionarischen Auftrag nachkommen und Außenstehende erreichen wollen, zunächst um den inneren Zustand unserer Gemeinden zu kümmern haben.

Die vierte Aufgabe:
Das allgemeine Priestertum der Gläubigen aktivieren

»Wir haben viel mehr Geistliche in unseren Gemeinden, als wir ahnen.«

25 Luthers Lehre vom allgemeinen Priestertum der Gläubigen ist das Wichtigste, was uns heute noch vom Katholizismus unterscheidet.

Ein großer Teil der Christen wünscht sich heute eine Überwindung der Trennung zwischen Evangelisch und Katholisch. In der Tat muss man fragen, welchen Grund es heute noch gibt, der die Existenz einer eigenen evangelischen Kirche neben der katholischen rechtfertigt. Viele äußere Missstände der römischen Kirche sind seit den Tagen der Reformation behoben worden. In der Rechtfertigungslehre haben sich die beiden Kirchen mittlerweile so stark angenähert, dass es zu einer »Gemeinsamen Erklärung« gekommen ist, die zwar noch nicht von allen Theologen akzeptiert wird, aber auf dem besten Wege ist, sich durchzusetzen. Und die seinerzeit heftig umstrittene Abendmahlsfrage wird zumindest von der Kirchenbasis heute als eher marginal empfunden. Auch wir Theologen kommen mehr und mehr zu der Einsicht, dass es die eine Seite wohl genauso wenig weiß wie die andere, was genau beim Abendmahl passiert.

Grundsätzlich unterschieden aber bleiben die beiden Großkirchen weiterhin in der Frage ihres Selbstverständnisses. Eine Kirche, die – wie Luther sich das vorstellte – auf einem »allgemeinen Priestertum aller Gläubigen« basiert, ist etwas grundlegend anderes als eine Papst- und Priesterkirche. Hier liegt alle Autorität beim Klerus (= den Pfarrern, Priestern und Bischöfen), dort liegt sie bei den Gläubigen in den Gemeinden. Das eine ist eine »Kirche von oben«, das andere eine »Kirche von unten«. Die katholische Kirche hat zwar in den letzten Jahren erfreuliche Schritte in Richtung Aktivierung der Laien gemacht. Dennoch ist und bleibt sie eine streng hierarchisch geordnete Priesterkirche. Das viel kritisierte Papsttum ist keine Verzerrung oder Verfälschung der katholischen Lehre. Es ist auch kein Zusatz, auf den man gegebenenfalls auch verzichten könnte, sondern liegt in der Logik des katholischen Systems. Der Papst ist die Spitze einer ganzen Hierarchie von Kardinälen, Bischöfen und Priestern, die der katholischen Lehre zufolge einen besonderen, geweihten Status haben, der sie über den normalsterblichen Christen erhebt. Kraft ihrer Weihe verwalten und vermitteln sie das Heil. Fällt diese Hierarchie weg, fällt auch das Heil weg.

Dem setzte Luther sein Konzept eines allgemeinen Priestertums der Gläubigen entgegen, das er dem Neuen Testament entnahm (vgl. 1. Petrus 2,9; Offenbarung 1,6). Diesem zufolge steht jeder Mensch unmittelbar vor Gott. Allen versöhnenden, allen fürbittenden und allen priesterlichen Dienst, dessen es hierzu bedarf, hat Jesus Christus ein für alle Mal und endgültig vollbracht. Seit Christus bedarf es keiner vermittelnden Kirche, keiner Opfer und auch keiner Priester mehr. Jesus ist *der* Priester schlechthin! Und er ist auch das *Opfer* schlechthin!

Alles, was die Kirche jetzt noch tun kann, ist, Menschen an diesen Jesus heranzuführen und ihnen die Liebe Gottes auf jede nur denkbar mögliche Weise erfahrbar zu machen. Wenn Luther in diesem Zusammenhang trotzdem noch von einem »Priesterdienst« spricht, so meint er dies in einem neuen, übertragenen Sinn. Dieser Dienst ist nicht mehr nur die Aufgabe einiger geweihter Amtsinhaber, sondern die Aufgabe aller Christen.

Der Pfarrer ist kein Priester, sondern er ist der »Trainer« der Priester.

Der Sinn des Pfarrerstandes ist darum in der evangelischen Kirche ein völlig anderer als in der katholischen. Der evangelische Pfarrer soll nicht Priester sein, der das Heil vermittelt und »verwaltet«, sondern soll die Gläubigen anleiten, selber zu »Priestern« zu werden. Seine Aufgabe ist es, sie in die Lage zu versetzen, selber die Bibel auszulegen, Seelsorge zu üben, Fürbitte zu tun, Wunden zu heilen, den Glauben weiterzugeben und dergleichen mehr. Spitz formuliert ist die primäre Aufgabe des Pfarrers innerhalb dieses Konzeptes, sich – was den priesterlichen Dienst anbetrifft – selbst innerhalb der Gemeinde möglichst überflüssig zu machen. Der Pfarrer ist kein Priester, sondern er ist der Anleiter der Priester. Das Ganze zielt also auf eine größtmögliche Mündigkeit und Unabhängigkeit der Gemeinde von ihren Pastoren ab.

Dieses Konzept eines mündigen Christseins war nicht nur zur damaligen Zeit revolutionär. Wenn man Luthers Lehre vom allgemeinen Priestertum der Gläubigen als Maßstab zu Grunde legen wollte für das, was heute noch als evangelisch zu gelten hat und was nicht, dann sind wir in Deutschland weit davon entfernt, eine wahrhaft evangelische Kirche zu sein. Zum einen hat die evangelische Kirche und Pfarrerschaft keineswegs aufgehört, sich vermittelnd und oft auch bevormundend zwischen Gott und die Christen zu stellen. Zum andern kann man nicht behaupten, dass knapp 500 Jahre nach der Reformation Martin Luthers die große Masse der evangelischen Christen wirklich mündig geworden sei. Wir schätzen die Lehre vom allgemeinen Priestertum der Gläubigen zwar als Urbestand reformatorischer Theologie, aber es gibt kaum eine Gemeinde, in der sie auch nur ansatzweise in die Tat umgesetzt wird. Zwar sind unsere Kirchenvorstände und Synoden überwiegend mit Nichttheologen besetzt, aber diese Gremien werden in der Regel von Organisations- und Verwaltungsaufgaben in Beschlag genommen. In den seltensten Fällen werden hier wirklich priesterliche Aufgaben

Wenn man Luthers Lehre vom allgemeinen Priestertum der Gläubigen als Maßstab zu Grunde legen wollte für das, was heute noch als evangelisch zu gelten hat und was nicht, dann sind wir in Deutschland weit davon entfernt, eine wahrhaft evangelische Kirche zu sein.

wahrgenommen. Diese sind im Wesentlichen den Pfarrern vorbehalten. Sollten sie ernsthaft versuchen, Luther beim Wort zu nehmen und das allgemeine Priestertum in ihren Gemeinden auszurufen, riskieren sie eine Dienstaufsichtsbeschwerde. Die evangelische Kirche ist – zumindest was ihre priesterliche Aufgabe anbetrifft – derzeit meilenweit davon entfernt, wirklich eine »Kirche von unten« zu sein.

26 Die Unterscheidung zwischen so genannten »Geistlichen« und so genannten »Laien« ist unbiblisch und unevangelisch.

Will man Luthers Lehre vom allgemeinen Priestertum aller Gläubigen auf den Punkt bringen, so kann man sagen: Luther machte ein für alle Mal Schluss mit der Unterscheidung zwischen »Geistlichen« und »Laien«. Für Luther hat der Pfarrer ein ganz bestimmtes Berufsbild. Dazu gehört es, Gottesdienste zu halten, zu predigen usw. Der Pfarrer hat innerhalb der Gemeinde also eine ganz bestimmte Aufgabe. Aber er hat keine besondere »Weihe«, die ihn über den normalen Christen hinaushebt. Der Pfarrer, sagte Luther, sei weder frömmer noch »geistlicher« als die anderen, und schon gar nicht der alleinige Spezialist für geistliche Aufgaben. Diese habe vielmehr jeder Christ wahrzunehmen. Es ist die Aufgabe der Pfarrer, dafür zu sorgen, dass seine Gemeindeglieder ein Höchstmaß an geistlicher Kompetenz gewinnen. Denn sie sind die eigentlichen »Geistlichen« in der Gemeinde.

Die Unterscheidung zwischen so genannten »Geistlichen« und so genannten »Laien« ist unbiblisch und unevangelisch. Es gibt zwei legitime Weisen, mit dieser Tatsache umzugehen: Entweder wir verzichten in Zukunft völlig darauf, in unserer Kirche von »Laien« zu sprechen. Der Begriff »Laie« ist für uns heute leider mit dem Stigma des Amateurhaften, Unprofessionellen behaftet (»Laienspieltheater«). Die andere Möglichkeit ist, dass wir den Begriff des Laien in unserer Kirche mit seinem ursprünglichen Inhalt füllen. Luther plädierte leidenschaftlich dafür, dass die Kirche eine Laienbewegung – wir würden heute sagen: eine »Kirche von unten« – sei. Das Wort »Laie« kommt von dem griechischen Wort für »Volk« (Laios). Luther wollte also im guten Sinne eine »Volkskirche«. Freilich hat das, was wir heute unter diesem Begriff verstehen, mit dem von Luther Gemeinten nicht mehr viel gemein. Er wollte, dass das geistliche Leben in der evangelischen Kirche nicht nur von einigen »Profis«, sondern vom »Volk«, das heißt von einer möglichst breiten Masse der Gemeindeglieder getragen wird.

Das klingt selbst für protestantische Ohren ziemlich ungewöhnlich. Zu Luthers Zeiten aber *klang* das nicht nur ungewöhnlich, sondern bedeutete eine Revolution. Luthers Lehre vom allgemeinen Priestertum war nicht nur eine Kampfansage gegen die damalige Priesterkirche, sondern bedeutete gleichzeitig auch eine enorme Aufwertung der Gemeinde und jedes einzelnen Gemeindegliedes. Man stelle sich vor: Damals, als die meisten Menschen weder lesen noch schreiben konnten und es noch nicht einmal eine deutsche Übersetzung der Bibel gab, erklärte Luther das einfache Gemeindeglied, das an Christus glaubte, in geistlichen Dingen für gleichermaßen kompetent wie den Klerus!

Von dieser Sicht der Dinge haben wir uns weit entfernt. In der evangelischen Kirche ist es längst wieder üblich, von »Geistlichen« und von »Laien« zu reden – mit allen Folgen, die das für die eine wie für die andere Seite hat. In einer tödlichen Mischung aus Trägheit und Bequemlichkeit auf der einen und einem stark ausgeprägten Kontrollbedürfnis auf der anderen Seite haben wir uns selbst dieses ungeheuren Schatzes beraubt. Predigt, Seelsorge und Unterweisung – also die theologischen Schlüsselaufgaben – sind auch 500 Jahre nach der Reformation die alleinige Domäne der Pfarrer. Für die Laien blieben meist nur die Hilfsjobs.

Auf kaum einem Gebiet hat in unserer Kirche eine so starke Rekatholisierung stattgefunden wie auf diesem. Machen Sie die Probe aufs Exempel: Stellen Sie die Frage, wie viele Geistliche es in Ihrer Gemeinde gibt! In aller Regel wird man Ihnen eine Zahl nennen, die der Anzahl der Pfarrer und Pfarrerinnen in Ihrer Gemeinde entspricht. Schon bei den Vikaren werden die Leute zögern: Sind das wirklich schon »richtige« Geistliche? Oder stellen Sie Fragen wie diese: Darf ein »Laie« die Einsetzungsworte beim Abendmahl sprechen? Oder: Was ist mehr wert: Wenn ein *Pfarrer* einen Menschen segnet (besucht, den Konfirmandenunterricht hält, ein Seelsorgegespräch führt etc.) oder ein »einfaches« Gemeindeglied? Die Antworten, die Sie in aller Regel bekommen werden, werden Ihnen zeigen, wie stark wir wieder im katholischen System einer Priesterkirche gefangen sind. Ja, man muss sogar die Frage stellen, ob der Katholizismus heute nicht in mancherlei Hinsicht »evangelischer« ist als der Protestantismus: Die Beteiligung von Laien am Gottesdienst, in der Unterweisung oder in der Gemeindeleitung ist dort oft viel selbstverständlicher als bei uns.

Der Katholizismus ist heute in mancherlei Hinsicht »evangelischer« als der Protestantismus: Die Beteiligung von Laien am Gottesdienst, in der Unterweisung oder in der Gemeindeleitung ist dort oft viel selbstverständlicher als bei uns.

Wir haben viel mehr »Geistliche« in unseren Gemeinden, als wir ahnen! Unsere einzige Überlebenschance als Kirche ist es, dass wir diesen »schlafenden Riesen« wecken und das enorme Potenzial an Gaben und Fähigkeiten, das in unseren Gemeinden ruht, freisetzen. Die derzeitige Situation unserer Volkskirche erinnert ein wenig an die bekannte Geschichte von der indischen Hochzeit. Jeder Gast war gebeten worden, eine Flasche Wein mitzubringen. Alle Flaschen wurden in einen großen Topf geleert, um einen Punsch herzustellen. Als die Gäste sich dann anschickten, von dem Punsch zu trinken, gab es lange Gesichter: Der große Topf enthielt nämlich reines Wasser. Jeder hatte gedacht, dass es unter hundert anderen Gästen nicht auffallen würde, wenn man selbst statt Wein eine Flasche Wasser in den Topf goss. Ähnlich denken heute viele, dass sie mit einem Minimum an eigenem Einsatz von den Leistungen der Volkskirche profitieren können. Doch diese Rechnung geht nicht mehr auf. In einer Zeit, in der nicht nur die Kirchensteuermittel zurückgehen, sondern auch das ehrenamtliche Engagement, darf man sich nicht wundern, wenn der »Punsch« immer wässriger wird.

In einer Kirche, von der viele profitieren wollen, müssen sich auch viele beteiligen. Das geht aber nur, wenn wir das den Menschen bewusst machen, wenn wir sie dazu berufen, bevollmächtigen und dabei begleiten. Die große Herausforderung, vor der wir derzeit stehen, ist die, dass wir wahrscheinlich zum ersten Mal seit den Tagen der Urchristenheit wieder zu einer Laienbewegung werden. Denn nur als eine solche Laienbewegung kann die Volkskirche wirklich zur Volkskirche werden.

In einer Kirche, von der viele profitieren wollen, müssen sich auch viele beteiligen.

27 Wir können das allgemeine Priestertum in unseren Gemeinden nur aktivieren, wenn wir bei den Menschen eine Liebe zur Heiligen Schrift wecken.

Für Luther war die wichtigste Konsequenz des allgemeinen Priestertums der Gläubigen, dass jeder Christ das Recht und die Pflicht hat, *die Bibel zu lesen* und auszulegen. Wie anders soll ein Christ mündig werden, wenn er sich nicht dort verankert, wo Gott selber spricht? Wie will er von dem oft abgestandenen und nicht selten sogar verunreinigten Wasser der Kirchenlehre unabhängig werden, wenn er nicht immer wieder zurück an die Quelle geht? Die Bibel nicht den Pfarrern zu überlassen, sondern selbst nachzuschlagen, selbst darin Wort und Weisung für den Alltag zu suchen, regelmäßig für sich allein und mit anderen zusammen – das war für Luther darum die Quelle allen geistlichen Priestertums. Darum übersetzte er die Bibel ins Deutsche, eben damit sie nicht nur von den so genannten Geistlichen gelesen und ausgelegt würde. Jeder sollte sie in die Hand nehmen können und dadurch selbst zum »Geistlichen« werden. Man kann es sich nicht plastisch genug vorstellen, was für eine Bewegung durch Deutschland gegangen sein muss, als die über Jahrhunderte in Unwissenheit gehaltenen Massen zum ersten Mal eine Bibel in Händen hielten und sie in ihrer Sprache lesen konnten! Eine solche Bibel war damals ziemlich teuer, aber wer es sich nur irgendwie leisten konnte, beschaffte sich eine und dieser kostbare Schatz ging von Hand zu Hand und die Botschaft ging von Mund zu Mund.

Heute besitzt fast jeder in unseren Breiten eine Bibel, aber diese verstaubt in der Regel irgendwo vor sich hin. Das Buch ist vielen Protestanten so »heilig«, dass sie es nicht anrühren. Luthers berühmter Ausspruch »Das Wort sie sollen lassen stahn« wird ziemlich wörtlich genommen: Die Leute lassen es tatsächlich stehen – nämlich in ihrem Bücherregal! Doch wen wundert es? Schließlich bekommen sie in ihren Gemeinden auch nirgends beigebracht, wie sie die Bibel mit Gewinn für sich lesen können. Statt dass die Pastoren ihren Gemeindegliedern beibringen, die Bibel selber zu lesen, tun sie es stellvertretend für sie. Und das wird dankbar angenommen. Es ist ja durchaus bequem, wenn da jemand ist, der sich stellvertretend für einen selbst die Mühe macht, die Bibel zu lesen und auszulegen.

> *Luthers berühmter Ausspruch »Das Wort sie sollen lassen stahn« wird ziemlich wörtlich genommen: Die Leute lassen es tatsächlich stehen – nämlich in ihrem Bücherregal!*

Doch das bekannte chinesische Sprichwort gilt auch hier: »Gib dem Menschen einen Fisch, so hat er einen Tag lang zu essen. Lehre ihn fischen, so hat er sein Leben lang genug.« Ja, man kann ergänzen: Lehre ihn fischen, und er kann nicht nur sich selbst, sondern auch *andere* mit versorgen. Wir müssen uns klarmachen, dass das regelmäßige Lesen der Heiligen Schrift keine Übung einiger besonders frommer Exoten ist. Es ist für unser geistliches Leben ebenso wichtig wie die Aufnahme von Nahrung für unseren Körper: »Der Mensch lebt nicht vom Brot allein, sondern von einem jeden Wort, das aus dem Mund Gottes geht« (Matthäus 4,4). Dieses Wort Gottes ist es, das uns von innen heraus verändert, das unsere Gedanken, Gefühle und Taten mehr und mehr auf Gott ausrichtet. Nehmen Sie der Seele diese »Nahrung« weg, und unser Christsein bleibt merkwürdig kraft- und folgenlos.

Ich stelle mir die Frage, inwieweit es uns Pastoren überhaupt ein Anliegen ist, den Menschen in unseren Gemeinden eine Liebe zur Bibel und eine gewisse Fertigkeit im Umgang mit diesem Buch zu vermitteln – geschweige denn, dass es uns gelingt. Oft sehen wir überhaupt nicht die Notwendigkeit, ihnen an dieser Stelle zu einer größtmöglichen Mündigkeit zu verhelfen. Stattdessen geben wir uns damit zufrieden, wenn die Leute einmal pro Woche zu uns kommen und sich ihren sonntäglichen »Fisch« abholen. Alle scheinen mit dieser Aufgabenteilung zufrieden zu sein: Doch dadurch etablieren wir letztlich wieder einen »Priesterstand« in unserer Kirche, der sich von der unmündigen Menge der Normalchristen abhebt, mitsamt den entsprechenden Abhängigkeiten und Machtstrukturen. Und wir machen uns dessen schuldig, dass die Menschen in unseren Gemeinden geistlich fast verhungern.

Der Eindruck lässt sich nicht ganz von der Hand weisen, dass auch die evangelische Kirche im Lauf der Jahrhunderte die internen Machtstrukturen für wichtiger befand als die Mündigkeit der Gemeinde. Wie viele Gemeinden kennen Sie, in denen die Gemeindeglieder systematisch darin unterwiesen werden, wie man die Bibel gewinnbringend liest? Als vor rund dreihundert Jahren die ersten Bibelkreise gegründet wurden, wurden sie von der Polizei aufgelöst. Ironischerweise waren es die evangelischen Pfarrer, die die Polizei geschickt hatten. Das ist heute Gott sei Dank nicht mehr so. Da werden Haus- und Bibelkreise von den Pastoren nur noch selten bekämpft (obwohl es auch das durchaus noch gibt). Aber sie werden auch nicht gerade *gefördert* und haben in vielen Gemeinden immer noch einen Exotenstatus. Und in unsere Kirchenordnungen haben die Bibel- und Hauskreise bis heute keinen Eingang gefunden. Hinter dieser Widerspenstigkeit möchte man fast Methode vermuten. Zumindest scheint das Interesse der offiziellen Amtskirche, ein mündiges Christentum in unseren Gemeinden heranwachsen zu lassen, nicht übertrieben hoch. Mir haben Kollegen erklärt, dass sie gar kein Interesse daran haben, dass sich in ihren Gemeinden bibellesende Kleingruppen etablieren, weil sie befürchteten, dass solche Kreise Unruhe bringen und ihre Autorität untergraben. Mag sein, dass sie mit ihren Befürchtungen nicht ganz Unrecht haben. Dass wir uns aber, wenn wir diesen Ängsten allzu sehr nachgeben, still und heimlich von einem der Hauptanliegen Martin Luthers verabschieden, ist dabei nur den allerwenigsten bewusst.

Dass wir durch das Heranführen unserer Gemeinden zur Mündigkeit vielleicht Unruhe schaffen und die Menschen unabhängig von uns machen, sollte uns nicht beängstigen. Es sollte vielmehr das Ziel unserer Arbeit sein.

Die Mündigkeit unserer Gemeinden wie der Christen überhaupt entsteht am Lesen der Heiligen Schrift. Darum ist es eine der wichtigsten Aufgaben von uns Pastoren, die Menschen in unseren Gemeinden dazu zu motivieren und zu befähigen, selbst in der Bibel zu lesen und das Gelesene in die Praxis des alltäglichen Lebens, aber auch in die Praxis der Gemeinde umzusetzen. Dass wir dadurch vielleicht Unruhe schaffen und die Menschen unabhängig von uns machen, ist nichts, was uns beängstigen sollte. Es sollte vielmehr das *Ziel* unserer Arbeit sein.

28 Kein Mensch kann all die Gaben in sich vereinigen, die benötigt werden, damit eine Gemeinde auch nur annähernd mit dem versorgt wird, was sie braucht.

Wenn ich mich hier kritisch mit dem Pfarrberuf auseinander setze, geht es mir nicht darum, die persönliche Kompetenz oder gar Integrität meiner Kolleginnen und Kollegen in Frage zu stellen. Worauf ich abziele ist die für meine Begriffe entartete *Struktur* des Pfarramtes. Die Pfarrer leisten zum Teil Unglaubliches. Sie bringen enormen Einsatz für ihre Gemeinden. Das möchte ich überhaupt nicht in Abrede stellen. Doch die Fülle der gemeindlichen Aufgaben ist so umfassend, dass selbst der begabteste und umtriebigste Pfarrer immer nur einen Bruchteil der Aufgaben erfüllen kann, die sich eigentlich auftun. Und auf Grund der Vielfalt dieser Aufgaben wird er nur die wenigsten davon wirklich gut erfüllen, weil kein Mensch – auch kein Pfarrer und keine Pfarrerin – auf allen Gebieten gleichermaßen begabt ist. Das heißt: Solange der Pfarrer versucht, alles allein zu machen, wird er nie mehr sein als ein »Universaldilettant«. Spitz formuliert: Wir haben die Wahl zwischen dem allgemeinen Priestertum der Laien oder dem allgemeinen Laientum unserer Priester.

Kein einzelner Mensch kann all die Gaben in sich vereinigen, die benötigt werden, damit eine Gemeinde auch nur annähernd mit dem versorgt wird, was sie braucht. Selbst ein multitalentierter Superpfarrer vermag in 80 Stunden pro Woche nicht einmal ansatzweise *das* zu leisten, was 50 oder gar 100 normal begabte Gemeindeglieder in 2-3 Wochenstunden einzubringen in der Lage sind, vor allem, wenn sie ihren Gaben und Stärken gemäß mitarbeiten. Und es war auch nie so gedacht! Das ist ja gerade das Wesen der Gemeinde, dass dort viele Menschen zusammenkommen und jeder sich mit seinen Gaben einbringt. Wenn wir davon ausgehen, dass jeder Christ ein Priester ist und dass der priesterliche Dienst in der Gemeinde nicht nur auf wenige »Geistliche« beschränkt ist, dann ist es das Recht, aber auch die Verantwortung aller Christen, den »priesterlichen« Dienst an ihren Mitmenschen

Selbst ein multitalentierter Superpfarrer vermag in 80 Stunden pro Woche nicht einmal ansatzweise das zu leisten, was 50 oder gar 100 normal begabte Gemeindeglieder in 2-3 Wochenstunden einzubringen in der Lage sind.

zu versehen: ihnen das Evangelium von Jesus Christus nahe zu bringen, für sie zu beten und ihnen die Liebe Gottes auf allen denkbaren Kanälen zu kommunizieren. Nur so kann Gemeinde wieder zu dem werden, wie sie von Gott her eigentlich sein sollte. Nur so können wir die Menschen wirklich mit der Liebe Gottes erreichen. Und nur so werden wir unseren Gemeinden wirklich gerecht.

Statt eine Laienbewegung im positiven Sinne zu sein, besteht unsere Kirche im Wesentlichen aus einer unbewegten Masse von entmündigten »Laien«, die von einigen religiösen »Profis« versorgt werden. Das allgemeine Priestertum ist ein »schlafender Riese«, den es zu wecken gilt, wenn unsere Kirche die nächsten 50 Jahre überleben will. Freilich sollten wir uns keine Illusionen machen, was geschieht, wenn wir einen Riesen aus dem Schlaf rütteln. Er ist schlecht gelaunt: Wer wagt es, ihn in seiner Ruhe zu stören!? Der Riese ist aber nicht nur schlecht gelaunt, er ist anfangs auch ziemlich träge. Es genügt nicht, ihn ein einziges Mal zu wecken, man muss ihn immer wieder fragen: »He, bist du schon wach?« und vielleicht auch ein bisschen kitzeln. Den schlafenden Riesen aufzuwecken ist eine ziemlich mühselige Aufgabe.

Ohne Bild gesprochen: Wenn wir unseren Gemeinden mitteilen, dass jeder Christ ein »Geistlicher« ist und entsprechend – vielleicht im Kleinen, aber doch mit großer Beständigkeit – Aufgaben auszuüben hat, die landläufig als Aufgabe eines Geistlichen angesehen werden, provozieren wir damit den Ärger der Leute. Warum um alles in der Welt sollen sie plötzlich Dinge tun, für die ihrer Meinung nach der Pfarrer zuständig ist? Wenn Sie heute in einer Gemeinde im Ernst die These aufstellen wollen, dass »jeder Christ ein Mitarbeiter« zu sein habe, dergestalt, dass er seine natürlichen und geistlichen Gaben in den Dienst Christi stellt, werden Sie in der Regel auf großes Befremden stoßen. So gut haben wir Pastoren unsere »Laien« über die Jahrhunderte erzogen und ihnen klargemacht, wo die Geistlichkeit und die priesterliche Kompetenz in unseren Gemeinden »wirklich« sitzt und wo nicht.

Ich glaube, es ist vor allem unsere Aufgabe als Pfarrerinnen und Pfarrer, die Gemeinden wachzurufen. Schließlich waren wir es auch (bzw. unsere Vorgänger), die sie dadurch in Tiefschlaf versetzt haben, dass wir alles selbst getan haben. Zu dieser Aufgabe gehört, dass wir den damit verbundenen Ärger nicht scheuen. Vermutlich wird man uns vorwerfen, wir seien faul und wollten unseren Job nicht tun. Dass es uns nicht um ein Pfarrerentlastungsprogramm geht, sondern um die Rückkehr zum neutestamentlichen Urbild von Gemeinde, wird man uns zunächst nicht glauben. Und wie viel Arbeit es bedeutet, den schlafenden Riesen zu wecken und zu motivieren, das weiß auch nur der, der das schon einmal ausprobiert hat. Mancher Pfarrer ist hier vielleicht versucht zu denken: »Dann mache ich das doch lieber selbst!« Tun Sie es nicht! Die ersten zwei, drei Jahre werden vielleicht mühsam sein, aber es lohnt sich durchzuhalten. Wenn der Riese erst einmal wirklich wach ist, wird seine Arbeit an Menge und an Qualität zunehmen – und er findet mehr und mehr einen »Riesenspaß« dabei!

29 Jeder Christ hat eine persönliche Gabe von Gott – und eine dazu gehörige Auf-Gabe.

Die so genannte »Betreuungskirche« wird in den nächsten Jahren mehr und mehr von einer »Beteiligungskirche« abgelöst werden. Zwar ist es durchaus bequem, sich immer nur bedienen zu lassen, aber es ist nicht wirklich befriedigend. Natürlich gibt es einen Auftrag zur Zuwendung den Kranken und Schwachen gegenüber. Aber wer ist schon *nur* betreuungsbedürftig? Ganz offensichtlich besteht diese Gesellschaft nicht nur aus Kranken und Schwachen, und genauso offensichtlich vermögen sich heute viele Menschen nur dann mit einer Institution wie der Kirche zu identifizieren, wenn sie selbstverantwortlich für sie tätig sein können. Und das entspricht auch Gottes Willen. Er will keine Gemeinde aus passiven »Schafen«, sondern aus aktiven, mündigen Christen. Dafür hat er jeden Einzelnen und jede Einzelne von uns in einzigartiger Weise begabt.

Offensichtlich vermögen sich heute viele Menschen nur dann mit einer Institution wie der Kirche zu identifizieren, wenn sie selbstverantwortlich für sie tätig sein können.

Gott hat jeden Menschen einzigartig geschaffen. Wenn schon keine zwei Schneeflocken einander gleichen, so gilt das erst recht für uns Menschen. Jeder von uns hat eine bestimmte *Persönlichkeitsstruktur* – er ist zum Beispiel introvertiert oder extrovertiert, ist ein Kopf- oder ein Bauchmensch etc. –, er hat bestimmte natürliche und erworbene *Fähigkeiten*, er hat in seinem Leben gute und schlechte *Erfahrungen* gemacht, die ihn geprägt haben. Darüber hinaus gibt es ganz bestimmte Bereiche des Lebens, die sein besonderes Interesse und seine *Leidenschaft* wecken. Diese Kombination aus Neigungen, Fähigkeiten und Talenten ist es, die einen Menschen einzigartig macht. Sie gibt es auf Erden nicht ein zweites Mal.

Dazu kommt, dass Gott jedem Menschen, in dem Moment, in dem er Christ wird, eine oder sogar mehrere zusätzliche Gaben gibt, die er vorher noch nicht gehabt hat. Die Bibel nennt diese Gaben »*Charismen*«, wörtlich übersetzt: Gnadengaben. Teils haben diese Gaben ganz offensichtlich einen »übernatürlichen« Charakter – Paulus nennt hier beispielsweise die Gabe der Prophetie oder der Heilung –, andere dagegen wie etwa Gastfreundschaft, Barmherzigkeit oder Teilen sehen ziemlich »normal« aus. Es sind sozusagen »geheiligte« natürliche Anlagen und Fähigkeiten. Manche Gaben ragen insofern heraus, als man sie sofort sieht – etwa die Gabe der Leitung oder der Evangelisation –, die meisten Charismen aber sind eher unauffälliger Natur. Doch gerade die unauffälligen Charismen wie etwa Helfen, Dienen oder anhaltendes Gebet sind von besonderer Wichtigkeit. Sie sind das »Öl«, das den Gemeindebetrieb am Laufen hält. Meistens verdichtet sich in einem Charisma ein allgemeiner Auftrag, der allen Christen gegeben ist, zu einer besonderen Gabe. In jedem Fall aber ist ein Charisma eine besondere Befähigung, die Gott einem Menschen gibt, um sie in den Dienst des Reiches Gottes zu stellen. Sie wird uns gegeben, um Gott zu verherrlichen, um seine Liebe und seinen Willen sichtbar zu machen und um seine Gemeinde zu bauen. Das ist mit natürlichen Gaben allein nicht zu vollbringen.

Das klingt, wenn Sie das zum ersten Mal hören, zweifellos ziemlich mystisch, und ich kann es an dieser Stelle auch nicht weiter verhandeln. Wer hier mehr wissen will, lese nach in Römer 12,3-8; 1. Korinther 12-14; Epheser 4,1-16; 1. Petrus 4,10-11 und natürlich vor allem in der Apostelgeschichte. Wir haben hier eine weitere biblische Lehre, die in der offiziellen Kirchenlehre keinen Niederschlag gefunden hat. Doch ob wir das mit den Charismen so glauben oder nicht, der Punkt, auf den ich hier hinauswill, ist zunächst ein anderer: Gott hat jeden von uns einzigartig gemacht und begabt, *um eine ganz bestimmte Aufgabe zu erfüllen*. Gustav Heinemann hat einmal gesagt: »Gottes Gaben sind Gottes Berufungen.« Gottes Gaben sind Auf-Gaben! Gott möchte, dass wir einen Auftrag für ihn erledigen. Dieser Auftrag hat immer etwas mit dem Reich Gottes zu tun. Die Ausübung der Gnadengaben muss nicht immer explizit darin bestehen, dass ein Mensch in der Gemeinde mitarbeitet, aber ihr Gebrauch fließt letztlich doch immer in die Gemeinde ein bzw. hat Auswirkungen auf das Reich Gottes und ist auf alle Fälle eingebettet in das gemeindliche Leben.

Jeder Mensch ist wie ein Puzzlestück, das nur an eine einzige Stelle des Gesamtbildes passt. Wie dieses Gesamtbild aussieht, ist uns verborgen; Gott allein weiß es. Auf den ersten Blick sieht ein Puzzleteilchen scheinbar so aus wie viele andere. Aber es passt nur an einer einzigen Stelle richtig. Zweifellos gibt es Lücken, in die man es mit einiger Gewalt hineinpressen kann, aber man merkt sehr schnell, dass etwas nicht stimmt. Es gibt nur einen einzigen Ort im Leben, wo wir wirklich ganz wir selbst und am richtigen Platz sind. Der Sinn des Lebens besteht darin, diese »Lücke« zu finden und den Platz auszufüllen, für den Gott uns in unserer Einzigartigkeit geschaffen hat. Es gibt die *eine* »Lücke« im Leben, für die wir perfekt geschaffen sind und in die kein anderer Mensch so hineinpasst. Kein Mensch ist vollkommen, aber jeder von uns ist »perfekt«! Das heißt: Gott hat jedem von uns alles mit auf den Weg gegeben, was wir brauchen, um die Aufgabe auszuführen, die wir ausführen sollen. Welches diese Aufgabe ist, ist eine Frage, die man nur in einem spirituellen Prozess klären kann. Hier müssen wir Gott fragen und uns nach seiner Antwort ausstrecken. Die *Gaben,* die Gott uns gegeben hat, sind jedoch ein wichtiger Hinweis darauf, wo unsere *Aufgabe* liegen könnte. Denn Gott beauftragt keinen Menschen an seinen Gaben vorbei.

Kein Mensch ist vollkommen, aber jeder von uns ist »perfekt«! Das heißt: Gott hat jedem von uns alles mit auf den Weg gegeben, was wir brauchen, um die Aufgabe auszuführen, die wir ausführen sollen.

Damit möchte ich keineswegs den Eindruck vermitteln, Gemeinde sei nur etwas für junge und dynamische Menschen. Alles, was ich hier gesagt habe, gilt selbstverständlich auch für Alte und Kranke. Auch sie haben Gaben und können Dienste innerhalb der Gemeinde übernehmen. Die wenigsten von ihnen sind in der traurigen Situation, *nur* nehmen und überhaupt nicht mehr geben zu können. Wer beim Altenkaffee Kuchen essen kann, kann in vielen Fällen auch einen backen – und wird dabei merken, dass das auf Dauer sehr viel befriedigender ist, als sich nur bedienen zu lassen. Nicht alle, aber viele von denen, die auf Besuch durch »die Gemeinde« warten, sind durchaus in der Lage, selbst zur »Gemeinde« zu werden und andere zu besuchen. Die meisten Alten und Kranken haben zumindest *eine* Gabe, die vielen anderen von uns fehlt: Zeit. Diese können sie dazu nutzen, für die Gemeinde, die Mitarbeiter(innen), die Veranstaltungen usw. zu beten. Sie können einfache, aber zeitaufwändige Aufgaben übernehmen oder zum Telefonhörer greifen und Menschen anrufen, die noch einsamer sind als sie selbst. Wenn wir es so sehen, ist auch Altsein eine Gabe und eine Auf-Gabe, die es zu entdecken gilt.

30

Es ist die wichtigste Aufgabe der Gemeindeleitung, den Gemeindegliedern dabei zu helfen, ihre Gaben zu entdecken und zum Einsatz zu bringen.

Wenn es stimmt, dass Gott jedem Christen ein Charisma mit auf den Weg gegeben hat, müssten unsere Gemeinden dann nicht viel lebendiger und kraftvoller sein? Müssten sie nicht sehr viel »charismatischer« auch auf andere wirken? In der Tat müssten sie das! Das Problem ist nur, dass die allerwenigsten Christen hier zu Lande wissen, dass es überhaupt Charismen gibt (geschweige denn, welches sie haben). Es ist nicht Bestandteil der offiziellen Kirchenlehre und war es eigentlich seit den Tagen der ersten Kirche nicht mehr. Selbst Luther hat diese Lehre ignoriert. (Ich fürchte, es steht noch etliches in der Bibel, was wir – sehr zu unserem Schaden – über die Jahrhunderte haben brach liegen lassen.) Die Charismen der Gemeinde sind wie ein Schatz, den Gott uns geschenkt hat, den die Kirche zunächst links liegen lassen und im Laufe der Jahrhunderte dann vergessen hat.

Doch Gaben, die wir ignorieren und nicht einsetzen, verkümmern. Nehmen Sie zum Beispiel jemanden mit einer musikalischen oder einer sprachlichen Begabung: Wenn er nicht um diese Begabung weiß oder diese Gaben nicht entsprechend einsetzt, ist es gerade so, als hätte er sie nicht. Auch Charismen, die Gott einem Menschen gibt, die dieser aber nicht einsetzt zur Mitarbeit am Reich Gottes, verkümmern. Entsprechend sehen unsere Gemeinden auch aus! Ich will die Liebe und die Treue, die viele Christen in ihre Gemeinden investieren, nicht in Abrede stellen. Aber legen Sie das Bild einer typischen deutschen Gemeinde einmal neben das Bild, welches das Neue Testament von der Gemeinde Jesu zeichnet – da liegen Welten dazwischen! Der Unterschied ist so gewaltig, dass den Theologen heute oft nichts Besseres einfällt, als zu sagen, die Verfasser des Neuen Testamentes hätten diese Berichte schöngefärbt. Sie machen damit unsere armselige Wirklichkeit zum Maßstab dafür, was damals gewesen sein kann, statt umgekehrt die Bibel zum Maßstab dafür zu nehmen, was auch heute noch möglich sein könnte!

Legen Sie das Bild einer typischen deutschen Gemeinde einmal neben das Bild, welches das Neue Testament von der Gemeinde Jesu zeichnet – da liegen Welten dazwischen!

Der Unterschied zwischen der Urgemeinde und unseren Gemeinden ist mit einem Begriff zu benennen: ausgeübtes Charisma! Wenn Sie es weniger volltönend haben wollen: eine gabenorientierte Mitarbeiterschaft (= eine Mitarbeiterschaft, die dort eingesetzt ist, wo sie in besonderer Weise begabt ist, und nicht dort, wo gerade »Lücken« sind). Wenn wir dahin zurückkommen wollen, müssen wir unsere Gemeindeglieder darüber *informieren*, dass sie von Gott begabt sind, dass sie »Charisma« haben und dass Gott einen Auftrag für sie hat und dass sie – in dem oben erklärten Sinne – »perfekt« sind, dass es keinen anderen Menschen gibt, der ihre Aufgabe so wahrnehmen kann wie sie. Darum tun wir gut daran, mit den Leuten in den Hauskreisen und in den Gottesdiensten die Bibel aufzuschlagen und miteinander nachzuschauen, welches Bild das Neue Testament von der Gemeinde zeichnet und welch wichtige Funktion dabei jedem einzelnen Gemeindeglied zukommt. Allein das wird einen Aha-Effekt in unseren Gemeinden auslösen, freilich auch einige Verunsicherung, weil sich dieses Bild mit der real existierenden Kirche oft nur wenig deckt. Diese Verunsicherung ist nicht unbedingt angenehm, aber wichtig und heilsam. Sie schafft das nötige kritische Potenzial zur Veränderung unserer Gemeinden.

Freilich genügt es nicht, die Menschen über die Charismen zu *informieren*. Man muss die Charismen auch in der Gemeinde *implementieren* (= einpflanzen). Es ist eine der wichtigsten Aufgaben der Gemeindeleitung, den Menschen dabei zu helfen, ihre Gaben zu entdecken und mit ihnen zusammen zu überlegen, wie diese Gaben bestmöglich gefördert und wie sie in sinnvoller Weise eingesetzt werden können. Dies könnte dadurch geschehen, dass in regelmäßigen Abständen Seminare zu diesem Thema angeboten werden, denen ein ausführliches Auswertungsgespräch angeschlossen ist. (Wir arbeiten beispielsweise mit dem so genannten D.I.E.N.S.T.-Seminar aus Willow Creek. Christian Schwarz, Autor des christlichen Bestsellers »Der Gabentest«, arbeitet gerade an einem deutschen Äquivalent.) Solch ein Seminar dient zur Information und zum Herausfinden der Gaben. Das Auswertungsgespräch hingegen klärt offen gebliebene Fragen und dient der Implementierung der entdeckten Charismen in der Gemeinde. Wichtig ist außerdem, dass Mitarbeiter in ihrem Dienst *begleitet* werden. Sie können noch so sehr ihren Gaben gemäß eingesetzt sein: Wenn sie in ihrem Dienst alleine stehen, verlieren sie auf Dauer ihre Motivation. Auf die Frage der Teamarbeit und des »Mentorings« in der Gemeinde komme ich noch zurück (siehe These → 63).

Unsere Gemeinden müssen wieder mehr und mehr zu einem Ort werden, an dem Menschen ihre Begabungen entdecken, fördern und ausüben können. Wo Mitarbeitende ihre Gaben herausfinden und einsetzen und in ihrem Dienst begleitet werden, machen wir die erstaunliche Erfahrung, dass ganz gewöhnliche Menschen ganz außergewöhnliche Dinge tun. Sie wachsen über sich selbst hinaus. Sie arbeiten mit Gottes Kraft an Gottes Werk. Sie sind ganz normale Menschen und doch gleichzeitig Teil des »Leibes Christi« und als solcher partizipieren sie an seiner Liebe, seiner Kraft und seiner Herrlichkeit.

> *Wo Mitarbeitende ihre Gaben herausfinden und einsetzen und in ihrem Dienst begleitet werden, machen wir die erstaunliche Erfahrung, dass ganz gewöhnliche Menschen ganz außergewöhnliche Dinge tun.*

31 Menschen sollten in der Gemeinde dort mitarbeiten, wo Gott sie in besonderer Weise begabt hat.

In 1. Petrus 4,10 heißt es: »*Dient einander, ein jeder mit der Gabe* (im Griechischen steht hier Charisma), *die er empfangen hat, als die guten Haushalter der mancherlei Gnade Gottes.*« Dieser Satz lässt sich auf zweifache Weise betonen. Zum einen kann man den Akzent auf den Hauptsatz legen, dann läuft die Aussage darauf hinaus, was weiter oben zu → These 29 entwickelt wurde: Wir sollen unsere Charismen in den Dienst der Gemeinde bzw. des Reiches Gottes stellen. Diese Aussage ist richtig, trifft aber nicht, worauf Petrus hier abzielt. Dem Zusammenhang nach wird deutlich, dass die Betonung auf dem zweiten Teil des Satzes liegt: darauf, dass wir einander *mit dem Charisma* dienen sollen, das wir empfangen haben. Petrus begründet das mit dem Argument, dass wir uns als gute Haushalterinnen und Haushalter der Gnade Gottes erweisen, wenn wir in unserer Mitarbeit darauf achten, dass wir die Gaben, die Gott uns gegeben hat, auch ihrem Sinn gemäß einsetzen, statt an einem Platz mitzuarbeiten, für den wir vielleicht überhaupt nicht begabt sind.

Dies ist nun ein Prinzip, das in der Kirche und in den Gemeinden häufig missachtet wird. Umfragen zufolge sind 80 % unserer Mitarbeiter nicht ihren Gaben entsprechend eingesetzt. Als sie sich zur Mitarbeit anboten, hat kein Mensch gefragt, in welchem Bereich Gott sie besonders begabt hat. Statt bei dem anzusetzen, was die Leute gut können, weil Gott sie dafür begabt hat, setzt man in unserer Kirche gerne bei dem an, was gerade dringend an Mitarbeit gebraucht wird. »Im Kindergottesdienst ist gerade jemand ausgefallen. Können Sie das nicht machen?« – »Wir kriegen nicht genug Bewerber für den Kirchenvorstand zusammen. Bitte kandidieren Sie!« usw. Statt (um mein Bild von weiter oben aufzugreifen) für jedes einzelne Puzzleteilchen die Lücke zu finden, für die es geschaffen wurde, presst man es in die nächstvorhandene bedrängende Lücke, die sich gerade auftut. Kann sein, dass es aus reinem Zufall gerade so passt – jeder von uns hat das schon erlebt. In aller Regel aber schaffen wir uns durch diese Vorgehensweise gleich ein vierfaches Problem: (a) die Lücke wird nicht richtig gefüllt, (b) wenn das »Teilchen« auftaucht, das die Lücke wirklich ausfüllen könnte, ist diese bereits besetzt, (c) bleibt eine andere Lücke leer und (d) ist der »Lückenbüßer« nicht seiner speziellen Begabung gemäß eingesetzt und entsprechend unzufrieden.

Darum sagt Petrus: Es ist keine gute Haushalterschaft, wenn wir so arbeiten. Es mag zwar helfen, eine bedrängende Situation zu lindern, aber es verhindert, dass wir langfristig gute Arbeit leisten und unsere Gemeinden wirklich vorankommen. Die Arbeit wird gemacht, aber eben nur »gerade so«, mit den Kräften, die gerade zur Verfügung stehen. Oft wird das noch gerechtfertigt mit dem Satz: »Wem Gott ein Amt gibt, dem gibt er auch den nötigen Verstand.« Das klingt ziemlich fromm, aber wer sagt denn, dass es wirklich *Gott* ist, der diesem Menschen dieses Amt gegeben hat? Wir gehen in der Kirche viel zu oft davon aus, dass Gott schon segnet, was wir tun. Dabei sollten wir lieber zusehen, dass wir das tun, was Gott segnet (Rick Warren). Und das bedeutet in unserem Zusammenhang, dass die Gemeinde, bevor sie einen Menschen in die Mitarbeit beruft, mit ihm zusammen betet und danach fragt, wofür Gott ihn in besonderer Weise begabt hat. Dieser Ansatz bei den Charismen bedeutet in der Praxis, dass

Wir gehen in der Kirche viel zu oft davon aus, dass Gott schon segnet, was wir tun. Dabei sollten wir lieber zusehen, dass wir das tun, was Gott segnet.

a) anstehende Arbeiten nötigenfalls eine Zeit lang unerledigt und wichtige Positionen in der Gemeinde unbesetzt bleiben müssen, wenn sich niemand findet, der die entsprechende Begabung dafür hat;

b) gegebenenfalls neue Aufgaben in der Gemeinde geschaffen werden, die den Gaben der Person entsprechen, die mitarbeiten möchte;

c) bisherige Inhaber einer Aufgabe nach einer Phase des Übergangs bereit sind, ihren Dienst an andere abzugeben, die auf diesem Gebiet mehr begabt sind als sie.

Nicht nur neue, potenzielle, sondern auch bereits seit längerem aktive Mitarbeiter sollten überprüfen, wo ihre Gaben liegen und wo nicht. Wenn jemand in einem Bereich eingesetzt ist, der nicht seinen Gaben entspricht, muss er die Gelegenheit bekommen, sich aus dieser Arbeit herauszuziehen und stattdessen in einen Arbeitsbereich zu wechseln, der seinem Gabenprofil besser entspricht. Es gibt keine unbegabten Mitarbeiter in unseren Gemeinden. Aber es gibt viel zu viele, die am falschen Platz eingesetzt sind. Darum: Lasst die Leute das tun, was sie *gut* können!

Es gibt keine unbegabten Mitarbeiter in unseren Gemeinden. Aber es gibt viel zu viele, die am falschen Platz eingesetzt sind. Darum: Lasst die Leute das tun, was sie gut können!

32 Mitarbeiter(innen), die ihre gottgegebenen Gaben einsetzen, leisten nicht nur gute Arbeit, sondern sind auch motiviert und begeistert.

Der Ansatz bei den Gaben und Charismen eines Menschen basiert auf der Einsicht, dass Gott jeden und jede von uns in einer ganz bestimmten Weise »konstruiert« und mit einem bestimmten Gabenprofil ausgestattet hat, damit wir eine konkrete Aufgabe damit bewältigen können. Wenn ein Mitarbeiter seinen Gaben entsprechend eingesetzt ist, geschehen zwei Dinge. Erstens: Er leistet hervorragende Arbeit. Und zum andern: Er ist hochmotiviert und begeistert, das heißt, die Mitarbeit bringt ihm ein hohes Maß an persönlicher Erfüllung. Beides ist in unserer Kirche nicht unumstritten.

Zum einen die hervorragende Arbeit. Darf in einer Gemeinde heute wirklich thematisiert werden, dass es nicht nur darum geht, *irgendwie* mitzuarbeiten, sondern dass man dabei auch gute Arbeit leistet? Kommt es bei uns – im Gegensatz etwa zur normalen Berufswelt – nicht sehr viel mehr auf die innere Einstellung der Mitarbeitenden an, auf ihren Fleiß und ihre Treue? Und überhaupt: Neigen wir aus einem christlichen Gerechtigkeitsempfinden heraus nicht dazu, jede Arbeit in der Gemeinde als gleichermaßen wichtig und gut zu beurteilen? Sobald ich irgendwo die Bemerkung fallen lasse, dass die Mitarbeiter unserer Gemeinde hervorragende Arbeit tun, bekomme ich sofort entgegengehalten: »Ja, denken Sie, unsere Mitarbeiter tun das nicht? Wollen Sie behaupten, die Arbeit, die unsere Leute tun, sei nicht gut genug?« Meist weiß ich zu wenig über die Gemeinden, um beurteilen zu können, ob die Arbeit, die die Mitarbeiter dort leisten, gut genug ist. Das Problem ist nur: »Gut genug« ist in aller Regel nicht gut genug.

»Gut genug« ist nicht gut genug.

Der Gott, an den wir glauben und auf den wir durch unsere Arbeit hinweisen wollen, leistet immer nur 1A-Qualitätsarbeit. Sollte sich die Gemeinde da wirklich mit einem »gut genug« zufrieden geben? Mir geht es bei alledem nicht um Perfektionismus. Perfektionismus hat immer etwas Krankhaftes. Worum es mir geht, ist, dass wir dem gepflegten Mittelmaß, das weite Teile unserer Kirche ergriffen hat, den Kampf ansagen! Von den Gemeinden des Neuen Testamentes können wir in dieser Beziehung zwei Dinge lernen. Erstens: Die Leute haben das, was sie getan haben, mit voller Hingabe getan, und nicht nur halbherzig oder mit der linken Hand. Sie haben *die Dinge richtig* getan. Und das Andere, genauso Wichtige: Sie haben *die richtigen Dinge* getan. Sie haben das getan, wofür Gott sie begabt und ausgerüstet hat. In dieser Kombination gewannen sie binnen kürzester Zeit enorme Ausstrahlung, und Abertausende von Menschen fanden zu Christus. Das ist der Maßstab, an dem wir uns zu messen haben.

Das andere, was der gabenorientierte Ansatz mit sich bringt und was durchaus nicht unumstritten ist, ist dies: Den entsprechenden Mitarbeitern macht die Mitarbeit enormen Spaß. Sie sind begeistert, sie sind motiviert, sie erfahren eine tiefe Erfüllung. Wie sollte es auch anders sein? Schließlich tun sie das, wofür Gott sie geschaffen hat. Sollte das einem Menschen nicht Freude und Erfüllung bringen? Aber irgendeine merkwürdige Philosophie sagt uns, dass etwas, was nicht mit Leiden und Schmerz verbunden ist, auch nicht richtig christlich sein kann.

Worum es mir geht, ist, dass wir dem gepflegten Mittelmaß, das weite Teile unserer Kirche ergriffen hat, den Kampf ansagen!

Darum ist uns der Ansatz bei den Gaben suspekt. Er klingt uns verdächtig nach einer Spielart des Lustprinzips. Habe ich zu einer Aufgabe keine Lust, sage ich eben einfach: »Das ist nicht meine Gabe!« und ziehe mich zurück. Und das kann es ja wohl nicht sein. – Der Einwand ist berechtigt. Jede Arbeit hat ihre unangenehmen Aspekte. Auch ein Mensch, der gabenorientiert mitarbeitet, wird Phasen erleben, in denen er »durchhängt«, keine Lust hat oder Dinge tun muss, die ihm nicht liegen. Und die muss er auch durchstehen. Außerdem gibt es allgemeine Aufträge, die für alle Christen gelten, bei denen wir uns nicht auf mangelnde Begabung herausreden können. Jeder Christ soll barmherzig sein, wenn jemand in Not geraten ist, auch wenn er nicht die Gabe der Barmherzigkeit hat. Jeder Christ soll seinen »Zehnten« geben, auch wenn er nicht die Gabe des Gebens hat (die fängt erst jenseits dieses Zehnten an). Jeder Christ ist aufgefordert zu beten, auch wenn er nicht die Gabe des Gebets hat, die ihn in die Lage versetzt, mehrere Stunden täglich beten zu können. Das fehlende Charisma an diesen Stellen entbindet uns nicht von diesen Aufgaben. Auf der anderen Seite sollten wir nicht gerade den *Schwerpunkt* unserer Mitarbeit in einem Bereich setzen, für den Gott uns sichtlich nicht begabt hat. Ich halte es für erstrebenswert und für erreichbar, dass ein Christ 80 % der Dinge, die er für die Gemeinde tut, gerne und mit Begeisterung tut. Dann findet er auch genügend Motivation, sich durch die verbleibenden 20 % gegebenenfalls durchzukämpfen.

In der Gemeinde wirken Paulus zufolge die verschiedenen Gaben zusammen wie die Organe oder Glieder eines Leibes. Sie sind grundverschieden, aufeinander angewiesen und alle dem gleichen Zentrum zugeordnet. Nur so hat der Begriff des Gemeindeglieds seinen theologischen Sinn. Wenn in der christlichen Gemeinde die Hand wirklich als Hand, der Mund als Mund, der Fuß als Fuß und das Auge als Auge

Ich halte es für erstrebenswert und erreichbar, dass ein Christ 80 % der Dinge, die er für die Gemeinde tut, gerne und mit Begeisterung tut.

arbeitet – und nicht, wie in der Praxis leider allzu oft der Fall, die Hand die Funktionen des Mundes, der Mund die Funktionen des Fußes, der Fuß die Funktion des Auges und das Auge die Funktionen der Hand wahrzunehmen versucht –, kommt es zu einem Zusammenspiel, in dem jeder gewinnt:

Der oder die *Mitarbeitende* kann auf diese Weise qualitativ hochwertige Arbeit leisten und erlebt dadurch ein hohes Maß an Freude und persönlicher Erfüllung. Die *Menschen*, mit denen der Mitarbeitende durch diese Aufgabe zu tun hat, werden durch dessen Kompetenz und Freude positiv angesprochen und angesteckt. Die *Gemeinde* profitiert enorm davon und beginnt, mehr und mehr zu gedeihen. Und *Gott* wird durch eine Atmosphäre der Freude, der Positivität, der Kompetenz und durch eine lebendige, blühende Gemeinde geehrt.

Die fünfte Aufgabe:
Den Pfarrberuf neu definieren

»Pfarrer, die das tun, was man von ihnen erwartet, verhindern den Gemeindeaufbau.«

33 In der evangelischen Kirche laufen – entgegen ihrem eigenen Selbstverständnis – nahezu alle Fäden auf die Pfarrerinnen und Pfarrer zu.

Die Pfarrerzentrierung unserer evangelischen Kirche ist eine empirisch vielfach belegte Tatsache. Das Bild, das die meisten Menschen von Kirche haben, ist durch die Begegnung mit einem Pfarrer geprägt: Sei es, dass sie ihn als Religionslehrer oder als Konfirmator erlebt haben, oder anlässlich einer Taufe, Trauung, Beerdigung oder eines Besuchs bei Omas achtzigstem Geburtstag. Immer wieder haben die Menschen Begegnungen mit dem Pfarrer, zumeist an den Schaltstellen des Lebens: wenn eine neue Phase des Lebens eingeläutet wird oder wenn es Abschied zu nehmen gilt. Diese Allgegenwart hat dazu geführt, dass die meisten Menschen ihr Verhältnis zur Kirche nicht über ihre Gemeinde, sondern über die Person des Pfarrers definieren. Man geht zwar nicht mehr in den Gottesdienst, aber hält den Pastor für einen netten Kerl, und das genügt, um das eigene Verhältnis zur Kirche durchaus positiv einzuschätzen. Und umgekehrt: Der Pfarrer, der bei der Taufe des eigenen Kindes Ärger gemacht hat, weil die gewünschte Patin nicht Mitglied der Kirche war, oder der einem das Fotografieren während des Traugottesdienstes verbot, ist für viele Leute Grund genug, aus der Kirche auszutreten.

Man geht zwar nicht mehr in den Gottesdienst, aber hält den Pastor für einen netten Kerl, und das genügt, um das eigene Verhältnis zur Kirche durchaus positiv einzuschätzen.

Der Pfarrer hat in unserer Gesellschaft eine absolute Ausnahmestellung. Zwar ist das Bild vom Pfarrer allgemein schlecht – und das schon seit mittelalterlichen Zeiten. Aber im konkreten Fall des je »eigenen« Pfarrers sind die meisten Menschen bereit, eine Ausnahme zu machen: »Der ist ganz in Ordnung.« Statistischen Erhebungen zufolge würde sich die weit überwiegende Anzahl der Menschen über einen Besuch ihres Pfarrers freuen. Nur ein verschwindend kleiner Prozentsatz der Menschen erklärt rundheraus, dass sie den Besuch eines Pfarrers bei sich zu Hause nicht wünschen. Auch hier gilt: Viele Menschen gehen zwar nicht in die Kirche, aber wenn die Kirche zu ihnen nach Hause kommt, sind sie durchaus offen dafür, und »die Kirche« ist dabei vor allem der Pfarrer. Mich rief einmal ein Gemeindeglied an, um mich auf einen Missstand in unserem Ort hinzuweisen, um den sich »die Kirche« endlich einmal kümmern sollte. Ich antwortete ganz begeistert, dass ich es ganz toll fände, wenn er sich dieses Problems annehmen wolle. Doch sehr schnell stellte sich heraus, dass wir uns missverstanden hatten. Als er sagte, »die Kirche« müsse sich dieses Problems annehmen, meinte er nicht sich selbst, sondern mich.

Alles in allem können wir konstatieren, dass sich das Verhältnis der evangelischen Christen zu ihrer Kirche in hohem Maße an ihren Pfarrern und Pfarrerinnen orientiert und durch diese vermittelt ist. Umgekehrt gilt: Die Akzeptanz von Kirche geht rapide nach unten, wenn es beispielsweise »nur« ein Mitglied des Besuchsdienstes ist, das den Altenbesuch macht, oder »nur« ein Mitglied des Kirchenvorstandes, das bei irgendeinem öffentlichen Anlass das Grußwort spricht – selbst wenn es der oder die Vorsitzende des Kirchenvorstandes und damit die eigentliche Führungsperson der Gemeinde ist. Ein Gottesdienst, den nicht der Pfarrer persönlich hält, ist in der Regel deutlich schlechter besucht als sonst, selbst wenn die »Laienpredigerin« besser predigt als er. Diese Pfarrerorientierung macht auch innerhalb der Kirche nicht Halt: Wenn etwa mehrere Gemeinden sich überlegen, ob sie an irgendeinem Punkt zusammenarbeiten wollen – etwa in der Jugend- oder Altenarbeit –, wird selbstverständlich erwartet, dass der betreffende Pfarrer bzw. die Pfarrerin zu den diesbezüglichen Vorgesprächen auftaucht und nicht etwa die entsprechende Fachkraft in der Gemeinde – selbst wenn diese eine Hauptamtliche wäre. Das Gleiche gilt für die Gremienarbeit: Der Anteil der Pfarrer an der Kirchenmitgliedschaft beträgt 0,03 %. Der Anteil der Pfarrerinnen und Pfarrer in den einzelnen Kirchenparlamenten hingegen liegt um ein Tausendfaches höher, nämlich im Schnitt zwischen 30 und 40 %.

Diese *empirisch* belegbare Wichtigkeit hat viele dazu verleitet, genau an diesem Punkt auch eine besondere *theologische* Wichtigkeit des Pfarrers festzumachen. Bis in die Dienstanweisung unserer Pfarrerinnen und Pfarrer hinein werden sie auf diese Rolle festgelegt: Sie sind die Zentralfigur der evangelischen Kirche und darum auch der Kirchengemeinde. Sie gelten als die »Bürgen« unserer Kirche schlechthin: An den Schaltstellen des Lebens stehen sie als Besucher, Berater und Begleiter ein für Werte und Sinn, für Tradition, aber auch für die Zukunft unserer Kirche. Und wer wollte daran zweifeln, dass die Aufgaben, die sie dabei wahrnehmen, von großer Wichtigkeit sind? Jeder Altenbesuch, jedes Seelsorgegespräch, jede Unterrichtsstunde, jede Sitzung und jede Predigt, die sie halten, sind es wert, dass man Zeit in sie investiert. So wird aus der Not eine Tugend und aus dem Faktischen eine Norm gemacht: Der Pfarrer ist empirisch belegbar die Zentralfigur der Kirche, also hat er diese Rolle auch anzunehmen, wenn er nicht will, dass das ganze Gefüge in sich zusammenbricht. Er muss damit irgendwie umgehen lernen.

Das Problem ist nur: Solange Pfarrer und Pfarrerinnen diese Aufgaben weiter fraglos wahrnehmen, zementieren sie einen Zustand, der für eine evangelische Kirche untragbar ist: Sie errichten auf diese Weise nämlich – wie wir im vorigen Kapitel gesagt haben – ein neues

»Priestertum«, das den Rest der Gemeinde zu einer Schar unmündiger »Laien« degradiert. Sie entmündigen – nicht absichtlich und bewusst, sondern einfach, indem sie ihre Rolle wahrnehmen und die an sie gerichteten Erwartungen erfüllen – die Gemeinde. Die Ironie ist, dass es oft die Gemeinde selbst ist, die das von ihnen erwartet, und die ausgesprochen ärgerlich reagiert, wenn der Pfarrer oder die Pfarrerin die in sie gesetzten Erwartungen nicht erfüllt. Doch diese erweisen sich und ihren Gemeinden einen Bärendienst, wenn sie dieser Forderung nachkommen.

34 Die Pfarrerzentrierung unserer Kirche bringt sowohl unsere Pfarrerinnen und Pfarrer als auch unsere Gemeinden in große Not.

Die Pfarrerzentrierung unserer Kirche bedeutet für den einzelnen Pfarrer eine absolute Überforderung. Dabei geht es mir in erster Linie nicht um seine begrenzten psychischen und physischen Ressourcen. Was mich viel mehr beschäftigt, ist die theologische Überforderung des Pfarrers. Ohne auch nur einem einzigen Kollegen zu nahe treten zu wollen – die meisten von ihnen leisten, wie gesagt, unglaublich viel! –, muss man konstatieren: Der Pfarrer taugt nicht als Symbolfigur oder gar als »personale Repräsentanz« der Kirche. Jeder Mensch wäre mit dieser Rolle überfordert, und die Gemeinde ist überdies ihrem Wesen nach anders »gestrickt«. Gemeinde ist gerade das Zusammenspiel und Zusammengreifen vieler einzelner Menschen. Gemeinde ist, wie der Apostel Paulus sagt, der »Leib Christi«. Kein einzelnes Körperglied kann sich anmaßen, der Repräsentant oder die Symbolfigur dieses Leibes zu sein. Der evangelische Pfarrer kann weder Christus vertreten – das wäre ein spezifisch katholisches Amtsverständnis – noch die Gemeinde der Geschwister in irgendeiner Weise ersetzen. Er kann vielleicht den Leib Christi nach außen hin repräsentieren, aber er kann den einzelnen Gliedern und Organen nicht ihre Arbeit abnehmen. Er kann, wie Michael Herbst mit Recht sagt, nicht für die Kirche »bürgen«, er kann höchstens mit dem, was er sagt oder tut, Christus bezeugen und über sich selbst und seine begrenzten Fähigkeiten hinausweisen auf die Gemeinde, in der die vielen, vielen Gaben vorhanden sind, die er selbst nicht hat.

Der Pfarrer kann nicht für die Kirche »bürgen«, er kann höchstens mit dem, was er sagt oder tut, Christus bezeugen und über sich selbst und seine begrenzten Fähigkeiten hinausweisen auf die Gemeinde, in der die vielen, vielen Gaben vorhanden sind, die er selbst nicht hat.

Aus der eben beschriebenen theologischen folgt dann tatsächlich die *physische und psychische* Überforderung des Pfarrers. Das Anforderungsprofil an einen Pfarrer ist unglaublich! Das Tückische ist: Das hat keiner von uns direkt zu verantworten. Dieses Bild ist über die Jahrhunderte gewachsen. Der Pfarrer soll alles machen: die Kinder lehren, den Konfirmandenunterricht halten, die Alten besuchen, den Kranken beistehen, Kinder taufen, Trauungen und Beerdigungen halten und dazu selbstverständlich die nötigen Vor- und Nachgespräche führen. Er soll Gottesdienste und Andachten halten, Sitzungen leiten oder zumindest daran teilnehmen, Kirchenbücher führen, Büroarbeit verrichten, Veranstaltungen organisieren, für die Menschen da sein, bei öffentlichen Anlässen die Kirche repräsentieren. Nebenbei fungiert er als Dienstherr über soundsoviel haupt- und nebenamtliche Mitarbeitende und hat darüber hinaus eine mehr oder minder große ehrenamtliche Mitarbeiterschaft motiviert zu halten – von den vielfältigen überregionalen Verpflichtungen durch seine Kirche ganz zu schweigen.

Wie Atlas, jener Riese aus der griechischen Sagenwelt, der das Himmelsgewölbe auf seinem Rücken trägt, lädt sich der Pfarrer bzw. die Pfarrerin in großer Treue die ganze Gemeinde auf den Rücken. Im Durchschnitt arbeiten sie statistischen Erhebungen zufolge 72 Stunden in der Woche. Nur die wenigsten von ihnen gönnen sich einen freien Tag in der Woche – und wenn, dann häufig mit schlechtem Gewissen. In der Folge haben viele Pfarrer(innen) kaum mehr echte Freundschaften, in vielen Fällen gibt es auf Grund der permanenten Beanspruchung durch die Gemeinde tiefe Konflikte innerhalb der Pfarrfamilie und die Rate der psychischen oder auch der Suchterkrankungen innerhalb der Pfarrerschaft ist immens. Dass dies alles auch fatale Folgen für das *geistliche* Leben des Pfarrers hat, sei hier nur am Rande vermerkt. Die wenigsten Pfarrer kommen noch dazu, regelmäßige Gebetszeiten für sich selbst einzuhalten. Ihre Zuwendung zu den Menschen ist so stark und wird so bedrängend eingefordert, dass ihre Zuwendung zu Gott darunter zwangsläufig Schaden leiden muss. Darauf komme ich nachher noch einmal in These → 40 zu sprechen.

Freilich ist die Not nicht nur für die betreffenden Pfarrerinnen und Pfarrer sehr groß. Am meisten leiden die *Gemeinden* unter der Pfarrerzentrierung. Denn die Gemeinde wird auf diese Weise unmündig gehalten. Der frühere Leiter des Amts für Gemeindeaufbau in Österreich, Klaus Eickhoff, hat einmal ziemlich drastisch gesagt, dass unsere pfarrerzentrierten Gemeinden zu »geistlichen Behindertenanstalten« degeneriert seien: Das »Dienen« der Pfarrer sei mit einer Mutter zu vergleichen, die zu ihrem Kind sagt: »Du brauchst nie laufen zu lernen. Ich laufe ein Leben lang für dich.« Indem sie dem Kind tatsächlich alles abnimmt – und damit auf Dauer natürlich auch eine bestimmte Anspruchs- und Erwartungshaltung bei diesem Kind weckt –, bewirkt sie, dass das Kind ein Leben lang mit unentwickelten Beinen im Bett liegt. Ich sage noch einmal: Das ist keinem Pfarrer persönlich anzulasten. Diese Struktur ist über die Jahrhunderte angewachsen. Doch Fakt ist, dass ehrenamtliche Mitarbeiter in unserer Kirche in aller Regel nur Handlangerdienste tun dürfen. Sie dürfen »den Pfarrer unterstützen«. Die eigentliche geistliche Kompetenz aber liegt faktisch beim Pfarrer. Sogar, wenn es um ein simples Tischgebet geht, schauen alle auf ihn. Darum ist – bei aller Härte des Urteils – Klaus Eickhoff Recht zu geben, wenn er sagt: »Viele, die Gott dazu bestimmt hatte, geistliche Persönlichkeiten zu werden, sind geistlich behindert.« In unseren Gemeinden, aber auch in den Herzen vieler Pfarrer herrscht eine schreiende Not. Die derzeitigen Strukturen unserer Kirche mitsamt dem Pfarrerbild, das unsere Kirchenordnung vermittelt, zementieren diese Not auch noch.

»Viele, die Gott dazu bestimmt hatte, geistliche Persönlichkeiten zu werden, sind geistlich behindert.«

Zwar sind wir nicht dafür verantwortlich, dass es irgendwann einmal zu diesen Strukturen gekommen ist. Wohl aber sind wir dafür verantwortlich, wenn wir diese Strukturen weiter am Leben erhalten. Um der Gesundheit unserer Gemeinden und um der Gesundheit unserer Pfarrer willen müssen wir die Pfarrerzentrierung so schnell und so konsequent wie nur irgend möglich aufbrechen.

35 Pfarrerinnen und Pfarrer müssen ihre zentrale Position in Kirche und Gemeinde nutzen, um diese zentrale Position aufzulösen.

Die Pfarrerzentrierung ist ein Krankheitssymptom am Leib Christi. Sie sitzt fest in den Köpfen unserer Gemeinden, aber auch in denen der Pfarrer. Ein in Jahrhunderten gewachsenes Rollenspiel hat sich bis in die Strukturen unserer Kirche hinein verfestigt. Beide Seiten leiden darunter, aber Gemeinde wie Pfarrer sind davon überzeugt: So muss es sein! Und so begnügt sich die Gemeinde damit, mehr schlecht als recht, aber doch immerhin bedient zu werden, und der Pfarrer gibt sich dem sicherlich nicht unberechtigten Gefühl hin, dass er die wichtigste Person der Gemeinde ist und dass ohne ihn nichts läuft. Anspruchs- und Servicedenken auf der einen sowie das gute Gefühl, gebraucht zu werden und unentbehrlich zu sein, auf der anderen Seite vereinigen sich im herkömmlichen Pfarramt oft zu einer verhängnisvollen Symbiose.

Anspruchs- und Servicedenken auf der einen sowie das gute Gefühl, gebraucht zu werden und unentbehrlich zu sein, auf der anderen Seite vereinigen sich im herkömmlichen Pfarramt oft zu einer verhängnisvollen Symbiose.

Wenn ich mich hier nachhaltig für die Aufhebung der Pfarrerzentrierung ausspreche, dann bedeutet das nicht, dass ich für die Auflösung des Pfarrerstandes plädiere. Der Pfarrer wird auch in Zukunft eine wichtige Rolle spielen. Aber er darf nicht mehr die alles beherrschende Figur in Kirche und Gemeinde sein, auf die alles zuläuft und ohne die alles in sich zusammenfällt. Die große Frage ist, wie man die Pfarrerzentrierung der Gemeinden aufbrechen kann. Hier gibt es drei denkbare Wege.

1. Der erste Weg besteht darin, dass die *Gemeinden* von sich aus dem Pfarrer mehr und mehr Aufgaben aus der Hand nehmen. Man mag mich einen Pessimisten schimpfen, aber ich glaube nicht, dass das so bald passieren wird. Unsere Gemeinden sind, bedingt durch eine Jahrhunderte lange Fehlentwicklung, in aller Regel in einem desolaten Zustand. Die Chance, dass sie von sich aus sagen werden: »Jetzt wollen wir aufstehen und uns dem mühsamen Prozess des Laufenlernens unterziehen«, ist relativ gering. Doch selbst wenn sie es wollte: Die Chance, dass sie dies gegen den erklärten Willen des Pfarrers durchsetzen kann, wäre relativ gering. Letzterer müsste also auf jeden Fall »mitspielen«.
2. Die zweite Möglichkeit ist die, dass die *Gesetze* entsprechend geändert werden, dem Pfarrer also verboten wird, weiterhin jene zentrale Position in der Gemeinde einzunehmen, wie das im Moment faktisch der Fall ist. Dieser Vorschlag übersieht, dass die Gesetze in unseren Kirchen nicht von irgendwelchen Königen erlassen, sondern von Pfarrern und Gemeindegliedern gemacht werden und dass ihnen normalerweise so etwas wie eine Bewusstseinsbildung bzw. eine Vorbereitung an der Basis vorausgeht. Das heißt: Wenn die Pfarrer und die Gemeindeglieder die Auflösung der Pfarrerzentrierung nicht schon vorher wollen, dann wird diese auch nicht zum Gesetz werden.
3. Es bleibt also nur der dritte Weg: Die Auflösung der Pfarrerzentrierung muss von den Pfarrerinnen und Pfarrern selbst ausgehen. Ich gebe zu, das klingt einigermaßen paradox: Was mir vorschwebt, ist nicht mehr und nicht weniger, als dass der Pfarrer seine zentrale Stellung in Kirche und Gemeinde dazu benutzt, um eben diese zentrale Funktion abzustreifen.

Der Pfarrer befindet sich in einer vertrackten Zwickmühle: Auf der einen Seite darf er die pfarrerzentrierte Kirche weder beschönigen noch zementieren. Auf der anderen Seite hilft es nichts, wenn er sich auf ein fiktives »allgemeines Priestertum aller Gläubigen« beruft, das dem Gedanken nach zwar ur-evangelisch, aber faktisch nicht existent ist. Aus dieser Zwickmühle kommt er nur heraus, wenn er die faktische

Pfarrerzentrierung erst einmal wahrnimmt und annimmt. Dass die Pfarrerzentrierung erst einmal *wahrgenommen* werden muss, klingt nach einer Binsenweisheit, aber Tatsache ist, dass sich viele Pfarrer über ihre Machtposition nicht im Klaren sind. Sie halten sich für die größten Diener ihrer Gemeinden – und das ist, was ihr subjektives Lebensgefühl anbetrifft, sicherlich auch richtig: Schließlich opfern sie sich wirklich für »ihre« Gemeinden auf. Dass sie dabei aber auch Macht und Einfluss ausüben, verlieren sie dabei oft aus dem Blick. Wenn die Augen sehr lange dasselbe betrachten, sehen sie es nicht mehr.

Wenn der Pfarrer die faktische Pfarrerzentrierung schließlich wahrgenommen hat, geht es in einem zweiten Schritt darum, diese Rolle auch positiv *anzunehmen*. Dieser Vorschlag klingt nach allem, was ich bislang gesagt habe, verwunderlich. Doch wenn es darum geht, die Pfarrerzentrierung unserer Kirche aufzubrechen, spielt der Pfarrer eine Schlüsselrolle. Die Schlüsselposition, die der Pfarrer innerhalb unserer Kirche besitzt, kann sich *negativ* auswirken, indem er sich dem notwendigen Prozess der Erneuerung gegenüber verweigert und entsprechende Veränderungen blockiert. Sie kann aber auch *positiv* fruchtbar gemacht werden. Der Pfarrer hat zweifellos die besten Möglichkeiten, Veränderungsprozesse in Gang zu bringen. Von seiner Position und seinen Möglichkeiten her kann er Einfluss auf Kirche und Gemeinde nehmen, er kann sein hohes Ansehen ins Spiel bringen und damit Neues in Bewegung setzen. Er selbst kann am besten zum Motor einer Entwicklung werden, an deren Ende die Aufhebung der zentralen Position des Pfarrers in der Gemeinde steht (M. Herbst).

Die große Frage ist, wie stark seine Motivation sein wird, genau dies zu tun. Zwar klagen viele Pfarrer über die Last, die sie zu tragen haben, auf der anderen Seite fühlt es sich durchaus gut an, wichtig zu sein. Das sage ich gar nicht gehässig: Es *ist* einfach so. Außerdem haben wir uns so an das bisherige Pfarrerbild gewöhnt, dass die Aufgabe, das Pfarramt komplett neu zu definieren, einiges an Anstrengung verlangt. Meine Hoffnung ist, dass sich trotzdem viele Pfarrer an die Spitze dieser Entwicklung setzen: sei es aus theologischer Einsicht oder weil sie erkennen, dass es so wie bislang nicht mehr weitergeht.

Wie soll der Pfarrer oder die Pfarrerin die Entwicklung einleiten, an deren Ende die Aufhebung der Pfarrerzentrierung steht? Mit Aufklärungsarbeit allein ist es nicht getan. Diese ist sicherlich wichtig, aber sie wird nicht in der Lage sein, eine über die Jahrhunderte gewachsene Struktur aufzubrechen. Der Pfarrer muss sich darüber hinaus in einem verantwortbaren Maße, aber doch konsequent, weigern, die an ihn gestellten Erwartungen zu erfüllen. Er muss seinen Schwerpunkt mehr und mehr darauf verlagern, dass er selbst entbehrlich wird und die Arbeit trotzdem gemacht wird. Dies aber bedeutet, dass er – allen anfänglichen Widerständen in der Gemeinde, im Kollegenkreis und seitens der Kirchenleitung zum Trotz – den Pfarrberuf neu definieren muss. Hierzu ist es hilfreich, einen Blick ins Neue Testament zu werfen.

36 Im Neuen Testament werden Gemeinden nicht von Pfarrern oder Pfarrerinnen, sondern von Teams geleitet.

Ob Sie es glauben oder nicht: Ich war schon fast 15 Jahre lang Pfarrer, ehe ich bemerkte, dass diese Berufsgruppe in der Bibel gar nicht vorkommt. Das machte mich dann doch neugierig, und ich begann, die Sache näher zu untersuchen. Die am ehesten mit dem heutigen Pfarrer vergleichbare biblische Berufsgruppe ist der *Priester* des Alten Testaments. Der Priester ist der heilige Mann, der am heiligen Tag an einem heiligen Ort in heiligen Kleidern ein heiliges Ritual zelebriert. Doch dieses über viele Religionen verbreitete und im Judentum zur Perfektion getriebene System wurde von den ersten Christen abgeschafft. Den »heiligen Mann«, der stellvertretend für andere in besonderer Verbindung mit Gott steht und der den Rest der Gemeinde im wahrsten Sinne des Wortes »abspeist«, gibt es im Neuen Testament nicht mehr. Es gibt auch nicht mehr die Gemeinde, die sich derart abspeisen lässt und sich mit der Rolle relativ passiver religiöser Konsumenten zufrieden gibt. Der Moment, als ein solches Priestertum wieder in die Kirche eingeführt wurde, muss als Rückfall in vorchristliche Zeiten angesehen werden.

Ob Sie es glauben oder nicht: Ich war schon fast 15 Jahre lang Pfarrer, ehe ich bemerkte, dass diese Berufsgruppe in der Bibel gar nicht vorkommt.

Neutestamentliche Gemeinden hingegen wurden von Teams geleitet. Vor allem fünf Ämter scheinen dabei eine herausragende Rolle gespielt zu haben. Sie finden sich quer über das Neue Testament verteilt. Zusammen erwähnt werden sie in Epheser 4,11-12: »*Er (= Jesus) hat einige als Apostel eingesetzt, einige als Propheten, einige als Evangelisten, einige als Hirten und Lehrer, damit die Heiligen zugerüstet werden zum Werk des Dienstes. Dadurch soll der Leib Christi erbaut werden.*« (Man beachte, wer den Dienst tun soll: die Gemeinde. Die Pastoren und anderen Führungsleute der Gemeinde sollen sie zu diesem Dienst zurüsten und anleiten. In der Bibel ist es also genau umgekehrt wie weithin in unserer kirchlichen Praxis: Dort tut die Gemeinde den Dienst und die Pastoren leiten sie dabei an, in der Kirche sollen meist die Pastoren den Dienst tun und die Gemeinde leitet sie dazu an.) Über die genannten fünf Führungsämter hinaus werden im Neuen Testament noch die Bischöfe, die Ältesten und der »Steuermann« erwähnt. Vollends systematisieren lässt sich das nicht. Die Terminologie scheint, was die Kirchenämter anbetrifft, schon damals nicht einheitlich gewesen zu sein. Ich will trotzdem versuchen, ein paar Grundlinien freizulegen.

Der *»Steuermann«* (»kybernetes«) findet in der Bibel nur eine einzige Erwähnung: in 1. Korinther 12,28. Es ist auch weniger ein Amt als vielmehr eine *Gabe*, die hier erwähnt wird. Sie ist für die Führung der Gemeinde notwendig und fließt vermutlich in die anderen genannten Ämter mit ein (vgl. hierzu auch These → 46).

Der *Bischof* war – anders als heute – keine übergemeindliche Instanz, sondern wirkte innerhalb der Gemeinde. Der Begriff wird gleichbedeutend gebraucht mit dem des »Ältesten« und dem der »Hirten« (vgl. 1. Petrus 5,1f; Apostelgeschichte 20,17.28; Titus 1,5.7 u.a.). Ohne die Sache pressen zu wollen, kann man vielleicht vermuten, dass die Pastoren (= Hirten) den Ältestenkreis der Gemeinde bildeten, eine Art Aufsichtsrat, dem vielleicht ein »Oberpastor«, ein Hirt der Hirten, ein »Bischof« (= Aufseher) als *primus inter pares* (Erster unter Gleichen) vorstand. Letzteres ist aber keineswegs gesichert. Der biblische Befund lässt durchaus auch die Deutung zu, dass *alle* Pastoren als Bischöfe der ihnen anvertrauten Gruppe angesehen wurden (vgl. auch These → 81). Manche Ausleger gehen sogar davon aus, dass das Aufseheramt – gemeint ist wohl die Aufsicht über die rechte Lehre – eine eher untergeordnete Rolle spielte, die von einem der Pastoren bzw. Ältesten mitversehen wurde.

Das bringt uns zum *Hirten* bzw. Pastor, der in der neutestamentlichen Gemeinde zweifellos eine Schlüsselposition innehatte. Dennoch dürfen wir uns durch die Namensgleichheit nicht dazu verleiten lassen, darunter das Gleiche zu verstehen wie heute. Der Pastor im biblischen Sinn steht ganz nahe bei den »Schafen«. Er führt, versorgt, schützt und begleitet sie. Die Schafe fühlen sich wohl um ihn herum.

Das Pastorenamt ist stark geprägt von persönlichen Beziehungen. Darum hat der Pastor im Neuen Testament auch immer nur eine relativ kleine, überschaubare Gruppe um sich herum. Es gibt keine einzige Belegstelle, die uns einen Hinweis darauf gibt, dass der Pastor eine größere Gruppe als eine Hausgemeinde versorgt. Selbst bei ausgesprochen großzügigen Häusern wären das höchstens 30 bis 40. In der Regel wird die dem Pastor anvertraute Gruppe zwischen 10 und 20 Mitglieder gehabt haben. Alles andere wäre auch nicht sachgemäß gewesen, denn

> *Es gibt keine einzige biblische Belegstelle, die uns einen Hinweis darauf gibt, dass ein Pastor eine größere Gruppe als eine Hausgemeinde versorgt.*

mit wachsender Anzahl der Gruppenmitglieder sinkt das Maß an persönlicher Zuwendung, das dem Einzelnen durch den Pastor zuteil wird.

Die anderen Ämter handle ich etwas schneller ab: Die *Apostel* scheinen – wenn man überhaupt von so etwas reden möchte – die einzige übergemeindliche Instanz gewesen zu sein, die es damals gab. Sie waren Gemeindegründer und Gemeindeberater. Ihr Kreis beschränkte sich keineswegs nur auf die zwölf früheren Jünger Jesu, wie oft fälschlich angenommen wird. Die Apostel hatten ein hohes Ansehen, aber kein »Amt« in dem Sinn, dass sie innerhalb der Gemeinde etwas zu bestimmen hatten. Sie hatten keine Macht im engeren Sinne, sondern lediglich die Autorität ihres Wortes und ihrer Persönlichkeit. Platt gesagt: Ihre »Macht« bestand darin, Briefe zu schreiben. Die Gemeinden aber konnten entscheiden, ob sie dem, was die Apostel schrieben und sagten, Folge leisten wollten oder nicht.

Die *Propheten* – eine sehr zum Schaden der Kirche bei uns weitgehend »ausgerottete« Gattung – waren Menschen, die ein besonderes Gespür dafür hatten, was Gott der Gemeinde in ihre konkrete Situation hinein sagen wollte. Auch sie hatten keine »Macht« über die Gemeinde. Ihre Worte wurden vielmehr von der Gemeinde geprüft. (Näheres zum Dienst der Prophetie können Sie in meinem Buch »Gottes Liebe feiern« auf Seite 159-172 nachlesen.)

Die *Evangelisten* wirkten teilweise ebenfalls übergemeindlich. Evangelisten haben bis auf den heutigen Tag vor allem *ein* Anliegen: nämlich dass Menschen zu Jesus finden. Sie reden nicht nur mit jedem über Jesus, sondern sie halten in der Gemeinde auch das missionarische Anliegen wach, das über den vielen Alltagsfragen und Alltagsgeschäften sehr leicht auf der Strecke bleibt. Sie fordern es aber nicht nur ein, sondern schaffen Begeisterung dafür.

Die *Lehrer* schließlich – und nicht die Pastoren! – waren die »Prediger« in den Gemeindegottesdiensten. Sie erläuterten den Gemeindegliedern die großen Linien und die näheren Zusammenhänge der Bibel, wobei das Wissen, das sie vermittelten, umsetzbares *Tat-Wissen* war, gemäß dem Wort Jesu: »Lehret sie *halten* alles, was ich euch befohlen habe.«

Dies mag als Hinweis genügen, um unseren Blick zu weiten. Die Pointe bei alledem ist die Angewiesenheit der fünf Ämter aufeinander: Sie leben von der gegenseitigen Ergänzung. Das Pfarramt, so wie wir es kennen, kann das Zusammenspiel dieser verschiedenen Ämter nicht ersetzen. Das geht zum einen deshalb nicht, weil kein Mensch derartig viele Gaben in sich vereinigt, wie nötig sind, um all diese Funktionen auszuüben. Es geht auch deswegen nicht, weil jedes dieser Ämter tendenziell ein »Full-time-Job« ist, eine Passion, die einen Menschen *ganz* ausfüllt und keinen Platz lässt für die eine oder andere Funktion nebenher. Drittens sind mindestens zwei der genannten Ämter im Lauf der Kirchengeschichte schlicht verloren gegangen und müssen erst wiederentdeckt werden. Und schließlich werden die genannten fünf Führungsämter im herkömmlichen Pfarramt auch deswegen nicht repräsentiert, weil ihre große Gemeinsamkeit in der Dienstbeschreibung des Pfarrers kaum eine nennenswerte Rolle spielt: All diese Ämter haben nämlich die Eigenschaft, sich selbst zu multiplizieren bzw. zu reproduzieren. Will sagen: Die Inhaber all dieser Ämter üben nicht nur ihr Amt aus, sondern sorgen gleichzeitig auch dafür, dass andere bevollmächtigt und befähigt werden, das Gleiche zu tun.

37 Pfarrerinnen und Pfarrer müssen die Grundsatzentscheidung treffen, ob sie *für alle* oder für *das Ganze* da sein wollen.

Die Konstruktion des heutigen Pfarramtes bringt den betreffenden Amtsinhaber in die Verlegenheit, etwas von allen genannten biblischen Führungsämtern in sich vereinen zu müssen. Von ihm wird nicht nur erwartet, dass er der »heilige Mann« für die heilige Zeremonie des Gottesdienstes sein soll (Priester), er muss die Menschen überdies zum Glauben führen (Evangelist), sie im Glauben unterweisen (Lehrer), er braucht ein intensives Gespür für das, wohin Gott die Gemeinde führen möchte (Prophet), ihm werden als Seelsorger und Begleiter in hohem Maße pastorale Fähigkeiten abverlangt (Hirte), und wenn er nicht das strategische Denken eines »Apostels« besitzt, dann kommt seine Gemeinde nicht voran, sondern tritt Jahre lang auf der Stelle. Nun sagen Sie vielleicht: »Was soll das denn? Kein Mensch verlangt, dass der Pfarrer das alles tut!« Doch. Die Gemeinde tut es und die Kirchenordnung auch, wenn sie dem Pfarrer im Wesentlichen die Aufgaben »Gottesdienst«, »Seelsorge« und »Unterweisung« zuweist. Lediglich die Leitung der Gemeinde teilt er sich mit dem Kirchenvorstand – was freilich in der Praxis selten genug geschieht.

Allein die Spannbreite der genannten Aufgaben erfordert ein derart weitgefächertes Gabenprofil seitens des Pfarrers, wie es wohl kaum jemandem gegeben ist. In der Konsequenz bedeutet das, dass er sich entweder auf eines der genannten Gebiete spezialisieren muss – und sich damit einer schweren Verletzung seiner Dienstpflichten schuldig macht –, oder er macht von allem ein bisschen und damit nichts wirklich richtig. Nehmen wir die *Seelsorge* als Beispiel. Dem Pfarrer, der sich primär als »Seelsorger« seiner Gemeinde versteht, eröffnet sich ein schier unermessliches Betätigungsfeld: Das fängt bei den Alten- und Krankenbesuchen an, führt über die mannigfaltigen »Kasualkontakte« (= Kontakte anlässlich von Taufen, Trauungen, Beerdigungen und Konfirmationen) bis hin zu regelmäßigen Gesprächen mit den Mitarbeitenden in der Gemeinde und dem Krisenmanagement in akuten Notfällen. Kann sein, dass sich ein Pfarrer in bewundernswerter Weise in all diese Aufgaben hineinstürzt und großartige Arbeit dabei leistet – und trotzdem hat er bei alledem nicht einmal die Oberfläche angekratzt. Besuche bei Neuzugezogenen, Konfirmandeneltern, Trauerbegleitung auch nach der Beerdigung, Wiederholungsbesuche bei Taufeltern nach einem Jahr oder ähnliche gezielte Besuchsaktionen kann er nicht bewältigen, auch wenn ein seelsorgerliches Gespräch hier mindestens ebenso sinnvoll wäre.

Ein ähnliches Dilemma ließe sich für den *Gottesdienst* zeigen. Der ganze Bereich der gottesdienstlichen Arbeit, der meiner Überzeugung nach ebenso groß und weitläufig sein könnte und sein müsste wie der der Seelsorge, ist eingepfercht in eine kleine, einstündige Ein-Personen-Show am Sonntagmorgen, die mit dem, was das Neue Testament unter einem »Gottesdienst« versteht, nicht viel gemein hat. Sie wird entsprechend auch von kaum jemandem mehr besucht, hat aber den Vorteil, dass sie auf diese Weise einigermaßen überblick- und von einer einzigen Person beherrschbar bleibt. Der Bereich der *Unterweisung* ist in der Praxis in ähnlicher Weise wie der Gottesdienst beschränkt auf den Religions- und Konfirmandenunterricht. Glaubenskurse und Seminare über geistliche Fragen für Erwachsene bieten die allerwenigsten Pfarrer an – und wer wollte es ihnen bei ihrem Zeitplan verübeln? Der evangelische Theologe Rudolf Bohren hat schon vor über 40 Jahren gefordert, dass der Unterricht, den der hauptamtliche Theologe zu geben hat, umzustellen sei vom Jugendunterricht auf den Erwachsenenunterricht. Doch bis heute ist es so, dass der Pfarrer, der geeignete Ehrenamtliche den Konfirmandenunterricht halten lässt, um sich stattdessen um die Erwachsenenbildung zu kümmern, eine Dienstaufsichtsbeschwerde riskiert.

Pfarrer tun das, was man von ihnen erwartet – und lassen dabei über 90 % der eigentlich notwendigen Arbeit brachliegen. Es ist nicht ihre Schuld. Es ist das System, das falsch ist.

Auch hier das gleiche Bild: Pfarrer tun das, was man von ihnen erwartet – und lassen dabei über 90 % der eigentlich notwendigen Arbeit brachliegen. Es ist nicht ihre Schuld. Es ist das *System*, das falsch ist.

Pfarrer *können* nicht alles machen. Das ist eine Tatsache. Ich behaupte überdies: Sie *dürfen* auch nicht alles machen. Vor allem können sie nicht für die Nöte der vielen Menschen da sein, die es in ihren Gemeinden gibt. Ich weiß: Es ist das, was von ihnen erwartet wird. Aber sie können es nicht und sie dürfen es auch nicht. Wenn sich ein haupt-

> *Wenn sich ein hauptamtlicher Pastor um alle Nöte in seiner Gemeinde selber kümmert, dann verhindert das nicht nur den Gemeindeaufbau, sondern letztlich verhindert es auch, dass die Menschen die pastorale Fürsorge und Begleitung bekommen, die sie eigentlich brauchen.*

amtlicher Pastor um alle Nöte in seiner Gemeinde selber kümmert, dann verhindert das nicht nur den Gemeindeaufbau, sondern letztlich verhindert es auch, dass die Menschen *die* pastorale Fürsorge und Begleitung bekommen, die sie eigentlich brauchen. Sie denken, sie brauchen einen *Pfarrer*. Aber was sie tatsächlich brauchen, ist ein Mensch, der sich wirklich um sie kümmert, der sie nicht nur als einen »Fall« unter Hunderten sieht, sondern kontinuierlich und regelmäßig Zeit für sie hat.

Ich sage also nicht, der Pfarrer soll aufhören, sich als Seelsorger seiner ganzen Gemeinde zu verstehen, weil Seelsorge *unwichtig* wäre. Im Gegenteil: Seelsorge ist zu wichtig, als dass wir sie nur oberflächlich betreiben dürfen! Wenn wir davon ausgehen, dass ein Mensch höchstens zehn bis zwanzig andere Menschen seelsorgerlich begleiten kann, dann ist die deutsche Durchschnittsrelation von einem Pfarrer auf 2270 Gemeindeglieder, als deren Seelsorger er sich versteht, ein trauriger Witz. Ähnliches ließe sich für den Bereich des Gottesdienstes oder der Unterweisung zeigen: Glaube doch bitte kein Mensch im Ernst, dass die Gemeinde auf diesen Gebieten auch nur halbwegs ordentlich versorgt werden kann, solange der Pfarrer oder die Pfarrerin alles selber macht!

Der Pfarrer hat, gerade wenn er möchte, dass seine Gemeinde im Hinblick auf Gottesdienst, Seelsorge und Unterweisung gut versorgt wird, eigentlich nur eine Möglichkeit: Er muss beschließen, sie nicht mehr *selber* versorgen zu wollen. Dadurch, dass er selbst ständig Gutes tut, verhindert er, dass in seiner Gemeinde noch viel Besseres getan wird. Er muss den Entschluss fassen, das Gute um des Besseren willen wenn nicht sein zu lassen, so doch erheblich zurückzufahren. Das aber bedeutet, das Pfarramt im herkömmlichen Sinne aufzugeben bzw. völlig neu zu definieren. Wir müssen die kopernikanische Wende von der pastoren- zur mitarbeiterzentrierten Kirche einleiten. Das heißt: Der Pfarrer beschließt, nicht mehr für *alles und alle* da sein zu wollen, sondern für *das Ganze*. Das bedeutet aber einen fundamentalen Rollenwechsel in seinem Selbstverständnis: Es geht nicht nur darum, dass der Pfarrer etwas von seiner pastoralen Arbeit auf andere *delegiert*. Der Gedanke, an den wir uns gewöhnen müssen, ist viel radikaler: Die pastorale Versorgung der Gemeinde ist nämlich gar nicht die Arbeit der Pfarrer, sondern die der Mitarbeiter. Die Aufgabe des Pfarrers ist es vielmehr, sich im Sinne der Gesamtgemeinde um die Mitarbeiter zu kümmern.

38 Die Formel der Zukunft lautet: »Der Pfarrer für die Mitarbeitenden, die Mitarbeitenden für die Gemeinde.«

Vor einigen Jahren hatte ich eine persönliche Krise. Ein gesundheitlicher Einbruch legte mich für mehrere Monate lahm. Selbst als ich wieder einigermaßen bei Kräften war, merkte ich, dass ich nur noch 80 % meiner vorherigen Leistungskraft hatte. Ich bat Gott damals inständig um die Wiederherstellung meiner früheren Leistungsfähigkeit. Gott erhörte mein Gebet auf eine andere Weise, als ich mir das vorgestellt hatte. Meine Kraft kam nicht zurück, sodass ich nach einiger Zeit zu meinen Kirchenvorstehern und Hauskreisleitern ging und ihnen sagte: »Leute, ich schaffe es nicht mehr. Ich kann entweder die vielen dringlichen Dinge tun, die von allen Seiten erwartungsvoll an mich herangetragen werden – oder ich kann mich weiter um den Gemeindeaufbau kümmern. *So* aber geht es nicht weiter. Wir müssen uns anders organisieren. Ich habe auch keine Kraft mehr, jedes Mal neu zu begründen, warum ich diesen Besuch nicht mache oder mich um jene Aufgabe nicht kümmern kann. Das liegt nicht daran, dass ich diese Aufgaben für unwichtig hielte. Es liegt daran, dass auch ich nur 24 Stunden am Tag Zeit habe und eine Familie und meine Kraftreserven begrenzt sind. Bitte haltet mir den Rücken frei. Macht *ihr* den pastoralen Dienst. Ich sorge dafür, dass ihr mit dem Wort Gottes versorgt werdet und dass die Gemeinde aufgebaut wird. Darin will ich in Zukunft meine Zuständigkeit sehen: dass die Gemeinde wächst und dass ihr geistlich gut versorgt werdet. Ihr aber geht hin und kümmert euch um die Leute.«

Heute denke ich, dass damals mit das Großartigste passiert ist, was einem Pfarrer und einer Gemeinde widerfahren kann. Der zuständige Pfarrer geht zu seinen Schlüsselmitarbeitern und sagt: »Macht ihr den pastoralen Dienst!« Und Gott segnete dies in geradezu unglaublichem Maß. Ich habe zwanzig Prozent meiner Kraft verloren – und doch ist unsere Gemeindearbeit seitdem um viele Hundert Prozent angewachsen. Das Prinzip, dem ich damals – weniger aus Tugend, als vielmehr aus Not! – auf die Spur gekommen war, lautet: »Ein Pfarrer kann sich nicht zerteilen, aber er kann sich vervielfältigen« (Klaus Eickhoff). Heute glaube ich, dass das die eigentliche Aufgabe des Pfarrers ist. Mehr noch: Ich glaube, dass das die Aufgabe *aller* hauptamtlichen Kräfte in der Gemeinde ist, zumindest wenn sie in irgendeinem geistlichen Bereich mitarbeiten. Ob Kirchenmusiker oder Jugendleiterin, ob Sozialarbeiterin oder Diakon: Ich würde eine hauptamtliche Kraft heute nur noch einstellen und dafür bezahlen, dass sie

»Ein Pfarrer kann sich nicht zerteilen, aber er kann sich vervielfältigen.«

sich multipliziert. Dass sie die mannigfaltigen Gaben, die in jeder Gemeinde vorhanden sind, freilegt und die entsprechenden Menschen fördert und begleitet. Es ist immer gut, wenn hauptamtliche Mitarbeiterinnen und Mitarbeiter auch etwas »Basisarbeit« machen. Sie müssen wissen, wovon sie reden, und auf ihrem Gebiet nicht nur in der Theorie, sondern auch in der Praxis wirkliche »Profis« sein. Aber der Hauptbestandteil ihrer Arbeit – das heißt mindestens 51 % – muss darin liegen, neue Mitarbeitende zu finden, sie zu befähigen und zu begleiten. Wir dürfen Hauptamtliche nicht in erster Linie dafür bezahlen, dass sie anstehende Arbeit machen, sondern wir müssen sie dafür bezahlen, dass sie dafür sorgen, dass die anstehende Arbeit auch ohne sie geschieht. Das gilt auch und vor allen Dingen für den Pfarrer.

Dazu ist uns die Gabe der Leitung gegeben: zur Entfaltung der anderen Gaben! Natürlich ist es gut, wenn der Pfarrer Seelsorge treibt. Vor allem aber muss er *andere* lehren, wie man das tut. Pfarrer sind nicht in erster Linie dazu da, Bibelstunden zu halten, sondern Gemeindeglieder zu lehren, wie man Bibelstunden hält. Der Pfarrer mag zuständig für den Gottesdienst sein, aber das kann nur bedeuten, dass er ein großes Team von Menschen aufbaut, die ihm dabei nicht nur Handlangerdienste leisten, sondern selber »gottesdienstfähig« werden. Den Religions- und Konfirmandenunterricht soll er nur selber halten, wenn er eine Gabe für Kinder und Jugendliche hat – sonst richtet er mehr Schaden an als Gutes. Stattdessen soll er Sorge dafür tragen, dass Leute aus der Gemeinde mit dem entsprechenden Herzen und der richtigen Gabe diese Aufgaben versehen. Ich wüsste keine einzige Aufgabe, die des Pfarrers alleinige Domäne wäre und wo er nicht den Auftrag hätte, wenn irgend möglich, ehrenamtliche Gemeindeglieder zu befähigen, das intensiv und gut zu tun, was er infolge seiner Aufgabenfülle immer nur oberflächlich und nie *richtig* tun kann. Das gilt auch für die so genannten Kasualien. Denn die fachmännische »Abwicklung« der Kasualien allein bringt überhaupt nichts – weder für die betroffenen Gemeindeglieder noch für den Gemeindeaufbau. Das *Umfeld* der Kasualien hingegen wäre eine lohnende Aufgabe, für die der Pfarrer in der Regel freilich keine Zeit hat. Für Taufkurse, Ehevorbereitungsseminare, Trauergruppen etc. bedarf es also auf jeden Fall des Einsatzes ehrenamtlicher Kräfte. Warum sollen wir diese nicht dazu ausbilden und ordinieren, dann auch den letzten Schritt zu gehen und die dazugehörige »Amtshandlung« (ein schreckliches Wort!) selbst vorzunehmen?

Ich wüsste keine einzige Aufgabe, die des Pfarrers alleinige Domäne wäre und wo er nicht den Auftrag hätte, ehrenamtliche Gemeindeglieder zu befähigen, das intensiv und gut zu tun, was er infolge seiner Aufgabenfülle immer nur oberflächlich und nie richtig tun kann.

Die »pastorale Grundversorgung« unserer Gemeinden – sei es Unterricht, Kasualien, diakonische Hilfe oder was auch immer – darf in Zukunft nicht mehr bei den Pastoren liegen. Wenn wir es genau betrachten, hat sie dort auch nie gelegen, und wenn wir uns Jahrhunderte lang dieser Illusion hingegeben haben, dann nur deswegen, weil diese Grundversorgung nicht wirklich pastoral war. Die Formel der Zukunft lautet: »Der Pfarrer für die Mitarbeitenden, die Mitarbeitenden für die Gemeinde« (Fritz Schwarz). Die Rolle des Pfarrers wechselt sozusagen vom »Spieler« zum »Trainer«. Früher gestaltete der Pfarrer das Spiel. Er war Torwart, Abwehrspieler, Libero und Stürmer zugleich – und die Gemeinde schaute zu und bewertete sein Spiel. In Zukunft wird es so sein, dass nicht mehr der Pfarrer das »Spiel« bestreitet. Jedenfalls nicht mehr alleine. Viele der früheren Zuschauer werden auf das Spielfeld gewechselt sein. Sie werden die Erfahrung machen, dass Fußballspielen viel mehr Freude macht als Zuschauen. Es kann sein, dass der Pfarrer als eine Art »Spielertrainer« selber mitspielt, aber dann als einer von vielen. Das hauptsächliche Spiel aber bestreiten die andern. Wenn es nicht gut läuft, dann wird man tatsächlich fragen müssen, ob der Pfarrer seine Arbeit gut gemacht hat. Aber dann liegt der Fehler nicht darin, dass er selber nicht gut genug gespielt, sondern dass er seine Leute nicht gut genug trainiert hat.

> *Die »pastorale Grundversorgung« hat noch nie bei den Pastoren gelegen, und wenn wir uns Jahrhunderte lang dieser Illusion hingegeben haben, dann nur deswegen, weil diese Grundversorgung nicht wirklich pastoral war.*

39 Einen guten Pfarrer erkennt man an der Mündigkeit seiner Gemeinde.

Es gibt verschiedene Vorstellungen darüber, was einen guten Pfarrer bzw. eine gute Pfarrerin ausmacht. Am verbreitetsten ist dabei sicher das Konzept vom Pfarrer als dem *Hirten*, der seine Schafe kennt, hegt und pflegt. Wie wir gesehen haben, ist dieses Bild absurd bei einer Gemeindegröße, die um ein Hundertfaches über dem liegt, was ein Mensch praktisch an Begleitungsarbeit leisten kann. Diese Erwartung (die Pfarrer ja auch an sich selbst stellen) hält unsere Gemeinden künstlich klein. Ein anderes Konzept ist das vom Pfarrer als dem guten *Prediger*. Ich werde später in These → 72 auf dieses Thema näher eingehen. Aber hier sei schon gesagt, dass ein glänzender Prediger die Gemeinde nicht notwendigerweise aus ihrer Lethargie und Passivität herausreißen muss. Es kann im Gegenteil sogar sein, dass er sie in ihrer Zuschauerhaltung sogar noch bestärkt. Ein drittes Bild, das vor allem in den letzten Jahren entstanden ist, ist das vom Pfarrer als dem *Manager* seiner Gemeinde. Auch dieses Bild verführt dazu, die Pfarrerzentrierung der Kirche eher noch zu zementieren, statt sie zu überwinden. Es ist gut, wenn ein Pfarrer Managementqualitäten hat. Es ist besser, wenn er nur ein Teil des Managements der Gemeinde ist.

Die herausragende Eigenschaft eines guten Pfarrers ist eine ganz andere: Er ist in der Lage, sich selbst überflüssig zu machen. Er kann andere groß machen. Er nimmt nicht nur zähneknirschend hin, dass andere die Arbeit besser machen als er. Vielmehr ist dies sein erklärtes Ziel! Das wäre ein grundlegender Paradigmenwechsel in unserer Kirche: Wenn unsere leitenden Mitarbeiter (und nicht nur die Pfarrer!) nicht mehr empfänden, dass ihnen ein Zacken aus der Krone bricht, wenn sie jemand anderes aufbauen, der eines Tages die Arbeit besser macht als sie selbst, sondern wenn ihnen stattdessen ein zusätzlicher »Zacken« wüchse. Dies sollte die Dienstphilosophie aller leitenden Mitarbeiterinnen und Mitarbeiter sein: »Erledige deine Aufgabe gut und sorge gleichzeitig dafür, dass du jemanden aufbaust, der deine Aufgabe mindestens genauso gut, im Idealfall sogar noch besser erledigt.« Dies wird aber nur ein allgemeines Bewusstsein in der Gemeinde werden, wenn die Pfarrer hier mit gutem Beispiel vorangehen. Wenn sie durch ihr eigenes Tun signalisieren: »Der Nachfolger, den du in dem dir anvertrauten Arbeitsbereich aufbaust, ist nicht dein Konkurrent, sondern dein Erfolg!« Ich selber arbeite seit Jahren nach diesem Prinzip, dass ich darauf hinwirke, dass ich einen Arbeitsbereich unserer Gemeinde nach spätestens zwei Jahren an andere übergebe, die ich in der Zwischenzeit dafür aufgebaut habe. Viele von ihnen machen diese Arbeit mittlerweile besser, als ich sie vorher getan habe. Ich habe aber nicht den Einruck, dass ich deswegen in unserer Gemeinde überflüssig geworden wäre. Im Gegenteil! Ich entdecke hier ein Geheimnis, fast so etwas wie ein geistliches Gesetz: Nur wer sich entbehrlich macht, ist wirklich unentbehrlich.

Nur wer sich entbehrlich macht, ist wirklich unentbehrlich.

Jesus sagt: »*Wer sein Leben liebt, der wird's verlieren. Wer es hingegen verliert um meinetwillen, der wird's finden*« (Matthäus 10,39).

Wenn ich auf Seminaren mit den Teilnehmern über die Wende von einer pfarrer- zu einer mitarbeiterzentrierten Kirche rede, kommt es häufig vor, dass ein Pfarrer aufsteht und sagt: »Dieses Konzept vom allgemeinen Priestertum ist ja ganz schön und gut. Aber es ist illusorisch. Sie müssten mal die Leute in meiner Gemeinde sehen! Da *muss* ich alles alleine machen, sonst passiert überhaupt nichts!« Im Grunde genommen muss man diesen Pastoren, auch wenn es unbarmherzig klingt, antworten: »Dann haben Sie – wenn Sie länger als fünf Jahre in Ihrer Gemeinde sind – Ihren Job nicht richtig gemacht!« Denn dieser besteht darin, dass wir unsere Gemeinden zu einem Höchstmaß an Mündigkeit und Selbstständigkeit heranführen.

Freilich dauert es seine Zeit, bis das Konzept des allgemeinen Priestertums anschlägt und der »schlafende Riese« sich in Bewegung setzt. Darum plädiere ich auch nicht für eine »Totalverweigerung« seitens des Pfarrers. Er muss sich in *geordneter* Weise aus den Bereichen zurückziehen, die normalerweise als seine »Domäne« angesehen werden. Idealerweise setzt er sich mit seinem Kirchenvorstand zusammen und überlegt mit ihm, welches die Bereiche sind, die er sofort abgeben kann, in welchen Bereichen es längerfristiger Übergangslösungen bedarf und in welchen Bereichen er vorerst noch allein bleibt. Die frei werdende Zeit wird er nutzen, um stattdessen die Mitarbeiter zu finden, auszubilden und zu begleiten, die die Arbeit an seiner Stelle machen sollen. Allein an diesem Umstand wird deutlich, dass es – wie bereits in These → 28 dargestellt – bei alledem nicht um ein »Pfarrerentlastungsprogramm« geht. Die Arbeit des Pfarrers nimmt im Gegenteil zumindest in den ersten Jahren eher zu.

Wenn der Kirchenvorstand bei alledem nicht »mitzieht«, muss der Pfarrer überlegen, ob er die Gemeinde wechselt oder ob er es alleine durchziehen will. Rudolf Bohren sagt: Er soll in einen »Streik« treten. Auch hier geht es um einen *verantwortlichen* Rückzug des Pfarrers aus verschiedenen Gebieten der Gemeindearbeit, um ein Vakuum zu schaffen, in das neue Leute und neue Kräfte hineinströmen können. Dann werden eben manche Arbeiten erst einmal *nicht* getan und bleiben liegen. Wenn es sich nicht gerade um eine Beerdigung handelt, ist das durchaus möglich, wenn auch nicht unbedingt schön. Es muss ja auch in Vakanzzeiten (= in Zeiten, in denen die Gemeinde keinen Pfarrer hat) irgendwie gehen, und es *geht* in aller Regel auch. Es ist erstaunlich, wie aktiv manche Gemeinden in solchen Vakanzzeiten sein können, um sich dann, sobald sie einen neuen Pfarrer haben, wieder auf die Zuschauerbänke zurückzuziehen.

Es ist erstaunlich, wie aktiv manche Gemeinden in Vakanzzeiten sein können, um sich dann, sobald sie einen neuen Pfarrer haben, wieder auf die Zuschauerbänke zurückzuziehen.

Die Wahl, vor der wir stehen, ist folgende: Entweder der Pfarrer macht alles selber – und das kann immer nur bedeuten, dass er weder *alles* noch die vielen Dinge, die er tut, wirklich *gut* macht –, oder die Gemeinde besinnt sich auf das, was sie dem Neuen Testament nach sein soll, nämlich ein Zusammenspiel vieler unterschiedlicher und unterschiedlich begabter Glieder und Organe, die zusammen die Arbeit verrichten, die Christus ihnen aufträgt. Die Arbeit eines guten Pfarrers erkennt man an der Mündigkeit seiner Gemeinde – und an sonst nichts. Um das Bild von Klaus Eickhoff (s. These → 34) aufzugreifen: Nicht *das* ist eine gute Mutter, die rennt und tut und macht (freilich auch nicht die, die sich stattdessen nur bedienen lässt!), sondern diejenige, die ihrem Kind beibringt, selber zu laufen, und ihm so zur größtmöglichen Selbständigkeit verhilft. Nicht das ist ein guter Pfarrer, der sich 80 Stunden die Woche im Hamsterrad für seine Gemeinde abrackert, sondern der, der seine Gemeinde zu einer größtmöglichen Eigenständigkeit führt.

40 Die Erneuerung unserer Gemeinden hängt stark von der geistlichen Erneuerung der Pfarrerinnen und Pfarrer ab.

Es ist oft gesagt worden: Die Krise unserer Kirche ist eine geistliche, innerliche. Darum wird sie auch nur überwunden werden, wenn es in unserer Mitte zu einer geistlichen Erneuerung kommt. Im Moment aber stehen die Pfarrer in der Mitte unserer Kirche. Darum hängt die Erneuerung unserer Gemeinden sehr eng mit der Erneuerung unserer Pfarrerschaft zusammen.

Das geistliche Leben des normalen Pfarrers ist in einem erschreckenden Zustand. Ich sage dies nicht anklagend, sondern es ist eine echte Not. Als ich meinen Beruf anfing, sagte mir einer meiner Lehrer: »Du bist als Pfarrer wie ein Obstbaum. Das Wichtigste für dich ist, dass du deine Wurzeln tief in den Boden einsenkst, dorthin, wo das Wasser ist. Alle werden darauf warten und gucken und einfordern, dass du Früchte bringst. Konzentriere dich aber nicht auf die Früchte. Sie kommen ganz von selbst. Konzentriere dich darauf, dass du in Gott verwurzelt bleibst.« Das war ein ausgesprochen weiser Rat. Ich nahm mir vor, mich mehr noch als zuvor in Gott zu »versenken«, in seine Liebe einzutauchen und aus dem Kontakt mit ihm die Kraft und die Orientierung zu gewinnen, um meinen Weg als Pfarrer zu gehen.

Was folgte, waren die geistlich dürrsten Jahre meines Lebens. Der Arbeitsaufwand und die Erwartungen der Menschen überrollten mich. Ich kam mit meiner Arbeit zu Rande, aber eben »gerade so«. Für ausgiebige Gebetszeiten fand ich kaum mehr die Muße. In der Bibel, in der ich zuvor fünfzehn Jahre meines Lebens jeden Tag gelesen hatte, las ich nur noch »dienstlich«. Wenn ich Urlaub hatte, war ich froh, nicht beten und Bibel lesen zu müssen. Einen Hauskreis besuchte ich nur noch als Leiter. Einmal im Jahr gönnte ich mir eine Woche Klosteraufenthalt, um meine inneren Batterien wieder aufzuladen. Alles in allem aber zehrte ich von der Substanz vergangener Zeiten. Ich predigte gebildet und routiniert, aber das innere »Feuer« nahm von Jahr zu Jahr ab. Der Ratschlag meines geistlichen Mentors, nicht auf die Früchte, sondern auf die Verwurzelung zu achten, ging in der Hektik des pfarramtlichen Alltags mehr und mehr verloren. Anfangs legte ich mir einige wohlfeile Ausreden zurecht: »Ich lese doch so oft dienstlich in der Bibel, muss so oft beten, das brauche ich doch nicht für mich alleine!« Dann, später: »Das mit der täglichen Bibellese darf man nicht so gesetzlich sehen!« Und während ich mir Jahre lang etwas vormachte, wurde mein innerer Tank leerer und leerer.

Ich weiß, dass es vielen Kollegen ähnlich ergeht. Auch hier gilt: Es ist nicht primär ihre Schuld. Es ist das System, es sind die übermenschlich hohen Erwartungen, die an sie gestellt werden. Fragen Sie einen normalen deutschen Kirchenvorstand, was ihm wichtiger ist: Dass der Pfarrer eine Stunde betet oder dass er in dieser Zeit einen Hausbesuch macht. Er wird sich im Zweifelsfall für den Hausbesuch entscheiden, das heißt für das, was einen offensichtlichen und praktischen »Nährwert« für die Gemeinde hat. Überlegen Sie, was passiert, wenn der Pfarrer einen Termin absagt mit der Begründung, dass er sich diesen Tag dafür reserviert hat, einen langen Spaziergang zu machen, um mit Gott über die Gestaltung der nächsten Woche zu reden! Ich weiß noch, wie ich vor Jahren große Augen bekam, als mein Freund Walt Kallestad, der Pastor der lutherischen Community Church of Joy in Phoenix/Arizona, mir erzählte, dass er zusätzlich zu seinem freien Tag jede Woche einen »Dreamday« hat, an dem er sich einfach nur Zeit nimmt, seine Wurzeln tiefer in Gott hinein zu vergraben. Auf meine Frage, was denn sein Kirchenvorstand dazu meine, sagte er mir, dass er das auf ausdrücklichen Wunsch seines Kirchenvorstandes tue! Denn das sei allen klar, dass die Qualität der Früchte, die er als Pfarrer für seine Gemeinde bringt, unmittelbar mit der Qualität seiner Verwurzelung in Gott zusammenhängt.

Die Qualität der Früchte, die ein Pfarrer für seine Gemeinde bringt, hängt unmittelbar mit der Qualität seiner Verwurzelung in Gott zusammen.

Das geistliche Leben des normalen deutschen Pfarrers ist in einem erschreckenden Zustand. Viele haben über die Jahre ihren Glauben nahezu verloren. Sie »funktionieren« noch irgendwie, aber es brennt nichts mehr in ihnen. Das Erschreckende dabei ist: Es gibt keinen Ort, wo sie mit ihrer Not hingehen können. Sie können sich ja nicht vor ihre Gemeinde stellen und sagen: »Hört mal zu, ich bete eigentlich seit Jahren nicht mehr!« In fast 20 Jahren habe ich noch nie erlebt, dass auch nur einmal auf einer Pfarrkonferenz über diese Frage geredet worden wäre. Zu seinem Vorgesetzten kann der Pfarrer in der Regel auch nicht gehen, denn dem geht es in den allermeisten Fällen genauso. Was aber soll ein Pfarrer machen, der nicht nur einen zeitlich begrenzten »Durchhänger« hat, sondern der dauerhaft ausgebrannt ist? Er dürfte seinen Beruf eigentlich gar nicht mehr ausüben. Was will er seiner Gemeinde anderes sein als ein »blinder Blindenführer«, wie Jesus das in Lukas 6,39 nennt?

Wie ist dieses Problem zu lösen? Zunächst sicherlich erst einmal, indem man sich seiner überhaupt bewusst wird. Ich halte nicht viel davon, Pfarrern oder überhaupt irgend jemandem spirituelle Übungen oder Veranstaltungen »von oben« zu verordnen. Das kann nur schief gehen. Wie ich bereits oben dargelegt habe, gibt es 50 verschiedene Weisen zu beten (siehe These → 13), und auch der Pfarrer muss diejenige finden, die ihm entspricht. Aber er muss sich seiner geistlichen Verantwortung neu bewusst werden. An seiner Spiritualität hängt nicht nur sein *persönliches* geistliches Leben, sondern das der ganzen Gemeinde. Darum muss er sich Räume schaffen, in denen er nicht nur für seine Kirche und Gemeinde funktioniert, sondern in denen er nur für sich mit Gott zusammen ist. Eine Stunde pro Tag, ein Tag pro Woche, eine Woche pro Jahr braucht er Raum, um sich – auf welche Weise auch immer – in Gott hinein zu verwurzeln. Hilfreich wäre es, wenn er sich diese Räume nicht selber freischaufeln müsste, sondern wenn es zum allgemeinen Erwartungshorizont des Pfarrdienstes gehören würde, dass er dieses tut. Hilfreich wäre es außerdem, wenn es neben den vielen funktionsbezogenen Fortbildungen (»Wie führe ich die Kirchenbücher?« – »Was predige ich an Ostern?«) mehr Seminare darüber gäbe, wie ein Pfarrer seinen beruflichen Alltag und sein geistliches Leben zusammenbringen kann, denn in dieser Frage sind die Pfarrer oft allein gelassen.

An der Spiritualität des Pfarrers hängt nicht nur sein persönliches geistliches Leben, sondern das der ganzen Gemeinde.

Der Kirchenvater Augustinus sagt: »Du kannst nur in anderen entzünden, was auch in dir selber brennt.« Wenn in unseren Pfarrerinnen und Pfarrern kein Feuer mehr brennt, wie soll es in unsere Gemeinden kommen? Ich habe es in manchen Gemeinden als sehr hilfreich erlebt, dass einige ehrenamtliche Mitarbeiter dieses »Feuer« neu in ihre Gemeinde gebracht haben. Sie kamen von einer Tagung, einem Workshop, einem Segnungsgottesdienst oder ähnlichen Veranstaltungen zurück, waren inspiriert und gaben diese Inspiration weiter. In manchen Fällen konnten sie den Pfarrer gewinnen und das Feuer neu in ihm entzünden. Überall, wo das der Fall war, ging es schon nach kurzer Zeit mit der Gemeinde bergauf. Wo aber der Pfarrer sich verweigerte, blieben diese Leute mit ihrem geistlichen Anliegen am Rande und das »Feuer« griff nicht auf die Gemeinde über. Die Lektion, die ich daraus lerne, ist die: Die Pfarrerinnen und Pfarrer müssen nicht den Anfang machen. Aber wenn die Gemeinde als Ganzes erneuert werden soll, bedarf es dazu von innen her erneuerter Pfarrerinnen und Pfarrer.

Die sechste Aufgabe:
Führungsverantwortung übernehmen

»Viele Gemeinden existieren weit unterhalb ihres eigentlichen Potenzials und Auftrags: weil sie nicht (oder nicht gut) geführt werden.«

41 Die Frage der Führung unserer Gemeinden ist ein ungelöstes Problem, das wir als Ballast mit in das neue Jahrtausend genommen haben.

Es gibt viele strukturelle Fragen, die in unserer Kirche derzeit nur *unbefriedigend* gelöst sind. Die Frage der Führung unserer Gemeinden hingegen ist *überhaupt nicht* gelöst. Das fängt bereits beim Wortgebrauch an: Während das Wort »Leitung« in der Kirche durchaus noch gebräuchlich – wenn auch nicht allzu beliebt – ist, gilt das Wort »Führung« als ganz und gar unanständig. Das ist eine Spätfolge des Dritten Reiches. Dieses ist zwar schon über ein halbes Jahrhundert vorbei, aber damals hat sich ein Trauma in unsere Volksseele eingebrannt, von dem wir bis heute nicht losgekommen sind, und das wird vermutlich auch noch einige Zeit so bleiben. Die Menschen in Deutschland haben – mit Recht! – ein gebrochenes Verhältnis zu Leitung und Führung. Sobald da auch nur irgendetwas in diese Richtung hin anklingt, schaltet unser inneres Frühwarnsystem auf »Rot«. Wir können in Deutschland das Wort Führung nicht benutzen, ohne sofort an Missbrauch oder Manipulation zu denken.

Darum ersetzen wir den heiklen Begriff »Führung« gerne durch den der »Leitung«. (Evangelikale Kreise haben es sich darüber hinaus seit einigen Jahren angewöhnt, von »Leiterschaft« zu reden. Dieses Wort findet sich in keinem Duden, aber ziert mittlerweile die Titel einer Vielzahl von Büchern und Artikeln. Es ist die falsche Übersetzung des englischen Wortes »leadership«, und das bedeutet auf deutsch eben: Führung. Das, was wir Leitung nennen, nennt man dort »directorship« oder »management«). Es scheint ausgemacht: Gemeinden dürfen nicht geführt, sondern bestenfalls geleitet werden.

Leitung löst die Probleme von heute. Führung hingegen beschäftigt sich mit den Zielen von morgen.

Dabei übersieht man, dass Führung und Leitung zwei völlig verschiedene Dinge sind. Es gibt zwar fließende Übergänge, aber die Aufgabenverteilung lässt sich klar von einander abgrenzen. Leitung – oder: Management – löst die Probleme von heute. Führung hingegen beschäftigt sich mit den Zielen von morgen (Siegfried Buchholz). Leitung hat etwas mit der Bewältigung der Realität zu tun; man sorgt dafür, dass die Maschinerie läuft. Führung hingegen ist eine visionäre Aufgabe. Es bedeutet vorhersehen, planen, kommunizieren, begeistern, überzeugen, helfen, ermöglichen, voranschreiten und Grenzen überwinden.

Anders ausgedrückt: Wir *leiten* Prozesse, aber wir *führen* Menschen. Letzteres ist es, was – abgesehen von dem Reizwort »Führen« – die Sache so heikel macht. Das Wort »Leitung« akzeptieren wir gerade noch. Dass Organisationen, Arbeitsabläufe oder Arbeitsbereiche irgendwie geleitet werden müssen, wenn sie effektiv sein wollen, damit haben wir uns im Wesentlichen abgefunden, wenn auch manchmal zähneknirschend. Bei dem Wort »Führung« hingegen sperren wir uns. Sobald Menschen in unserer Kirche anfangen, andere Menschen zu führen, stellt sich uns sofort die Frage: »Darf man das denn? Welcher Mensch hat das Recht, einem anderen Menschen zu sagen, was er zu tun oder zu lassen hat?«

Freilich geht es gar nicht darum, dass ein Mensch dem anderen sagt, was er zu tun und zu lassen hat. Das wäre ein reichlich platter Begriff von Führung. Führen ist mehr. Es hat sehr viel mehr damit zu tun, Menschen zu gewinnen, als sie zu beherrschen. Wer äußere Druckmittel benutzt, um Menschen zu bewegen, ist keine wirklich gute Führungskraft. Um es auf den Punkt zu bringen: Es geht bei dem Begriff der Führung darum, Menschen zu gewinnen, sie unter einem gemeinsamen Ziel zu einen und sie zu bewegen und zu befähigen, in eine ganz bestimmte Richtung zu gehen. Ich bin der festen Überzeugung, dass unsere Gemeinden Führungskräfte brauchen, die genau dies leisten: eine Vision zu vermitteln, die Menschen unter dieser Vision zu einen, sie zu bevollmächtigen und in Bewegung zu setzen. Das alles sind Dinge, die nicht von alleine passieren. Gemeinden ohne Führung haben darum in aller Regel keine Vision, keine innere Einheit und keine Energie voranzugehen: Sie wüssten auch nicht, wohin. Darum existieren viele Gemeinden weit unterhalb ihres eigentlichen Potenzials und Auftrags: weil sie nicht (oder nicht gut) geführt werden. Darum brauchen wir nicht nur eine ordentliche Leitung – die auch! – sondern auch Führungspersönlichkeiten und transparente Führungsstrukturen.

Führen hat sehr viel mehr damit zu tun, Menschen zu gewinnen, als sie zu beherrschen.

42

Kirchenvorstände sollen Gemeinden leiten. Faktisch aber sind sie überwiegend mit Verwaltungs- und Organisationsaufgaben beschäftigt.

Manch einer hält das eben zum Thema »Führungsverantwortung« Gesagte für einen Streit um des Kaisers Bart. Er sagt sich vielleicht: »Wir haben einen Kirchenvorstand. Das ist unser Leitungsgremium. Was wollen Sie denn mehr?« In der Tat: Den meisten deutschen Kirchenordnungen zufolge leitet der Kirchenvorstand in Zusammenarbeit mit dem Pfarrer bzw. den Pfarrern die Gemeinde in geistlichen wie in organisatorischen Belangen. So weit, so gut. Wenn wir uns aber die näheren Ausführungen in den Gesetzen dazu anschauen, entdecken wir, dass hiermit keineswegs Führungsaufgaben gemeint sind. Der Kirchenvorstand hat darüber zu wachen, dass das normale »Programm« – Gottesdienst, Jugendarbeit, Mission und Ökumene, Besuchsdienst, Diakonie, Gemeindeveranstaltungen usw. – ordentlich abgewickelt wird, ansonsten ist er zuständig für Rechtsfragen, die Vertretung der Gemeinde nach außen hin, die Führung der Mitgliederlisten, die Verwaltung der Gebäude und der Kollekten sowie die Erstellung und Überwachung des jährlichen Haushaltes. In Personalfragen – was wirklich eine Führungsaufgabe wäre – ist er in seiner Handlungsfreiheit deutlich beschnitten.

Kurz gesagt: Der Kirchenvorstand soll die Kontrolle über das Geschehen in der Gemeinde behalten und für eine ordentliche Abwicklung sorgen. Das ist zweifellos eine Leitungsaufgabe. Die Praxis sieht aber oft so aus, dass der Kirchenvorstand bis nachts um 23.00 Uhr über die Frage debattiert, ob der Jugendraum grün oder blau gestrichen wird und wie viele Bratwürste man für das Gemeindefest bestellen soll. Wenn die Gemeinde einigermaßen lebendig und aktiv ist, gibt es unglaublich viel zu organisieren und zu verwalten. Für eigentliche Leitungsaufgaben bleibt da kaum Zeit. Von *Führungsaufgaben* ganz zu schweigen. An den Stellen, wo es – was Führungsaufgaben anbetrifft – wirklich interessant wird, etwa bei der Einstellung von neuem Personal, bei größeren Investitionen, Umbau- oder gar Umzugsplänen und auch beim Haushalt, sind ihm zudem ausgesprochen enge Grenzen gesteckt. (Seine gottesdienstliche Kompetenz beispielsweise besteht im Wesentlichen darin, darüber zu wachen, dass nichts »willkürlich geändert« wird.)

Das ist schon eine merkwürdige Situation: Dem Kirchenvorstand wird keine Kompetenz zugebilligt, die Gemeinde wirklich zu *führen,* und das ihm von der Kirchenordnung ermöglichte *Leitungsamt* kann er kaum wahrnehmen, weil er in hohem Maße mit Verwaltungs- und Organisationsaufgaben bzw. mit der Erledigung von Tagesfragen eingedeckt ist. Entsprechend frustriert sind vor allem jene Kirchenvorsteher, die Leitungs- und Führungsqualitäten haben, denn sehr befriedigend ist das Ganze nicht. Sie sind mit rückwärts gerichteten Aktivitäten bzw. mit der Abwicklung von Tagesgeschäften befasst, statt sich in ihrem Handeln an der Zukunft orientieren zu können.

Wirtschaftswissenschaftler, die den Aufgang und Niedergang von Firmen und Organisationen untersuchten, prägten den Spruch: »Alle Probleme sind letztlich Führungsprobleme.« Wenn eine Firma lediglich *gemanagt* wird – das heißt, wenn lediglich die Prozesse abgewickelt und die Tagesgeschäfte

»Alle Probleme sind letztlich Führungsprobleme.«

erledigt werden – und nicht *geführt,* dann ist das der Anfang vom Ende dieser Firma. Zweifellos ist die Kirche kein Wirtschaftsunternehmen, aber ich glaube, dass die Analogie hier zulässig ist: Wenn in unseren Gemeinden niemand ist, der Zukunft voraussieht und innerlich vorwegnimmt und andere dafür gewinnen kann, die nötigen Veränderungen einzuleiten, ja wenn ein solches Amt in unserer Kirche nicht einmal vorgesehen ist, wenn niemandem diese Kompetenz zugebilligt wird, dann dürfen wir uns über die Probleme, die wir derzeit haben, nicht wundern. Es sind Führungsprobleme. Und wir brauchen uns, wenn wir nicht endlich Führungsverantwortung wahrnehmen, auch keine Illusionen zu machen, wo das Ganze auf Dauer hinführt. Freilich muss man dazu Führungsverantwortung erst einmal *zulassen.* An dieser Stelle bedarf es eines radikalen Umdenkens, sonst verhindert der an sich vernünftige Wunsch zur Kontrolle der Macht jegliche Möglichkeit, unsere Gemeinden in die Zukunft zu führen.

43 Wo keine Führung ist, herrscht nicht Freiheit, sondern das Recht des Stärkeren.

Gemeinden, die nicht oder nur unzureichend geführt werden, sind dem freien Spiel der Kräfte von innen wie von außen ziemlich hilflos ausgeliefert. Von *außen* prasseln die verschiedensten Interessen und Erwartungen auf die Gemeinde ein. Welche sich davon durchsetzen werden, entscheidet sich meistens daran, wer seinen Anspruch am massivsten vertreten kann. Ich komme in → These 44 noch einmal auf dieses Thema zurück. *Innerhalb* der Gemeinde ist ein interessantes Phänomen zu beobachten. Wo es keine formelle Führung gibt, bildet sich binnen kürzester Zeit eine *informelle* Führung aus. Da es in unseren Gemeinden keine offizielle Führung gibt, sondern bestenfalls eine Leitung (die wir *auch* brauchen), ist es fast überall so, dass es eine Hand voll Leute gibt, die das eigentliche Sagen haben. Diese Leute können, müssen aber nicht dem Kirchenvorstand angehören. Manchmal gehört der Pfarrer in diesen inneren Kreis, manchmal auch nicht – und dann hat er schwere Zeiten.

Es gibt keine führungslosen Prozesse und es gibt auch keine Gemeinden ohne Leute, die sie führen. Und ich bin mir sicher, während Sie das lesen, könnten Sie mir genau die fünf oder acht Leute nennen, die das in ihrer Gemeinde sind. Wir können die Gesetze des Lebens und des Zusammenlebens nicht

Aus Angst vor Machtmissbrauch seitens einer offiziell eingesetzten Führung werden unsere Gemeinden oft durch Kräfte und Personen gelenkt, die niemand autorisiert hat – und die darum auch niemand abwählen kann.

umgehen. Wenn wir keine formelle Führung einsetzen, entwickelt sich wie von selbst eine informelle. Das Leben setzt sich durch. Gemeinden brauchen – wie alle größeren Gruppen von Menschen, Führungspersönlichkeiten, sonst kommen sie nicht zu einem Ziel. Darum prangere ich auch nicht an, dass es solch eine informelle Führung in unseren Gemeinden gibt. Es geht nicht anders, denn eine formelle Führung der Gemeinde ist in unserer Kirche nicht vorgesehen. Was an einer solchen »informellen Führung« aber ausgesprochen kritisch ist, ist die Tatsache, dass sie als solche nie offiziell deklariert wurde und darum auch niemandem Rechenschaft schuldig ist. Und das halte ich für viel schlimmer, als wenn man eine offizielle Führung hat, die nötigenfalls auch wieder abgewählt werden kann. In Gemeinden, in denen es keine offizielle Führung gibt, herrscht faktisch das Recht des Stärkeren. Aus Angst vor Machtmissbrauch seitens einer offiziell eingesetzten Führung werden unsere Gemeinden oft durch Kräfte und Personen gelenkt, die niemand autorisiert hat – und die darum auch niemand abwählen kann.

Demokratie ist nicht die Abwesenheit von Führung, sondern verantwortete Führung.

Demokratie ist nicht die Abwesenheit von Führung, sondern verantwortete Führung. Demokratie ist die wunderbare Möglichkeit, dass eine Gruppe von Menschen sich den- oder diejenigen selbst aussuchen kann, die für einen bestimmten Zeitraum den Kurs dieser Gruppe bestimmen sollen. Wenn diese Leute ihre Aufgabe nicht oder nicht gut erfüllen, wählt man sie nach einer geraumen Zeit wieder ab. (Das ist übrigens auch ein Grund, warum ich der Meinung bin, dass Pfarrer sich nach geraumer Zeit der Wiederwahl stellen sollten. Ob sie und die Kirchenordnung das wollen oder nicht: Sie haben ein Führungsamt innerhalb der Gemeinde inne und müssen von daher abwählbar sein. Und sie freuen sich sicherlich auch über Bestätigung, wenn sie ihre Arbeit gut machen. Vgl. hierzu → These 84.)

Es ist ein falsches Demokratieverständnis, wenn wir meinen, es dürfe keine Führung mehr geben und man müsse alle Macht abschaffen. Nein: Wir brauchen Führungsämter in der Gemeinde. Aber – und an dieser Stelle können wir gar nicht demokratisch genug denken – diese Führung muss transparent sein. Es muss klare Autorisationsprozesse und Kontrollmöglichkeiten geben und es muss die Gelegenheit geben, diese Führung nach einiger Zeit zu bestätigen, wenn sie ihre Sache gut gemacht hat, oder sie gegebenenfalls abzuwählen. Auf Führung *verzichten* können wir aber nicht, denn eine Gemeinde ohne Führung ist wie ein Schiff mit einer

Pfarrer haben ein Führungsamt innerhalb der Gemeinde inne und müssen von daher abwählbar sein.

großen Mannschaft, die niemanden ans Steuerrad lässt: Das Schiff ist hilflos Wind und Wellen und allen anderen Kräften ausgesetzt, die von außen und innen auf es einwirken. Die Gefahr ist nicht zu leugnen, dass derjenige oder diejenigen, die man ans Steuer lässt, das Schiff in die falsche Richtung lenken. Wenn allerdings *niemand* das Schiff lenkt, kommt es auf gar keinen Fall am Ziel an.

Gemeinden brauchen ein Leitbild, an dem sie sich orientieren können. 44

Vielfältige Einflüsse wirken von außen auf den Alltagsbetrieb einer Gemeinde ein: Da sind auf der einen Seite die tagtäglichen, *dringenden Aufgaben,* die es zu bewältigen gibt: Trauungen oder Beerdigungen stehen an, Post muss beantwortet, der Wasserboiler muss repariert, der neue Gemeindebrief will fertiggestellt werden usw. Dazu kommen die vielfältigen *Erwartungen,* die seitens der Bevölkerung vor Ort an die Kirche herangetragen werden, etwa Geburtstagsbesuche, St.-Martinsumzüge, Mitarbeit in regionalen Arbeitskreisen oder Aktionsgruppen etc. Der dritte Faktor von erheblichem Einfluss sind die verschiedenen Vorgaben der *Amtskirche:* Allem voran die einzuhaltenden Regeln und Ordnungen, Fragebögen, die es auszufüllen gilt, daneben Aufgaben, die die Gemeinde mitzuversorgen hat wie etwa die Unterhaltung eines Kindergartens oder einer zweiten Predigtstätte, und schließlich natürlich die Koordination mit den anderen Gemeinden im Umfeld, die oft viele Sitzungsstunden verschlingt. Zwischen all diesen Einflüssen muss die Gemeinde irgendwie versuchen, ihre normalen Aufgaben zu bewältigen: der Kontakt zu den öffentlichen Einrichtungen will gepflegt, Schul- und Konfirmandenunterricht wollen gehalten werden, der Gottesdienst darf nicht ausfallen, Menschen in Not müssen versorgt werden etc.

Eine Gemeinde, die kein klares Leitbild hat, macht sich zum Opfer des freien Spiels dieser von außen auf sie einwirkenden Kräfte. Wer am lautesten schreit oder am stärksten Druck ausübt, bekommt das, was er will – oder doch zumindest ein paar Brocken hingeworfen. Ein böser Brief oder ein Appell an die Dienstpflicht bzw. an das soziale Gewissen des Pfarrers – und schon läuft die ins Stocken geratene Maschinerie wieder: Na also, es geht doch! Das Gefühl, das bei den Gemeinden und allen voran bei den Pfarrern zurückbleibt, ist das, ständig unter Druck zu sein und den Erwartungen, die an sie gestellt werden, nicht zu genügen. Das Gefühl, das die Leute haben, die ihre Erwartungen an die Gemeinde herantragen, ist, dass sie missachtet werden und dass ihre berechtigten Anliegen der Gemeindeführung ziemlich egal sind.

Das Problem dabei ist: Die meisten dieser Anforderungen, die von außen auf eine Gemeinde einwirken, sind durchaus wichtig und sinnvoll. Aber sie lassen sich schon auf Grund ihrer bloßen Menge nicht alle bewältigen. Der Gemeindeleitung bleibt bei alledem überhaupt keine Zeit mehr übrig, einmal darüber nachzudenken, ob man nicht eigentlich noch einmal etwas Neues, etwas Anderes anfangen sollte. Die Anforderungen, die von außen auf die Gemeinde einströmen, sind so dringlich und wichtig, dass man die Frage nach dem *Wesentlichen* gar nicht mehr stellt. So versucht man, den Anforderungen der Menschen zu genügen, und geht stillschweigend davon aus, dass diese identisch sind mit den Anforderungen Gottes. Und so verliert man mehr und mehr das Bewusstsein dafür, weshalb man das Ganze überhaupt macht und wofür Kirche überhaupt da ist.

Wie will man sich wirkungsvoll davor schützen, dass sich in einer Gemeinde das Wichtige und Dringliche vor das Wesentliche schiebt? Hier gibt es nur eine Lösung: Die Gemeinde muss einen festen Punkt finden, von dem aus sie die verschiedenen Anforderungen, die an sie gestellt werden, einordnet und von dem aus sie beurteilt, ob sie dem weiter nachgibt oder nicht. Diesen festen Punkt nenne ich das *Leitbild* (manche sagen auch: die Vision) einer Gemeinde. Ich halte es für die vorrangige Aufgabe aller Gemeinden, in den nächsten Jahren ein solches Leitbild für sich zu formulieren. Sich zu überlegen: »Wofür ist unsere Gemeinde da? Welchen allgemeinen und welchen speziellen Auftrag hat Gott unserer Gemeinde gegeben? Und was ist das oberste Ziel, das wir durch unsere Arbeit erreichen wollen?« Ein solches Leitbild muss kurz und knapp – möglichst in einem Satz! – formuliert sein. Alle aktiven Mitglieder einer Gemeinde sollten dieses Leitbild kennen. Das schafft nicht nur eine gemeinsame Identität (die so genannte »corporate identity«), sondern es macht auch deutlich, wofür die betreffende Gemeinde steht und wofür nicht. Es motiviert zum Handeln, unterstützt die gemeindeleitenden Gremien dabei, Prioritäten zu setzen, Entscheidungen zu fällen, und bewahrt die Mitarbeiter(innen) vor der Tyrannei des Dringlichen.

> Das Leitbild motiviert zum Handeln, unterstützt die gemeindeleitenden Gremien dabei, Prioritäten zu setzen, Entscheidungen zu fällen, und bewahrt die Mitarbeiter/innen vor der Tyrannei des Dringlichen.

Der These, dass mit der Kirchenordnung ein solches Leitbild bereits gesetzt sei, kann ich nicht zustimmen. Meiner Meinung nach erhebt die Kirchenordnung diesen Anspruch auch nicht. Dazu ist sie – selbst in der Präambel – viel zu lang und zu unspezifisch. Sie versucht, auf einen gemeinsamen Nenner zu bringen, was für alle Gemeinden Gültigkeit hat, und das in einer relativen Breite. Den *spezifischen* Auftrag einer konkreten Gemeinde vor Ort aber kann diese nur selber für sich formulieren. Wenn das »von oben« verordnet würde, würde dies nicht nur an den konkreten Gegebenheiten der Gemeinde vor Ort vorbeigehen, sondern die einzelnen Gemeindeglieder hätten auch Mühe, sich damit zu identifizieren.

Deswegen kann ein solches Leitbild auch nicht einfach den Ideen und persönlichen Vorlieben einiger Pfarrer und Kirchenvorsteher entspringen, sondern muss auf eine möglichst große Basis gestellt werden. Man wird nie ein Leitbild formulieren können, das von 100 % der Gemeinde mitgetragen wird, aber meiner Erfahrung nach ist es möglich, in einem umfassenden kommunikativen Prozess, der alle aktiven Gemeindeglieder einbezieht, etwa innerhalb eines Jahres ein Leitbild festzulegen, dem ca. 80 % der aktiven Gemeinde zustimmen. An dieser Stelle kann ich nicht weiter auf die Frage eingehen, wie ein solches Leitbild erstellt werden kann. Ich verweise hierzu auf das im Literaturverzeichnis aufgeführte Buch »Kirche mit Qualität« von Walt Kallestad, Jens Buttkereit und Steve Schey.

45 Das Wirken des Heiligen Geistes macht ein planvolles Vorgehen nicht überflüssig, sondern überhaupt erst sinnvoll.

Eine der häufigsten Anfragen, die ich höre, wenn ich außerorts unser Gemeindekonzept vorstelle, ist die, ob die Art und Weise, wie wir in unserer Gemeinde vorgehen, nicht reichlich »strategisch« sei. Gemeindeaufbau sei schließlich nicht »machbar«. Ich spüre bei diesen Fragen eine große Angst heraus, wir könnten durch vorschnelles eigenes Handeln dem Heiligen Geist ins Handwerk pfuschen. Ich glaube, das genaue Gegenteil ist der Fall. Womit wir dem Heiligen Geist wirklich ins Handwerk pfuschen, ist, wenn wir gar nichts tun. Denn der Heilige Geist wirkt nicht an uns vorbei, sondern durch uns hindurch. Das aber schließt ein planvolles Handeln nicht aus, sondern ein.

Womit wir dem Heiligen Geist wirklich ins Handwerk pfuschen, ist, wenn wir gar nichts tun.

Was verstehe ich unter einem »planvollen Vorgehen?« (Dieser Begriff ist mir lieber als der der Strategie.) Das Leitbild, von dem in → These 44 die Rede war, ist wie ein Kompass: Es gibt die große Richtung vor, in die man sich bewegen will. Für einen Seefahrer ist ein Kompass ein wichtiges Instrument. Es hilft ihm, nie aus den Augen zu verlieren, wo er eigentlich hin will, auch wenn er einmal einen Umweg fahren muss. Freilich ist ein Kompass allein ein totes Werkzeug, wenn wir uns nicht auf den Weg machen. Er ist vielleicht schön anzusehen, etwas für die Vitrine, aber nicht wirklich nützlich. Ähnliches gilt für das Leitbild einer Gemeinde. Es nützt nichts, wenn es nur hinter Glas irgendwo im Gemeindezentrum hängt. Wir müssen uns auch auf den Weg machen.

Das ist der Moment, in dem das »planvolle Handeln« ins Spiel kommt. Das Leitbild muss aufgebrochen werden in konkrete, operationalisierbare Zwischenziele. »Wir wollen den Menschen die Liebe Gottes weitergeben« ist kein Ziel. Es ist ein Leitbild. Ein Ziel wäre: »Wir wollen, dass in fünf Jahren jeder Kranke in unserer Gemeinde, der dies wünscht, mindestens einmal pro Woche besucht wird.« – »Wir wollen, dass möglichst viele Menschen das Evangelium hören« ist ebenfalls kein Ziel, sondern ein Leitbild. Ein Ziel wäre es, stattdessen zu sagen: »Wir wollen in Zukunft mindestens einmal pro Jahr einen Glaubenskurs anbieten.«

Zur Festlegung dieser Ziele bedarf es nicht nur des *Leitbildes* (A), sondern auch einer klaren *Analyse des Ist-Zustandes* (B): Wo stehen wir heute? Wenn wir uns darüber ein möglichst genaues Bild gemacht haben, dann können wir sozusagen eine Linie ziehen vom (realen) Ist-Zustand zum (idealen) Sollzustand und auf dieser Linie konkrete *(Zwischen-)Ziele* (C) bestimmen. Diese sollten durchaus einen »Glaubensschritt« bedeuten (das heißt, wir sollten mit der Kraft Gottes und nicht nur mit eigenen Kräften rechnen), andererseits aber nicht völlig utopisch sein. Das planvolle Handeln beinhaltet schließlich die Planung *konkreter Schritte* (D), wie diese Ziele erreicht werden sollen.

Planvolles Handeln in der Gemeinde

Planvolles Handeln:

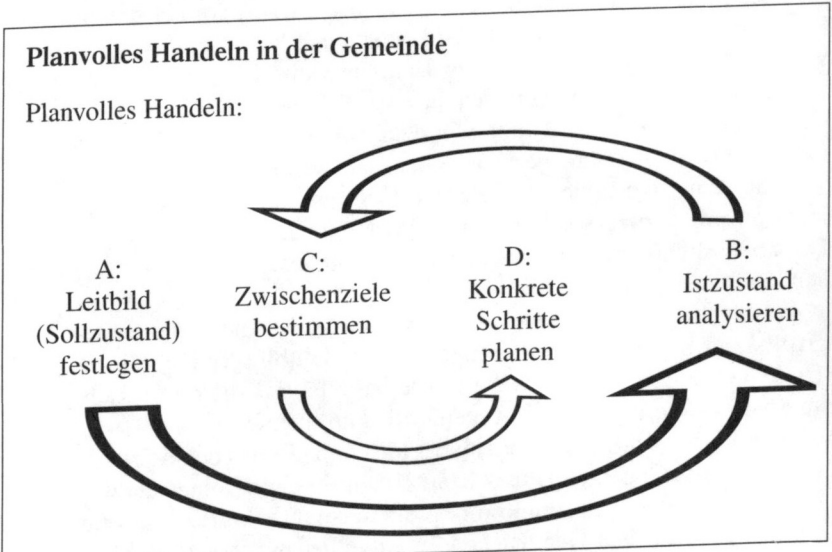

A: Leitbild (Sollzustand) festlegen

C: Zwischenziele bestimmen

D: Konkrete Schritte planen

B: Istzustand analysieren

162

Ich vergleiche solch ein planvolles Vorgehen in der Gemeinde gerne mit dem eines Bauern, der sich vorgenommen hat, ein verdorrtes Stück Land in einen ertragreichen Acker (Leitbild) zu verwandeln. Er wird zunächst eine Analyse des Bodens und der äußeren Verhältnisse machen (Istzustand), um daraufhin zu bestimmen, was auf diesem Stück Land möglich ist und was nicht. Zum Beispiel sagt er sich: »Auf diesem Boden werde ich keinen Weizen anpflanzen, sondern zunächst einmal Kartoffeln« (Ziele). Daraufhin fängt er an, das Land durchzupflügen, die Saat auszuwerfen usw. (Konkrete Schritte). Würden Sie einen solchen Mann für einen »Technokraten« halten, der dem »Machbarkeitswahn« verfallen ist? Oder ihm sagen, er solle lieber auf das Wirken des Heiligen Geistes vertrauen? Selbstverständlich schenkt Gott allein das Wachstum! Selbstverständlich kann kein Bauer aus eigener Kraft auch nur eine einzige Kartoffel hervorbringen. Aber er kann, wenn er die Gesetze des Jahreslaufes studiert und die Erfahrungen anderer Bauern mit den eigenen vergleicht, eine Menge dazu tun, dass auf seinem Beet wirklich Kartoffeln wachsen und nicht nur Unkraut oder eine vereinzelte Tomatenpflanze, die sich zufällig dorthin versät hat. In vergleichbarer Weise gilt, dass sich Gemeindeaufbau natürlich nicht »machen« lässt. Aber dass eine Gemeinde wächst, blüht und gedeiht, dazu kann man eine Menge tun – und man soll es auch tun!

Gemeindeaufbau lässt sich nicht »machen«. Aber dass eine Gemeinde wächst, blüht und gedeiht, dazu kann man eine Menge tun – und man soll es auch tun!

Die Aufgabe des Kirchenvorstands der Zukunft lautet: »Vision entwickeln, Vision vermitteln, Vision umsetzen.« – Alle anderen Arbeiten können delegiert werden. 46

Die Aufgaben, die ich eben beschrieben habe – ein Leitbild festlegen, eine Ist-Analyse vornehmen, Zwischenziele bestimmen und konkrete Schritte zu diesen Zielen hin planen –, beschreiben die Führungsverantwortung, die jemand in der Gemeinde übernehmen muss, wenn es sinnvoll vorangehen soll. Meiner Auffassung nach ist das die eigentliche Aufgabe des Kirchenvorstandes. Wenn ich weiter oben (zu → These 42) gesagt habe, dass er dazu gar keine Zeit hat, dann meine ich damit nicht, dass er es sein lassen soll, sondern dass er sich diese Zeit dazu freischaufeln muss. Die Frage ist, wie er das machen soll. Ich sehe das grundsätzliche Problem in der Doppelbelastung zwischen Leitungs- und Führungsaufgaben auf der einen sowie Verwaltungs- und Organisationsaufgaben auf der anderen Seite. Hier gibt es vier denkbare Lösungsmöglichkeiten:

1. Entweder man verdoppelt die Anzahl der Sitzungen, nimmt also eine Sitzung im Monat für Fragen der Führung bzw. Leitung und eine Sitzung für Verwaltung und Organisation. Die Frage, wie viele Kirchenvorstände sich auf so etwas einlassen, lasse ich dahingestellt.
2. Die zweite Möglichkeit ist, dass man den Kirchenvorstand in zwei Hälften teilt, die sich je um die eine oder um die andere Aufgabe kümmern und die nur am Schluss zur Abstimmung zusammenkommen. Diese Lösung halte ich persönlich für unglücklich, aber sie ist theoretisch denkbar.
3. Drittens kann man Führungs- und Leitungsaufgaben an einen bestimmten Kreis von Personen delegieren. Das wird heute häufig so praktiziert: »Machen Sie mal, Herr Pfarrer!«
4. Schließlich kann man die organisatorischen Aufgaben weitgehend nach außen verlagern. Dies halte ich persönlich für das Mittel der Wahl.

In den USA habe ich zwei verschiedene Modelle kennen gelernt, die organisatorischen Fragen nach außen zu verlagern: Entweder man setzt eine Fülle von »Bereichsleitern« ein, die für einzelne Gebiete der Gemeindearbeit zuständig sind (unsere Gemeinde arbeitet derzeit weitgehend nach diesem Modell und macht damit gute Erfahrungen), oder man schafft ein eigenes Gremium (in den USA »Board of Directors« genannt), das sich vornehmlich dieser Fragen annimmt. Die notwendigen Verzahnungen mit dem Kirchenvorstand lassen sich bei beiden Modellen leicht einrichten, sodass dieser über alle entscheidenden Vorgänge informiert bleibt und alle Fäden dort zusammenlaufen. Er beschränkt sich aber im Wesentlichen darauf, die großen Linien vorzugeben, Personalfragen zu klären und die Budgetierung vorzunehmen. Das hat den nicht unwesentlichen Vorteil, dass der größte Teil der Entscheidungen dort getroffen wird, wo auch die Arbeit gemacht wird und wo die Fachleute sitzen.

Entscheidungen sollten dort getroffen werden, wo auch die Arbeit gemacht wird und wo die Fachleute sitzen.

Die Aufgabe des Kirchenvorstandes aber besteht vor allem darin, eine Vision zu entwickeln, diese Vision zu vermitteln und für die Umsetzung dieser Vision zu sorgen. Das »planvolle Handeln«, von dem ich in → These 45 geredet habe, kann nicht die Sache weniger Kirchenvorsteher sein. Ich glaube schon, dass es ihre Aufgabe ist, sich hierzu grundlegende Gedanken zu machen und ein erstes, vielleicht noch schemenhaftes Bild von der Zukunft zu entwerfen, darüber hinaus auch schon ein paar erste analytische Überlegungen anzustellen und ein paar Ziele zu formulieren. Das nenne ich »die Vision entwickeln«. Das ist ein eminent *spiritueller* Prozess. Die Führung einer Gemeinde muss herausbekommen, wie Gott sich die Zukunft dieser Gemeinde vorstellt. Eine gute Intuition und ein Gespür für Dinge, die in der Luft liegen, ist dabei sicher sehr hilfreich, aber im Wesentlichen ist die Ermittlung einer Vision für die Gemeinde eine geistliche Frage. Das geht nicht ohne Gebet, ohne intensives Bibelstudium usw. Menschen, die eine Gemeinde führen wollen, müssen geistliche Persönlichkeiten sein.

Nachdem dieser Prozess einigermaßen abgeschlossen ist, kommt es zur ersten Nagelprobe. Dann geht es nämlich darum, diese Vision den anderen Gemeindegliedern zu vermitteln – und das ist ein eminent *kommunikativer* Prozess. Niemandem ist damit geholfen, wenn »da oben« irgendwelche Leute sitzen, die sich etwas ausdenken, was dann der Rest der Gemeinde einfach zu »schlucken« hat. Nein, die Gemeinde muss die Möglichkeit haben, darauf zu reagieren, sie nachzubessern oder sogar zurückzuweisen: »Das ist nicht unsere Vision!« Entweder hier springt ein Funke über und die Leute sind im Wesentlichen begeistert, oder die Sache ist eine Totgeburt. Natürlich wird es nie eine Vision geben, welche die 100%ige Zustimmung aller Menschen finden wird. Aber sie muss von einer breiten Mehrheit getragen werden, sonst verläuft sie trotz anfänglicher Begeisterung im Sande.

Die Vision umzusetzen schließlich bedeutet, darüber zu wachen, dass die Schritte, die man gemeinsam geplant hat, auch eingehalten werden, dass man das Ziel über den vielen Alltagsgeschäften nicht aus den Augen verliert usw. Gegebenenfalls kann es auch bedeuten, Korrekturen und Nachjustierungen vorzunehmen, wenn sich Ziele als zu hoch oder zu niedrig gesteckt erweisen. Das ist vor allem ein *kybernetischer* Prozess. »Kybernetes« ist griechisch und heißt »Steuermann«. Auch der kann nicht immer stur geradeaus fahren, sondern muss, um sein Ziel zu erreichen, den einen oder anderen Umweg fahren, darf dabei aber sein Ziel nicht aus den Augen verlieren. Und wie es der Zufall so will: Die »Kybernesis« (Steuermannskunst) wird von Paulus in 1. Korinther 12,28 tatsächlich als eins der Ämter in der Gemeinde (Lutherübersetzung: »die Gabe zu leiten«, vgl. → These 36) aufgezählt. Ich denke, das wäre ein gutes Selbstverständnis eines Kirchenvorstehers, wenn er von sich sagen könnte: »Ich bin einer der Steuerleute dieser Gemeinde.« (Einen wirklich überzeugenden Entwurf für eine kybernetische Gemeindeentwicklung hat Christian Schwarz in seinem Buch »Die natürliche Gemeindeentwicklung« vorgelegt.)

47 Nach der Vorstellung des Neuen Testamentes sollen nur Menschen die Gemeinde führen, die auch in der Lage sind, sie geistlich zu versorgen.

Ich weiß, eine solche These tut weh. Denn wer, der in einem deutschen Kirchenvorstand treu seinen Dienst tut, könnte das so von sich sagen? Und vor allem: Was ist die Konsequenz daraus? Etwa ein Rücktritt aller existierenden Kirchenvorstände, weil sie nicht mehr abstimmungsfähig wären? Nein! Verstehen wir diese biblische Vorgabe nicht als eine Forderung, die uns niederschlagen möchte. Die Bibel möchte nicht *hinrichten*, sondern *aufrichten*. Die »Forderungen« Gottes sind eher »Heraus-Forderungen« an uns. Der Vergleich mit dem biblischen Ur-Bild soll uns helfen, eine neue Stufe unseres Dienstes zu begreifen und hinaufzusteigen. Dazu ist es freilich erst einmal nötig, festzustellen, wie weit wir uns von der biblischen Vorgabe entfernt haben – und auch von der Kirchenordnung, der zufolge es eine wesentliche Aufgabe des Kirchenvorstandes ist, die Gemeinde geistlich zu leiten. Freilich können Sie viele Kirchenvorsteher mit kaum einer Aussage mehr überraschen als mit dieser. Das klingt wieder frech, aber es ist ein Erfahrungswert. Sie wären überrascht, wie viele Kirchenvorsteher nicht einmal *wissen,* dass ihnen die geistliche Leitung der Gemeinde obliegt, geschweige denn, dass sie sie ausüben. In der Praxis ist dies meist die alleinige Domäne der Pfarrerin oder des Pfarrers.

Wenn wir einen Blick in das Neue Testament werfen, dann sehen wir, dass alle in → These 36 erwähnten fünf Führungsämter etwas damit zu tun haben, die Gemeinde mit dem Wort Gottes zu versorgen. Ich kenne Gemeinden – wiederum aus den USA –, die daraus den Schluss gezogen haben, dass nur die Pastoren in den »Ältestenkreis« gehören. Das wird scheinbar unterstützt durch die bereits erwähnte Beobachtung, dass die Begriffe »Pastor (Hirte)« und »Ältester« und auch »Bischof« im Neuen Testament synonym gebraucht und darum untereinander austauschbar sind. Ich würde daraus jedoch nicht den Schluss ziehen, dass nur die Pastoren Älteste sein dürfen, sondern umgekehrt: Die Ältesten sollen pastorale Aufgaben wahrnehmen! So gehört im Neuen Testament zu den Aufgaben der Ältesten beispielsweise das Gebet für Kranke bzw. mit Kranken (vgl. Jakobus 5,14). Das passt ins Bild: der Hirte, der sein krankes Schaf auf den Arm nimmt und es verbindet und heilt. Das wäre durchaus eine interessante Ergänzung für die Arbeit eines normalen deutschen Kirchenvorstandes: wenigstens

> *Die Bibel möchte nicht hinrichten, sondern aufrichten. Die »Forderungen« Gottes sind eher »Heraus-Forderungen« an uns.*

einmal im Monat ein Gebet für Kranke anzubieten. Es wäre ein Schritt hin zum pastoralen Dienst.

Das Neue Testament kennt verschiedene Führungsämter in der Gemeinde und es benutzt keine einheitliche Terminologie (= Namensgebung) für diese Ämter, aber das Grundprinzip, das sich durch alle Texte und Berichte hindurchzieht, ist dies: »Führen und Füttern gehören zusammen.« (Die Amerikaner sagen: »Those who feed, lead.«) Die Konsequenz daraus kann für mich, wie gesagt, nicht lauten, dass jetzt viele Kirchenvorsteher zurücktreten. Sehr viel eher verstehe ich es als eine Herausforderung, ihr Amt mehr als bisher als ein *geistliches* Amt zu verstehen und sich darum zu bemühen, sich die bislang vielleicht fehlende geistliche Kompetenz mehr und mehr anzueignen. Fehlende geistliche Kompetenz wäre für mich kein »Killer-Kriterium«, eher schon fehlendes geistliches Interesse. So halte ich es beispielsweise für ein Unding, dass Menschen in den Kirchenvorstand berufen werden, die nicht regelmäßig den Gottesdienst besuchen. Immerhin sind sie laut Kirchenordnung dafür zuständig, das geistliche Leben in der Gemeinde zu fördern – da sollten sie bei sich selbst den Anfang machen. Im Grunde wäre es auch gut, wenn jeder Kirchenvorsteher wenigstens Mitglied einer hauskreisähnlichen Kleingruppe wäre. Nach Maßstäben des Neuen Testamentes müssten sie solche Gruppen eigentlich *leiten,* um in den Führungskreis der Gemeinde berufen zu werden.

Ich halte es für ein Unding, dass Menschen in den Kirchenvorstand berufen werden, die nicht regelmäßig den Gottesdienst besuchen.

Füttern und führen gehören zusammen. Die Frage ist: Wer bestimmt eigentlich, wer die Leute sind, die das tun? Auch hier ist ein Blick ins Neue Testament erhellend: Dort wurden die Ältesten nicht gewählt, sondern sie waren einfach da – auf Grund der Tatsache, dass sie eine Gruppe von Menschen geistlich versorgten. Das qualifizierte sie automatisch, in den Führungskreis der Gemeinde aufgenommen zu werden. Ich möchte die Wahlen nicht deswegen abschaffen. Ich halte sie für gut und ich glaube, dass die Gemeinde ein gutes Gespür dafür hat, wer sie mit dem Wort Gottes versorgt und wer nicht. Allerdings muss klar gemacht werden, dass es darum geht, eben solche Leute zu wählen, denen man zutraut, dass sie die Gemeinde in den nächsten Jahren am besten geistlich versorgen! Das Problem ist nicht, dass die Gemeinde zu unmündig wäre, diese Entscheidung zu treffen, sondern dass es der Gemeinde nicht klar ist, worum es in der Kirchenvorstandswahl geht. Sie denkt im Wesentlichen, dass es darum geht, möglichst viele Fachleute und Interessenvertreter aus den verschiedensten Bereichen in ein Gremium zu wählen, das darüber zu entscheiden hat, ob man im Gottesdienstraum Energiesparlampen oder normale Glühbirnen verwenden will.

Vielleicht fragt sich so mancher, woher wir denn die nötige Anzahl von Kandidaten zusammenkriegen sollen, wenn die Anforderungen so hoch gesteckt sind. Man sucht ja schon heute meist händeringend nach Leuten, die bereit sind, sich für dieses Amt zur Verfügung zu stellen. Zum einen glaube ich, dass sich mehr Kandidaten fänden als wir ahnen, wenn wir den Kirchenvorstand tatsächlich mehr als geistliches Führungs- denn als Verwaltungsgremium verstünden. Es gibt eine Menge Leute, die dazu gerne bereit und auch in der Lage wären, geistliche Führungsaufgaben in der Gemeinde zu übernehmen, deren Sache aber die viele Verwaltungsarbeit nun einmal nicht ist. Zum andern darf die Feststellung, dass die Anzahl der potenziellen (und kandidaturwilligen!) geistlichen Führungskräfte in der Gemeinde unter der vorgeschriebenen Kandidatenzahl liegt, nicht den Rang eines Arguments bekommen. Die im Sinne einer Wahl an sich sinnvolle Ordnung einer Pflichtanzahl von Kandidaten darf nicht dazu führen, dass wir, um der äußeren Form zu genügen, ungeeignete Kandidaten aufstellen. Wenn das Leben den Gesetzen widerspricht, müssen wir die *Gesetze* ändern und nicht das Leben. Dazu mehr in den → Thesen 77 bis 80.

Wenn das Leben den Gesetzen widerspricht, müssen wir die Gesetze ändern und nicht das Leben.

48

Jesus hat uns vorgemacht, wie wir innerhalb der Kirche führen sollen: Er *herrschte* nicht über seine Jünger, sondern *diente* ihnen.

Es besteht kein Zweifel: Jesus war ein begnadeter Menschenführer. Er sammelte eine kleine Gruppe von Leuten aus allen möglichen Gesellschaftsschichten zusammen und formte sie zu einer Einheit. Er begeisterte sie für eine Vision und setzte sie in Bewegung – und diese Bewegung veränderte die Welt! Wenn von irgendjemandem, so können wir von ihm lernen, was es heißt, Menschen zu führen. Dabei schuf er einen neuen, eigenen Führungsstil. Er führte nicht durch feurige Reden, nicht durch Druckausübung und nicht durch irgendeines der sonst üblichen Mittel der Führung, sondern indem er seinen Jüngern *diente*. Und er erwartete, dass seine Jünger diesen Führungsstil übernahmen. Er sagte: »*Ihr wisst, die als Herrscher gelten, halten ihre Völker nieder, und ihre Mächtigen tun ihnen Gewalt an. Aber so ist es unter euch nicht; sondern wer groß sein will unter euch, der soll euer Diener sein; und wer unter*

Christliche Führungskultur ist von weltlicher Führungskultur wesenhaft unterschieden: Sie ist vollmächtig, aber ohne Macht.

euch der Erste sein will, der soll aller Knecht sein. Denn auch der Menschensohn ist nicht gekommen, dass er sich dienen lasse, sondern dass er diene und sein Leben gebe als Lösegeld für viele« (Markus 10,42-45).
Das ist in der Tat ein ungewöhnlicher, neuer Ton. Christliche Führungskultur ist von weltlicher Führungskultur wesenhaft unterschieden: Sie ist vollmächtig, aber ohne Macht. Sie hat keine andere Macht als das Wort – und den Gott, der hinter diesem Wort steht. Das verstehe ich unter Vollmacht: Ein Mensch redet – und durch seine Worte hindurch redet Gott. Er handelt – und durch sein Handeln hindurch wirkt Gott. Wer aber weiß, dass er Vollmacht hat, dass hinter seinen Worten und Taten Gott selber steckt, braucht keinen Druck auszuüben, er muss nicht herrschen, ja er kann sogar beginnen, denen zu dienen, die er führt. So führte Jesus seine Jünger und so wollte er, dass seine Jünger andere führen.

Das ist der Maßstab für alles Führen in der Kirche: Ob es den Führenden gelingt, die ihnen Anbefohlenen zur Entfaltung zu bringen.

Darum lassen sich Hierarchien jeglicher Art und jesusgemäße Führung so schlecht miteinander vereinbaren. Es sei denn, es sei eine Hierarchie des Dienens und der Oberste in der Pyramide gleichzeitig der Unterste. Dienende Führung heißt, dass ein Mensch – anders als bei weltlicher Führung – die Interessen der Menschen, die er führt, über seine eigenen Interessen stellt. Dienende Führung kennt kein Vonoben-Herab, kein Streben nach Macht und Ehre, keine Privilegien. (Jedenfalls wüsste ich nicht, dass Jesus irgendwelche Vorrechte für sich beansprucht hätte, die er seinen Jüngern nicht gewährt hätte.)

Trotzdem *führte* Jesus seine Jünger. Seinem Selbstverständnis nach war er der gute Hirte, der seine Schafe führt, versorgt und beschützt (vgl. Johannes 10,11-14). Er gab die Richtung vor, in die sie zusammen marschierten. Er half, ermahnte, brachte zurecht. Und vor allem führte er seine Jünger an ihr volles Potenzial heran, das Gott in sie hineingelegt hatte. Das ist der Maßstab für alles Führen in der Kirche: Ob es den Führenden gelingt, die ihnen Anbefohlenen zur Entfaltung zu bringen. Und ob sie das nur *behaupten,* wie allzu oft in der Kirchengeschichte geschehen (die schlimmsten Inquisitoren waren der Meinung, sie würden den Menschen nur dienen), oder ob diese Menschen das auch so *erleben.*

Es liegt an den Führungspersönlichkeiten, ob und inwieweit das Potenzial einer Gemeinde begrenzt oder freigesetzt wird. Eine Gemeinde kann nicht über ihre Führungskräfte hinaus wachsen.

Eine Gemeinde braucht – ebenso wie die Kirche im Großen – Führung. Aber dieses »Führen« bedeutet eben nicht – wie sonst in der Welt – zu herrschen, sondern den Menschen so zu dienen, dass sie sich in bestmöglicher Weise entfalten können: zum Aufbau der Gemeinde, den Menschen zum Heil und Wohl und zur Ehre Gottes und zur eigenen Erfüllung. Ich glaube, dass es an den Führungspersönlichkeiten liegt, ob und inwieweit das Potenzial einer Gemeinde begrenzt oder freigesetzt wird. Eine Gemeinde kann nicht über ihre Führungskräfte hinaus wachsen. Darum sollten wir aufhören, Führung an sich zu verteufeln. Führung ist wie ein Messer: Sie ist ein Werkzeug. Das Messer an sich ist weder gut noch schlecht. Die Frage ist, wofür man es benutzt. Wenn wir Führung benutzen, um unsere eigenen Interessen durchzusetzen, dann ist sie korrupt und schädlich. Wenn wir sie aber im Sinne Jesu für die Menschen einsetzen, wenn wir denen dienen, die wir führen, dann ist Führung ein wichtiges Amt innerhalb der Kirche. Dann können wir von Führung gar nicht groß genug denken. In ihr liegt das Geheimnis lebendiger Gemeinde.

Die siebte Aufgabe:
Eine gesunde Kleingruppenstruktur aufbauen

»Große Gemeinden
kann es nur als ein Netzwerk
kleiner, lebendiger Zellen geben.«

49 Unsere Gemeinden sind zu *groß*, um persönlich und verbindlich zu sein, und zu *klein*, um in Hinblick auf Diakonie, Evangelisation oder Spiritualität aus dem Vollen schöpfen zu können.

Die durchschnittliche Gemeinde in Deutschland hat mit mehreren Tausend Mitgliedern eine unglückliche Größe. Wie will man all diese Menschen ernsthaft erreichen, auf ihre Bedürfnisse eingehen, sie begleiten und ihnen das geben, was sie für sich persönlich und für ihr spirituelles Wachstum und Fortkommen brauchen? Wie will eine derart große Gemeinde, die sich – neben der gemeinsamen Taufe – allein auf Grund von geografischen Gegebenheiten zusammensetzt, zu einer Einheit werden? Wie muss eine Veranstaltung oder ein Gottesdienstangebot beschaffen sein, das in der Lage ist, all diese Leute anzusprechen? Welchen Service muss die Kirche anbieten, um den Bedürfnissen dieser Menschen gerecht zu werden? Wie will man den Glauben dieser Menschen, der bei der überwiegenden Mehrheit zumindest in Restbeständen durchaus noch vorhanden ist, aktivieren? Wie bringt man sie dazu, sich den Herausforderungen des Evangeliums zu stellen und sich auf ihrer geistlichen Reise nicht nur treiben zu lassen? Was muss geschehen, dass aus den zwei- bis dreitausend Menschen einer Gemeinde mehr als nur eine theoretische Größe wird?

Die Antwort lautet: Dies alles ist – so wie unsere Gemeinden strukturiert sind – völlig unmöglich. Unsere Gemeinden sind zu groß, die Menschen zu vielfältig und ihre Bedürfnisse zu unterschiedlich, als dass wir ihnen auch nur annähernd gerecht werden könnten. Selbst wenn der Pfarrer oder die Pfarrerin auf viele ehrenamtliche Helfer zurückgreifen kann, wird es einer Gemeinde kaum gelingen, mit all ihren Gemeindegliedern in Kontakt zu kommen, geschweige denn diesen Kontakt regelmäßig zu pflegen oder gar diese Menschen auf einen gemeinsamen Weg der Christusnachfolge zu bringen. Unsere Gemeinden sind einfach zu groß und zu unpersönlich dafür.

Die Gemeinde im Sinne aller getauften und konfirmierten und nicht aus der Kirche ausgetretenen Mitglieder an einem Ort ist und bleibt deswegen eine rein theoretische Größe. Ihre »Gemeinschaft« existiert nur auf dem Papier. Sie konkretisiert sich nur selten in lebendigen Beziehungen oder gar in einer gemeinsamen Lebensausrichtung. Weil diese reine Zählgröße »Gemeinde« zwar klar abgrenzbar, aber in der Praxis nicht zu fassen ist, hat sich daneben ein zweiter Begriff von Gemeinde etabliert, der genau die gegenteiligen Merkmale aufweist: nämlich der der *Kerngemeinde*. Die Kerngemeinde ist nicht klar abgrenzbar. Es gibt – anders als bei der nominellen (Zähl-) Gemeinde – keine klaren, quantifizierbaren Kriterien, wer zur Kerngemeinde gehört und wer nicht. Dafür besitzt die Kerngemeinde der nominellen Gemeinde gegenüber einen unschätzbaren Vorteil: Sie existiert nicht nur auf dem Papier. Sie ist vielmehr sichtbar, konkret und ausgesprochen real. Im Wesentlichen besteht die Kerngemeinde aus den regelmäßigen Gottesdienstbesuchern sowie den aktiven Mitarbeiter/innen einer Gemeinde. Die Grenzen sind hier zwar fließend: Ab wann kann man den Gottesdienstbesuch als regelmäßig bezeichnen? Ist jemand, der zwei oder dreimal im Jahr ein paar Gemeindebriefe austrägt, als Mitarbeiter anzusehen? Trotzdem ist die Kerngemeinde eine reale Größe. Davon ausgehend, dass es Mitarbeitende gibt, die nicht den Gottesdienst besuchen, und Gottesdienstbesucher, die nicht mitarbeiten, liegt diese Größe in einer deutschen Durchschnittsgemeinde bei ca. 60–80 Leuten. Die Mitglieder der Kerngemeinde haben ein genügend großes Maß an Gemeinsamkeiten und gemeinsamen Erlebnisfeldern, dass wir hier wirklich von einer »Gemeinschaft« reden können. (Wobei damit noch nichts über die Qualität dieser Gemeinschaft ausgesagt ist: Diese kann ausgezeichnet, aber auch sehr konfliktgeladen sein.) Diese Menschen leben ihren Glauben überdies in einer mehr oder minder großen Verbindlichkeit – ein Umstand, der sie selbst und andere manchmal zu dem Trugschluss verleitet, die Kerngemeinde für die »eigentliche« Gemeinde zu halten, und mancher Pastor sieht sich versucht, sich vor allem auf diese Gruppe zu konzentrieren.

Die Tatsache, dass jemand treu mitarbeitet oder den Gottesdienst besucht, sagt noch nichts über seine Christusbeziehung aus.

Doch abgesehen davon, dass das nicht gerade volkskirchlich gedacht ist, hat die Konzentration auf die Kerngemeinde drei große Nachteile. Zum einen ist der Begriff der Kerngemeinde *theologisch zu wenig qualifiziert*. Müssen wir neben den genannten äußeren Kriterien der Mitarbeit und des Gottesdienstbesuches nicht viel mehr danach fragen, was diese Menschen denn glauben und wie sie ihren Glauben leben? Die Tatsache, dass jemand treu mitarbeitet oder den Gottesdienst besucht, sagt ja noch nichts über seine Christusbeziehung aus. Diese Frage aber müssen wir stellen, wenn wir vermeiden wollen, dass unsere Gemeinden bereits »im Kern« krank sind. Die Kerngemeinde als solche ist theologisch noch keine allzu aussagekräftige Größe. Wichtig ist, dass unsere Gemeinden in ihrem Kern auch *gesund* sind!

Die Kerngemeinde als solche ist theologisch noch keine allzu aussagekräftige Größe. Wichtig ist, dass unsere Gemeinden in ihrem Kern auch gesund sind!

Das zweite Problem unserer Kerngemeinden ist, dass diese *oft zu selbstgenügsam* sind. Die Mitglieder der Kerngemeinde pflegen häufig eine reine Binnenkultur. Sie haben so viel mit sich selbst zu tun und sind so sehr in interne Fragen verstrickt, dass es ihnen gar nicht in den Sinn kommt, dass sie einen Auftrag an denen besitzen, die nicht zum Kern der Gemeinde gehören. Dieser Auftrag besteht zum einen darin, die betreffenden Menschen gemäß des Missionsauftrages Jesu zu Jüngern zu machen (vgl. → These 17). Zum anderen besteht dieser Auftrag darin, für diese Menschen da zu sein, ihnen zur Seite zu stehen und ihnen nach Möglichkeit zu helfen, wenn sie dies brauchen und wollen. Die Zugehörigkeit zur Kerngemeinde bedeutet keine Höherstellung, sondern eine Beauftragung gegenüber den anderen Gemeindegliedern. Die Kerngemeinde hat einen Auftrag an der nominellen Gemeinde und darüber hinaus. Statt »im eigenen Saft zu schmoren«, hat sie dafür zu sorgen, dass sich die »Ränder« verdichten, dass sie selber zum »Kern« werden. Wenn der »Kern« einer Gemeinde sich selbst genug ist, fängt er an zu faulen und zieht alles andere in Mitleidenschaft.

Das dritte gravierende Manko unserer Kerngemeinden ist, dass sie in aller Regel *viel zu klein* sind. Eine Gemeinde, die mehr als 100 regelmäßige Gottesdienstbesucher oder gar mehr als 50 Mitarbeiter/innen hat, gehört, was die Aktivität ihrer Mitglieder anbetrifft, bereits zu den oberen 5 % unserer Kirche. Die »normale« deutsche Gemeinde bleibt deutlich hinter diesen Zahlen zurück. Damit aber kann sie nicht aus dem Vollen schöpfen: weder auf evangelistischem noch auf diakonischem, kreativem, spirituellem noch auf irgendeinem anderen Gebiet. Sie wird nie genügend Mitarbeiter und Mitarbeiterinnen haben und ihr werden immer wieder wesentliche Begabungen in ihrer Mitte fehlen, um dem anstehenden Bedarf oder gar den eigenen Träumen und Vorstellungen auch nur halbwegs entsprechen zu können. Dies sei allen ins Stammbuch geschrieben, die gerne sagen: »Wir setzen auf Qualität und nicht auf Quantität«: Vieles von dem, was wir »Qualität« nennen, ist überhaupt nur möglich, wenn wir auf entsprechende Quantitäten zurückgreifen können. Die Tatsache, dass unsere Gemeinden in ihrem Kern ausgesprochen klein sind, *fördert* nicht ihre Qualität, sondern *verhindert* sie.

Vieles von dem, was wir »Qualität« nennen, ist überhaupt nur möglich, wenn wir auf entsprechende Quantitäten zurückgreifen können.

Unsere Gemeinden sind zu groß, um persönlich und verbindlich zu sein, und zu klein, um in Hinblick auf Diakonie, Evangelisation oder Spiritualität aus dem Vollen schöpfen zu können. Diesem Dilemma werden wir nur beikommen, wenn wir uns auf die neutestamentliche Grundstruktur der Gemeinde zurückbesinnen.

Das neutestamentliche Gemeindeleben hat zwei gleichberechtigte Mittelpunkte: die gottesdienstliche Feier und die Hausgemeinschaft. 50

Beim Lesen der Apostelgeschichte fällt uns das geradezu atemberaubende Wachstum der Jerusalemer Gemeinde auf. Die Urgemeinde begann mit etwa 120 Leuten (Apostelgeschichte 1,15). Am Tag der Ausgießung des Heiligen Geistes wurden 3000 Leute getauft (Apostelgeschichte 2,41). Es heißt dann (Apostelgeschichte 2,47), dass Gott täglich neue Menschen zur Gemeinde hinzufügte. Nur zwei Kapitel später heißt es, dass die Gemeinde auf 5000 Männer angewachsen war (Apostelgeschichte 4,4). In Apostelgeschichte 21 schließlich berichten die Ältesten von Jerusalem dem Apostel Paulus, dass »Tausende von Juden zum Glauben gekommen sind«, während er auf seiner dritten Missionsreise war (Vers 20, übersetzt nach »Hoffnung für alle«). Das griechische Wort, das hier verwandt wird, heißt: *myriades*. Das bedeutet nicht »Tausende«, sondern »Zigtausende«.

Dieses Wachstum ist erstaunlich und man muss sich fragen: Wie war das möglich – ohne ausgebildete Pfarrerschaft, ohne Computer, Datenverarbeitung oder Fotokopierer, und vor allem: ohne große Gebäude? Wo haben sich die vielen Leute versammelt? Wie haben sie sich organisiert? Wie wurde gewährleistet, dass jeder in ausreichendem Maße versorgt wurde und im Glauben wachsen konnte? Wie war es möglich, dass der Einzelne nicht unterging in dieser Masse von Leuten, sondern dass seinen Bedürfnissen entsprochen wurde und dass er sich zu einem reifen, seinen Glauben multiplizierenden Christen entwickeln konnte? Wir finden die Antwort auf diese Fragen, wenn wir die eigentümliche *Doppelstruktur* beachten, die sich die erste Gemeinde gegeben hat. Die Apostelgeschichte berichtet uns, dass es *zwei* Orte gab, an denen sich die ersten Christen trafen: im Tempel und in den Häusern (Apostelgeschichte 2,46).

Im *Tempel* feierten sie die Gottesdienste. Genau gesagt: In den Vorhöfen dieses Tempels. Dort kamen Tausende von Menschen zusammen. Schon allein diese Vielzahl gab den Gottesdiensten eine ungeheure Dynamik. Es ist nicht nur ein *quantitativer,* sondern ein *qualitativer* Unterschied, ob dreitausend Leute miteinander Gott loben und preisen oder nur dreißig. Teil einer großen Gruppe zu sein hat etwas Inspirierendes, Aufregendes, unter Strom Setzendes. Wo viele Menschen im Gottesdienst zusammenkommen, können dort außerdem viel mehr Gaben einfließen. Auch das hat enorme Auswirkungen auf die Qualität der Gottesdienste. Und abermals zeigt sich: Quantitatives und qualitatives Wachstum in der Gemeinde sind kein Widerspruch, sondern bedingen einander. Hierfür trafen sich die ersten Christen im

Tempelvorhof: zur Feier der Liebe Gottes, zu großen »Happenings«, zu inspirierenden, begeisternden und beflügelnden Großveranstaltungen. Diese Feier der Liebe Gottes im großen Kreis ist durch nichts zu ersetzen und darum gilt der Gottesdienst bis heute als die zentrale und wichtigste Veranstaltung einer Gemeinde.

Freilich wird ein derartig großer Gottesdienst, wie er in der Apostelgeschichte beschrieben wird, tendenziell immer die bereits erwähnten zwei Schwachstellen aufweisen: Unpersönlichkeit und Unverbindlichkeit. Je größer der Gottesdienstbesuch wird, desto leichter geht der Einzelne dabei verloren, umso schwerer findet man Kontakt zu anderen, umso einfacher kann man sich aber auch dem Anspruch entziehen, der von dem Gottesdienst ausgeht. Unpersönlichkeit und Unverbindlichkeit sind die beiden Kräfte, die mit dem Wachstum einer Gottesdienstgemeinde einhergehen und ihm gleichzeitig entgegenwirken. Sie sorgen »auf natürliche Weise« dafür, dass dieses Wachstum nie zu groß wird. Denn wenn man im Gottesdienst mit niemandem Gemeinschaft hat und sich den Konsequenzen des Evangeliums immer wieder »erfolgreich« entziehen kann, wird man ihn über kurz oder lang nicht mehr besuchen. Das ist einer der Gründe, warum der Gottesdienstbesuch in vielen Gemeinden spätestens bei der »Schallgrenze« zwischen 80 und 100 aufhört zu wachsen: Ab dieser Zahl wird es unpersönlich. Und ohne persönliche Beziehungen gibt es auch keine Verbindlichkeit.

Die Alternative kann freilich nicht lauten, sich mit kleinen Gottesdiensten zufrieden zu geben oder gar die theologische Bedeutung des Gottesdienstes herunterzuspielen. Die Gemeinde muss vielmehr Mechanismen einbauen, die der drohenden Unpersönlichkeit und Unverbindlichkeit entgegenwirken. Die Struktur, die das Neue Testament zu diesem Zweck anbietet, ist die der *Hausgemeinschaft*. Die ersten Christen trafen sich eben nicht nur im Tempel, sondern auch »in den Häusern«. Sie trafen sich zu großen Veranstaltungen und in kleinen Gruppen. Die Pointe dabei ist, dass das eine das andere bedingte. Die gut besuchten Feiergottesdienste regten viele Menschen an, sich einer Kleingruppe anzuschließen. Die Kleingruppen wiederum trugen erheblich zur Verlebendigung des Gottesdienstes und des gottesdienstlichen Umfeldes bei.

Zugespitzt gesagt: Eine Gemeinde kann nur größer werden, wenn sie gleichzeitig auch kleiner wird. Wenn sie im Großen (= im Gottesdienst) wachsen will, muss sie auch im Kleinen (= in den Kleingruppen) wachsen. Die Kirche wird größer durch große Veranstaltungen, Gottesdienste, Feste, Evangelisationen usw. Im Kleinen hingegen wächst sie durch lebendige, verbindliche Gemeinschaft in hauskreisähnlichen

> *Eine Gemeinde kann nur größer werden, wenn sie gleichzeitig auch kleiner wird.*

Kleingruppen. Diese doppelte Struktur war für die Gemeinden in den ersten Generationen noch selbstverständlich. Im Laufe der Kirchengeschichte ist der eine Aspekt dieser »Doppelstrategie« jedoch mehr und mehr verloren gegangen. An die Stelle der Hauskirchen sind die Kirchenhäuser getreten. Heute sagen wir: »Der Gottesdienst ist die Mitte der Gemeinde.« Im Neuen Testament aber waren die Häuser *zusammen* mit den Gottesdiensten die Mitte der Gemeinde – und zwar nicht nur in der Apostelgeschichte (Apostelgeschichte 2,46; 8,3; 16,40; 20,20), sondern auch in den Briefen (Römer 16,5; 1. Korinther 16,19; Kolosser 4,15 u.a.).

Ich habe Pfarrer kennen gelernt, die in der Bildung von Hauskreisen in ihrer Gemeinde eine Bedrohung für ihre Gottesdienste sahen. Sie vermuteten, dass Leute, die in die Hauskreise gehen, den Gottesdiensten fern bleiben. Ich denke, das genaue Gegenteil ist der Fall: Hauskreise und ähnliche Kleingruppen sind absolut notwendig für das Größenwachstum einer Gemeinde. Das weitgehende Fehlen solcher Kleingruppen ist mit ein Hauptgrund, warum viele unserer Gottesdienste nicht über 60 bis 80 Besucher(innen) hinauskommen. Ich halte es für keinen Zufall, dass nahezu alle großen, gut besuchten Gemeinden, die ich kenne, ein mehr oder minder reges Hauskreissystem vorzuweisen haben. Eine statistisch nachgewiesene Regel besagt: Wenn nicht mindestens die Hälfte aller Gottesdienstbesucher einen Hauskreis oder eine ähnlich geartete Kleingruppe besucht, hört eine Gemeinde auf, zu wachsen. Die Kerngemeinde fängt an, im eigenen Saft zu schmoren, verliert an Dynamik, Liebe und missionarischer Kraft. Hauskreise sind zwar – wie wir noch sehen werden – kein Allheilmittel gegen diese Entwicklung, aber ohne ein Netzwerk lebendiger, ganzheitlicher, spiritueller Kleingruppen gibt es kein dauerhaftes Gemeindewachstum im Großen.

Ich kenne keine einzige deutsche Kirchenordnung, in der Hauskreise überhaupt erwähnt werden, geschweige denn, dass sie als konstitutiv für die Gemeinde angesehen werden. Den Preis zahlen wir mit einer Vielzahl von Gemeinden, die weit unterhalb ihres Potenzials leben.

An dieser Stelle müssen wir erheblich umdenken. Denn ich kenne keine einzige deutsche Kirchenordnung, in der Hauskreise überhaupt erwähnt werden, geschweige denn, dass sie als konstitutiv für die Gemeinde angesehen werden. Den Preis zahlen wir mit einer Vielzahl von Gemeinden, die weit unterhalb ihres Potenzials leben. Das heißt: die nicht wachsen, deren Gottesdienste steril und langweilig sind, in denen es nur wenig liebevolle Beziehungen gibt und wo man Menschen, die für Jesus brennen, geradezu mit der Lupe suchen muss. Dieses Problem werden wir auf Dauer nur in den Griff bekommen, wenn wir zur neutestamentlichen Urgestalt der Gemeinde zurückkehren. Während unsere Gemeinden einzig und alleine um den Gottesdienst kreisen, drehen sich die Gemeinden des Neuen Testamentes wie eine Ellipse um *zwei* Mittelpunkte: den Gottesdienst und die Hausgemeinschaften. Diesen zweiten Mittelpunkt müssen wir ganz neu für uns entdecken, einführen und mit aller Kraft fördern.

51 Gott wohnt nicht in einem eigenen Gebäude, sondern da, wo Menschen wohnen.

Kirche besteht aus Menschen und nicht aus Steinen. Dieser Satz mag etwas simpel klingen, aber der normale Deutsche assoziiert mit dem Begriff »Kirche« in erster Linie ein Haus. Diese Identifikation von Kirche und Kirchengebäude reicht bis tief in unsere Kerngemeinden hinein: Nur über weniges kann eine Gemeinde derart in Konflikt geraten, wie wenn in oder an der Kirche etwas baulich verändert wird. Der Umzug einer Gemeinde in andere Räumlichkeiten ist ein Vorschlag, der innergemeindlich nur selten auf Gegenliebe stößt und kirchenamtlich noch seltener genehmigt wird. Schließlich soll man, bitteschön, »die Kirche im Dorf lassen«. Ich kenne in den USA eine Vielzahl Gemeinden, die in den letzten Jahren mehrfach umgezogen sind: In Deutschland wäre so etwas derzeit noch nicht denkbar, denn die Christen hier zu Lande definieren ihre gemeindliche Identität sehr stark über das Kirchengebäude.

Die Gleichsetzung der Kirche mit einem Gebäude kann theologiegeschichtlich gesehen nur als eine Katastrophe bezeichnet werden. Und es ist wichtig zu sehen, dass diese Entwicklung dem Neuen Testament nicht nur nicht entspricht, sondern geradezu entgegenläuft.

Nirgendwo im Neuen Testament wird ein Gebäude als Kirche bezeichnet. Für das Neue Testament *gehen* Menschen nicht in die Kirche, sondern sie *sind* Kirche. Gott lebt nicht in den Tempeln, die von menschlichen Händen erbaut wurden. Die Kirche setzt sich vielmehr aus »lebendigen Steinen« zusammen (vgl. 1. Petrus 2,5 und Epheser 2,21-22): Sie ist das Volk Gottes. Gott ist aus diesem Grund genau dort zu Hause, wo dieses Volk zu Hause ist, nämlich in Wohnhäusern.

Für das Neue Testament gehen Menschen nicht in die Kirche, sondern sie sind Kirche.

Entsprechend bauten die Christen bis ins dritte Jahrhundert hinein keine eigenen Gotteshäuser, sondern trafen sich entweder auf öffentlichen Plätzen (bzw. in Katakomben) oder in Privathäusern. Damit nahmen die Christen die Praxis Jesu auf, für den neben seinen öffentlichen Auftritten die Gemeinschaft mit Menschen in Privathäusern eine eminent wichtige Rolle spielte. Erst im Jahr 314 n.Chr. wurde unter Kaiser Konstantin die Lateran-Basilika eingeführt. Vorher hatte es keine monumentale christliche Architektur gegeben. Nun aber wurde der Sakralbau binnen kürzester Zeit zum Normalfall des Gemeindetreffpunktes. Dahinter steckten vor allem praktische Erwägungen: Dadurch, dass das Christentum im Jahr 312 zur Staatsreligion geworden war, hatte man auf einmal riesige Gemeinden, die in den Häusern keinen Platz mehr fanden. Man brauchte größere Gebäude. Dagegen wäre im Grunde auch nichts zu sagen, aber im gleichen Zug wurden die Rechte und Befugnisse der Hausgemeinschaften mehr und mehr eingeengt. Die Häuser verloren innerhalb kürzester Zeit ihre Bedeutung. Die Synode von Laodizäa (zwischen 360 und 370 n.Chr.) verbot schließlich die häusliche Abendmahlsfeier. Damit hatte sich der Klerus gegenüber den »Laien« durchgesetzt, das »Haus Gottes« gegenüber den Häusern. Die christliche Gemeinde war ihrer Urgestalt beraubt – und so ist es bis auf den heutigen Tag geblieben.

Der Preis, der für diese Entwicklung gezahlt wurde, ist immens:
- Die Verbindung von Alltag und Gottesdienst, die sich in den Privathäusern ganz von selbst einstellte, ging verloren.
- Für den einzelnen Christen verlagerte sich der Akzent von der persönlichen Nachfolge auf die rechte Absolvierung des sonntäglichen Kultes.
- Jeder konnte von nun an sein Christsein relativ unverbindlich für sich selbst leben, da er mit niemandem über seinen Glauben im Gespräch sein musste.
- Der überschaubare, familiäre Raum ging verloren und damit die Intimität und der Schutz der kleinen Gruppe, innerhalb derer sich der Glaube am besten entwickelt.
- Die mit den Wohnhäusern und kleinen Gruppen einhergehende Flexibilität wich einer mehr oder minder starren Ordnung.
- Die Kirche wurde nicht mehr mit Menschen, sondern mit einem Gebäude bzw. mit einer Organisation identifiziert.
- Erst mit der Schaffung neuer »Gotteshäuser« schließlich konnte sich die Unterscheidung zwischen Klerus und Laien innerhalb des Christentums durchsetzen.

All dies ist theologisch höchst fragwürdig und verlangt nach einer grundlegenden Wende. Dazu kommt eine Vielzahl *praktischer* Erwägungen, die uns heute ganz neu über den Sinn und Unsinn unserer vorhandenen Kirchengebäude nachdenken lassen: Nur wenige von ihnen sind wirklich gemeinschaftsförderlich. Sie sind in vielen Fällen zu groß und entsprechend teuer in der Sanierung und Unterhaltung, sie sind baulich wenig anpassungsfähig und in ihrer Ausstattung meist veraltet. Sie sprechen das Lebensgefühl der heutigen Zeit nicht an. Außerdem wirken viele von ihnen dumpf und kalt und widersprechen damit der Botschaft des Evangeliums. Nietzsche fand schon vor über 100 Jahren, unsere Kirchen seien »Grüfte und Grabmäler Gottes«. Angesichts all dieser Tatsachen müssen wir auch, was unsere Kirchenbauten anbetrifft, radikal umdenken.

Erstens sollten wir bereits rein sprachlich aufhören, Gebäude weiterhin als »Kirche« zu bezeichnen. Das ist mehr als eine bloße Äußerlichkeit. Gott wohnt nicht in einem Haus aus toten, sondern aus lebendigen Steinen, das heißt dort, wo Menschen sich zusammentun, um ihm die Ehre zu geben, um ihn zu lieben und ihm zu dienen. Woher aber sollen die Menschen das wissen, wenn selbst wir Christen immer noch Häuser als »Kirchen« bezeichnen – gegen jeglichen Befund des Neuen Testamentes? Es wäre schon geholfen, wenn wir stattdessen von »Kirchengebäuden« sprechen. »Versammlungs-« oder »Gottesdienstraum« oder auch »Gemeindezentrum« wären ebenfalls geeignete Alternativen.

Zweitens sollten wir unverkrampft über Alternativen zu unseren großen Kirchengebäuden nachdenken, vor allem dort, wo sie sich nicht mehr halten lassen. Ich plädiere nicht dafür, dass intakte und gut besuchte Kirchengebäude abgeschafft werden, aber mir ist völlig schleierhaft, warum beispielsweise in den neuen Bundesländern viele Kirchen mit einem Millionenaufwand saniert werden, obwohl man weiß, dass man sie auf absehbare Zeit nicht einmal ansatzweise füllen wird. Ich habe in vielen dieser Kirchen gesessen: Sie sind kalt und dunkel, die Gemeinden sind oft bettelarm. Trotzdem versucht man, diese Gebäude um jeden Preis zu erhalten, denn schließlich »wohnt da Gott«. Nein, Gott wohnt da nicht! Gott wohnt da, wo Menschen wohnen. Er wohnt dort, wo man ihn einlässt – selbst wenn es nur ein armseliger Stall oder eine Krippe ist. Auch dürfen wir uns in dieser Frage nicht in erster Linie von kulturellen Erwägungen leiten lassen. Es ist – nicht nur im Osten unserer Republik – viel wichtiger, dass wir in Menschen investieren als in Gebäude. Es muss nicht unbedingt ein großes Kirchengebäude sein – ein freundlicher, heller (und oft sehr viel billigerer) Versammlungsraum tut es meist auch. Wenn dann genügend Menschen Christen geworden sind, können wir immer noch über größere Räumlichkeiten nachdenken. Dann *müssen* wir es auch. Aber zu diesem Punkt sollten wir erst einmal kommen!

> *Es ist viel wichtiger, dass wir in Menschen investieren als in Gebäude.*

Drittens müssen in unseren Gemeinden die Wohnhäuser der Christen den Kirchengebäuden an Bedeutung gleichgestellt werden. Wenn hier Menschen zum Glauben kommen und im Glauben wachsen, Gemeinschaft pflegen, Gott lieben lernen und sich zum Dienst rufen lassen, sind diese Orte nicht minder »heilig« als unsere Gottesdiensträume. Freilich brauchen wir eine Strategie, wie es dazu kommen soll, dass dies alles in den Wohnhäusern der Christen passiert. Von selbst geschieht das nicht. Vielmehr müssen Kirchen- und Gemeindeleitungen die Rückkehr zu den Hausgemeinschaften des Neuen Testamentes bewusst fördern. Wir brauchen eine gezielte Schwerpunktverlagerung vom »Haus Gottes« zurück zu den Häusern der Menschen. Dies aber geschieht am besten über die Errichtung von Hauskreisen.

Wir brauchen eine gezielte Schwerpunktverlagerung vom »Haus Gottes« zurück zu den Häusern der Menschen.

52

Die Hauskreise unserer Tage sind nicht identisch mit den Hausgemeinschaften des Neuen Testamentes, aber sie sind ein wichtiger Schritt in diese Richtung.

Kein geringerer als Martin Luther selbst machte sich für die Idee stark, die christliche Gemeinde solle sich verstärkt in Privathäusern treffen, um dort Gottesdienst zu feiern. In seiner »Vorrede zur Deutschen Messe« (1526) unterschied er drei Arten des Gottesdienstes: Die *lateinische Messe*, die er vor allem wegen der Gebildeten nicht abschaffen wollte, sodann die von ihm entwickelte *deutsche Messe*, die auf das »einfältige Volk« zielte: »Unter ihm sind viele, die noch nicht glauben oder Christen sind.« Eine dritte Form des Gottesdienstes, die Luther damals vorschwebte, führte er leider nicht allzu ausführlich aus, aber die wenigen Dinge, die er schreibt, hören sich hochinteressant an:

Diese dritte Form des Gottesdienstes richtet sich nicht an die große Öffentlichkeit, sondern an »diejenigen, die mit Ernst Christen sein wollen und das Evangelium mit der Tat und dem Munde bekennen«. Luther schlug vor, dass diese Christen sich in privaten Häusern zum Gebet, zum Lesen der Heiligen Schrift, zur Taufe, zum Abendmahl usw. treffen sollten. In wenigen Sätzen zeichnet Luther die Umrisse eines solchen Gottesdienstes und kommt mit einem erstaunlich geringen Maß an Vorgaben aus: »Hier bedürfte es nicht vieler und großer Gesänge. Hier könnte man auch Taufe und Sakramente auf eine kurze feine Weise halten und alles aufs Wort und Gebet um die Liebe richten. Hier müsste man einen guten kurzen Unterricht über das Glaubensbekenntnis, die Zehn Gebote und das Vaterunser haben. In Kürze: wenn man die Menschen und Personen hätte, die mit Ernst Christen zu sein begehrten, die Ordnungen und Regeln dafür wären bald gemacht.« Freilich vermerkt er dann resigniert: »Aber ich kann und mag eine solche Gemeinde nicht ordnen noch anrichten. Denn ich habe noch nicht die Menschen und Personen dazu, ebenso sehe ich auch nicht viele, die sich dazu drängen.« Zu sehr sieht er die Christenheit noch im mittelalterlichen Katholizismus und den damit verbundenen Unmündigkeiten verstrickt. Sollte es aber dazu kommen, schreibt er, dass hier eine Bewegung und ein entsprechender Druck von unten entsteht, »so will ich das Meine gerne dazu tun und auf das beste, so ichs vermag, helfen. Bis dahin will ichs bei den angeführten zwei Weisen (des Gottesdienstes) bleiben lassen ..., bis dass sich die Christen, welche das Wort mit Ernst meinen, von selbst finden und auf einer Änderung bestehen« (WA 19,75 Übersetzung nach Kurt Aland).

Luther versäumte es, diese Ansätze später weiterzuführen. Er merkte sehr bald, dass solche kleinen Gruppen bewusster Christen, die sich in Häusern trafen und die von den so genannten Widertäufern bewusst gefördert wurden, ihm und seiner Bewegung durchaus auch gefährlich werden konnten. So machte er sich die herkömmliche Kirchenstruktur zunutze, um die Dinge unter Kontrolle zu halten. Es gehört zu den verhängnisvollen Entwicklungen der Kirchengeschichte, dass sich die evangelische Kirche dieser Entscheidung angeschlossen hat, statt die wichtigen Ansätze aus Luthers »Vorrede zur Deutschen Messe« weiterzuführen. So sind wir heute, rund 500 Jahren nach Martin Luther, immer noch nicht viel weiter als damals. Immer noch hört man landauf, landab von Pastoren das Lamento: Wir würden ja gerne eine lebendige Kleingruppenstruktur in unseren Gemeinden etablieren, »aber wir haben noch nicht die Menschen und Personen dazu«.

Ich glaube, dass Luther in seiner »Vorrede zur Deutschen Messe« etwas ungeheuer Wichtiges angesprochen hat. Die Verknüpfung von öffentlichem Gottesdienst, der – mit Luther zu sprechen – »zum Glauben reizen« soll, und geistlicher Zelle, in der der Glaube vertieft wird, ist nicht nur biblisch fundiert, sondern wird in ihrer Stimmigkeit und inneren Sachlogik durch kein anderes Gemeindemodell erreicht. So verwundert es nicht, dass nahezu jeder geistliche Aufbruch und jede nachhaltige Erneuerung in unserer Kirche durch eine Rückkehr zu geistlichen Kleingruppen begleitet wurde, die sich zum Gebet, zum Lesen der Bibel und zum gemeinsamen Austausch trafen. Am deutlichsten wird das an der Bewegung des Pietismus, die seit dem 17. Jahrhundert überall im ganzen Land »Bibelkreise« ins Leben rief. Diese wurden von der offiziellen Amtskirche teilweise bitter bekämpft und verächtlich gemacht, aber sie haben über die Jahre hinweg einen un-

---

Nahezu jeder geistliche Aufbruch und jede nachhaltige Erneuerung in unserer Kirche wurde durch eine Rückkehr zu geistlichen Kleingruppen begleitet.

schätzbaren Beitrag zum allgemeinen Priestertum der Gläubigen innerhalb unserer Kirche geleistet. Seit etwa 1975 kam in Deutschland die *Hauskreisbewegung* auf. Die Hauskreisbewegung bedeutet eine Weiterentwicklung gegenüber den Bibelkreisen, weil sie ihr Schwergewicht weniger auf die Vermittlung von Lehre als vielmehr auf die Umsetzung des christlichen Glaubens im Alltag setzt. Anders als der Bibelkreis lebt der Hauskreis weniger von der Dominanz eines Lehrers und Leiters als vielmehr von der Beteiligung der ganzen Gruppe.

Wer sich mit Hauskreisen beschäftigt, entdeckt schnell die Parallelen zu den Hausgemeinschaften des Neuen Testamentes: Die kleine, überschaubare Gruppe, die Unabhängigkeit von großen Gebäuden, die persönliche Atmosphäre, die Praxis des Bibellesens und Gebetes, das miteinander geteilte Leben, die missionarischen Möglichkeiten und die gegenseitige Verantwortung entsprechen sich deutlich. Freilich sollten wir uns davor hüten, das eine einfach mit dem anderen gleichzusetzen. Die Hauskreise unserer Tage sind nicht identisch mit den Hausgemeinschaften des Neuen Testamentes. Sie sind ein wichtiger Schritt in diese Richtung, nicht mehr, aber auch nicht weniger. Die Realität zeigt freilich, dass es in der Praxis der Hauskreise in vielen Gemeinden hinten und vorne noch »klemmt«:

- Da treffen sich Menschen jahrelang und sprechen über die Bibel – aber in ihrem Leben und Alltag bewegt sich so gut wie nichts.
- Da wehren sich Hauskreise um ihrer Vertrautheit willen gegen neue Besucher – und degenerieren mehr und mehr zum Kuschelclub einer frommen Clique.
- Da werden Nachbarn und Freunde zwar eingeladen – aber sie bleiben nach den ersten Malen erschrocken weg, weil sie auf ein enges, gesetzliches Christentum treffen.
- Da existieren Hauskreise in einer Gemeinde – aber für die Gemeinde hat das kaum positive Auswirkungen. Sie leben letztlich an der Gemeinde vorbei.
- Manche Haus- und Bibelkreise zeigen sich alles andere als lebendig und beweglich, wenn es um den missionarischen Gemeindeaufbau geht, sondern zählen (sich) eher zu den Kräften der Beharrung.
- Andere Hauskreise sind überaus leiterfixiert und fördern so nicht gerade das allgemeine Priestertum der Gläubigen.
- Schließlich fungieren manche Hauskreise als Sammelbecken der Opposition der Gemeindeleitung, was das gegenseitige Misstrauen fördert und zu einem unguten Gegeneinander von Hauskreis und restlichem Gemeindeleben führt.

In der Praxis vieler Hauskreise »klemmt« es oftmals: Da treffen sich Menschen jahrelang und sprechen über die Bibel – aber in ihrem Leben und Alltag bewegt sich so gut wie nichts.

All diese (und noch einige andere) Nachteile sollten uns davor bewahren, in den Hauskreisen unserer Tage allzu blauäugig die Wiedergeburt der neutestamentlichen Hausgemeinschaften zu sehen. Bis dahin ist noch ein langer Weg. Doch die Richtung, die die Hauskreisbewegung einschlägt, ist dabei unumkehrbar richtig: Diese führt von der Versorgungs- zur Beteiligungskirche, vom bloßen Besuch von Veranstaltungen zur zunehmenden Übernahme eigener Verantwortung, von der Pastorenkirche zum allgemeinen Priestertum der Gläubigen. Darum sollten wir in den genannten Nachteilen keine Argumente gegen Hauskreise an sich sehen, sondern vielmehr die Aufforderung, die bestehenden Gruppierungen noch stärker auf das Bild der neutestamentlichen Hausgemeinschaften hin zu verbessern.

53 Es gibt kein Medium, das geeigneter wäre, Menschen dabei zu helfen, zum Glauben zu kommen, im Glauben zu wachsen und ihren Glauben mit anderen zu teilen, als die Häuser der Christen.

Manche Ausleger weisen darauf hin, dass die neutestamentliche Hausgemeinschaft eine geschichtlich zufällige Gestalt ist, die man nicht biblizistisch auf heutige Zeiten übertragen dürfe. Das ist insofern richtig, als das »Haus« in der Antike in wirtschaftlicher wie in sozialer Hinsicht eine Schlüsselrolle spielte und Funktionen ausübte, die es heute so nicht mehr wahrnimmt. Das »Haus« reichte mit seinem vielfältigen Beziehungsgeflecht weit über den Kreis der Familie hinaus und war insofern der natürlichste Ansatzpunkt für die ersten Anfänge der Gemeinde. Das ist heute so nicht mehr der Fall. Dennoch bietet die regelmäßige Zusammenkunft der Christen in Privathäusern so viele Vorteile, dass wir gut daran tun, diese Struktur auch auf unsere Gemeinden zu übertragen.

Das traditionelle Gemeindemodell ist weitgehend unwirksam, um Grundwerte und Überzeugungen – und damit das Leben der Menschen – nachhaltig zu verändern.

1. *Hauskreise sind das ideale Medium zu persönlicher Veränderung.* Untersuchungen haben gezeigt, dass das traditionelle Gemeindemodell weitgehend unwirksam ist, um Grundwerte und Überzeugungen – und damit das Leben der Menschen – nachhaltig zu verändern. Viele Christen führen ein fast identisches Leben wie die Menschen um sie herum, gehen in der Gesellschaft nahtlos auf und kommen der ihnen von Jesus zugewiesenen Funktion nicht nach, »Salz und Licht« dieser Welt zu sein (vgl. Matthäus 5,13-16). Hauskreise hingegen bieten einen Ort,

an dem das Wertesystem eines Menschen innerhalb einer verbindlichen Gemeinschaft auf radikale und wirksame Weise verändert wird: Hier kann sich sein Leben von Grund auf neu ordnen, er bekommt praktische Hilfestellungen für seinen Glauben im Alltag und ist in einer größeren Familie geborgen.

2. *Hauskreise ermöglichen echte Gemeinschaft und verlässliche Beziehungen.* Innerhalb einer Hausgemeinschaft teilt man beides miteinander: Gute wie schlechte Zeiten. Während es uns durchaus möglich ist, sonntagmorgens für eine vorübergehende Zeit eine fromme Maske aufzuziehen, können wir uns innerhalb einer sich regelmäßig treffenden, verbindlichen Kleingruppe auf Dauer nicht verstecken. Während man im Gottesdienst überdies unter Dutzenden oder gar Hunderten Menschen allein sein kann, bietet die Hausgemeinschaft einen Rahmen für verlässliche und authentische Beziehungen.

> *Während es uns durchaus möglich ist, sonntagmorgens eine fromme Maske aufzuziehen, können wir uns innerhalb einer sich regelmäßig treffenden, verbindlichen Kleingruppe auf Dauer nicht verstecken.*

3. *Hauskreise sind ökonomisch sinnvoll.* Will sagen: Man braucht keine zusätzlichen Gebäude. In unserer Gesellschaft verfügen 99 % der Menschen über Wohnraum und die weit überwiegende Mehrheit von ihnen ist in der Lage, darin eine Gruppe von zehn bis zwölf Leuten aufzunehmen. Darum hat eine Gemeinde, die sich in Hauskreise aufgliedert – zumindest theoretisch –, ein unbegrenztes Wachstumspotenzial. Es gibt keine räumlichen Hindernisse, die dieses Wachstum begrenzen.

4. *Hauskreise bieten einen persönlichen Rahmen.* Selbst der schönste und ansprechendste Gemeinderaum kann die persönliche und intime Atmosphäre nicht ersetzen, die ein privater Wohnraum bietet. Wohnungen lassen Menschen offener, herzlicher und verbindlicher werden. Sie sind eher bereit, mitzuteilen, was sie bewegt. In dieser Umgebung fällt es leichter, innere Barrieren abzubauen und Persönliches von sich preiszugeben und miteinander zu teilen. Die Erfahrung zeigt außerdem, dass derjenige, der den Wohnraum zur Verfügung stellt (dies muss keinesfalls der Leiter der Gruppe sein), durch seine Gastgeberfunktion oftmals eine neue, positive Rolle innerhalb der Gruppe übernimmt.

5. *Hauskreise bieten die Möglichkeit, über die Mauern der Kerngemeinde hinauszureichen.* Zweifellos kann eine Gemeinde auch

durch attraktive Großveranstaltungen oder interessante Seminarangebote über den engen Kreis der Kerngemeinde hinauswirken. Das Problem ist, dass derartige Veranstaltungen in aller Regel nicht in der Lage sind, die Menschen nachhaltig an die Gemeinde zu binden bzw. sie auf den Weg der Nachfolge Jesu zu bringen. Für diesen Zweck sind Hauskreise geradezu ideal. Sie bieten die ideale Voraussetzung dazu, den Kern der Gemeinde ständig zu erweitern, indem sie »Randsiedler« und Außenstehende in diesen integrieren.

6. *Hauskreise sind der Schlüssel dazu, jedermann in die Gemeinde einzugliedern.* Innerhalb einer kleinen Gruppe kann auf die individuellen Fragen und Bedürfnisse jedes Einzelnen sehr viel besser eingegangen werden, als in einer großen Gemeinde. Hier kann sich jeder mit seinen Gaben und Stärken einbringen und wird dazu auch ermutigt. Auf der anderen Seite wird der Schwache getragen, der Neue mit seinem Suchen und Fragen ernst genommen und den individuellen Besonderheiten jedes und jeder Einzelnen Rechnung getragen, sodass jeder das Gefühl haben kann, wirklich »dazuzugehören« und nicht nur ein unbedeutendes Rädchen im Getriebe zu sein.

7. *Nur Hauskreise sind in der Lage, das pastorale Seelsorge-Dilemma zu lösen, in dem unsere Gemeinden heute befangen sind.* Das Dilemma der klassischen Gemeinde wurde bereits weiter oben beschrieben: Je größer eine Gemeinde ist bzw. je stärker die Kerngemeinde zahlenmäßig wächst, desto weniger Zeit bleibt dem Pfarrer, sich seelsorgerlich um den Einzelnen zu kümmern. Hauskreise sind der ideale Ort für seelsorgerliche Beziehungen. Eine gesunde Struktur geistlicher Kleingruppen ist die einzige Möglichkeit, dass die Kerngemeinde quantitativ wächst, ohne dass die Qualität der Gemeindearbeit darunter leiden muss. Ich komme auf diese Frage gleich noch ausführlich zu sprechen.

Eine gesunde Struktur geistlicher Kleingruppen ist die einzige Möglichkeit, dass die Kerngemeinde quantitativ wächst, ohne dass die Qualität der Gemeindearbeit darunter leiden muss.

8. *Hauskreise lassen sich nach Interessen und Bedürfnissen zusammenfassen.* Das Idealbild des Hauskreises ist es, verschiedene und verschiedenartige Menschen zusammenzubringen: Alt und Jung, Verheiratete und Singles, Arme und Reiche, Kluge und weniger Kluge. Sie alle leben zusammen in der Liebe Christi. Dennoch kann ein Hauskreis Schwerpunkte ausbilden. So kann es Hauskreise gezielt für bestimmte biografische Situationen geben

(zum Beispiel allein erziehende Mütter, Geschäftsleute, Gruppen mit Selbsthilfecharakter). Manche Gruppen zielen besonders auf »Neueinsteiger« in der Gemeinde, andere wiederum legen ihren Schwerpunkt auf einen Dienst innerhalb der Gemeinde oder auf das Gebet. Die Hauskreise einer Gemeinde sind idealerweise nicht einheitlich gestaltet, sondern bieten ein buntes Bild.

9. *Hauskreise sind eine ideale Voraussetzung für den gemeinsamen Dienst.* In den meisten Gemeinden wird ein verhältnismäßig kleiner Anteil an Mitarbeitern über Gebühr beansprucht, während der größte Teil der Gemeinde – selbst der Kerngemeinde! – passiv verbleibt. Hauskreise holen die Menschen aus ihrer Konsumentenhaltung heraus und schaffen ein gesundes Gleichgewicht zwischen Geben und Nehmen. Ideal ist es, wenn der Hauskreis beschließt, als Gruppe eine gemeinsame Aufgabe zu übernehmen: Denn in keinem Umfeld macht die Mitarbeit in der Gemeinde so viel Spaß wie mit den Menschen, mit denen man ohnehin regelmäßig die Bibel liest, betet und das Leben miteinander teilt.

10. *Hauskreise überwinden die Unterscheidung zwischen Klerus und Laien.* In manchen Gemeinden leitet der Pfarrer oder die Pfarrerin den bestehenden Hauskreis. Dies mag als Anfangslösung sinnvoll und notwendig sein, spätestens ab dem dritten Hauskreis in der Gemeinde geht das so nicht mehr. Spätestens dann wird die Rolle der Theolog(inn)en innerhalb der Gemeinde nivelliert bzw. die Rolle der so genannten Laien wird deutlich aufgewertet. Kaum anderswo kann das allgemeine Priestertum, von dem weiter oben die Rede war, so schnell und so radikal umgesetzt werden wie im Hauskreis. Umgekehrt ist das Fehlen von Hauskreisen (oder hauskreisähnlichen Gruppen) meist ein unfehlbares Symptom dafür, dass es die betreffende Gemeinde mit dem allgemeinen Priestertum nicht so genau nimmt.

Das Fehlen von Hauskreisen ist meist ein unfehlbares Symptom dafür, dass es die betreffende Gemeinde mit dem allgemeinen Priestertum nicht so genau nimmt.

Zusammenfassend kann man sagen: Es ist nicht bloß Biblizismus, wenn wir die Hausgemeinschaften des Neuen Testamentes heute neu für uns entdecken und fördern. Wenn die Bibel uns diese Arbeitsform nicht vorgeben würde, müsste man sie erfinden. Es gibt kein Medium, das geeigneter wäre, Menschen dabei zu helfen, zum Glauben zu kommen, im Glauben zu wachsen und ihren Glauben mit anderen zu teilen als die Häuser der Christen. Das System der Hauskreise bietet so

In der Bildung lebendiger Hauskreise und ähnlicher Kleingruppen liegt vielleicht der wichtigste Schlüssel zur Erneuerung unserer Gemeinden.

viele Vorteile, dass wir es nicht ignorieren können, ohne Schaden zu nehmen. Die Tatsache, dass Hausgemeinschaften in unserer Kirche Jahrhunderte lang ein Schattendasein fristeten, haben wir bitter bezahlen müssen: Auf der Strecke geblieben ist vielfach nicht nur der persönliche, verbindliche Glaube, sondern auch das allgemeine Priestertum sowie die vitale, lebendige Gemeinschaft der Christen untereinander. Darum liegt in der Bildung lebendiger Hauskreise und ähnlicher Kleingruppen ein wichtiger Schlüssel zur Erneuerung unserer Gemeinden – vielleicht der wichtigste überhaupt.

54 Kreise und Gruppen gibt es in unseren Gemeinden viele. Was wir aber vor allem brauchen, sind ganzheitliche Kleingruppen.

Dem Leser und der Leserin ist wahrscheinlich eine sprachliche Inkonsequenz aufgefallen, die sich durch dieses Kapitel zieht: Ich benutze die Begriffe »Hauskreis«, »Hausgemeinschaft«, »Kleingruppe« und »Zellgruppe« ziemlich unvermittelt nebeneinander bzw. sie sind für mich austauschbar. Der Grund dafür ist die bereits in → These 52 ausgesprochene Hemmung, die heutigen Hauskreise einfach mit den Hausgemeinschaften des Neuen Testamentes zu identifizieren. Es gibt andere Kleingruppenmodelle, die sich von Hauskreisen durchaus unterscheiden, aber dennoch in vielem den Hausgemeinschaften des Neuen Testamentes entsprechen. Nicht auf die äußere Form der Kleingruppen kommt es an, sondern auf das, was ich ihre »Ganzheitlichkeit« nenne. Ganzheitlich ist eine Kleingruppe nach meinem Verständnis dann, wenn sie fünf für das Christsein wesentliche Funktionen erfüllt. Auch in dieser fünffachen Aufgabenstellung können wir uns eng an die Vorgaben des Neuen Testament anlehnen. Die Apostelgeschichte zeichnet ein klares Bild, was in den Gruppen passierte, die sich in den Häusern trafen (vgl. für das Folgende vor allem Apostelgeschichte 2,41-47):

Das Erste, das hier zu nennen ist, ist die gemeinsame Mühe um **Wachstum im Glauben.** Vor allem konkretisiert sich das in der intensiven Auseinandersetzung der ersten Gemeinden mit der Heiligen Schrift. Dem ganzen Neuen Testament können wir entnehmen, wie wichtig für die ersten Christen die intensive Auseinandersetzung mit der hebräischen Bibel und den Lehren der Apostel gewesen ist (vgl. Apostelgeschichte 17,11; 2. Timotheus 3,15-17; 2. Petrus 1,19-21 u.v.a.). Auch von der Urgemeinde heißt es: »*Sie aber blieben beständig in der Lehre der Apostel.*« Hierbei dürfen wir das Wort »Lehre«

nicht missverstehen. Es geht in einer ganzheitlichen Kleingruppe nicht darum, dass die Teilnehmer möglichst viel Wissen anreichern. Das Problem vieler Christen besteht nicht darin, dass sie nicht genug wissen, sondern dass sie ihr Wissen nicht *anwenden.* Sie neigen dazu, ihr Wissen über den Glauben mit Glauben zu verwechseln. Und viele unserer Bibelkreise wie unserer Predigten leisten diesem Irrtum Vorschub. Jesus sagt in seinem Missionsbefehl eben nicht: »Lehret sie!«, sondern »Lehret sie *halten,* was ich euch befohlen habe« (Matthäus 28,20). Darum muss der Akzent in einer Kleingruppe nicht auf dem *Wissen* über den Glauben liegen, sondern auf der *Umsetzung* des Wortes Gottes, auf der Frage, wie man von diesem Wort her seinen Alltag angehen und gestalten und verändern kann. Hier geht es um die Einübung in die Jüngerschaft, hier geht es um das geistliche Wachstum der Gruppenmitglieder, hier wird Nachfolge real.

Das Problem vieler Christen besteht nicht darin, dass sie nicht genug wissen, sondern dass sie ihr Wissen nicht anwenden. Sie neigen dazu, ihr Wissen über den Glauben mit Glauben zu verwechseln.

Das zweite Kennzeichen der neutestamentlichen Hausgruppen ist deren **intensive Gemeinschaft:** Die ersten Christen blieben nicht nur beständig in der Lehre der Apostel, sondern auch »beständig ... in der Gemeinschaft.« Das heißt: Die Beziehungen, die sie aufbauten, waren verlässlich. Veranstaltungen kann man je nach Stimmung besuchen oder auch nicht. Eine lebendige Gemeinschaft hingegen braucht ein gewisses Maß an Beständigkeit und Verlässlichkeit. Die Gemeinschaft der ersten Christen war geprägt von vielen gemeinsamen Unternehmungen: »*Und sie waren täglich einmütig beieinander im Tempel und brachen das Brot hier und dort in den Häusern, hielten die Mahlzeiten mit Freude und lauterem Herzen.*« Diese Leute waren gern zusammen, und zwar nicht nur zu religiösen Veranstaltungen. Übertragen gesprochen: Sie organisierten Mahlzeiten, Kaffeetrinken, Grillparties, Ausflüge, Wochenendfahrten, hatten Spaß miteinander, besuchten kulturelle Veranstaltungen usw. Die ersten Christen beteten außerdem füreinander, weswegen hier auch berichtet wird, dass viele Zeichen und Wunder geschahen. (Was würde in unseren Gemeinden geschehen, wenn wir anfingen, konsequent füreinander zu beten!) Und es blieb nicht beim bloßen Gebet füreinander: Sie teilten auch alles miteinander. Wenn jemand in Not war, halfen die anderen aus. Wie viel besser und effektiver klingt das als alle zentral organisierten Fürsorgeprogramme! Die Gütergemeinschaft des Neuen Testamentes, die unserer heutigen Praxis so unendlich fern scheint, könnte durch ein verstärktes Teilen innerhalb der Hausgemeinschaft zumindest wieder ein Stück mehr Wirklichkeit werden.

Das Dritte, was hier erwähnt wird, ist die **leidenschaftliche Spiritualität** dieser Hausgemeinschaften. Gebet, Lobpreis, Bibelstudium, Brotbrechen – all diese Begriffe können nur andeuten, in welche tief geistliche Atmosphäre diese Zusammenkünfte getaucht waren. »*Und sie lobten Gott*«, heißt es hier ganz lapidar. Lobpreis, so wie ihn das Neue Testament versteht, ist ein Lebensstil, der die ganze Existenz des Christen durchzieht: Von der persönlichen Spiritualität über die Kleingruppen bis hin in den Gemeindegottesdienst. Gleich zweimal wird in unserem Text außerdem das *Brotbrechen* erwähnt. Das Abendmahl wurde also nicht im Tempel gefeiert, sondern in den Häusern. Müssten wir an dieser Stelle nicht umdenken? Im gesamten Neuen Testament gibt es nicht *ein* Beispiel dafür, dass das Abendmahl außerhalb der Hausgemeinschaft eingenommen wurde. Dort hat es schließlich auch angefangen: in einem Haus! Darum müssen wir unbedingt zusehen, dass wir das Abendmahl wieder verstärkt in den Häusern und Kleingruppen feiern, und zwar möglichst integriert in eine richtige Mahlzeit, denn das war es im Neuen Testament auch. Ich glaube, dass das eine Dichte der Erfahrung ermöglicht, die wir im Gemeindegottesdienst nur sehr selten erleben (vgl. hierzu mein Buch »Gottes Liebe feiern«, S. 188-206). Wenn Ihnen der Gedanke zu ketzerisch vorkommt, denken Sie bitte daran, dass auch Martin Luther in seiner »Vorrede zur Deutschen Messe« in den Häusern den eigentlichen Platz der Abendmahlsfeier gesehen hat.

Im gesamten Neuen Testament gibt es nicht ein Beispiel dafür, dass das Abendmahl außerhalb der Hausgemeinschaft eingenommen wurde.

Das Vierte, was hier erwähnt wird, ist der **Dienst an anderen**. Hauskreise sind kein sinnvolles Ziel in sich selber. Hauskreise dürfen sich darum nie in sich selbst abkapseln und sich nach außen abschotten, weil man sich »ach, so wohl« miteinander fühlt. Ich bin definitiv der Meinung, dass man sich in einem Hauskreis wohl fühlen sollte, aber das kann immer nur ein Nebenprodukt und nicht Sinn und Ziel in sich selber sein. In Apostelgeschichte 2,45 heißt es, dass die Hausgemeinschaften unter den Bedürftigen austeilten. Ich glaube, dass das zwar primär, aber nicht ausschließlich für Gemeindeglieder galt. Hier wurde ein diakonischer Auftrag an der Gesellschaft wahrgenommen und darum lesen wir hier auch, dass sie »Wohlwollen beim ganzen Volk« fanden (Vers 47). Auch die Zeichen und Wunder, die in Vers 43 erwähnt werden, beschränkten sich nicht auf den innergemeindlichen Bereich (vgl. z.B. Apostelgeschichte 3,1-9). Die Hausgemeinschaften waren missionarisch aktiv (dazu komme ich gleich noch) und selbstverständlich dienten sie der Gesamtgemeinde und unterstützten sie mit ihrem Gebet, ihrem Besitz und ihrer Mitarbeit. Das ist etwas, was unseren Hauskreisen heute stärker bewusst werden muss: Sie sind nicht nur für sich selber und ihr eigenes geistliches Wachstum da. Ihre Aufgabe ist auch, auf die eine oder andere Weise der Gesamtgemeinde bzw. den Menschen überhaupt zu dienen.

Das Letzte, was hier erwähnt wird, ist die starke **missionarische Wirkung** der Hausgemeinschaften. »*Der Herr aber fügte täglich zur Gemeinde hinzu, die gerettet wurden.*« Die Hausgemeinschaften leisteten dabei einen wichtigen Beitrag zur Integration jener Menschen, die in den Gottesdiensten oder anderswo zum Glauben gekommen waren. Diese Menschen bekamen in den Hausgemeinschaften Leute an die Seite gestellt, die sie in den ersten Schritten unterwiesen, mit denen sie sich austauschen und mit denen sie ihren Glauben zusammen leben konnten. Doch die Hausgemeinschaften wirkten nicht nur integrativ. Sie waren auch selber missionarisch. In Apostelgeschichte 5,42 heißt es: »*Sie (= die Apostel) verkündeten weiter jeden Tag öffentlich im Tempel und auch in Privathäusern, dass Jesus der schon lange erwartete Messias ist.*« Es ist ungemein wichtig, dass Hauskreise und ähnliche Gruppen nicht im eigenen Saft schmoren! Die Erfahrung zeigt, dass rund 80 % der Menschen, die sich einem Hauskreis anschließen, über kurz oder lang zum Glauben kommen. Es gibt kein wirkungsvolleres Instrument, einen Menschen langsam und behutsam auf den Weg des Glaubens zu bringen, als ihn in eine geistliche Kleingruppe zu integrieren. Manche Hauskreise stellen deswegen gleichsam wie ein Mahnmal einen leeren Stuhl hin. Um ständig vor Augen zu haben: »Wir wollen uns öffnen. Wir wollen überlegen, wer als nächstes auf diesem Stuhl sitzen könnte.« Ein gesunder Hauskreis bleibt nicht Jahre lang in der gleichen Besetzung zusammen. Es kommen immer mehr neue Leute hinzu, sodass die Gruppe auf Grund ihres Wachstums immer wieder neue Gruppen hervorbringt. (Näheres hierzu finden Sie in dem im Literaturverzeichnis aufgeführten Hauskreis-Büchlein von Klaus Eickhoff).

Das also sind die fünf Kernmerkmale einer ganzheitlichen Kleingruppe: In ihrer Mitte kommen Menschen zum Glauben, sie bietet ihren Mitgliedern eine intensive und verlässliche Gemeinschaft, sie fördert ihr spirituelles Wachstum und setzt sie frei zum Dienst und sorgt dafür, dass ihre Liebe zu Gott mehr und mehr zunimmt. In Schlagworten zusammengefasst: Evangelisation, Gemeinschaft, Jüngerschaft, Dienst und Spiritualität.

Hieraus wird ersichtlich, warum die bestehenden Kreise und Gruppen, die wir in unseren Gemeinden haben, in aller Regel das Kriterium der Ganzheit-

Das sind die fünf Kernmerkmale einer ganzheitlichen Kleingruppe: Evangelisation, Gemeinschaft, Jüngerschaft, Dienst und Spiritualität.

lichkeit *nicht* erfüllen: Sie sind meist entweder Dienstgruppen *oder* Gebetskreise *oder* Kreise zur Gemeinschaftspflege etc. Dagegen ist überhaupt nichts einzuwenden, aber sie akzentuieren eben nur einen oder zwei der genannten Aspekte und nicht alle. Das heißt aber: Wer *nur* eine solche Gruppe besucht, bei dem kommt es auf Dauer zu einer »geistlichen Mangelernährung«. Er muss zusehen, dass er die fehlenden Elemente irgendwo anders herbekommt. Denn jedes einzelne der genannten fünf Elemente ist für unser Christsein von essenzieller Bedeutung und wenn es ganz wegfällt, kommt unser spirituelles Wachstum zum Stillstand. Ganzheitliche Kleingruppen hingegen können sich in Form, Zielgruppe, thematischen Schwerpunkten etc. zwar stark unterscheiden, aber keiner der genannten Aspekte geht dabei gänzlich verloren. Darum ist die Teilnahme an einer solchen Gruppe die beste Voraussetzung für ein gesundes geistliches Wachstum.

55 Die Gemeinde der Zukunft wird nicht mehr Hauskreise oder ähnliche Kleingruppen *haben*. Sie wird aus solchen Kleingruppen *bestehen*.

Obwohl es zur Zeit der Urgemeinde in Jerusalem Hunderte von Hausgemeinschaften gegeben haben muss, ist doch immer nur von der *einen* Gemeinde die Rede. Zwar war die Hausgemeinschaft vielerorts identisch mit der Gemeinde (vgl. Römer 16,5; 1. Korinther 16,19; Kolosser 4,15; Philemon 2). Doch kann man dem Neuen Testament nicht an einer einzigen Stelle entnehmen, dass es an einem Ort mehrere Gemeinden gegeben hätte. Die Hausgemeinschaften an einem Ort – wenn es denn mehrere gab – fühlten sich vielmehr als Einheit miteinander verbunden. Die Hausgemeinschaften waren also durch zweierlei gekennzeichnet: Autarkie und Vernetzung. Dies lässt sich als doppelte Aufgabenstellung auf unsere heutigen Kleingruppen übertragen:

Zum einen: Jede ganzheitliche Kleingruppe, die die fünf in → These 54 genannten Kernmerkmale (Evangelisation, Gemeinschaft, Jüngerschaft, Dienst und Spiritualität) aufweisen kann, birgt in sich das Potenzial zu einer eigenen Gemeinde. Wie jede menschliche Körperzelle das gesamte Genmaterial in sich trägt, aus dem theoretisch ein neuer Mensch entstehen kann, so trägt eine ganzheitliche Kleingruppe sämtliche »Informationen« in sich, die man braucht, um eine neue Gemeinde zu bilden.

Wie jede menschliche Körperzelle das gesamte Genmaterial in sich trägt, aus dem theoretisch ein neuer Mensch entstehen kann, so trägt eine ganzheitliche Kleingruppe sämtliche »Informationen« in sich, die man braucht, um eine neue Gemeinde zu bilden.

Entsprechend hoch sollte man sie in der Gemeinde achten und ihr die entsprechende Mündigkeit zugestehen.

Zum andern: Kleingruppen sollten sich vor Ort nicht voneinander isolieren, sondern als zusammengehörig begreifen und zusammenarbeiten. Obwohl jede von ihnen das Potenzial zu einer eigenen Gemeinde in sich trägt, ist das Geheimnis einer starken Gemeinde die *Vernetzung* vieler solcher Gruppen zu einem großen Ganzen. Auf den Punkt gebracht: Die Stärke der neutestamentlichen Gemeinde bestand in ihrer Netzwerkstruktur. Die Gemeinde in Jerusalem und anderswo *besaß* nicht die eine oder andere Kleingruppe. Sie *bestand* vielmehr aus solchen Gruppen. Jede für sich war stark und lebensfähig. Zusammen aber veränderten sie nicht nur Jerusalem, sondern die ganze Welt.

Die Stärke der neutestamentlichen Gemeinde bestand in ihrer Netzwerkstruktur.

Die Frage, die sich hier stellt, ist, wie wir das auf unsere heutigen Gemeinden übertragen wollen. Selbst wenn uns einleuchtet, dass in einem Kleingruppensystem, das sich eng an das Modell der Jerusalemer Urgemeinde anlehnt, ein wichtiger Schlüssel für die Zukunft unserer Gemeinden liegen könnte: Wie soll das praktisch aussehen und wo wollen wir ansetzen? Wie wollen wir dahin kommen, ohne die Volkskirche in ihren Grundbeständen zu zerstören? Wie wird aus einer ganz normalen Gemeinde ein Netzwerk von Kleingruppen, das in sich das Potenzial trägt, diese Welt zu verändern? Ich schlage Gemeinden, die sich auf diesen Weg machen wollen, fünf konkrete Schritte vor:

1. Ermutigen Sie bereits bestehende Kleingruppen in Ihrer Gemeinde zur Ganzheitlichkeit. Überlegen Sie mit ihnen zusammen, welches der genannten Merkmale der Ganzheitlichkeit (Evangelisation, Gemeinschaft, Jüngerschaft, Dienst und Spiritualität) sie bereits verkörpern und wie sie die anderen Elemente Schritt für Schritt in ihrer Gruppe integrieren können. So können vorhandene Bibelkreise beispielsweise beschließen, zu Hauskreisen zu werden. Oder vorhandene Dienstgruppen eine feste Zeit des Gebets und des Austauschs miteinander vereinbaren. Damit müssen die Gruppen ihren ursprünglichen Charakter nicht völlig aufgeben. Auch ganzheitliche Kleingruppen können Schwerpunkte bilden, aber sie achten darauf, dass alle genannten Aspekte in ihrem Gruppenleben eine Rolle spielen, denn jeder ist für unser Christsein von essenzieller Bedeutung.

2. Nehmen Sie sich in besonderer Weise der Sucher und Neueinsteiger an. Vielleicht haben Sie in Ihrer Gemeinde gar nichts, worauf Sie ein ganzheitliches Kleingruppensystem aufbauen können. Oder es geht in den bestehenden Gruppen einfach nicht voran. In diesem Fall könnte es hilfreich sein, jedes Jahr einen Glaubenskurs anzubieten, aus dem dann ein neuer Hauskreis erwachsen kann (mehr zum Thema »Glaubenskurse« unter ➔ These 24). Fest steht: Wenn unsere Gemeinden im Kern wachsen sollen, müssen wir Menschen mit Christus bekannt machen – und wir müssen sie irgendwie in ihre Gemeinde eingliedern. Geben Sie den Suchern und Neueinsteigern darum für eine gewisse Zeit einen geschützten Raum, wo sie unter ihresgleichen sind und sich entsprechend wohl fühlen und wachsen und reifen können, bis sie an einem »normalen« Hauskreis teilnehmen können. In jeder Gemeinde sollte es zu jeder Zeit mindestens einen Kreis geben, der sich um die Gruppe der Sucher und Neueinsteiger kümmert.

In jeder Gemeinde sollte es zu jeder Zeit mindestens einen Kreis geben, der sich um die Gruppe der Sucher und Neueinsteiger kümmert.

3. *Sorgen Sie für eine gute Ausbildung und Begleitung Ihrer Kleingruppenleiter.* Jemand, der eine Kleingruppe leiten möchte, braucht eine gute Ausbildung. Immerhin ist er oder sie verantwortlich für das geistliche Wachstum einer Gruppe von rund einem Dutzend Menschen. Diese Ausbildung halte ich für eine genuine Aufgabe der Pfarrerinnen und Pfarrer, vielleicht gibt es bei Ihnen aber auch andere Gemeindeglieder, die dazu in der Lage sind. Oder Sie laden jemanden von außen ein. Setzen Sie auf jeden Fall hierfür Ihre besten Möglichkeiten ein! Über die Ausbildung hinaus sollte jemand, der andere in ihrem Glauben begleitet, selber begleitet werden. Dazu dient in unserer Gemeinde nicht nur unser Coachingsystem (vgl. hierzu ➔ These 63), sondern auch ein sich monatlich treffender »Kreis der Kreisleiter«. Der Kreis der Kreisleiter dient in unserer Gemeinde drei wesentlichen Funktionen, nämlich (1.) dem Aufbau und der Pflege einer gemeinsamen Vision, (2.) dem Austausch und Gebet in kleinen Untergruppen sowie (3.) der Vermittlung praktischen Know-hows für die Arbeit.

4. *Lassen Sie jeden Kleingruppenleiter einen Co-Leiter ausbilden.* Dahinter stehen zwei Gedanken: Zum einen können die beiden sich gegenseitig helfen und unterstützen. Darum hat Jesus seine Jünger jeweils auch zu zweit ausgesandt: weil sich die beiden ergänzen und gegenseitig helfen und aufhelfen können. Der andere Aspekt des Co-Leitungsprinzips ist die Ausbildung neuer Leiter. Wenn Ihre Gemeinde so wächst, wie Gott es in sie hineingelegt hat, dann werden Sie früher oder später einen erheblichen Mangel an Kleingruppenleitern haben. In unserer Gemeinde gehört es deswegen zur Auf-

gabenbeschreibung jedes Kleingruppenleiters, dass er möglichst früh einen oder zwei Menschen ins Auge fasst, die er als neue Leiter ausbildet. Dieser Aufgabe räumen wir die gleiche Wichtigkeit ein wie der Leitung der Gruppe selbst.

5. **Mischen Sie Ihre Kreise alle 1 – 2 Jahre durch oder schaffen Sie Möglichkeiten der Teilung.** Kreise neigen im Lauf der Zeit dazu, sich mehr und mehr nach außen abzuschotten. Es kommen immer weniger Neue hinzu, der Gemeinschaftsaspekt fängt an, sich zu verselbstständigen, die anderen Aspekte (Dienst, Jüngerschaft, Gebet, Evangelisation) treten zurück. Der Kreis verliert zusehends an Frische und Dynamik, er fängt an zu sterben, ohne dass er es merkt. Eine Möglichkeit, dagegen anzugehen, ist die, dass sich der Kreis teilt, sobald er die Anzahl von vierzehn Teilnehmer(inne)n erreicht hat. Eine andere Möglichkeit ist die, dass man alle Hauskreise jeweils nur für ein oder zwei Jahre ausschreibt und dann die Gruppen neu mischt. Wir machen in unserer Gemeinde mit diesem System sehr gute Erfahrungen.

> *In unserer Gemeinde gehört es zur Aufgabenbeschreibung jedes Kleingruppenleiters, dass er möglichst früh einen oder zwei Menschen ins Auge fasst, die er als neue Leiter ausbildet. Dieser Aufgabe räumen wir die gleiche Wichtigkeit ein wie der Leitung der Gruppe selbst.*

Diese Hinweise zur Praxis mögen zunächst genügen. Darüber hinaus verweise ich auf die beiden Praxishandbücher von Bill Donahue und Steve Sheely, die Sie im Literaturverzeichnis aufgeführt finden. Wichtig ist, dass Sie bei den genannten Schritten immer im Auge behalten, dass es nicht darum geht, in der Gemeinde eine Vielzahl isolierter Kreise ins Leben zu rufen. Sie wollen ein *Netzwerk* aufbauen. Das aber wird nur funktionieren, wenn erstens die Leiter miteinander in enger Verbindung stehen und eine gemeinsame Vision haben, und wenn zweitens die Gruppen sich nicht abkapseln, sondern sich untereinander treffen und besuchen, hier und dort zusammenarbeiten und sich darüber hinaus immer wieder für Neue öffnen, teilen oder mit anderen Gruppen mischen.

Nur in einer ganzheitlichen Kleingruppe bekommt der Mensch das Maß an Zuwendung, das er wirklich braucht. Darum werden die Kleingruppenleiter die Pastoren der Zukunft sein.

Nichts wäre verkehrter, als wenn man aus dem Gesagten herauslesen würde, dass es mir um eine neue Konzentration auf die Kerngemeinde geht. Die Erneuerung unserer Gemeinden erfolgt zwar in der Tat von der Mitte zu den Rändern hin. Darum müssen wir die Mitte stärken, um von dort aus mehr und mehr die Ränder in Angriff zu nehmen. Die Hauskreise, von denen ich träume, sind deswegen aber gerade *nicht* die Rückzugsorte der Gläubigen, die sich in der Stallwärme ihrer eingekapselten Frömmigkeit wohl fühlen. Das »Haus« des Christen ist vielmehr der Ort, an dem sich Glaube und Alltag gegenseitig durchdringen. Es ist der Ort, an dem Freunde, Nachbarn und Arbeitskollegen ein- und ausgehen. Darum sagt Rudolf Bohren: »Die Hauskirche meint ... gerade nicht den Rückzug auf die Kerngemeinde und Pflege derselben. Sie repräsentiert vielmehr die Einheit, in der die Kirche für die Welt Kirche sein will. Indem die Kirche aus dem Kirchenraum ausbricht und Kirche wird ›hin und her in den Häusern‹, bezieht sie den Ort, an dem sie Kirche für die Welt sein kann.« Es geht also nicht um einen Rückzug, sondern um ein Vordringen der Kirche in die Häuser. Es geht nicht um einen Auszug der Kirche *aus* der Welt, sondern um einen Einzug der Kirche *in* die Welt.

Bei der Bildung von Hauskreisen geht es nicht um einen Auszug der Kirche aus der Welt, sondern um einen Einzug der Kirche in die Welt.

Vielleicht fragen Sie sich: »Wo bleibt bei alledem die Volkskirche?« Doch ich rede die ganze Zeit von nichts anderem! Ein umfassendes Kleingruppensystem, wie ich es hier skizziert habe, ist in unserer Volkskirche bislang zwar unbekannt. Das heißt aber nicht, dass dieses System dem Gedanken der Volkskirche widerspräche. Im Gegenteil: In der Rückkehr zur Urgestalt der Gemeinde liegt meiner Überzeugung nach die einzige Hoffnung für ein dauerhaftes Überleben der Volkskirche.

Wenn wir Volkskirche bleiben wollen, müssen wir auch volkskirchliche Leistungen anbieten. Das heißt: Wir müssen die Menschen wahrnehmen, die in unseren Gemeinden sind, und auf ihre Bedürfnisse eingehen. Sie fragen nach Sinn und Orientierung, aber auch nach tatkräftiger Unterstützung in schwierigen Lebenslagen. Sie suchen nicht nach einer Organisation, sondern nach Menschen, die ihnen beistehen. Sie wollen keine Lehren nachbeten, sondern sind nur bereit, sich auf das Christentum einzulassen, wenn sie authentische Christen finden, die sie mit dem, was sie sagen und tun, überzeugen. Das alles wird aber nicht einmal ansatzweise erfolgen, solange sich nur einer oder eine Hand voll Menschen für viele hundert Gemeindeglieder zuständig fühlen. Bereits in → These 37 hatte ich darauf hingewiesen: Wenn in unseren Gemeinden wirklich »pasto-

Wenn wir Volkskirche bleiben wollen, müssen wir auch volkskirchliche Leistungen anbieten.

rale Arbeit« geschehen soll, wenn die Leute in unseren Gemeinden wirklich wahrgenommen, unterstützt und begleitet werden sollen, dann darf die »pastorale Arbeit« nicht bei den Pastoren liegen! Dann müssen wir das allgemeine Priestertum der Gläubigen wiederentdecken und wiederbeleben. Nur, so werde ich manchmal gefragt, wo will man eigentlich die vielen »Priester« herbekommen? Die Antwort ist ganz einfach: Aus den Hauskreisen! Die Hauskreise sind der natürliche Ort, an dem Menschen gleichzeitig geistlich wachsen als auch behutsam an die Mitarbeit herangeführt, gefördert und in ihrem Dienst begleitet werden können. Darum sind die Hauskreise für mich auch der Ansatzpunkt zu einer Volkskirche, die diesen Namen wirklich verdient.

Ich habe in den USA viele Gemeinden kennen gelernt, die sich strikt nach dem Kleingruppenprinzip organisieren. Sie haben – ob groß oder klein – in aller Regel ein gemeinsames Merkmal: Sie wachsen. Sie wachsen deswegen, weil die Qualität in diesen Gemeinden mit der Quantität Schritt halten kann. Nehmen wir das Extrembeispiel: Willow Creek. Diese Gemeinde kann ihre rund 20.000 Gottesdienstbesucher überhaupt nur in zufriedenstellender Weise »bedienen«, weil sich dort unter der Woche Tausende Kleingruppen treffen, die die vielen Dienste innerhalb der Gemeinde tun – und die die Beziehung zu den vielen Menschen aufrechterhalten und pflegen. Willow Creek und andere Gemeinden, die ich besucht habe, können überhaupt nur so groß sein, weil die Dienste wie die pastorale Begleitung dort nahezu ausschließlich durch Kleingruppen geschieht. Darum sind in diesen Gemeinden die (ehrenamtlichen) Kleingruppenleiter konsequenterweise auch die eigentlichen Pastoren, die »Hirten« in der Gemeinde. Für Leute, die nicht unmittelbar zur Gemeinde gehören, gibt es auch Hilfsdienste: Besuchsdienste für Kranke zum Beispiel oder Speisungsprogramme für Arme. Aber auch hier sind es Kleingruppen, die sich um diese Aufgaben kümmern, und nicht die Pfarrer. Die hauptamtlichen Pfarrer und Pfarrerinnen verstehen sich vielmehr als die Anleiter, die Trainer und Begleiter dieser Pastoren. Vielleicht können wir daraus folgende konkrete Vorschläge zur Praxis ableiten:

Erstens sehe ich eine der zentralen Leitungsaufgaben der Pfarrerinnen und Pfarrer darin, interessierte Gemeindeglieder in solchen kleinen, lebendigen Zellgruppen zu sammeln, in denen sie geistlich wachsen können. Sie müssen Schritte tun weg von der Begleitung der Gemeindeglieder hin zur Begleitung der Begleiter. Und wenn es diese Begleiter

Ich sehe eine der zentralen Leitungsaufgaben der Pfarrerinnen und Pfarrer darin, interessierte Gemeindeglieder in kleinen, lebendigen Zellgruppen zu sammeln, in denen sie geistlich wachsen können.

Hauskreise müssen zum kirchlichen Handeln (Taufen, Trauungen, Beerdigungen) bevollmächtigt werden.

noch nicht gibt, dann müssen sie sich um *potenzielle* Begleiterinnen und Begleiter kümmern. Die ideale Anzahl ist, dass ein Mensch etwa zehn andere begleitet. Das ist eine neben Beruf und Familie verkraftbare Größe. Alles, was darüber hinausgeht, geht auf Kosten der Qualität dieser Begleitung. Das heißt, wenn wir die Menschen in unseren Gemeinden wirklich wahrnehmen und auf ihre Bedürfnisse und Interessen eingehen wollen, brauchen wir eine Gruppe von Menschen, die ca. 10 % der Gesamtgemeindegröße ausmacht. Wenn es uns also gelänge, bei einer angenommenen Gemeindegröße von 2000 Menschen 200 davon zu aktivieren, die jeweils 10 Leute begleiten (das sind im Schnitt vier bis sechs Haushalte), dann könnten wir in sehr viel größerem Maße Volkskirche sein als das heute der Fall ist. Was wir also bräuchten, wären 20 Hauskreise oder ähnliche Gruppen, die bereit wären, diesen Dienst zu übernehmen. Das ist zweifellos eine große Zahl, aber sie ist nicht utopisch, sondern erreichbar.

Zweitens sollten wir in unserer Kirche den Begriff des »Pastors« freigeben. Der Pfarrer, wie wir ihn kennen, ist nicht der »Pastor« (Hirte) des Neuen Testamentes. Sehr viel mehr nehmen in unserer Gemeinde jene Menschen diese Funktion wahr, die sich um eine kleine Gruppe von Menschen kümmern, sich ihrer leiblichen und geistlichen Nöte annehmen, sie begleiten etc. Wenn diese Menschen aber die Funktion eines Pastoren oder einer Pastorin wahrnehmen, sollten wir ihren Dienst auch entsprechend würdigen.

Drittens müssen Hauskreise zum kirchlichen Handeln bevollmächtigt werden. Auf das Abendmahl bin ich bereits zu sprechen gekommen. Aber mein Vorschlag reicht tief bis in das Feld der so genannten »Kasualien« hinein. Schon 1960 machte Rudolf Bohren den Vorschlag, den Hauskirchen (wie er es nannte) nicht nur den Unterricht der Jugend und der Erwachsenen und die Besuchsdienste zu überlassen, sondern auch Taufen, Trauungen und Beerdigungen. Nicht um ein Pfarrerentlastungsprogramm ging es ihm dabei, sondern um das Ernstnehmen des allgemeinen Priestertums und um die Bereitstellung eines für die Gemeinde wirklich zufriedenstellenden Angebotes statt der üblichen Minimallösung, die sich dann zwangsläufig einstellen muss, wenn einer allein das Programm der pastoralen Arbeit bewältigen will.

Die Entscheidung, radikal auf Hauskreise zu setzen, war eine der wichtigsten Weichenstellungen in meiner bisherigen Tätigkeit als Pfarrer.

Um dieses Kapitel abzuschließen: Die Entscheidung, radikal auf Hauskreise zu setzen, war eine der wichtigsten Weichenstellungen in meiner bisherigen Tätigkeit als Pfarrer. Sie ist ein wesentlicher Schlüssel des Gemeindeaufbaus in Niederhöchstadt. Unsere Arbeit lebt nicht von einigen »Superpfarrern«, die unglaublich viel leisten. Unser »Geheimnis« ist vielmehr, dass sich die Arbeit der Pfarrer in den Hauskreisen multipliziert. Bei anderen Gemeinden, die ebenfalls stark wachsen, können wir Vergleichbares beobachten, sodass uns die positive Entwicklung in Niederhöchstadt kein Zufall zu sein scheint. Sie basiert auf dem Ernstnehmen der biblischen Grundstruktur von Gemeinde, ohne die wir immer in dem Dilemma zwischen Quantität und Qualität gefangen bleiben werden.

Die achte Aufgabe:
Eine Kultur der Liebe entwickeln

»Die Gemeinde sollte ein Ort sein,
wo einer dem andern Flügel verleiht,
statt sie ihm zu stutzen.«

57 Christliche Liebe ist ihrem Wesen nach anders als jede andere Liebe.

Für das, was wir »Liebe« nennen, hatten die alten Griechen nicht nur einen, sondern ein gutes Dutzend Begriffe. Dahinter steckt eine tiefe Weisheit. Denn in der Tat möchte man sich fragen, wieso wir das alles mit dem gleichen Begriff belegen: Wir »lieben« unseren Partner, unsere Kinder, unsere Freunde, Menschen, mit denen wir Mitleid haben, – aber auch ein heißes Bad, ein gutes Buch, ein saftiges Steak, Gott, das Meer, die Wahrheit, das Leben etc. Wir benutzen in jedem dieser Fälle das gleiche Wort. Aber tun wir nicht jedes Mal etwas anderes? Und bringt die Tatsache, dass wir nur einen Begriff für diese vielfältigen Tätigkeiten und Gefühlsregungen haben, nicht eine erhebliche Konfusion mit sich – auch und gerade, wenn wir über *christliche* Liebe nachdenken?

Die Griechen waren in dieser Hinsicht weiser als wir. Sie wussten, dass »Liebe« nicht dasselbe ist wie »Liebe«. Erstaunlicherweise benutzt das Neue Testament aber auch keinen der damals gängigen griechischen Begriffe, wenn es von Liebe redet. Das im Griechischen am häufigsten gebrauchte Wort für Liebe, *Philia* (Freundesliebe), kommt nur sehr selten vor, das Wort *Eros,* das die Griechen ebenfalls gerne verwandten, überhaupt nicht. Eros ist für den Griechen nicht – wie oft fälschlicherweise angenommen – die geschlechtliche Liebe, sondern die Liebe, die sich zum Wahren, Guten und Schönen hingezogen fühlt. Eigentlich würde sich dieser Begriff doch für die christliche Liebe anbieten, möchte man meinen. Stattdessen benutzten die Verfasser des Neuen Testamentes, wenn sie von Liebe redeten, einen anderen, von den Griechen nur selten gebrauchten Begriff und prägten ihn neu: *Agape.* Was sie damit deutlich machen wollten, ist, dass sich die christliche Liebe von allen anderen Formen der Liebe, die wir sonst kennen, wesentlich unterscheidet.

So konzentriert sich unsere Liebe in aller Regel auf das, was für uns von Wert ist. Wir fühlen uns hingezogen zum Wahren, Schönen und Guten. Wir lieben das, was wir begehren, wonach wir uns sehnen, was unsere Bewunderung erweckt. Diese Art von Liebe ist keineswegs schlecht. Es ist gut und nur natürlich, dass ein Freund den anderen oder dass ein Ehemann seine Frau liebt, weil diese für ihn etwas bedeuten, weil sie für ihn von Wert sind. Auch die christliche Liebe nimmt den Wert des anderen durchaus wahr – vielleicht sogar noch mit größerer Intensität als Eros. Aber sie ist nicht *abhängig* davon, in ihm einen Wert für sich selbst zu entdecken.

Sodann ereignet sich unsere Liebe in einem Kreislauf von Geben und Nehmen. Sie kann sich anfänglich durchaus einseitig in eine Beziehung hineininvestieren. Aber auf Dauer erwartet sie, dass etwas zurückfließt, dass das Geben und Nehmen innerhalb der Beziehung wenigstens einigermaßen ausbalanciert werden. Auch dies ist nicht notwendigerweise schlecht oder egoistisch. Beziehungen, in denen Geben und Nehmen jeweils einseitig auf die beiden Partner verteilt sind, sind nur selten gesund. Der »Kreislauf der Liebe«, innerhalb dessen jeder sowohl etwas hineingibt als auch etwas empfängt, ist natürlich und gut. Doch leicht wird innerhalb dieser Konstellation aus dem Geben ein Kalkül. Dann gebe ich, *damit* ich zurückbekomme. Und wenn ich einmal nicht mehr genug bekomme, stirbt meine Liebe ab.

Unsere Liebe ist außerdem abhängig von Gefühlen. Ob aus Bewunderung, Sympathie, Mitleid oder was auch immer: In aller Regel lieben wir Menschen und Dinge, für die wir starke Gefühle empfinden, und diese Gefühle sind es, die uns liebevoll handeln lassen. Auch hiergegen ist an sich nichts einzuwenden. Schließlich sind es diese Gefühle, die die Liebe für uns so wunderschön machen. Das Problem tritt dann ein, wenn die Gefühle nachlassen. Ein Hochgefühl lässt sich nur selten über einen längeren Zeitraum hinweg konservieren. Die Frage ist, was dann mit einer Liebe passiert, die sich abhängig von diesen Gefühlen gemacht hat.

Die *christliche Liebe* hingegen ist ihrem Wesen nach völlig anders: Sie kennt durchaus die Wertschätzung, den Kreislauf von Geben und Nehmen und auch starke Gefühle. Aber sie ist dort nicht begründet. Sie kann auch das lieben, was für sie offensichtlich von keinem oder nur geringem Wert ist und wo sie auch auf der Gefühlsebene kaum etwas zurückbekommt. (In besonderer Weise wird dies am Beispiel der Feindesliebe deutlich. Sie ist geradezu der Inbegriff einer Liebe, die nichts für sich selbst erwartet.) *Agape* kann innerhalb einer Beziehung zu einem Menschen deswegen einseitig geben, weil sie in ihrer Beziehung zu Gott ebenso einseitig nimmt. Christliche Liebe entzündet sich nicht an ihrem Gegenstand, sondern an der Liebe Gottes zu uns. »Darin besteht die Liebe«, sagt Johannes, »nicht, dass wir Gott geliebt haben, sondern dass er uns geliebt hat und gesandt seinen Sohn zur Versöhnung für unsre Sünden« (1. Johannes 4,10, vgl. hierzu → These 16). Das ist ihre Quelle, hieraus bezieht sie ihre Motivation und ihre Kraft. Und damit reicht sie weiter als unsere natürliche Liebe das kann. Der Antrieb zur christlichen Liebe liegt weder in uns selbst noch in der Person, die wir lieben, begründet, sondern darin, dass wir die Erfahrung gemacht haben, dass Gott uns liebt. Seine Liebe zu uns entzündet unsere Liebe zum andern. *Agape* ist keine Liebe aus »Christenpflicht«, sondern aus Freude und Dankbarkeit heraus.

Christliche Liebe entzündet sich nicht an ihrem Gegenstand, sondern an der Liebe Gottes zu uns.

Natürlich bevorzugen wir es, wenn andere uns Liebe geben, *weil wir es wert sind.* Fakt ist aber: Jeder von uns braucht *Agape.* Wir alle haben Seiten, die durch und durch abgründig sind, und das sind meist die Stellen unseres Lebens, wo wir am meisten Liebe und Annahme brauchen. In diese Bereiche unseres Lebens reicht die bloß wertschätzende Liebe aber nicht hinein. Darum brauchen wir alle eine Liebe, die über *Eros, Philia* und die anderen natürlichen Formen der Liebe hinausgeht. Wir brauchen eine *übernatürliche* Liebe. Wir brauchen die Liebe Gottes – und wir brauchen Menschen, die in der Lage sind, uns diese Liebe Gottes – die *Agape* – überzeugend zu vermitteln.

Vielleicht denken Sie, wenn Sie diese Zeilen lesen: »So eine Liebe gibt es auf dieser Welt doch gar nicht!« Zumindest wird man sagen müssen, dass sie ausgesprochen selten ist. Darum sollten wir auch mit dem Begriff der »christlichen Liebe« zurückhaltender umgehen, als dies oftmals der Fall ist. Nur wenig von dem, was wir als »christlich« bezeichnen, verdient diese Bezeichnung wirklich – auch unter Christen. Doch wäre es falsch, zu behaupten, dass es solch eine Liebe unter Menschen überhaupt nicht gäbe. Sie ist zwar selten, aber es gibt sie. Paulus beschreibt diese *Agape* in unüberholbar schöner Weise in 1. Korinther 13: Sie ist langmütig und freundlich, sie eifert nicht, sie sucht nicht das Ihre, sie lässt sich nicht erbittern, sie rechnet das Böse nicht zu, sie erträgt alles, sie glaubt alles, sie hofft alles, sie duldet alles. – In alledem erweist sie sich als ein exaktes Spiegelbild der Liebe Gottes zu uns. Und sie steht deswegen auch nur dem zur Verfügung, der diese Liebe in seinem Leben bewusst erfahren hat. *Agape* steht uns nicht als natürliche Ressource zur Verfügung. Sie ist eine in einer religiösen Erfahrung begründete Liebe. Das ist auch der Grund, warum man christliche Nächstenliebe von den Menschen nicht einfach fordern kann.

58 Wenn wir möchten, dass die Menschen liebevoller werden, müssen wir ihnen die Liebe Gottes zugänglich machen.

Es ist trotz vieler Hunderttausend Moralpredigten pro Jahr nicht zu sehen, dass die Menschen wirklich besser werden.

Jahr für Jahr werden in Deutschland über 1 Million evangelische Gottesdienste abgehalten. Ich habe keine verlässlichen Zahlen darüber, wie viele der dort gehaltenen Predigten sich mit sozialen Problemen und mit Fragen des rechten moralischen Verhaltens auseinander setzen, aber meiner Einschätzung nach ist es die weit überwiegende Mehrheit (vgl. hierzu → These 10). Und wenn ich Predigten aus früheren Zeiten lese, merke ich, dass das damals auch nicht anders war. Die Kirche hat sich über die Jahrhunderte hinweg als »moralische Instanz« verstanden bzw. ihr wurde diese Rolle von der Gesellschaft auch angetragen. Ich glaube, es ist Zeit, dass wir uns langsam von dieser Rolle verabschieden. Sie entspricht nicht dem Wesen des Evangeliums und wir erreichen damit auch nicht viel. Es ist trotz vieler Hunderttausend Moralpredigten pro Jahr nicht zu sehen, dass die Menschen wirklich besser werden.

Menschen werden nicht liebevoller, wenn wir sie mit Forderungen nach Liebe überschütten. Zum Liebenden wird ein Mensch allein dadurch, dass er Liebe erfährt. Diese Aussage gilt auch jenseits aller religiösen Zusammenhänge. Wenn ein Mensch unfähig ist, zu lieben, weist das so gut wie immer darauf hin, dass er selber zu wenig geliebt wurde. Darum hat es auch wenig Sinn, von diesen Menschen zu fordern, dass sie mehr Liebe geben sollen. Hier liegt der große Irrtum vieler Moralisten christlicher wie nichtchristlicher Couleur. Es ist doch nicht so, dass die Leute nicht lieben *wollen* – aber sie *können* es nicht! Wir müssen den Leuten nicht einreden, dass sie sich eigentlich liebevoller verhalten müssten. Das wissen sie auch so. Ich kenne kaum jemanden, der nicht lieben will. Aber jeder von uns weiß, wie schnell wir dabei an unsere Grenzen geraten. Unsere Ressourcen sind begrenzt. Liebe ist eine Kraftfrage. Und solange die nicht gelöst ist, helfen moralische Appelle genauso wenig wie der Versuch, einen Menschen durch lautes Anfeuern dazu zu bringen, einen Lastwagen bergauf zu schieben.

Menschen werden nicht liebevoller, wenn wir sie mit Forderungen nach Liebe überschütten.

Es ist an der Zeit, dass wir uns weigern, die Rolle der moralischen Instanz weiter zu übernehmen. Denn das Evangelium »funktioniert« völlig anders als jede Moral: Hier kommt der Zuspruch vor dem Anspruch, die Förderung vor der Forderung, hier wird erst Liebe erfahren und dann Liebe gegeben. Wenn wir wollen, dass die Menschen liebevoller werden, müssen wir ihnen nicht nur mehr Liebe *geben* (das auch!), sondern sie vor allem in Berührung bringen mit der unerschöpflichen Kraftquelle der Liebe Gottes.

Vielleicht kennen Sie das Gedicht vom römischen Brunnen von Conrad Ferdinand Meyer. Es ist für mich ein sehr schönes Bild dafür, dass ein Mensch erst empfangen muss, bevor er geben kann:

Es ist an der Zeit, dass wir uns weigern, die Rolle der moralischen Instanz weiter zu übernehmen. Denn das Evangelium »funktioniert« völlig anders als jede Moral.

Der römische Brunnen

Aufsteigt der Strahl und fallend gießt
Er voll der Marmorschale Rund
Die, sich verschleiernd, überfließt

In einer zweiten Schale Grund;
Die zweite gibt, sie wird zu reich,

Der dritten wallend ihre Flut,
Und jede gibt und nimmt zugleich
Und strömt und ruht.

Ein ähnliches Bild scheint dem Apostel Petrus vorzuschweben, wenn er sagt, dass wir »in der Frömmigkeit brüderliche Liebe und in der brüderlichen Liebe die Liebe zu allen Menschen« erweisen sollen (2. Petrus 1,7). Was er hier als »Frömmigkeit« bezeichnet, ist die *erste Schale* der christlichen Liebe: die Erfahrung der Liebe Gottes. Wo diese Erfahrung nicht gemacht wird, kann die Liebe auch nicht überfließen. Menschliche Liebe ist nicht in der Lage, die erste Schale dauerhaft zu füllen. Wer lediglich menschliche Liebe erfährt, kann zwar auch Liebe weitergeben, aber seine Ressourcen sind begrenzt. Die einzige Quelle der Liebe, die nie versiegt und die uns darum ständig mit neuer Kraft versorgen kann, ist die Liebe Gottes. Darum ist es das oberste Ziel als Kirche, dass möglichst viele Menschen Gott kennen lernen und seine Liebe »aus erster Hand« erfahren und erwidern.

Die *zweite Schale* ist die geschwisterliche Liebe der Christen untereinander. Sie ist das Auffangbecken der überfließenden Liebe Gottes. Die Gemeinde ist nicht nur der Raum, an dem sich die Liebe Gottes für die Menschen konkretisiert und wo ihre eigene Liebe zu Gott entzündet wird. Die Gemeinde ist auch der Ort, an dem diese Liebe wachsen und sich in einem geschützten Umfeld entwickeln kann. Schließlich ist die Gemeinde ein Einübungs- und Bewährungsfeld für die christliche Liebe. Auch hier gilt: Erst, wenn diese Schale gefüllt ist, sind wir in der Lage, dauerhaft etwas in die dritte Schale zu gießen.

Die *dritte Schale* ist die Liebe zur »Welt«. Diese Liebe ist zweifellos die Vollendung des ganzen Prozesses. Die Bibel macht unmissverständlich klar, dass Gott das Heil und das Wohl der ganzen Welt will. Wir Christen sollen sein Werkzeug, sein Instrument sein, mit dessen Hilfe er dieses Ziel erreichen will. Das heißt: Die Liebe, die zwischen Gott und Mensch anfängt und sich in liebevollen Beziehungen der Christen untereinander fortsetzt, soll in die Welt hinein ausstrahlen. Darum ist die Liebe innerhalb der »Familie Gottes« wie ein Sauerteig, der sich durchsetzen und nach und nach alles andere durchdringen will: unsere Ehen und Familien, unser privates und berufliches Umfeld und natürlich auch die sozialen und politischen Verhältnisse unserer Gesellschaft.

Wie der römische Brunnen ist auch die christliche Liebe eine Einheit. So wenig sich beim römischen Brunnen eine einzelne Schale isolieren lässt, so wenig kann man aus dem Vorgang der *Agape* ein einzelnes Element herauspicken und zum Eigentlichen erheben. Gott liebt uns und wir sollen Gott über alles lieben – das ist das erste Gebot, gleichsam die »erste Schale« (vgl. Matthäus 22,37-38). Freilich: Wer Gottes Liebe in Jesus Christus empfangen hat, der soll auch seine Brüder und Schwestern lieben (vgl. Johannes 13,34) – das ist die »zweite Schale«. Der Auftrag der Gemeinde Jesu schließlich ist es, die »dritte Schale« zu füllen und die ganze Welt mit der Liebe Gottes zu erreichen. Denn »Gott will, dass allen Menschen geholfen werde und sie zur Erkenntnis der Wahrheit kommen« (1. Timotheus 2,4).

Christliche Liebe umfasst diesen gesamten Prozess. Ich betone das deswegen, weil viele Christen dazu neigen, eine der drei »Schalen« überzubetonen. Nur die Liebe zu Gott, nur die Liebe innerhalb der Gemeinde, *nur* die Liebe zur Welt wird dann als »christliche Liebe« bezeichnet. Das aber ist nicht zulässig. Es gibt auch keinen direkten Weg zwischen der ersten und der dritten Schale, wie viele gerne annehmen. Wer die Liebe Gottes an die Menschen weitergeben möchte, muss den »Umweg« über die Gemeinde machen, oder er wird scheitern. Vielleicht ist das eine der schwierigsten Lektionen, die wir heute zu lernen haben: dass wir als Christen auf die Gemeinschaft mit anderen Christen angewiesen sind.

Wer die Liebe Gottes an die Menschen weitergeben möchte, muss den »Umweg« über die Gemeinde machen, oder er wird scheitern.

59 Es gibt kein lebendiges Christentum ohne Gemeinschaft.

Wir leben in einer Zeit, in der der Glaube des Einzelnen allgemein als dessen ureigene Angelegenheit angesehen wird. Die in unserer Gesellschaft allgemein verbreitete Tendenz zur Individualisierung macht auch vor der Religion nicht Halt. Der Satz: »Glaube ja, Kirche nein« ist heute ein gängiges Schlagwort. Die Menschen sind der Ansicht, dass sie ihr Christsein auch für sich allein leben können. Sowohl bei Trau- als auch bei Beerdigungsgesprächen fällt mir immer wieder auf, wie wenig selbst Lebenspartner über die religiöse Einstellung des anderen wissen. Glaube ist zur Privatsache geworden, ja gehört fast schon zur Intimsphäre. Jeder soll nach seiner Fasson selig werden, und es ist nicht einzusehen, weshalb wir »groß darüber reden« oder gar »ständig in die Kirche rennen« sollen.

Freilich müssen wir nüchtern konstatieren, dass sich diese Haltung mit dem Christentum nicht vereinbaren lässt. Es ist jedem unbenommen, zu glauben, was er möchte, aber wenn er sich als Christ versteht, kann er den Aspekt der Gemeinschaft mit anderen Christen nicht ausblenden. Die Auffassung, man könne sein Christsein nur für sich oder innerhalb eines ganz engen persönlichen Rahmens leben, stellt alles auf den Kopf, was uns das Neue Testament über das Christsein erzählt.

Jesus ist weder gekommen, um uns eine neue Moral zu bringen, noch um unsere religiösen Gedanken und Gefühle zu bereichern, sondern er wollte eine Gemeinschaft ins Leben rufen.

Jesus ist weder gekommen, um uns eine neue Moral zu bringen, noch um unsere religiösen Gedanken und Gefühle zu bereichern, sondern er wollte eine Gemeinschaft ins Leben rufen. Von den ersten Tagen seines öffentlichen Wirkens an arbeitete Jesus an der Aufgabe, diese Gemeinschaft zu formen, die den Grundstock zu seiner späteren Gemeinde bildete. So sammelte er Menschen, die zunächst wenig miteinander gemein hatten und formte daraus jene Gemeinschaft, die später die Welt verändern sollte. Alles, aber auch wirklich alles an seiner Lehre war auf Gemeinschaft ausgelegt. Wenn er seine Jünger mit einem Auftrag wegschickte, so immer mindestens zu zweien (vgl. Markus 6,7; Lukas 19,29). Die meisten seiner Gebote waren weniger allgemeine Regeln für die Menschheit als vielmehr spezifische Anweisungen für das Leben innerhalb der Gemeinschaft der Jüngerinnen und Jünger Jesu. Seine großen Verheißungen galten ebenfalls der Gemeinschaft und nicht dem Einzelnen (vgl. Matthäus 16,18; 18,19-20; Apostelgeschichte 1,8 u.v.a.). Selbst als Jesus seine Jünger beten lehrte, hieß er sie sprechen: »Vater unser« – und nicht etwa »mein Vater«. Wir können uns als Christen nicht auf unseren »Vater im Himmel« beziehen, ohne uns gleichzeitig mit denen verbunden zu wissen, die ebenfalls Kinder dieses Vaters und somit unsere Geschwister sind.

Das Christentum ist eine Gemeinschaftsreligion. Wir brauchen die Gemeinschaft der anderen Christen, um überhaupt zum Glauben zu kommen, und wir brauchen sie erst recht, um im Glauben zu wachsen und zu reifen. Wir brauchen andere Christen, die uns anspornen, ermutigen und korrigieren. Wir brauchen auch Leute, an denen wir uns manchmal reiben. Wir brauchen diese Menschen – ebenso, wie sie *uns* brauchen.

Wie wollen wir das denn alleine schaffen: von Bindungen freikommen, unseren Lebensstil ändern, innerlich und äußerlich heil werden, Glaube, Liebe und Hoffnung weitergeben? Wer bewahrt unseren Glauben vor Einseitigkeiten und Verzerrungen? Wer füllt unseren »emotionalen Tank«, wenn wir von der Liebe Gottes vielleicht *wissen,* dass sie da ist, aber sie nicht *spüren?* Wer hilft uns dabei, so etwas wie eine lustvolle Spiritualität zu entwickeln, sodass Beten auch Spaß macht und nicht nur eine bloße Pflichtübung bleibt? Wo sind die Modelle und Vorbilder, wie Nachfolge heute praktisch aussehen kann? Wer hilft uns, unseren persönlichen Lebensauftrag (vgl. → These 29) herauszufinden und auszuführen? Wer hilft uns, unsere geistlichen Gaben zu entdecken und zu entwickeln? Und wer fängt uns auf, wenn wir Rückschläge erleiden? – Das alles kann man nicht im luftleeren Raum, ohne Stütze, ohne Ergänzung, ohne Ermutigung und ohne Korrektur durch die anderen. Ich hatte es bereits in These → 21 gesagt: Allein geht man ein!

Darum sagt Graf Zinzendorf mit Recht: »Ich statuiere kein Christentum ohne Gemeinschaft.« Wir müssen uns heute ganz neu bewusst machen: *Ein* Christ ist *kein* Christ. (Die auf diese Behauptung regelmäßig erfolgende Rückfrage, wie das denn mit den christlichen Eremiten sei, können wir gerne erörtern, wenn Sie im Ernst einen solchen Lebensstil für sich erwägen.) Es gibt kein Christentum ohne Gemeinschaft. Wir brauchen die Gemeinschaft der an-

Ein Christ ist kein Christ.

Glauben ist im christlichen Sinne zwar immer persönlich, aber niemals privat.

deren, wenn wir als Christen wachsen und reifen wollen – und diese Gemeinschaft braucht uns. Darum ist Glauben im christlichen Sinne zwar immer persönlich, aber niemals privat. Wer versucht, sein Christsein für sich alleine zu leben, wird auf Dauer scheitern.

Dass das Christentum eine »Religion der Liebe« ist, darüber besteht ein weitgehender Konsens. Dass diese »Liebe« jedoch nicht in einem allgemeinen Gefühl: »Seid umschlungen, Millionen!« und auch nicht nur in dem universalen Auftrag zur Nächstenliebe besteht, sondern sich in einer konkreten Gemeinschaft entzündet, bewährt und verstärkt, darüber hat es im neuzeitlichen Protestantismus offensichtlich Verständigungsschwierigkeiten gegeben. Jesus aber wollte nicht nur, dass wir Gott und unseren Nächsten lieben. Er wollte, dass wir es im Rahmen jener Gemeinschaft tun, die er als seine Familie ansah.

60 Die christliche Gemeinde ist das wichtigste Beziehungsfeld im Leben eines Christen. Sie ist seine »neue Familie«.

Eines Tages kamen Leute zu Jesus, während er gerade predigte. Sie sagten zu ihm: *»Siehe, deine Mutter und deine Brüder und deine Schwestern draußen fragen nach dir. Und er antwortete ihnen: Wer ist meine Mutter und meine Brüder? Und er sah ringsum auf die, die um ihn im Kreise saßen und sprach: Siehe, das ist meine Mutter und das sind meine Brüder! Denn wer Gottes Willen tut, der ist mein Bruder und meine Schwester und meine Mutter.«* (Markus 3,32-35) Für uns Europäer des 21. Jahrhunderts ist vielleicht nicht ohne weiteres nachvollziehbar, was für eine Provokation diese Worte Jesu bedeuten. Vater, Mutter, Bruder und Schwester – das war zur Zeit und im Kulturkreis Jesu der »Clan«, das heißt die Blutsverwandtschaft, der die Menschen fraglos Folge zu leisten hatten. Was Jesus hier anspricht und relativiert, ist die uralte, heilige Ordnung der patriarchalischen Familie. Für den Orientalen zur Zeit des Neuen Testamentes ist die Familie das wichtigste Beziehungsfeld eines Menschen: das, was ihn so stark prägt und in Beschlag nimmt wie nichts und niemand anderes. Hier macht er seine Identität fest, hier empfängt er seine Werte und hier werden die Regeln geprägt, nach denen er sein Leben ausrichtet.

Jesus hebt diese alte Ordnung auf und setzt an die Stelle der Familie die Gemeinschaft derer, die zu seinen Füßen sitzen und ihm zuhören und seinem Wort Folge leisten. Nicht mehr die Familie, sondern die Gemeinschaft derer, »die den Willen Gottes tun«, soll dem Willen Jesu zufolge der primäre Bezugsrahmen derer sein, die sich Christen nennen. Den Willen Gottes zu tun bedeutet im Zusammenhang dieses Textes nicht, bestimmten moralischen Forderungen wie etwa den Zehn Geboten zu genügen. Wer wollte das der Familie Jesu im Ernst absprechen, dass sie moralisch anständige Leute waren und sich im Wesentlichen an die Gebote hielten? Den Willen Gottes tun bedeutet vielmehr, sich zu Jesu Füßen setzen und ihm zuhören, mit ihm in Beziehung treten und dann dem Gehörten Folge leisten. Menschen, die das tun, gehören nicht nur zu Jesus, sondern auch zueinander. Diese Gemeinschaft der Glaubenden soll als eine Art »neue Familie« die alte Familie als wichtigstes Beziehungsfeld des Christen ersetzen. Entsprechend werden im Neuen Testament Begriffe wie »Bruder«, »Schwester«, »Bruderliebe«, »Brüderlichkeit« usw. mehrere hundert Mal verwandt, um die Beziehung der Christen untereinander zu kennzeichnen.

Die Gemeinschaft der Glaubenden soll als eine Art »neue Familie« die alte Familie als wichtigstes Beziehungsfeld des Christen ersetzen.

Auch wenn bei uns die Institution der Familie nicht mehr die gleiche Rolle spielt wie damals im Orient, ist das doch auch für unsere Begriffe einigermaßen schockierend. Normalerweise halten wir Familiensinn für eine durch und durch christliche Tugend. Dem ist aber nicht so. Jesus war nicht unbedingt familienfeindlich, aber er sprach der Familie das seinerzeit unumstrittene und auch heute noch weithin vorhandene Verfügungsrecht über ihre Mitglieder ab. »Man muss Gott mehr gehorchen als den Menschen.« Darum sollen sich Christen weniger an ihrer Familie orientieren als vielmehr an denen, die »den Willen Gottes tun«.

Ich sage es gar nicht anklagend, aber den meisten Kirchenmitgliedern fehlt heute der Blick dafür, dass Jesus uns in eine »neue Familie« stellt. Mag sein, dass sich die Menschen nicht mehr so wie früher an ihrer Familie orientieren – an ihrer »neuen Familie« orientieren sie sich aber noch viel weniger. Sie verstehen ihre Mitgliedschaft in der Kirche eher nach Art eines Vereins, in dem man regelmäßig seinen Beitrag zahlt und sich darüber hinaus mit der Rolle des »passiven Mitglieds« begnügen kann. Eben das ist aber in der Gemeinde, wie Jesus sie gewollt hat, nicht möglich. Freilich: Woher sollen die Menschen das wissen? Kaum eine Gemeinde bietet den Menschen heute ein wirkliches Zuhause und eine echte Familie an. Den Rang, primärer Bezugsrahmen im Leben eines Menschen zu sein, kann man aber nicht einfach einfordern, sondern man muss ihn sich »verdienen«.

Damit sind wir bei der Frage, welche praktischen Folgerungen wir aus der Tatsache ziehen können, dass die christliche Gemeinde ihrem Wesen und ihrer Bestimmung nach wie eine Familie sein soll?

Zunächst ist es vor allem anderen Sache der Führung der Gemeinde, dies vorzuleben. Eine vorrangige Aufgabe des Kirchenvorstandes ist daher der Aufbau liebevoller Beziehungen untereinander. Können Sie sich das vorstellen: Das Miteinander innerhalb des Kirchenvorstandes als Modell für den Rest der Gemeinde? Ich verrate Ihnen ein Geheimnis: In aller Regel ist das bereits der Fall – im Guten wie im Bösen. Das mehr oder minder liebevolle Miteinander innerhalb einer Gemeinde ist meist ein ziemlich exaktes Spiegelbild des mehr oder minder liebevollen Miteinanders innerhalb der Gemeindeführung. Eine Gemeinde wird auch in dieser Hinsicht nicht über ihre Führung hinauswachsen.

> *Das Miteinander innerhalb einer Gemeinde ist meist ein ziemlich exaktes Spiegelbild des Miteinanders innerhalb der Gemeindeführung. Eine Gemeinde wird auch in dieser Hinsicht nicht über ihre Führung hinauswachsen.*

Sodann sollten soziale Barrieren und Standesunterschiede, die in unserer Gesellschaft eine so große Rolle spielen, innerhalb der Gemeinde mehr und mehr verschwinden. Können Sie sich vorstellen, dass man sich in der Jerusalemer Urgemeinde mit »Herr Doktor« oder auch mit »Herr Pfarrer« angeredet hätte? Ich bin mir sicher, dass man sich – wenn es das damals schon gegeben hätte – auch nicht mit »Sie« angesprochen hätte, sondern selbstverständlich mit dem familiären »Du«. Ich plädiere für eine offensive Duzkultur in unseren Gemeinden – freilich nicht für Zwangsduzerei. Wir haben in unserer Gemeinde sehr gute Erfahrungen damit gemacht. Nicht jeder, aber die Mehrheit unserer aktiven Gemeindeglieder duzen sich untereinander. Das mag nur ein kleiner Schritt sein, aber es verändert die Atmosphäre!

> *Ich plädiere für eine offensive Duzkultur in unseren Gemeinden – freilich nicht für Zwangsduzerei.*

Drittens ist alles Steife, Befremdliche und künstlich Feierliche an unserem Umgang miteinander radikal aus unseren Gemeinden hinauszuwerfen und stattdessen die frische Luft eines offenen, herzlichen, natürlichen, humorvollen – mit einem Wort: familiären – Umgangs miteinander hereinzulassen, und zwar bis in unsere Gottesdienste hinein. Gegenseitige Essenseinladungen und Umarmungen sollten ein selbstverständlicher Bestandteil unserer Gemeindekultur werden. Natürlich ist zu befürchten, dass sich einige an dieser neuen Art des Umgangs miteinander stören werden. Allerdings sehe ich keinen legitimen Grund, warum man darauf allzu viel Rücksicht nehmen sollte.

Viertens verweise ich auf das, was ich im vorigen Kapitel über die Hauskreise geschrieben habe. Ich glaube, dass sie der genuine Ort sind, an dem sich die »neue Familie« konkretisiert. Nur über ein intaktes Hauskreissystem können auch große Gemeinden als eine Familie erlebt werden.

Ein *Fünftes* möchte ich zumindest schon einmal erwähnen: In einer Familie wird es zwar immer auch feste Regeln geben, im *Kern* wird sie aber auf der Basis von Beziehungen geleitet und nicht auf der Basis von Verordnungen. Je besser die Beziehungen, desto weniger Regeln sind nötig, und je mehr Regeln es gibt, desto schlechter werden auf Dauer die Beziehungen. Das Miteinander wird mehr und mehr »verrechtlicht« – und das treibt in der Praxis die Liebe nach und nach aus. Eine intakte Familie hingegen kommt mit einem Minimum an Regeln aus. Das sollte sich in der Gemeinde wie in der gesamten Kirche widerspiegeln. Ich komme später (siehe vor allem zu → These 79) auf diese Frage zurück.

Je besser die Beziehungen, desto weniger Regeln sind nötig, und je mehr Regeln es gibt, desto schlechter werden auf Dauer die Beziehungen.

Christliche Gemeinschaft ist nicht so sehr ein Ideal, das wir einfordern könnten, als vielmehr eine Aufgabe, an die Gott uns stellt. 61

Bei allem, was ich in meiner vorigen These gesagt habe, müssen wir uns hüten, in eine Art Familien-Romantizismus zu verfallen, was die Gemeinde anbetrifft. Manche(r) von uns hat vielleicht schlechte Erfahrungen mit der eigenen Familie gemacht und darum Probleme mit der Vorstellung, in der Gemeinde nun eine »neue Familie« zu finden – hat er bzw. sie sich doch gerade erst mühsam von der alten freigekämpft! Doch wenn man es genau betrachtet, ist das kein Argument *gegen,* sondern *für* die neue Familie. Es sagt einfach aus, dass diese anders und besser beschaffen sein muss als die alte. Mir ist klar, dass die wenigsten Gemeinden derzeit dieses Kriterium erfüllen. Damit ist eine der wesentlichen Aufgaben beschrieben, vor der wir in den nächsten Jahren stehen: nämlich unsere Gemeinden wieder zu jenen »Familien« werden zu lassen, die sie dem Willen Jesu nach sein sollen.

Bevor wir uns jedoch an diese Aufgabe machen, ist es gut, wenn wir uns vergegenwärtigen, dass auch die Familie Gottes alles andere als eine »heile Welt« ist. In nahezu jeder Gemeinde werden uns Dinge begegnen, die dem Ideal einer liebevollen Gemeinschaft nicht entsprechen. Die »neue Familie« ist zunächst einmal eine Realität und kein Ideal. Wir dürfen mit Grund hoffen, dass wir an dieser Realität einiges zum Besseren hin verändern können, aber wenn wir an diesem Punkt eine Position des Forderns und Drängens einnehmen, machen wir im Grunde alles kaputt. Dietrich Bonhoeffer sagt deswegen: »Wer seinen Traum von christlicher Gemeinschaft mehr liebt als die christliche Gemeinschaft selbst, der wird zum Zerstörer jeder christlichen Gemeinschaft – ob er es persönlich noch so ehrlich, noch so ernsthaft und hingebend meinte.« Machen wir uns also bewusst, worauf diese Gemeinschaft basiert:

1. *Christliche Gemeinschaft basiert auf einem gesunden Realismus.* Es geht mir an dieser Stelle keinesfalls darum, lieblose Zustände in unseren Gemeinden zu rechtfertigen, aber wenn wir über christliche Gemeinschaft nachdenken, müssen wir uns bewusst machen, was das heißt: Begrenzte Menschen treffen auf begrenzte Menschen, Sünder kommen mit anderen Sündern zusammen. In der Gemeinde bekommen wir es mit *Sündern* zu tun, das heißt mit Menschen, die egoistisch sind, jähzornig, gleichgültig, gefühllos, überempfindlich, stur und dergleichen mehr. *Das* ist das Rohmaterial, das sind die unbehauenen Steine, aus denen Jesus das Haus seiner Gemeinde baut. Da ist nicht *einer* – uns selbst inbegriffen –, der nicht seine Ecken und Kanten und Abgründe hätte! Es gibt keine einzige Bibelstelle, die uns verheißt, dass das Leben mit anderen Christen leicht wäre oder es uns leichter machen würde. Ich weiß, dass dies eine Sehnsucht ist, die in vielen von uns lebt, aber es ist eine Illusion! In der Gemeinschaft mit anderen Christen wird das Leben nicht unbedingt leichter, wohl aber *lebendiger*. Das aber zieht all unseren Bemühungen um liebevolle Beziehungen eine deutliche Grenze: Unsere Gemeinden können sehr wohl *liebevoller*, aber sie werden niemals auch nur annähernd *perfekt* werden.

> *In der Gemeinschaft mit anderen Christen wird das Leben nicht unbedingt leichter, wohl aber lebendiger.*

2. *Christliche Gemeinschaft basiert auf einer Berufung Gottes.* Normalerweise bilden sich Gemeinschaften in dieser Welt auf Grund von gegenseitiger Sympathie oder auf Grund eines gemeinsamen Interesses. Die christliche Gemeinschaft hingegen basiert auf einer Berufung. Sympathie und gemeinsame Interessen können dabei durchaus eine Rolle spielen, aber sie bilden nicht das Fundament dieser Gemeinschaft. Im Glaubensbekenntnis sagen wir: »Ich glaube an die Gemeinschaft der Heiligen.« Das Problem ist, dass wir uns unter diesen »Heiligen« ziemlich vollkommene Leute vorstellen. Doch das ist nicht die biblische Vorstellung von Heiligkeit. Paulus bezeichnet sogar die Korinther, die er kurz danach ziemlich heftig wegen ihres liederlichen Lebenswandels zur Raison zieht, als »Heilige«. »Heilig« heißt dem Wortsinn nach: von Gott ausgesondert. Und das Bekenntnis will einfach sagen: Diese »Heiligen«

– das heißt die, die Gott ausgesondert hat, um als Christen für andere da zu sein –, sollen nicht für sich alleine, sondern als Gemeinschaft zusammen leben. Die Betonung liegt nicht auf »Heilige«, sondern auf der *Gemeinschaft* dieser manchmal ziemlich seltsamen Heiligen. Wir sind nicht »heilig« im Sinne eines moralischen Qualitätsurteils. Da die meisten sich unter einem »Heiligen« aber genau dies vorstellen, wäre es heute vermutlich hilfreicher, im Glaubensbekenntnis zu sagen: »Ich glaube daran, dass wir als begnadigte Sünder aufeinander angewiesen sind.« Das würde einen erheblichen Druck aus unseren innergemeindlichen Beziehungen herausnehmen. Es würde verhindern, dass wir mit zu großen Erwartungen oder gar Forderungen aneinander herantreten.

3. *Christliche Gemeinschaft basiert auf Barmherzigkeit.* Und zwar nicht nur auf der Barmherzigkeit Gottes, sondern auch auf der Barmherzigkeit der Christen untereinander. Geduld mit den Eigenarten des anderen, Wahrnehmung seiner Andersartigkeit, Zurückhaltung, was die eigenen Vorstellungen und Sehnsüchte anbetrifft, das Gehen der berühmten »zweiten Meile« (vgl. Matthäus 5,41), das Berühren derer, die als unberührbar gelten, Behutsamkeit im Anbringen von Kritik, Vergebungsbereitschaft sowie Höflichkeit, Takt und Respekt im Umgang miteinander – all dies sollte den Umgang der Christen miteinander prägen. Eine solche »Kultur der Barmherzigkeit« ist wie ein Netz, das unter alle innergemeindlichen Aktivitäten und Kontakte ausgespannt ist. Es ist in der Lage, uns aufzufangen, wenn es in der Gemeinde wieder einmal »menschelt«. Die anderen brauchen unsere Barmherzigkeit und wir brauchen die ihre. Und wenn uns das manchmal schwer fällt, sollten wir uns bewusst machen, dass selbst die größte Barmherzigkeit der Menschen untereinander nur ein schwaches Abbild jener Barmherzigkeit ist, mit der Gott uns begegnet (vgl. Matthäus 18,21-35).

4. *Christliche Gemeinschaft basiert auf der Hingabe möglichst vieler.* John F. Kennedy sagte: »Überlegt nicht, was euer Land für euch tun könnte, sondern was ihr für euer Land tun könnt.« Dieser Satz lässt sich nahezu 1:1 auf die christliche Gemeinde übertragen. Diese Gemeinschaft lebt davon, dass Menschen sich hingeben – so wie Jesus sich für die Gemeinde hingegeben hat. Die Haltung, dass »die Kirche« doch dieses oder jenes tun sollte, ist – wenn entsprechend viele sie einnehmen – der Tod unserer Gemeinden, wenn wir nicht einsehen, dass »die Kirche« niemand anders ist als wir selbst. Wenn wir ein Problem in der Gemeinde sehen, sollten wir hingehen und es lösen, statt zu erwarten, dass andere dies tun. Wir sollten auch nicht er-

Wir sind entweder Bestandteil der Lösung – oder wir sind das Problem. warten, dass andere die gleichen Prioritäten setzen wie wir selbst. Gott hat uns nicht nur die Fähigkeit gegeben, ein Problem zu erkennen, sondern auch, es zu lösen. Er legt uns Dinge nicht ans Herz, damit *andere* sich darum kümmern. Wir sind der Schlüssel! Wir sind entweder Bestandteil der Lösung – oder wir sind das Problem.

5. *Christliche Gemeinschaft basiert auf einer Vision.* Nach all diesen eher ernüchternden Worten über die christliche Gemeinschaft sei aber auch das andere gesagt: Es gibt zwar keine ideale christliche Gemeinschaft, aber wir können einiges dazu tun, dass sich die reale Gemeinschaft, in der wir stehen, in die Richtung bewegt, die Jesus uns für seine Gemeinde vorgegeben hat. Dass die christliche Gemeinschaft nie ideal sein wird, ist nicht der *letzte,* sondern der *erste* Satz, der zu diesem Thema zu sagen ist. Das soll uns aber weder entmutigen noch faul und selbstzufrieden werden lassen. Die christliche Gemeinde hat vielmehr eine gewaltige Vision vor Augen. Sie ist dazu auserwählt, der »Vortrupp« des Reiches Gottes zu sein. Sie soll im Kleinen und in aller ihr eigenen Unvollkommenheit bereits heute abbilden, was der Welt insgesamt als Zukunft blüht, wenn sie sich auf Gott einlässt. Sie soll es – und sie hat kraft der Gnade Gottes auch das Potenzial dazu. Ein Leben in Fülle aus der Liebe Gottes heraus, gelingende Gemeinschaft unter den Kindern Gottes, Liebe, die Kreise zieht und nach und nach die ganze Welt durchdringt und verändert – das alles ist keine bloße Utopie. Es ist die Vision, die uns vor Augen gestellt ist und an der wir uns orientieren. Darum ist es allen Schweiß und alle Bemühungen wert, dass wir uns für liebevollere Beziehungen in unseren Gemeinden einsetzen.

62 Liebevolle Gemeinden haben Zulauf.

Wir leben in einer Zeit, in der viele Beziehungen zerbrechen und Einsamkeit für mehr und mehr Menschen zum Problem Nr. 1 wird. Familien und Ehen gehen auseinander, weil ihre Bindekraft nicht reicht. Generationen haben sich nicht mehr viel zu sagen – oder treffen sich überhaupt nicht mehr. Verantwortung, die früher in der Familie lag, wird auf andere Institutionen delegiert oder dem Staat zugeschoben. Echte Freundschaften gibt es immer seltener. Die Beziehungen, in denen wir stehen, sind meist ziemlich oberflächlich. Kaum jemand weiß, wie es wirklich in uns aussieht. – Die meisten Menschen empfinden ein Unbehagen über diese Entwicklung, aber trotz aller Klagen lässt sich der gesamtgesellschaftliche Trend zur Atomisierung der Beziehungen und Vereinzelung kaum stoppen. Er ist die Kehrseite der hohen Individualisierung innerhalb unserer Gesellschaft, die eigentlich ja ein hohes Gut ist. Darum hat es auch wenig Sinn, hier mit der »moralischen Keule« zu kommen. Wenn wir als Christen dieser Entwicklung etwas entgegensetzen wollen, müssen wir glaubhaft vorleben, dass es auch anders geht: nämlich dass sich ein hohes Maß an Individualität und das Leben in Gemeinschaft miteinander verbinden lassen.

Nirgends wird so viel von Liebe geredet wie in der christlichen Gemeinde. Doch von hehren Worten haben die Menschen mehr als genug. Wenn wir dafür sorgen, dass es in unserer Mitte auch zu einer adäquaten Praxis kommt, dann werden wir uns vor Zulauf kaum retten können. Zweifellos gibt es einzelne Menschen, die ihr Alleinsein und ihre Anonymität in der Masse genießen. Ich glaube aber, dass in unserer Gesellschaft insgesamt ein riesiges Bedürfnis nach Gemeinden existiert, die von liebevollen Beziehungen geprägt sind. Gemeinden, die im Umgang miteinander die herzliche Atmosphäre einer intakten Familie ausstrahlen, sind wie Oasen inmitten einer immer größer werdenden Beziehungswüste.

Bei meinen Untersuchungen großer, lebendiger Gemeinden konnte ich eine bemerkenswerte Beobachtung machen: Menschen *kommen* meist in die Kirche, um eine interessante, gut gemachte Veranstaltung zu besuchen. Sie *bleiben* aber in der Kirche, wenn sie dort herzliche und liebevolle Beziehungen vorfinden, in denen sie sich geborgen fühlen. In unserer Gemeinde erlebe ich das ähnlich: Viele Leute kommen dorthin, weil sie von unseren »GoSpecial«-Gottesdiensten gehört haben, die einen ziemlich spektakulären Charakter haben. Doch der mit Abstand am häufigsten genannte Grund, warum viele von diesen Menschen bei uns bleiben, ist die freundliche, warme Atmosphäre, in die sie sich hineingenommen fühlen. Auf der anderen Seite merke ich: Wenn unsere Gemeinde mal eine Zeit lang nicht wächst, liegt das oft daran, dass die Freundlichkeit nachgelassen hat, dass wir uns zu sehr um uns selbst drehen und kaum mehr nach außen hin öffnen. Eine Gemeinde, in der wirklich liebevolle Beziehungen

Nirgends wird so viel von Liebe geredet wie in der christlichen Gemeinde. Doch von hehren Worten haben die Menschen mehr als genug. Wenn wir dafür sorgen, dass es in unserer Mitte auch zu einer adäquaten Praxis kommt, dann werden wir uns vor Zulauf kaum retten können.

Menschen kommen meist in die Kirche, um eine interessante, gut gemachte Veranstaltung zu besuchen. Sie bleiben aber in der Kirche, wenn sie dort herzliche und liebevolle Beziehungen vorfinden, in denen sie sich geborgen fühlen.

herrschen, hat in aller Regel Zulauf. Eine Gemeinde hingegen, in der wenig Liebe herrscht, wird auch wenig Menschen ansprechen.

Vielleicht sagen Sie, es sei unfair, wenn ich hier einfach die Behauptung aufstelle, unsere Gemeinden seien deswegen so klein, weil sie nicht liebevoll genug sind. Aber können wir wirklich sagen:

- »In unserer Gemeinde ist es mit unserer Liebe zu Gott gut bestellt. Uns spürt man ab, dass wir in unseren Gott regelrecht ›verliebt‹ sind.« (Verliebte haben eine außerordentlich positive Ausstrahlung nach außen!)
- »Die Beziehungen innerhalb unserer Kerngemeinde sind liebevoll. Kirchenvorsteher und -vorsteherinnen gehen gut miteinander um. Die Gottesdienstteilnehmer/innen besuchen sich gegenseitig. Es gibt eine rege Kultur der Gastfreiheit in der Gemeinde.«
- »Wir sind offen für ›Neue‹ in unserer Gemeinde. Wir nehmen sie wahr, gehen auf sie zu und laden sie unaufdringlich, aber herzlich ein, Teil unserer Familie zu werden. Wir sind bereit, uns um ihretwillen zu ändern, und sind nicht der Meinung, *sie* seien es, die sich zu ändern haben.«
- »Wir kümmern uns um die Nöte der Menschen um uns herum. Wir haben das nicht nur auf einen Ausschuss und eine Hand voll Leute delegiert, sondern jeder und jede von uns nimmt zumindest an *einem* Platz seine Verantwortung für die Leidtragenden dieser Welt wahr.«

Jesus wollte, dass die Liebe das Erkennungszeichen der Christen sei. Er sagte: »*Daran wird jedermann erkennen, dass ihr meine Jünger seid, wenn ihr Liebe untereinander habt*« (Johannes 13,35). Bei den ersten Christen war das tatsächlich der Fall. Die Art, wie sich die Gemeinde in den ersten Jahrhunderten ihrer Witwen und Waisen annahm, die Hilfe für die Kranken, Schwachen, Armen und Arbeitsunfähigen in ihren Reihen und darüber hinaus, die Sorge für die gefangenen oder versklavten Mitchristen, ihre Gastfreundschaft gegenüber jedermann, ihre Solidarität mit armen oder gefährdeten Gemeinden, all das verschaffte den Christen in den ersten zwei Jahrhunderten eine Menge Respekt und – trotz Verfolgung durch die Römer – jede Menge Zulauf. Ein heidnisches Zeugnis über die Christen aus dem zweiten Jahrhundert lautet: »Seht, wie sie einander lieben!« Ich frage mich, ob das ein neutraler Beobachter auch heute noch so von uns sagen würde. Woran erkennt man uns aber sonst als Christen?

Ein heidnisches Zeugnis über die Christen aus dem zweiten Jahrhundert lautet: »Seht, wie sie einander lieben!« Ich frage mich, ob das ein neutraler Beobachter auch heute noch so von uns sagen würde.

Natürlich wissen die Menschen, dass die Kirche ein »Ort der Nächstenliebe« ist, wo man sich um die Armen und Kranken kümmert. Aber dieses Kümmern hat einen stark institutionellen Beigeschmack. Es ist etwas anderes, ob eine Gemeinde eine tüchtige Krankenschwester einstellt oder ob sie aus ihrer *Mitte* heraus Wärme und Geborgenheit ausstrahlt. In ersterem Fall wird sie Menschen helfen können, die ganz offensichtlich in Not sind. Im zweiten Fall werden aber auch viele Menschen darüber hinaus angesprochen werden. Verstehen Sie mich bitte richtig: Es spricht überhaupt nichts dagegen, wenn Gemeinden »Profis in Sachen Nächstenliebe« einstellen. Aber das kann nicht ersetzen, dass *die Gemeinde selbst* dazu berufen ist, herzliche Liebe untereinander zu üben und nach außen weiterzugeben. Der allgemeine Auftrag zur Nächstenliebe kann nicht ersetzen, dass wir als Christen dem Willen Jesu zufolge auch untereinander in herzlicher Liebe zugetan sein sollen.

Auch wenn es politisch nicht korrekt erscheinen mag, müssen wir zur Kenntnis nehmen, dass das Neue Testament die geschwisterliche Liebe der Christen untereinander um ein Vielfaches öfter thematisiert als die allgemeine Nächstenliebe. Paulus sagt: »Solange uns noch Zeit bleibt, wollen wir allen Menschen Gutes tun; vor allem aber denen, die mit uns an Jesus Christus glauben.« (Galater 6,10, übersetzt nach »Hoffnung für alle«) Dabei geht es Paulus und den anderen Verfassern des Neuen Testamentes nicht um einen »Gemeindeegoismus«. Hinter Sätzen wie diesem steht vielmehr die grundlegende Erkenntnis, dass wir für unseren Nächsten mittel- und langfristig überhaupt nichts Besseres tun können, als für intakte, familienähnliche Gemeinden zu sorgen. Denn die Menschen um uns herum brauchen nicht nur akute Nothilfe. Sie brauchen vor allem einen Ort, an dem sie Gottes bedingungslose Liebe erfahren können und wo sie sich hineingenommen wissen in eine Gemeinschaft, die sie aufbaut und ermutigt, fördert und korrigiert, trägt und begleitet. Mit einem Wort: Sie brauchen eine Gemeinschaft, die wohltuend anders ist als unsere sonstige Gesellschaft.

Auch wenn es politisch nicht korrekt erscheinen mag, müssen wir zur Kenntnis nehmen, dass das Neue Testament die geschwisterliche Liebe der Christen untereinander um ein Vielfaches öfter thematisiert als die allgemeine Nächstenliebe.

63 Unsere Gemeinden sollten ein wohltuender Kontrast zur sonstigen Gesellschaft sein.

Zweifellos bilden unsere heutigen Gemeinden einen Kontrast zur übrigen Gesellschaft. Dieser Kontrast ist aber primär *kultureller* Natur: Er bezieht sich auf die Art, wie sich die Menschen geben und klei-

Der Kontrast der Kirche zur übrigen Gesellschaft sollte nicht auf dem Gebiet der Kultur, sondern auf dem Gebiet der Liebe liegen.

den, welche Musik sie hören, wie sie ihre Veranstaltungen aufziehen, was sie als schön und interessant empfinden, worüber sie lachen können usw. Das aber ist nicht die Art von Kontrast, die Jesus vorschwebte, als er seine Jünger berief, Salz und Licht dieser Welt zu sein. Er ließ sich, ebenso wie seine Jünger, total auf die Kultur seiner Zeit ein. Der Kontrast der Kirche zur übrigen Gesellschaft sollte nicht auf dem Gebiet der *Kultur*, sondern auf dem Gebiet der *Liebe* liegen. Auch wenn Gemeinden niemals perfekt sein können, so sollen sie dem Willen Jesu zufolge doch Orte sein, an denen die Menschen mehr Liebe und Annahme erfahren als überall anders.

1. *Gemeinde nach dem Willen Jesu ist ein Ort, an dem Menschen Offenheit und Annahme erfahren.* Offenheit ist eine Tugend, die in unserer Gesellschaft mehr und mehr verloren geht. Wir neigen dazu, uns abzukapseln, uns auf unsere persönliche Insel zurückzuziehen. Unser Bedürfnis nach Gemeinschaft befriedigen wir im Kreise Gleichgesinnter und nehmen allem Fremden und Neuen gegenüber erst einmal eine abwartende Position ein (wenn wir sie nicht gleich ablehnen). Es ist erschreckend, wie sehr sich unsere Gemeinden diesem gesamtgesellschaftlichen Trend angepasst haben. Viel zu oft bilden sie eine Art »geschlossener Gesellschaft«. Die Gemeinde könnte und sollte aber ein Ort sein, an dem eine prinzipielle und herzliche Offenheit anderen Menschen gegenüber herrscht. Und dies nicht nur, wenn sie so sind wie wir selbst, und auch nicht nur, solange sie uns ihre »Schokoladenseite« zeigen. Gemeinde sollte ein Ort sein, wo Menschen schneller als anderswo ihre Masken fallen lassen können, weil sie dort etwas spüren von der bedingungslosen Liebe, mit der Gott uns annimmt. Die Gemeinde nach dem Willen Jesu ist der Ort, an dem sich die Freundlichkeit unseres Gottes »verleiblicht«: wo sie für die Menschen fassbar, real, erfahrbar und konkret wird. Ich glaube, dass dies den wenigsten Gemeinden bewusst ist, und dass es noch weniger Gemeinden gibt, in denen hierfür konkrete Hilfestellungen angeboten werden, wie sie sich diesem Ziel denn nähern wollen. An dieser Stelle haben wir in puncto Bewusstseinsbildung und praktischer Anleitung erheblichen Nachholbedarf.

2. *Gemeinde nach dem Willen Jesu ist ein Ort, an dem Menschen aufgebaut und ermutigt werden.* Einer Studie der amerikanischen Harvard-Universität zufolge haben wir, bis wir 18 Jahre alt wurden, 150.000 mal das Wort »Nein« gehört: »Nein! Das darfst du nicht.

Das kannst du nicht. Dazu bist du noch zu klein.«
etc. Das hinterlässt Spuren. Wenn wir erwachsen sind, *glauben* wir an diese Grenzen, die andere uns gesteckt haben. Kein Wunder, dass nahezu alle Menschen mit einem enormen Mangel an Selbstbewusstsein herumlaufen! Die Gemeinde hingegen sollte ein Ort sein, wo einer dem andern Flügel verleiht, statt sie ihm zu stutzen. Natürlich hat jeder Mensch seine Grenzen und Schwächen – aber statt der negativen sollten wir lieber die positiven Seiten eines Menschen thematisieren. Heruntergeputzt und klein gemacht und auf ihre Schwächen hingewiesen werden sie in unserer Gesellschaft oft genug. Darum sollten wir zusehen, dass wir die Menschen aufbauen und ermutigen. Dass wir ihre Fähigkeiten und Kompetenzen wahrnehmen und fördern. Und dass wir »Lob mit der Suppenkelle und Kritik mit dem Teelöffel« austeilen. In unserer Gemeinde haben wir dazu mehrere kleine Regeln: Wir bitten die Mitglieder unserer Kerngemeinde, sich vorzunehmen, jedes Mal, wenn sie in unser Gemeindezentrum kommen, dies nicht eher zu verlassen, bis sie wenigstens *einen* Menschen ermutigt bzw. aufgebaut haben. Wir sagen: »Du brauchst kein künstliches Lob auszusprechen. Nur: Wenn du etwas Positives von einem Menschen denkst, *sag* es ihm auch! Behalte es nicht für dich.« Schließlich bitten wir sie, auf jedes Wort der Kritik – die ja auch manchmal notwendig ist – mindestens vier Worte des Lobes und der Ermutigung kommen zu lassen und überhaupt nie schlecht vor Dritten über andere zu reden. Allein diese simplen Regeln machen sich ausgesprochen positiv bemerkbar.

> *Die Gemeinde sollte ein Ort sein, wo einer dem andern Flügel verleiht, statt sie ihm zu stutzen.*

3. *Gemeinde nach dem Willen Jesu ist ein Ort, an dem Menschen Korrektur annehmen können.* Einander aufbauen und zum Wachstum verhelfen – das kann durchaus beinhalten, dass wir auch einmal Kritik üben müssen. Das Problem dabei ist: Kein Mensch hört gerne Kritik. Gerade weil das Selbstwertgefühl bei vielen von uns so schwach ausgeprägt ist, bauen wir jede Menge Schutzmechanismen auf, um jede Art von Kritik an uns abperlen zu lassen. Doch wir *brauchen* manchmal Korrektur. Wenn wir wirklich vorankommen wollen in unserem Leben und auf unserer »geistlichen Reise«, müssen wir die Fähigkeit entwickeln, in konstruktiver Weise mit Kritik umzugehen. So sehr ich hier für einen liebevollen Umgang miteinander in unseren Gemeinden plädiere, so sehr muss uns auch bewusst sein, dass Liebe auch bedeuten kann, den anderen behutsam zu korrigieren. Auch hierin soll unsere Liebe ein Spiegel der *Agape* Gottes sein: Die Liebe Gottes nimmt uns so an, wie wir sind, aber sie lässt uns nicht

so *bleiben*. Sie möchte uns positiv verändern. Ich glaube, dass in einem gemeindlichen Umfeld, in dem – wie eben beschrieben – viel gelobt und ermutigt wird und wo Menschen einander mit Herzlichkeit, Liebe und Wertschätzung begegnen, ein Klima entsteht, innerhalb dessen es möglich wird, auch Kritik anzunehmen. *Wenn* wir überhaupt Kritik annehmen, dann von Menschen, von denen wir wissen, dass sie uns lieben. Darum ist es ein guter Indikator für das Maß an Liebe in einer Gemeinde, wie sehr Menschen dort in der Lage sind, Kritik dankbar anzunehmen und daran zu wachsen und zu reifen.

4. *Gemeinde nach dem Willen Jesu ist ein Ort der Heilung und Befreiung.* Die Heilungswunder sind weder aus dem Wirken Jesu noch aus dem der ersten Gemeinde wegzudenken, und wir tun gut daran, darüber nachzudenken, warum in unserer Mitte keine Heilungen mehr geschehen. Eine Gemeinde kann viel von Freiheit reden: Prüfstein ihrer Praxis wird sein, ob von ihr auch eine befreiende *Wirkung* ausgeht. Ein Klima, das von Liebe, Kraft, Glaube, Begeisterung und Positivität geprägt ist, wird sich auch positiv auf unsere Seele auswirken. Und in einer Zeit, in der nahezu zwei Drittel aller Krankheiten seelisch zumindest mitbedingt sind, müsste dies auch massive Folgen für unsere innere und äußere Gesundheit haben. Doch leider sieht es in der Praxis oft anders aus. Unsere Gemeinden sind oft von den gleichen krank machenden Symptomen geprägt wie der Rest der Gesellschaft auch. Darüber hinaus gibt es eine Fülle ekklesiogener Faktoren, die eher *krank* als gesund machen. Psychologen können aus ihrer Praxis berichten, welch unheilvolle Rolle die Kirche und falsche Gottesbilder bei Zwangsneurosen, bei Lebensängsten, bei krankhaft übersteigerten Schuldgefühlen sowie bei zahlreichen sexuellen Fehlentwicklungen spielen. An dieser Stelle bleibt uns nichts anderes übrig, als unsere gesamte Frömmigkeitspraxis sowie die Art unseres Umgangs miteinander einer eingehenden Prüfung zu unterziehen, inwieweit diese der seelischen Gesundheit der Menschen zu- oder abträglich sind. Der Kirche sind viele heilende Kräfte anvertraut: das Gebet für einander, die Segnung, die Beichte, das Abendmahl usw. Diese nutzen nicht viel, solange wir sie als isolierte Übungen einsetzen. In einem gemeindlichen Umfeld aber, das geprägt ist von einer ansteckend gesunden Frömmigkeit, haben diese Praktiken ihren Ort, und wir werden erstaunliche Erfahrungen damit machen.

> *Wir tun gut daran, darüber nachzudenken, warum in unserer Mitte keine Heilungen mehr geschehen.*

5. **Gemeinde nach dem Willen Jesu ist ein Ort, an dem Menschen begleitet werden.** Ich glaube, dass dem kirchlichen Angebot der Begleitung in den nächsten Jahren mehr und mehr eine Schlüsselrolle zukommen wird, und zwar auf drei Ebenen. Da ist zunächst das klassische Feld der *Seelsorge*. Hier suchen Menschen in einer konkreten biografischen Notlage Lebenshilfe: im Trauerfall, bei Eheproblemen, Suchtfragen, Arbeitslosigkeit, Krankheit etc. Der Bedarf an solcher Art von Begleitung wächst, und es ist derzeit nicht abzusehen, wie wir dieser Nachfrage begegnen wollen (weswegen sich neben der Kirche mittlerweile eine Vielzahl anderer Anbieter auf diesem Gebiet etabliert haben). Ein zweites Feld kirchlicher Begleitung ist das so genannte *Coaching*. Coaching ist die Begleitung unserer Mitarbeiterinnen und Mitarbeiter in ihrem Dienst. Wenn wir mit dem allgemeinen Priestertum wirklich Ernst machen, wird es nicht nur genügen, Menschen in den Dienst zu berufen und ihnen eine ordentliche Ausbildung zu verschaffen, sondern die Gemeinde muss diese Menschen, die sich für sie einsetzen, auch begleiten: sie fragen, wie die Arbeit »läuft«, wie es ihnen geht, ob sie Hilfe brauchen usw. Dies kann in Form von Einzelgesprächen oder auch von Supervisionsgruppen geschehen. Das dritte Feld der Begleitung hängt eng damit zusammen: das so genannte *Mentoring*. Mentoring ist die Begleitung eines Menschen auf seinem geistlichen Weg, fromm gesprochen: in seiner Jüngerschaft. Ich bin fest davon überzeugt, dass wir in der Nachfolge Jesu keine nennenswerten Fortschritte machen werden, wenn wir keinen Menschen haben, der uns dabei anleitet und begleitet. Nicht nur bei Menschen, die neu zum Glauben und/oder in unsere Gemeinden gekommen sind, sondern auch bei erfahrenen Christen herrscht ein enormer Bedarf an »geistlichen Vätern und Müttern«, die in der Lage sind, ihnen Hilfestellung auf ihrer geistlichen Reise zu geben. – Seelsorge, Coaching, Mentoring – hinter diesen drei dürren Begriffen verbirgt sich eine der größten Herausforderungen, vor der unsere Gemeinden in der nächsten Zeit stehen. Es ist sonnenklar, dass die Errichtung eines auch nur halbwegs zufriedenstellenden Systems an gemeindlicher Begleitung ein Projekt ist, das Jahre in Anspruch nehmen wird. Die Schlüsselfunktion wird dabei dem *Coaching* zukommen. Die Begleitung unserer Mitarbeiterinnen und Mitarbeiter ist die erste Priorität, die wir für die nächsten Jahre setzen müssen. Daraus werden sich Mentoringverhältnisse wie von selbst ergeben. (Die Übergänge

> *Ich bin fest davon überzeugt, dass wir in der Nachfolge Jesu keine nennenswerten Fortschritte machen werden, wenn wir keinen Menschen haben, der uns dabei anleitet und begleitet.*

sind hier ohnehin oft fließend.) Vor allem aber multiplizieren sich auf diese Weise auch die Mitarbeiterinnen und Mitarbeiter, die in der Lage sind, dem enormen seelsorgerlichen Bedarf in unseren Gemeinden zu begegnen.

64 Kirche ist nur Kirche, wenn sie Kirche für andere ist.

Dieser Satz Dietrich Bonhoeffers ist so etwas wie das Leitwort vieler Gemeinden geworden, die sich in den letzten Jahren aufgemacht haben, etwas zu verändern. Die Kirche wird ihr volles Potenzial nie erreichen, wenn sie sich ausschließlich um sich selber kümmert. Das Wesen der Gemeinde Jesu ist Pro-Existenz (= Da-Sein für andere). Eine Kirche, die nur für sich selber da ist, stirbt auch für sich selber. Darum braucht eine Gemeinde, die sich auf den Weg der Veränderung machen will, vor allem eine Vision für die Menschen »da draußen«. Die Kirche braucht eine Vision, für wen sie Kirche sein will (außer für Gott natürlich).

Das Wesen der Gemeinde Jesu ist Pro-Existenz. Eine Kirche, die nur für sich selber da ist, stirbt auch für sich selber.

An dieser Stelle tut sich das Feld für einen unermesslichen Streit auf: Wer sind »die anderen«, für die wir Kirche sein sollen? Sind es die *Alten und Kranken,* die in unserer Gesellschaft allzu oft in Heime abgeschoben, ein trauriges, auch von der Gemeinde isoliertes Dasein fristen? Sind es die *Flüchtlinge und Asylbewerber,* die vor unseren Städten unter teils menschenverachtenden Umständen in Baracken leben und überdies wieder zunehmend die Gewalt rechtsradikalen Terrors fürchten müssen? Oder sind es die Menschen der so genannten *»Dritten Welt«,* mit deren Armut wir unseren Reichtum oftmals bezahlen und die zumindest ein moralisches Recht auf Entschuldung, auf fairen Handel und auf unsere tatkräftige Unterstützung haben? Müssten wir uns nicht auch um die *Obdachlosen,* die *Gefangenen,* die *Behinderten,* die *allein erziehenden Mütter und Väter,* die *psychisch Kranken* oder die vielen *Arbeitslosen* in unserer Mitte kümmern?

Auf all diese Fragen wird man immer nur antworten können: »Ja, ja und nochmals: Ja.« Sie alle und noch viel mehr sind jene »anderen«, für die wir als Kirche da zu sein und für die wir uns einzusetzen haben. Freilich müssen wir im gleichen Atemzug bekennen, dass dies völlig unmöglich ist. Selbst wenn alle 2000 Mitglieder einer Gemeinde sich für die Nöte dieser Welt einsetzten, wäre es, als wollte man das Meer mit einem Eimer ausschöpfen. In der Praxis haben wir aber nicht einmal diesen Eimer, sondern höchstens einen Fingerhut. Das soll uns nicht daran hindern, mit allem Einsatz für das Heil und Wohl unserer

Mitmenschen Sorge zu tragen. Uns muss dabei aber bewusst sein, dass unser Einsatz immer nur stellvertretenden Charakter haben kann. Stellvertretend für die viele Not dieser Welt setzen wir uns an *einer* oder vielleicht auch an einer Hand voll Stellen ein und hoffen darauf, dass dieses Handeln Kreise zieht. Hoffen darauf, dass sich das Wunder von damals wiederholt, als Jesus mit fünf Broten und zwei Fischen, die ihm ein kleiner Junge voller Vertrauen reichte, 5000 Leute satt machte. Die *ganze* Welt wurde auch damals nicht satt. Dennoch lohnte es den Einsatz des Jungen, wie ich finde.

Unsere Gemeinden müssen und können sich nicht aller Probleme dieser Welt oder auch nur ihrer näheren Umgebung annehmen. Aber an *irgendeinem* Punkt sollten sie in dieser Beziehung Zeichen setzen. Jeder Christ sollte sich zumindest um *einen* Menschen kümmern oder in einem Dienst mitwirken, der sich der »Mühseligen und Beladenen« dieser Welt annimmt, und versuchen, diesen Menschen die Liebe Gottes erfahrbar zu machen. Jede Gemeinde sollte sich mindestens *eine* Gruppierung von Menschen heraussuchen, für die sie in besonderer Weise da sein will, deren Interessen und Nöte sie sich zu Eigen macht. Natürlich wird man ihr den Vorwurf machen, dass sie sich »nur« um diese wenigen Menschen kümmert und alles andere scheinbar ausblendet. Das aber lässt sich kaum ändern. Die Alternative wäre, sich um alles nur ein bisschen zu kümmern, und damit wäre kaum jemandem wirklich gedient. Die Gemeinden innerhalb eines Kirchenkreises täten allerdings gut daran, sich hierbei untereinander abzusprechen und so für eine gewisse Vielfalt zu sorgen, statt es sich gegenseitig zum Vorwurf zu machen, wenn die anderen Gemeinden sich nicht der gleichen Probleme annehmen wie man selbst. Wenn sich die Gemeinde A um Flüchtlinge kümmert und die Gemeinde B um Obdachlose und die Gemeinde C um Suchtkranke und sie zu diesem Zweck hier und dort vielleicht sogar Mitarbeiter austauschen, würde das Synergieeffekte schaffen, die eine Menge Not lindern könnten. Das wäre nicht nur ein machtvolles Zeichen für die Pro-Existenz, sondern auch für die Einheit der Kirche.

Unsere Überlegungen zum Thema »Kirche für andere« wären unvollständig, wenn ich nicht noch einmal auf *eine* Gruppe zu sprechen käme, die in diesem Zusammenhang scheinbar etwas aus dem Rahmen fällt. Es handelt sich um die so genannten »Kirchendistanzierten« und »Kirchenfernen«. Mag sein, dass die Not dieser Menschen nicht so auffällig ist wie bei den anderen genannten Gruppen, aber wir dürfen nicht unterschätzen, wie leer das Leben vieler Menschen ist, denen es

> *Unsere Gemeinden müssen und können sich nicht aller Probleme dieser Welt oder auch nur ihrer näheren Umgebung annehmen. Aber an irgendeinem Punkt sollten sie in dieser Beziehung Zeichen setzen.*

äußerlich gesehen recht gut geht. Nicht wenige von ihnen leben in stiller Verzweiflung und suchen, auch wenn sie es nicht wissen, nach der guten Nachricht von Jesus Christus. Ich glaube, dass wir als Volkskirche für diese Menschen eine besondere Verantwortung tragen, zumal der Großteil von ihnen immer noch Mitglied bei uns ist.

Dabei müssen wir uns bewusst machen: »Die« Kirchendistanzierten gibt es nicht. Es gibt eine Vielfalt von Gründen, warum sich Menschen von der Kirche entfernt haben bzw. warum sie berechtigterweise den Eindruck haben, dass sich die Kirche von ihnen entfernt hat (vgl. hierzu → These 23). Einer soziologischen Studie aus der Schweiz zufolge können wir mindestens sechs große »Kulturen« bei den Mitgliedern unserer Kirche unterscheiden, die ich hier nur holzschnittartig wiedergeben kann. Diese Kulturen werden jeweils mit einem griechischen Buchstaben bezeichnet (nach Wolfgang Simson):

- **Alpha:** zwischen 30 und 50 Jahre alt, progressiver Karrieretyp, wohlsituiert
- **Beta**: meist über 50, liebt Gesellligkeit, Bierzelte, Volksmusik u.ä.
- **Gamma:** kritisch allem Überkommenen gegenüber, gibt sich alternativ, starkes soziales Bewusstsein
- **Kappa:** meist über 50, konservativ, der klassische Vertreter des Bildungsbürgertums
- **Sigma:** unter 30, unbeschwert-optimistisch, erstes Ziel: Genuss des Lebens
- **Omega:** »Opfer- und Verlierertyp«, problembeladen, Tendenz zu Gewalt und Suchtproblemen etc.

Der Punkt, auf den ich hinaus will, ist der: Unsere Kirche ist im Wesentlichen eine Kappa-Kirche. Unsere Gottesdienste und Angebote sind in hohem Maße auf die Vertreter des älteren Bildungsbürgertums ausgerichtet. In gewissem Maße gibt es – sehr stark von den Pfarrerinnen und Pfarrern ausgehend – auch eine ausgeprägte Gamma-Kultur. Beta wird bestenfalls noch auf dem Land bedient, wo der Pfarrer an geselligen Anlässen teilnimmt und die Gemeinde entsprechende Feste ausrichtet. Aber auch dort sind die Gottesdienste wieder streng auf Kappa ausgerichtet. Für Omega gibt es wenigstens noch einige Hilfsangebote am Rande. Für Alpha und für Sigma gibt es so gut wie nichts. Dabei sind Alpha und Sigma die am schnellsten wachsenden Bevölkerungssegmente (sogar noch vor Omega). Der Anteil von Kappa hingegen ist stark rückläufig.

Abgesehen davon, dass wir mit unserer weitgehenden Ausrichtung auf Kappa unser eigenes Aussterben programmieren, stellt sich die Frage, ob es nicht ein Gebot der Liebe ist, wenn wir beginnen, uns stärker um die Alphas, Betas und Sigmas zu kümmern. Sie sind zweifellos keine »Problemgruppen«, wie das bei Omega der Fall ist. Äußerlich gesehen geht es ihnen – wie gesagt – gut (Kappa übrigens auch). Aber auch sie haben ihre ureigene Lebensproblematik, auch sie haben eine religiöse Leere ins sich, auch sie brauchen das Evangelium von Jesus Christus. Allerdings müssen wir es ihnen in anderer Weise präsentieren als Kappa, Omega oder Gamma. Hier erlebe ich erhebliche Berührungsängste seitens der Kirche: Alpha und Sigma mit ihrem Streben nach Geld, Karriere und Status scheinen gerade das zu verkörpern, was die Botschaft des Evangeliums ablehnt. Und Beta (für den ein Gottesdienst von der Gestaltung her idealerweise aussehen würde wie weiland der »Blaue Bock« im Fernsehen) erscheint mit seinen kulturellen Bedürfnissen vielen Vertretern der Kirche als zu »niveaulos«. Wir vergessen manchmal, dass Jesus nicht nur mit Armen und Kranken, sondern auch mit reichen Zöllnern und Vertretern des jüdischen Establishments Gemeinschaft pflegte. Und dass sich die Schar seiner Jünger überwiegend aus einfachen Menschen zusammensetzte, die von Kultur nicht sehr viel Ahnung hatten. Für viele Gemeinden wäre es ein echter Beginn, zur »Kirche für andere« zu werden, wenn sie aus ihrer ureigensten Gamma- oder Kappakultur ausbrechen und sich stärker um die Alphas, Betas, Sigmas und Omegas im Haus nebenan kümmern würden.

Ob wir das jetzt Kunden-, Partner- oder Mitgliederorientierung nennen: Eine Volkskirche darf sich in ihrer Pro-Existenz um der Liebe Christi Willen nicht nur auf Kappa und wenige andere Bevölkerungssegmente konzentrieren. Sie muss für *alle* ihre Mitglieder adäquate Angebote bereitstellen. Darum brauchen wir eine Strategie, wie wir in den nächsten Jahren mit den in der Vergangenheit schmählich vernachlässigten Alphas, Sigmas und Betas ins Gespräch kommen und ihnen das Evangelium nahe bringen wollen. Wenn es denn stimmt, was ich früher gesagt habe (vgl. → These 17), dass wir den Menschen überhaupt nichts Besseres tun können und dass wir ihnen keine größere Liebe erweisen können, als dass wir ihnen eine persönliche Beziehung zu Jesus Christus vermitteln, dann sollten wir dem auch Rechnung tragen und eine entsprechend hohe Priorität einräumen. »Kirche für andere« ist beides: diakonische und missionarische Kirche. Das eine lässt sich nicht gegen das andere ausspielen.

Wir vergessen manchmal, dass Jesus nicht nur mit Armen und Kranken, sondern auch mit reichen Zöllnern und Vertretern des jüdischen Establishments Gemeinschaft pflegte.

»Kirche für andere« ist beides: diakonische und missionarische Kirche. Das eine lässt sich nicht gegen das andere ausspielen.

Die neunte Aufgabe:
Den Gottesdienst losketten

»Die Aussage:
›Unsere Gottesdienste sind für alle da!‹
ist nichts anderes
als frommer Selbstbetrug.«

65 Der Gottesdienst, der früher einmal ein Angebot für alle war, ist eine Nischenveranstaltung geworden.

Von Henry Ford stammt der Ausspruch: »Mein Auto kann man in jeder gewünschten Farbe bekommen, solange sie schwarz ist.« Das »T-Modell«, das er am Anfang des 20. Jahrhunderts vertrieb, war trotzdem ein »Renner«: Zum einen, weil es konkurrenzlos war, zum andern, weil die Menschen seiner Zeit noch nicht so individualistisch waren wie heute. Heutzutage können wir allein in Deutschland zwischen ungefähr 40 größeren Automarken wählen. Jede davon verfügt über ein rundes Dutzend Modelle, die es in jeder Menge Ausführungen und Ausstattungsvarianten gibt – und natürlich auch noch einmal in den verschiedensten Farben und Farbtönungen. Die Zeiten haben sich seit Henry Ford verändert. Zum Oberbegriff »Auto« finden Sie heute in Deutschland problemlos 10.000 – 20.000 Varianten! Ein ähnlicher Differenzierungsschub lässt sich für alle möglichen Bereiche des Lebens beobachten. So können Sie beispielsweise im Berliner »Kaufhaus des Westens« zwischen mehreren Hundert verschiedenen Brot- und 1500 Käsesorten wählen. Nur die Kirche scheint es immer noch mit Henry Ford zu halten: »Sie bekommen bei uns einen Gottesdienst in jeder Variation, solange er nach dem guten alten Ritus abläuft.«

Zweifellos gibt es Ausnahmen, aber 95 % unserer Gottesdienste laufen nach einem weitgehend einheitlichen, teilweise seit Jahrhunderten festgelegten Muster ab. Mit dieser Form des Gottesdienstes, die früher tatsächlich einmal »für alle« da war (so wie Henry Fords »Modell T« tatsächlich einmal ein »Auto für alle« war), können heute immer weniger Menschen etwas anfangen. So bleiben heute in den größeren Städten rund 98 % unserer Mitglieder und 99 % der Bevölkerung dem Gottesdienst fern. Auf bessere Zahlen kommt man nur noch in Gegenden, in denen eine hohe Traditionsverbundenheit vorherrscht, also vor allem in ländlichen oder konfessionell stark geprägten Gebieten. Aber auch da nimmt die Verbundenheit mit dem Gottesdienst ab. Der Einheitsgottesdienst früherer Zeiten wird mehr und mehr zur Nischenveranstaltung für einen winzig kleinen Teil unserer Bevölkerung.

Die Behauptung, unsere Gottesdienste seien »für alle« da, ist ein Anachronismus (= eine überholte Aussage). Tatsache ist: Wir formen uns durch die Art, wie wir den Gottesdienstraum gestalten, durch die Sprache, die wir sprechen, durch die Musik, die wir spielen, durch die Themen, die wir ansprechen, und durch die Kleidung, die wir anziehen, bewusst oder unbewusst ein bestimmtes Publikum. Natürlich wollen wir keinen Menschen ausgrenzen, aber ganz gleich, wie wir unseren Gottesdienst auch gestalten, wir sprechen immer ganz bestimmte Menschen an und andere nicht. Wieder andere stoßen wir vielleicht sogar ab. Entsprechend homogen sind die meisten Gemeindegottesdienste heute zusammengesetzt. Sie entpuppen sich bei näherem Hinsehen als Zielgruppenveranstaltungen.

Die meisten Gemeindegottesdienste entpuppen sich bei näherem Hinsehen als Zielgruppenveranstaltungen.

Dies ist eine ganz einfache Beobachtung, frei von jeglicher Wertung. Wenn wir beispielsweise die Orgel im Gottesdienst einsetzen, heißt das, dass wir eine Musik verwenden, die von dem überwiegenden Teil der Menschen unter 50 heute nicht gehört und nicht gemocht wird. Wenn wir stattdessen eine Band hinstellen würden, würden wir diesen Teil der Bevölkerung vielleicht erreichen, aber wir könnten ebenso sicher sein, dass ein Großteil der älteren Generation gegen diese Musik Sturm liefe. Ähnliches ließe sich auch für andere Bereiche zeigen. So besteht zum Beispiel kein Zweifel, dass unsere herkömmlichen Gottesdienste nicht gerade für junge Familien mit kleinen Kindern ausgerichtet sind. Wenn wir dies aber gezielt ändern, sodass diese sich darin wohl fühlen, wird es wahrscheinlich von Seiten der angestammten Gemeinde Beschwerden über das Kindergeplärr geben usw.

Der Pfarrer ist dabei in einer wenig beneidenswerten Lage: Egal, was er an seinem bisherigen Gottesdienst zu ändern versucht, um neue Schichten zu erreichen, – irgend jemand wird sich dadurch immer gestört fühlen. Wenn er hingegen *nichts* ändert, wird er über die wenigen Kirchentreuen hinaus, die sich in den herkömmlichen Gottesdiensten offensichtlich wohl fühlen, keine neuen Leute erreichen. Weil er aber nur ungern riskieren will, diese »letzten Treuen« auch noch zu vergraulen, zieht er es in der Regel vor, gar nichts zu verändern. Aufgrund seines Studiums kann er überdies noch eine Fülle von theologischen Gründen vorweisen, warum die traditionelle Gottesdienstform gut, wertvoll und bewahrenswert ist. Dass er damit nur noch einen geringen Ausschnitt der Bevölkerung erreicht, nimmt er stillschweigend in Kauf. Er tut nur das, was ihm vorgeschrieben ist – und was die Kerngemeinde von ihm erwartet. »Außerdem«, so tröstet er sich, »grenzen wir niemanden aus. Zu uns darf jeder kommen.«

Die Aussage: »Unsere Gottesdienste sind für alle da!« muss endlich als das entlarvt werden, was sie ist: nämlich als frommer Selbstbetrug. Sie ist etwa

Die Aussage: »Unsere Gottesdienste sind für alle da!« muss endlich als das entlarvt werden, was sie ist: nämlich als frommer Selbstbetrug. Sie ist etwa so seriös wie die Aussage eines Metzgers, der behauptet, in seinem Laden dürften auch Vegetarier einkaufen.

so seriös wie die Aussage eines Metzgers, der behauptet, in seinem Laden dürften auch Vegetarier einkaufen. Natürlich hat er Recht. Die Aussage ist dennoch naiv: Denn welcher Vegetarier hat Interesse, in einer Metzgerei einzukaufen? Mag sein, dass es dort von Zeit zu Zeit frisches Sauerkraut gibt, wirklich *versorgen* kann er sich in der Metzgerei aber nicht.

Wir müssen es uns eingestehen: Der normale 10-Uhr-Gottesdienst in Deutschland ist zu einer Nischenveranstaltung für ältere Menschen geworden! Das ist an und für sich nichts Schlimmes, aber wir sollten es endlich zugeben – und uns überlegen, was wir den vielen anderen Menschen anbieten wollen! Denn auch innerhalb der älteren Generation wächst die Anzahl derer, die mit dieser Form von Gottesdienst nichts mehr anzufangen wissen. Kein Wunder also, dass in den großen Städten immer mehr Gottesdienste und Gemeinden zusammengelegt werden. Aber das ist nicht die Lösung: Wir brauchen nicht *weniger,* sondern *mehr* Gottesdienste! Dazu komme ich später noch.

Wenn immer weniger Leute kommen, brauchen wir nicht weniger, sondern mehr Gottesdienste!

66 Der evangelische Gottesdienst ist an die doppelte Kette von Kirchenmusik und liturgischer Tradition gelegt. Wenn es uns nicht gelingt, ihn davon zu befreien, wird es ihn bald nicht mehr geben.

Ich bin mir der Brisanz dieser These bewusst. Lassen Sie mich darum gleich vorausschicken, dass ich keinesfalls dafür plädiere, die Kirchenmusik oder die liturgische Tradition gänzlich abzuschaffen. Allerdings dürfen sie auch nicht zu »Heiligen Kühen« erhoben werden, die niemand in Frage stellen oder ändern darf, selbst wenn sie den Gemeindeaufbau verhindern. Fakt ist, dass Kirchenmusik und liturgische Tradition in unseren Gottesdiensten ein Gewicht bekommen haben, das ihnen im Rahmen einer evangelischen Kirche einfach nicht zusteht.

Beginnen wir mit der *Kirchenmusik*: Allein der Begriff ist verräterisch. Wenn es eine eigene »Kirchenmusik« gibt, bedeutet das, dass sich diese von jener Musik unterscheidet, die außerhalb der Kirche gehört und gespielt wird. Es handelt sich also um eine eigene Kulturform, die dem »normalen Volk« nicht so ohne weiteres zugänglich ist. Allein diese Tatsache verträgt sich nicht mit dem Gedanken einer Volkskirche, jedenfalls nicht, wenn diese Art von Kirchenmusik zur Regelmusik unserer Gottesdienste erhoben wird. Kein Zweifel, dass

Eine eigene »Kirchenmusik« verträgt sich nicht mit dem Gedanken der Volkskirche.

es eine nennenswerte Anzahl von Menschen gibt, die Kirchenmusik genießen. Doch schaut man sich einmal an, was das für Leute sind, sieht man sehr schnell, dass es sich nur um einen kleinen Ausschnitt der Bevölkerung handelt: in der Regel nämlich das so genannte Bildungsbürgertum. Es ist sehr zu begrüßen, dass diese Menschen Gottesdienste und Veranstaltungen besuchen können, die ihrem Geschmack entsprechen. Wenn wir aber den Musikgeschmack dieser kleinen Gruppe zur Norm für alle Gottesdienste erheben, haben wir uns davon verabschiedet, wirklich Volkskirche zu sein.

Ein Gottesdienst, der, was seine musikalische Gestaltung anbetrifft, hauptsächlich auf die Orgel setzt, spricht eine Sprache, die kaum noch jemand versteht. Nur 7,8 % aller in Deutschland verkauften CDs beinhalten klassische Musik (Stand: 1998). In dieser Zahl ist die so genannte »U-Klassik« (Pavarotti etc.) schon enthalten. Der Verkaufsanteil der »reinen« Klassik liegt unter 5 %. Allein diese Tatsache lässt befürchten, dass sich unser hartnäckiges Festhalten an der klassischen Kirchenmusik mehr und mehr zu einem Bollwerk gegen den Gemeindeaufbau entwickelt. Wir spielen die Musik einer Minderheit. Sogar mit Volksmusik könnten wir heute – vor allem in ländlichen Gebieten – weitaus größere Schichten erreichen! (Mancher, der sich an dieser Stelle vor Grausen schüttelt, würde sich wundern, wie viele unserer Kirchenlieder früher einmal Volksmusik waren.) Aber es kommt noch dramatischer: Von den genannten 7,8 % der verkauften Klassik-CDs ist wiederum nur ein Bruchteil Orgelmusik (insgesamt 0,2 %). Das heißt aber: Wir setzen in unseren Gottesdiensten hauptsächlich eine Musik ein, die sich über 99,8 % der Leute, die einen CD-Spieler bedienen können, zu Hause nicht anhören. Das ist nicht einmal mehr eine qualifizierte Minderheit. Fakt ist, dass *Popmusik* mit einem Verkaufsanteil zwischen 50 und 80 % (je nachdem, welche musikalischen Unterformen man dazu zählen will) die »Volksmusik« unserer Tage ist. Wenn wir tatsächlich Volkskirche sein wollen, müssen wir anfangen, uns überwiegend auf diesen Geschmack einzustellen.

Unser hartnäckiges Festhalten an der klassischen Kirchenmusik entwickelt sich mehr und mehr zu einem Bollwerk gegen den Gemeindeaufbau.

Die andere Kette, an die unser Gottesdienst gelegt ist, ist die *liturgische Tradition*. Wenn man sich an einem Sonntagmorgen in einer Großstadt wie Frankfurt, in deren Nähe ich wohne, ins Auto setzt, kann man in einem Radius von 15-20 Minuten rund 30 evangelische Kirchen erreichen. Das ist eine Entfernung, die aktuellen Untersuchungen zufolge von Menschen immer noch als »nah« empfunden wird. In diesen 30 Kirchen läuft nahezu überall zur gleichen Zeit das gleiche »Programm«: Wochenlied, Eingangspsalm, Wechselgesänge, Lesungen,

Predigttext usw. Das Verrückte ist: Alle *Unterschiede*, die es dabei gibt, sind (zumindest bei uns in Hessen) in der Geschichte der jeweiligen Gemeinde begründet. Alle dauerhaften *Änderungen* an der Liturgie und am Gottesdienstablauf haben sich auf ein einheitliches Format hin zu bewegen, das im Wesentlichen in den fünfziger Jahren festgelegt wurde und das es nur in zwei Variationen gibt: Traditionell und *sehr* traditionell (Henry Ford hätte gesagt: »Schwarz und dunkelschwarz«).

Die meisten von uns sind mit diesen Formen groß geworden und das hat in uns den Eindruck verdichtet: »Gottesdienste *müssen* so sein.« Doch das ist mitnichten der Fall. Die uns bekannte Gottesdienstform ist nicht die erste, die die evangelische Christenheit gesehen hat, und sie wird auch nicht die letzte sein. Sie lässt sich auch nicht auf die Bibel zurückführen. Die Bibel zeigt sich in der Frage der Gottesdienstformen vielmehr erstaunlich vielfältig und legt uns gerade *nicht* fest. Ja, manche Formen lassen sich vielmehr mit Recht vom Neuen Testament her hinterfragen: Darf es in einem christlichen Gottesdienst tatsächlich einen Altar geben? Muss der Pfarrer wirklich ein Gewand – und dazu noch ein schwarzes! – tragen? Darf der christliche Gottesdienst wirklich derart als Ein-Personen-Show zelebriert werden, wie das faktisch noch heute fast überall die Regel ist? (Ich verweise zu diesen und anderen Fragen auf mein Buch »Gottes Liebe feiern«.)

Die Menschen haben längst mit den Füßen abgestimmt, was sie von diesen Traditionen halten. Mag sein, dass sie sie zu besonderen Anlässen als besonders feierlich empfinden, aber mit ihrem normalen Leben haben sie nichts zu tun. Bereits in → These 5 habe ich dargelegt, dass uns ein prinzipieller Antitraditionalismus in diesen Fragen genauso wenig weiterhilft wie jener Traditionalismus, der unsere Kirche und unsere Gottesdienste heute weithin prägt. Tradition ist wichtig und gut. Aber ein Gottesdienst, der *vorrangig* unter dem Gesichtspunkt der Tradition konzipiert ist, hat den Charakter eines Museums. Er atmet den Geist einer vergangenen Zeit. Er holt die Menschen nicht ab, wo sie stehen, und ist auch nicht in der Lage, ihr Leben nachhaltig zu prägen. Insofern ist es ein doppelter Skandal, dass es den Gemeinden in den meisten Landeskirchen verboten ist, selbstständig Neuerungen innerhalb der Liturgie vorzunehmen: Es bedeutet eine Entmündigung der Gemeinde und eine Missachtung der Menschen, die uns anvertraut sind.

Der Gottesdienst, der an die doppelte Kette von Kirchenmusik und liturgischer Tradition gelegt ist, ist ein Auslaufmodell. In dreißig Jahren wird er keine nennenswerte Rolle innerhalb unserer Kirche mehr spielen. In unserer Gesellschaft spielt er sie bereits jetzt schon nicht mehr. Die Frage, ob und in welchem Maß es dann *überhaupt* noch evangelische Gottesdienste geben wird, wird wesentlich daran liegen, wann wir den Gottesdienst endlich losketten von äußeren Formen und Traditionen, die uns von der Bibel nicht vorgeschrieben werden und die dem Charakter einer Volkskirche völlig zuwiderlaufen.

67 Gottesdienstliche Formen sind nicht beliebig, aber sie müssen flexibel sein.

Ich behaupte mit alledem nicht, dass Gottesdienstformen beliebig wären. Form ist niemals beliebig. Vielmehr gibt es zwei Kriterien, denen jede gottesdienstliche Form genügen muss:

1. Zum einen muss sie dem *Inhalt* entsprechen, den sie »transportieren« will. Wir können nicht einen christlichen Gottesdienst feiern und dabei eine Buddhafigur auf den Altar stellen oder barbusige Tänzerinnen das Vorprogramm gestalten lassen, nur weil es dem Publikum vielleicht gefällt. Das würde den Inhalten widersprechen, die wir vermitteln wollen. Insofern müssen wir jede äußere Form des Gottesdienstes daraufhin prüfen, ob sie mit dem Inhalt des Evangeliums konform geht, ob sie ihn fördert oder von ihm wegführt. Das gilt nicht nur für neu einzuführende, sondern auch für althergebrachte gottesdienstliche Elemente. (Hier gäbe es einige erstaunliche Entdeckungen zu machen.) Das Medium, das wir im Gottesdienst einsetzen, ist Bestandteil der Botschaft. Das »Sein« und das »Design« müssen übereinstimmen. Inhalte müssen sich darum auf die Form auswirken, sonst wirkt die Form verfälschend auf den Inhalt.
2. Die gottesdienstliche Form muss aber auch dem *Adressaten* entsprechen, den ich in diesem Gottesdienst erreichen will. Ich muss seine Sprache sprechen, seinen Bedürfnissen entgegenkommen und sein Lebensgefühl treffen, wenn ich ihn nicht verfehlen und an ihm vorbeireden will. (Dies gilt auch und gerade, wenn ich ihm *widersprechen* möchte.) Lange bevor die Predigt anfängt, hat der Gottesdienst bereits zu dem Teilnehmer gesprochen. Wenn er den Eindruck gewinnt: »Das ist nicht meine Welt, hier wird nicht meine Sprache gesprochen, hier bin ich offensichtlich nicht wichtig«, können wir das durch eine noch so gute Predigt nicht wettmachen. Die »Körpersprache des Leibes Christi« spricht dann lauter als die verbale Beteuerung: »Gott liebt dich, und wir dich auch.«

> *Unsere Gottesdienste sollten christusgemäß in der Aussage, aber zeitgemäß im Stil sein.*

Was die *Inhalte* anbetrifft, haben wir als Christen feste Vorgaben. Diese werden fester, je mehr wir uns der »Christusmitte« nähern, die ich in → These 5 beschrieben habe. Was aber die Ansprache der Menschen anbetrifft, mit denen wir es in unseren Gottesdiensten zu tun haben, müssen wir in höchstmöglichem Maße flexibel bleiben. Unsere Gottesdienste sollten darum christusgemäß in der Aussage, aber zeitgemäß im Stil sein.

Darum kann ich das Argument, Gottesdienste müssten ein »Kontrastprogramm zum Zeitgeist« darstellen, nicht akzeptieren. Wir müssen uns vielmehr bewusst machen: Ausnahmslos alle Gottesdienstformen, die heute traditionell sind, waren einmal modern, ja mehr noch: sie waren einmal revolutionär und wurden mit den gleichen Argumenten bekämpft, mit denen man heute ihre potenziellen Nachfolger bekämpft: Man fand sie minderwertig, niveau- und kulturlos, zu sinnlich, zu weltlich, ja sogar satanisch. So wurde die Orgel innerkirchlich lange Zeit als »Straßeninstrument« verunglimpft, denn sie wurde in ihren ersten Formen vor allem auf Jahrmärkten eingesetzt. Die Geige wurde lange als das Instrument des Teufels angesehen. Ein Großteil der Lieder, die wir heute als »sakrale Musik« bezeichnen, wurden bei ihrer Entstehung ob ihrer allzu großen Weltlichkeit kritisiert. Das fängt bei Luthers Liedern an und geht hin bis zu Händel, dessen »Messias« von Kirchenleuten seiner Zeit als »vulgäres Theater« verurteilt wurde: Das Stück habe zu viele Wiederholungen (fast einhundert »Hallelujas«!) und nicht genügend Botschaft. Warum haben sich diese Formen trotz allem Widerstand durchgesetzt? Nicht, weil sie *heiliger* waren als ihre Vorgänger, sondern schlicht, weil sie *populär* waren. Das war eine Sprache, die die Menschen verstanden und in der sie sich und ihre innersten Gefühle ausdrücken konnten. Ich glaube nicht, dass die Kirche sich auf Dauer erlauben kann, irgendeine andere Sprache zu sprechen.

> *Ausnahmslos alle Gottesdienstformen, die heute traditionell sind, waren einmal modern, ja mehr noch: waren einmal revolutionär und wurden mit den gleichen Argumenten bekämpft, mit denen man heute ihre potenziellen Nachfolger bekämpft.*

Das ist auch der Grund, warum uns das Neue Testament in der Frage der Gottesdienstordnung keine festen Vorgaben macht: Ganz offensichtlich sind die biblischen Autoren der Meinung, dass diese Formen durch geschichtliche, geografische und kulturelle Gegebenheiten mitbedingt sind. Es gibt nicht »den« Gottesdienst, der für alle Menschen zu allen Zeiten unter allen Umständen gleich gut ist. Ich behaupte, dass unsere Kirchenordnung die Gemeinden hier an einem Punkt festlegt, wo die Bibel uns aus gutem Grund Freiheit lässt. Ein Gottesdienst muss in einem oberbayerischen Dorf anders aussehen als in Frankfurt und der Gottesdienst dort wiederum anders als in einer Kleinstadt in Ostdeutschland. In einer Großstadt sollte überhaupt eine bunte Vielfalt an Gottesdienstformen angeboten werden! Verschiedenartige Menschen brauchen verschiedenartige Gottesdienste und eine Kirchenordnung muss den Gemeinden hierfür Raum lassen! Und wenn Sie fragen: »Woran soll man denn dann noch erkennen, dass es sich hierbei um *evangelische* Gottesdienste handelt?«, dann kann ich nur antworten: »Genau an dieser Vielfalt – und hoffentlich auch an der Predigt!«

Es gibt nicht »den« Gottesdienst, der für alle Menschen zu allen Zeiten unter allen Umständen gleich gut ist. Unsere Kirchenordnung legt die Gemeinden hier an einem Punkt fest, wo die Bibel uns aus gutem Grund Freiheit lässt.

Gottesdienste, die Menschen inspirieren wollen, müssen deren Lebensgefühl ansprechen. 68

Viele Jahre lang habe ich beim Betreten einer Kirche automatisch mein »religiöses Programm« eingeschaltet: eine Mischung aus Unsicherheit, Beklemmung und Distanz. Als Christ sagte ich mir, dass es »gut für mich« sei, den Gottesdienst zu besuchen, aber ich fühlte mich nicht wohl. Diese Veranstaltung hatte nichts mit meinem normalen Leben zu tun. Noch schwieriger wurde es, wenn ich meine nichtchristlichen Freunde zu diesen Gottesdiensten einladen wollte. Ehrlich gesagt, ich unterließ es meistens, weil es mir peinlich war. Zwei Jahre lang machte ich es in einem Jugendkreis, den ich damals leitete, zu einer »geistlichen Disziplin«, mit den mir anvertrauten Jugendlichen jeden Sonntag in die Kirche zu gehen. Sie machten das mit, aber wir alle fühlten uns dabei so, wie sich ein frommer Hindu fühlen mag, wenn er sich aufs Nagelbrett setzt: Er macht es, um in irgendeiner Weise »heilig« zu sein, aber nicht, weil er es so toll findet (vermute ich mal). Dabei dachte ich immer noch – bis in die ersten Jahre meines Pfarrberufs hinein –, dass *ich* es war, bei dem der Fehler lag. Gottesdienst, so war meine Auffassung, muss so sein und wenn ich mich darin nicht wohl fühle, dann mache *ich* etwas falsch.

Es hat viele Jahre gedauert, bis ich merkte, dass der Fehler gar nicht bei mir oder bei den Jugendlichen lag, dass wir unüberbrückbare Schwierigkeiten hatten, uns und unsere Gefühlswelt dem gottesdienstlichen Geschehen anzupassen. Der Fehler lag und liegt vielmehr darin, dass unsere Gottesdienste so wenig dem Lebensgefühl der heutigen Menschen angepasst sind. Die Fremdheit des Gottesdienstes lag nicht daran, dass der Gottesdienst heilig und ich unheilig war. Das Fremdheitsgefühl kam vielmehr dadurch zu Stande, dass der Gottesdienst das Lebensgefühl einer anderen Generation ansprach. Das hatte mit »Heiligkeit« und »Unheiligkeit« nichts zu tun, sondern schlicht mit kulturellen Gewohnheiten.

Diese Erkenntnis wandelte mein Gottesdienstverständnis von Grund auf. Früher hatte ich gedacht, »Gottesdienst« bedeutet: »Wir dienen Gott.« Deshalb schälte ich mich jahrelang Sonntag für Sonntag viel früher aus dem Bett, als mir lieb war, setzte mich in einer mäßig beleuchteten Kirche auf eine harte Kirchenbank, beging einen Ritus, den ich nicht verstand, lauschte einer Musik, die ich nicht mochte, und einer Predigt, die mich nicht ansprach: Weil ich Gott dienen wollte! Erst später erkannte ich, dass »Gottesdienst« bedeutet, dass Gott *uns* Menschen dienen will! Wenn das aber stimmt, dann muss es mir – zumindest in aller Regel – nach dem Gottesdienst besser gehen als vorher.

> »Gottesdienst« bedeutet: »Gott will uns Menschen dienen«! Das Ergebnis davon kann nur Inspiration, Begeisterung und »Enthusiasmus« sein. Nach dem Gottesdienst muss es mir – zumindest in aller Regel – besser gehen als vorher.

Ich bin heute der festen Überzeugung, dass Gottesdienste die inspirierendsten Veranstaltungen sein können, die es überhaupt gibt. Ja mehr noch: Ein Gottesdienst, der das nicht ist, bleibt unterhalb seines Potenzials, er ist nicht das, was er von Gott her eigentlich sein sollte. Gott will uns dienen und das Ergebnis davon kann nur Inspiration, Begeisterung und »Enthusiasmus« sein. Nach dem Gottesdienst muss ich mehr Glauben, mehr Liebe, mehr Hoffnung haben als vorher! Das aber wird nur dann der Fall sein, wenn mein Lebensgefühl in diesem Gottesdienst wenigstens einigermaßen angesprochen und mir Gelegenheit gegeben wird, Gott in meinem ureigensten Lebensgefühl zu antworten.

Der Durchschnittsdeutsche fühlt sich in unserer gottesdienstlichen Sprache und Symbolik nicht zu Hause. Er versteht sie nicht, und selbst wenn man sie ihm erklärt, bleibt sie für ihn eine Fremdsprache. Er kann seine innersten Gedanken und Gefühle nicht in ihr ausdrücken. In dieser Situation haben sich nicht die Menschen unseren Gottesdienstformen anzupassen, sondern wir haben unsere Gottesdienstformen den Menschen anzupassen. Ein inspirierender Gottesdienst, der die Menschen in ihrem Glauben, ihrer Liebe und ihrer Hoffnung stärken will, muss deren Sprache sprechen. Dabei verstehe ich unter »Sprache« nicht nur das gesprochene Wort, sondern auch die Symbolik des Gottesdienstes und vor allem die dort eingesetzte Musik. Für mich ist nicht nachvollziehbar, warum Theologen in ihrer Ausbildung Griechisch, Hebräisch und Latein lernen, aber nicht beigebracht bekommen, die Sprache der Menschen ihrer Zeit zu sprechen. Ganz offensichtlich geht man davon aus, dass sie dies bereits können. Wenn dem aber so wäre, sähe es in unseren Gemeinden anders aus.

In unserer Gemeinde arbeiten wir oft mit Umfragen, um die »Sprache« der Menschen vor Ort herauszufinden. So fragen wir sie beispielsweise, welchen Radiosender sie bevorzugt hören, welche Zeitschrift sie lesen, welche kulturellen Veranstaltungen sie gerne besuchen, welche Themen sie bewegen und was sie gerne erleben würden, wenn sie in die Kirche kommen. Aus diesen Mosaikteilchen entwickeln wir ein Gesamtbild, welche Sprache wir sprechen müssen, um diese Menschen zu erreichen. Diese Vorgehensweise löst bei vielen Leuten großes Erstaunen aus, und oft werden wir dafür auch kritisiert. Meiner Meinung nach müsste die Arbeit mit Umfragen zum Grundhandwerkszeug jedes evangelischen Theologen gehören. Kaum ein Satz Martin Luthers wird häufiger zitiert als der, dass man »den Leuten aufs Maul schauen« muss, aber ein eigenes Unterrichtsfach für evangelische Theologen ist daraus noch nicht geworden, sehr zum Schaden unserer Kirche. Wir schauen überwiegend Leuten aufs Maul, die schon längst gestorben sind – und wundern uns, warum unsere Gottesdienste nicht lebendiger sind.

> *Wir schauen überwiegend Leuten aufs Maul, die schon längst gestorben sind – und wundern uns, warum unsere Gottesdienste nicht lebendiger sind.*

Die nähere Zukunft des Gottesdienstes liegt in einem mehrgleisigen Gottesdienstkonzept. 69

Ich bin davon überzeugt, dass der Gottesdienst, den wir in unserer Kirche derzeit als Regelgottesdienst feiern, ein Auslaufmodell ist. Immer öfter kann man – vor allem in den großen Städten – von Gottesdiensten hören, die nicht einmal mehr von zehn Leuten besucht werden. Aber auch, wo noch fünfzig oder sechzig Leute kommen, ist das bei Gemeindegliederzahlen von mehreren Tausend ein alarmierendes Zeichen. Wollen wir wirklich erst anfangen, uns etwas Neues zu überlegen, wenn der letzte Gottesdienstbesucher »das Licht ausgeknipst« hat?

Die Konsequenz hieraus bedeutet für mich nicht: »Schafft die Gottesdienste in ihrer bisherigen Form ab!« Der herkömmliche Gottesdienst hat sein Recht und seinen Segen, und er wird noch einige Jahre eine wichtige Rolle in unserer Kirche spielen. Vor

> *Ich bin davon überzeugt, dass der Gottesdienst, den wir in unserer Kirche derzeit als Regelgottesdienst feiern, ein Auslaufmodell ist.*

allem können wir *den* Menschen, die in dieser Art von Gottesdienst zu Hause sind und denen wir viel zu verdanken haben, nicht den Teppich unter den Füßen wegziehen. Auf der anderen Seite erreichen wir mit unseren herkömmlichen Gottesdiensten die Mehrheit unserer Zeitgenossen nicht mehr. In dieser Situation gibt es für unsere Gemeinden drei Möglichkeiten:

1. Zum einen können wir *unsere traditionellen Gottesdienste auflockern*. Auch ein Gottesdienst, der sich am klassischen liturgischen Gerüst orientiert, kann mit Elementen verbunden werden, die mit dem Zeitgeist korrespondieren. Wie ich mir das vorstelle, habe ich in meinem Buch »Gottes Liebe feiern« ausführlich beschrieben. Wir haben in unserer Gemeinde einige Jahre lang eine solche bunte Mixtur aus traditionellen und modernen Elementen angeboten und damit großen Segen erfahren. Hier wurde Gemeinschaft konkret: Indem für jeden etwas dabei war, jeder aber auch Zugeständnisse machen musste, was seinen persönlichen Geschmack und seine Vorlieben anbetraf. Freilich hat diese Vorgehensweise ihre Grenzen. Stellen Sie sich einen Radiosender vor, der in der wohlmeinenden Absicht, eine möglichst große Hörerschaft anzusprechen, eine bunte Mischung aus Jazz, sanftem Pop, Opernarien, Heavy metal und bayerischer Volksmusik spielt. Der Sender würde mit großer Sicherheit das genaue Gegenteil von dem erreichen, was er eigentlich wollte: Er würde in seinem Bemühen, es »allen« recht zu machen, sämtliche Hörer verprellen. Meine Überzeugung ist: Wir können mit einer guten, aber nicht extremen Mixtur den Gottesdienstbesuch deutlich steigern. Einen wirklichen Durchbruch werden wir aber erst dann erzielen, wenn wir verschiedenartige Gottesdienste anbieten.

2. Wir werden auf Dauer nicht um die Überlegung herumkommen, welche *neuen Gottesdienstformen* wir in unseren Gemeinden anbieten wollen. Die Antwort auf diese Frage hängt in erster Linie davon ab, welche Menschen bei uns vor Ort wohnen. In unserer Gemeinde bieten wir mittlerweile sechs verschiedene Gottesdienstformate an, die wir – in verschiedenen Abständen – regelmäßig durchführen: einen klassischen Gottesdienst, einen aufgelockert traditionellen, einen modernen, einen meditativen, einen Gottesdienst für Kirchendistanzierte und einen Teenie-Gottesdienst. Das ist in dieser Vielfalt sicherlich extrem. Aber schon bald wird es zum Standard jeder Gemeinde gehören, neben dem traditionellen wenigstens einen zweiten Gottesdienst anzubieten, der sich eng an der Kultur der ortsansässigen Bevölkerung oder an einer wie auch im-

mer ausgewiesenen Zielgruppe orientiert. Meine Prognose dabei ist, dass der Besuch des traditionellen Gottesdienst dabei immer weiter zurückgehen und der des »kulturoffenen« Gottesdienstes immer mehr zunehmen wird. In spätestens 30 bis 40 Jahren wird der traditionelle Gottesdienst in unserer Kirche nur noch eine Rolle am Rande spielen. Verschiedentlich äußern Menschen die Sorge, ob es nicht eine Spaltung in der Gemeinde hervorruft, wenn sie zwei oder sogar noch mehr Gottesdienstformate anbietet. So berechtigt diese Sorge auch ist: Sie übersieht, dass eine solche Spaltung bereits längst existiert. Alle unsere Gemeinden sind gespalten in die kleine Gruppe, die sonntagmorgens in die Kirche gehen, und die vielen anderen, die dieses Angebot nicht anspricht und die deswegen zu Hause bleiben. Letztere zu motivieren, in einen – wenn auch anders gearteten – Gottesdienst zu kommen, wäre kein Schritt zur Spaltung, sondern gerade zur Überwindung einer bereits existierenden Spaltung. Aus der Erfahrung unserer Gemeinde kann ich nur sagen: Wenn (a) beide Gottesdienste um die gleiche theologische Mitte kreisen und (b) die Besucher beider Gottesdienste liebevoll miteinander umgehen und wenn es (c) über die Gottesdienste hinaus in der Gemeinde genügend Berührungspunkte gibt – Seminare, Hauskreise, Veranstaltungen, Aktivitäten etc. –, wo sich die Gemeindeglieder treffen und Gemeinschaft pflegen können, dann wird ein zusätzlicher Gottesdienst die Gemeinde nicht spalten.

Schon bald wird es zum Standard jeder Gemeinde gehören, neben dem traditionellen wenigstens einen zweiten Gottesdienst anzubieten, der sich eng an der Kultur der ortsansässigen Bevölkerung orientiert.

3. Die dritte Möglichkeit ist die, dass *verschiedene Gemeinden unterschiedliche Gottesdienste anbieten* und sich dadurch ergänzen. Das ideale Umfeld für eine solche Zusammenarbeit ist die Großstadt. Hier wird eine derartige Profilierung von Gemeinden und Gottesdiensten am leichtesten umzusetzen sein. Der Vorteil einer solchen Vorgehensweise liegt auf der Hand: Jede Gemeinde kann sich auf ein Gottesdienstformat und damit auch auf eine bestimmte Zielgruppe konzentrieren. Jede Differenzierung des gottesdienstlichen Angebotes erreicht zwar größere Breiten, kostet aber auch viel Kraft. Je spezifischer und eindeutiger das Profil einer Gemeinde ausgerichtet ist, desto eher wird sie die Menschen erreichen. Die Gewissheit, dass nur wenige Autominuten entfernt eine Gemeinde einen Gottesdienst anbietet, der das eigene Angebot hervorragend ergänzt, würde es vielen Gemeinden leichter machen, sich zu einer solchen Profilierung zu entscheiden.

Im Moment bieten wir 95 % unserer Gottesdienste für nicht einmal 5 % der Bevölkerung an. Das ist ein Luxus, den wir uns nicht länger erlauben können.

Ganz gleich, für welche der drei Möglichkeiten wir uns entscheiden: Im Moment bieten wir 95 % unserer Gottesdienste für nicht einmal 5 % der Bevölkerung an. Das ist ein Luxus, den wir uns nicht länger erlauben können. Ob wir auch im neuen Jahrtausend noch eine Volkskirche sein werden, wird nicht zuletzt von der Frage abhängen, ob es uns gelingt, wieder Gottesdienste »für das Volk« anzubieten. Unser Kirchenvolk ist freilich schon seit Jahrzehnten keine Einheit mehr, sondern hat sich in die verschiedensten Untergruppen mit unterschiedlichen Interessenlagen und Bedürfnissen ausdifferenziert. Dem werden wir nur durch ein ebenso differenziertes gottesdienstliches Angebot entsprechen können.

70 Der Gottesdienst der Zukunft wird nicht vom Pfarrer oder der Pfarrerin *gehalten*, sondern von der Gemeinde *gefeiert*.

So unterschiedlich die gottesdienstlichen Formen in Zukunft auch sein werden, in dieser Beziehung werden sie sich gleichen: Es wird nicht mehr eine einzelne Person sein, die den Gottesdienst »hält«. Wir sollten uns beizeiten abgewöhnen, diese Vokabel überhaupt noch zu benutzen – schließlich hat Sprache wirklichkeitsprägende Macht. Gerne kann der Pfarrer oder die Pfarrerin den Gottesdienst *leiten* – aber *halten* dürfen sie ihn nicht. Gottesdienst ist seinem Wesen nach eine Feier – und damit Sache einer Gemeinschaft und nicht nur einer Person.

Derzeit ist die Gemeinschaft im Gottesdienst auf das gemeinsame Singen und Rezitieren von festgelegten Texten beschränkt. Fröhliche Unterhaltungen im Vorfeld werden von Kerngemeindegliedern oft als störend empfunden und nach dem Gottesdienst geht man schnell seiner Wege. Obwohl sich hier in den letzten Jahren erfreulich viel getan hat, ist ein Kirchenkaffee oder Teedienst im Anschluss an den Gottesdienst immer noch die Ausnahme statt die Regel. Manchmal fasst man sich beim Abendmahl kurz an den Händen, aber das ist einigen auch fast schon zu viel an Nähe. Selten wird im Gottesdienst gelacht, auch nicht geweint – und schon gar nicht geklatscht. Eher beißt man sich auf die Zunge, als dem Pfarrer mitzuteilen, dass sein Beffchen schief hängt – schließlich will man die »Würde des Gottesdienstes« nicht stören. Zwischenrufe zur Predigt gibt es schon gar nicht, auch keine Möglichkeit zur Rückfrage, zu eigenen Beiträgen oder gar zum anschließenden Gespräch. Und haben Sie in einem evangelischen Gottesdienst schon einmal eine Gebetsgemeinschaft erlebt?

Alles in allem kenne ich kaum eine Veranstaltung, die derart unkommunikativ verläuft wie das, was wir allgemeinhin als Gottesdienst bezeichnen. Selbst ein Kinofilm – eigentlich die ultimative Form der Frontaldarbietung – kennt oft mehr Beteiligung der Zuschauer. Gleichzeitig erhebt der Gottesdienst einen ungemein hohen kommunikativen Anspruch. Schließlich handelt es sich hier – zumindest der Theorie nach – um die Feier der Liebe Gottes, bei der seine Kinder zusammenkommen und Gemeinschaft miteinander haben. Von kaum etwas ist dabei so viel die Rede wie von Liebe. Und gleichzeitig ist davon nur wenig zu spüren. Nagelprobe unserer Gottesdienste müsste sein, ob jemand aus einer völlig anderen Kultur, der unsere Sprache nicht spricht, beim Besuch unserer Gottesdienste auf die Idee käme, dass es sich beim Christentum um eine Religion der Liebe handelt.

Nagelprobe unserer Gottesdienste müsste sein, ob jemand aus einer völlig anderen Kultur, der unsere Sprache nicht spricht, beim Besuch unserer Gottesdienste auf die Idee käme, dass es sich beim Christentum um eine Religion der Liebe handelt.

Lesen wir zum Kontrast, wie ein Gottesdienst zur Zeit des Neuen Testaments ausgesehen hat. Paulus schreibt in 1.Korinther 14,26: *»Wenn ihr zusammenkommt, hat jeder etwas beizutragen: Einige singen ein Loblied, andere legen Gottes Wort aus. Einige geben weiter, was Gott ihnen klargemacht hat, andere beten in unbekannten Sprachen, die dann für alle ausgelegt werden. Wichtig ist, dass alles zum Aufbau der Gemeinde geschieht«* (Übersetzung: Hoffnung für alle). Auch wenn – wie weiter oben ausgeführt – die Gottesdienste in den verschiedenen Gemeinden unterschiedlich ausgesehen haben, so zieht es sich doch durch alle Schichten des Neuen Testamentes, dass es sich dabei immer um ein hochgradig kommunikatives Geschehen handelte. Nicht die Spur einer Ein-Personen-Show! Im Gottesdienst spiegelt sich vielmehr die bunte Vielfalt der Gemeinde. Die verschiedensten Gaben und Charaktere bringen sich ein.

Wenn verschiedene Menschen zum Gottesdienst zusammenkommen, ist es in der Regel nicht nur einer, der etwas zu geben hat. Der Gottesdienst ist nicht eine Veranstaltung, die eine(r) für viele zelebriert, sondern ein Zusammentragen vieler verschiedener Impulse vieler verschiedener Leute. Ich denke, dass das auch in Zukunft wieder mehr und mehr der Fall sein wird. Die Zeit der Ein-Personen-Show, bei der ein Mensch vorspricht und vorbetet und die Menge der Leute darf höchstens »Ja und Amen« sagen, ist vorbei. Die Leute lassen sich das so nicht mehr bieten. Die Menschen wollen nicht nur angepredigt werden, sie wollen auch Rückfragen stellen können. Sie wollen wissen, neben wem sie sitzen. Sie wollen von der Liebe Gottes nicht nur hören und darüber nachdenken, sondern sie auch erfahren – und zwar im Gottesdienst.

Und das geht nur, indem wir Abstand nehmen von aller aufgesetzten Feierlichkeit und stattdessen beginnen, Gottes Liebe wirklich zu *feiern*. *Feierlichkeit* kann ein einzelner »Würdenträger« verbreiten, aber eine echte *Feier* ist niemals nur Sache einer Person, sondern sie kann nur Wirklichkeit werden, wenn sich viele Leute einbringen.

Ein hilfreicher erster Schritt hierzu könnte es sein, Predigt und Liturgie im Gottesdienst auf zwei Personen zu verteilen. Im Idealfall auf einen Mann und eine Frau, wobei mindestens ein Nichttheologe bzw. eine Nichttheologin dabei sein sollte. Schon diese einfache Maßnahme würde helfen, den Blick von der Überfigur des »heiligen Mannes« bzw. der »heiligen Frau« wegzurichten und auf die Gemeinde hin zu weiten. Sukzessive könnten weitere Schritte folgen. An den Gottesdiensten unserer Gemeinde sind meist zwischen zwanzig und dreißig Leute beteiligt, manchmal sogar noch mehr. Bisweilen werde ich gefragt: »Wofür, um Himmels Willen, brauchen Sie so viele Leute in einem einzigen Gottesdienst?« Nun, das fängt an bei der Dekoration des Raumes, geht über die Bewirtung, den Begrüßungsdienst, den Büchertisch, das Technikteam, den Kassettendienst, die Lobpreisgruppe, die Lektoren (= die Leute, die die Lesung halten), die Theatergruppe, verschiedene Bands, Chöre und Instrumentalisten, Fürbitter, Abendmahlshelfer, Segnungsteams bis hin zu den Leuten vom Kindergottesdienst und der Kinderbetreuung. Die oben erwähnte Rollenteilung zwischen Predigt und Leitung des Gottesdienstes ist bei uns seit Jahren fest etabliert. So kann der Prediger/die Predigerin sich in der Vorbereitung und der Durchführung voll auf die Predigt konzentrieren – was sich in aller Regel positiv auf deren Qualität auswirkt. Aber selbst wenn das einmal nicht der Fall sein sollte: Man verkraftet durchaus auch einmal eine mittelmäßige Predigt, wenn der Gottesdienst *an sich* ein Erlebnis ist! Fest steht: Die *eine* Person, auf die alles zuläuft – das war gestern. Der Gottesdienst von Morgen hingegen ist vielfältig, lebendig, bunt und kommunikativ. Der Gottesdienst von gestern war feierlich. Der Gottesdienst von morgen ist eine Feier.

Der Gottesdienst von gestern war feierlich. Der Gottesdienst von morgen ist eine Feier.

71 Wir brauchen nicht nur ein Konzept, wie wir Gottesdienst *feiern*, sondern auch, wie wir Gottesdienst *leben* wollen.

»Was ist das Geheimnis lebendiger Gottesdienste?«, werde ich manchmal gefragt. Die Antwort ist im Prinzip ganz einfach: Ein Gottesdienst ist in dem Maße lebendig, wie seine einzelnen Elemente auch im Alltag der Teilnehmer eine Rolle spielen.

In These 68 hatte ich scheinbar schon etwas Ähnliches gesagt. Doch das stimmt nur auf den ersten Blick. Dort ging es darum, dass das normale Leben in unseren Gottesdiensten vorkommen soll. Hier geht es genau um das Umgekehrte: Die einzelnen Elemente des Gottesdienstes sollen auch in unserem normalen Leben vorkommen. Ging es dort um die Modernisierung des Gottesdienstes, so zielt diese These auf die Heiligung des Alltags. Beides muss miteinander Hand in Hand gehen. Es geht darum, Gottesdienst nicht nur zu *feiern*, sondern Gottesdienst zu *leben*.

Wenn der Gottesdienst nur gefeiert, aber nicht gelebt wird, wird er immer etwas Äußerliches bleiben. Ein Sündenbekenntnis beispielsweise – egal, ob modern oder traditionell gestaltet – wird immer etwas Aufgesetztes, Unechtes an sich haben, wenn die Gottesdienstteilnehmer sonst nicht gewohnt sind, Gott ihre Sünden zu bekennen. Das Abendmahl kann noch so viel Gemeinschaft proklamieren – wenn diese Gemeinschaft nicht auch von Montag bis Samstag Realität im Leben der Gottesdienstteilnehmer ist, wird sich die Feier des Abendmahls in einer solchen Gemeinde auch am Sonntag wie ein Fremdkörper anfühlen. Und jemand, der seinen Glauben im Alltag nicht bekennt, wird auch das Glaubensbekenntnis im Gottesdienst in aller Regel ziemlich gedanken- und seelenlos herunterrattern. Ähnliches ließe sich für jedes andere Element des Gottesdienstes zeigen. Was nicht im Alltag lebt, lebt auch nicht im Gottesdienst.

> *Was nicht im Alltag lebt, lebt auch nicht im Gottesdienst.*

An der Lebendigkeit eines Gottesdienstes können wir ablesen, wie sehr die einzelnen Elemente des Gottesdienstes auch im sonstigen Leben der Gottesdienstteilnehmer vorkommen. Wenn das Leben zum Gottesdienst wird, wird der Gottesdienst lebendig. Diese Aussage gilt unabhängig von der *Form* der jeweiligen Gottesdienste. (Was uns freilich nicht davon entbindet, danach zu fragen, welchen Adressaten wir mit unseren Gottesdiensten erreichen wollen.) Ich habe in Klöstern berauschende und beseelte gregorianische Gesänge erlebt, aber auch Chorgebete, die an Zähigkeit und Langeweile nicht zu überbieten waren. Moderne Anbetungslieder können mit einer Inbrunst und Intensität gesungen werden, dass es einem ans Herz geht, sie können aber auch – im wahrsten Sinne des Wortes – einfach nur heruntergesungen werden. Nahezu jede Form der Spiritualität kann lebendig sein und Lebendigkeit ausstrahlen – wenn die Gottesdienstteilnehmer mit dem Herzen dabei sind und das, was sie da tun, bei ihnen auch sonst unter der Woche eine Rolle spielt.

Nicht zuletzt deswegen ist das *kultische Gottesdienstverständnis* so gefährlich. Der Kult ist der Inbegriff des vom Alltag Abgelösten. Er ist die »heilige Handlung, die durch einen heiligen Mann (oder eine hei-

Wenn Gotteslob, Fürbitte, Schriftlesung usw. lediglich zur heiligen Zeit am heiligen Ort stattfinden und nicht zu unserem Lebensstil werden, ist der Gottesdienst nichts weiter als ein raffinierter Weg, dem Willen Gottes auszuweichen.

lige Frau) am heiligen Ort« zelebriert wird. Fallen diese drei weg, ist auch kein Gottesdienst möglich. So aber wird der Sonntagsgottesdienst zum Alibi für den fehlenden Alltagsgottesdienst. Die Zeremonie tritt an die Stelle der Nachfolge, das inbrünstige Gefühl an die Stelle des Gehorsams. So kommt es zu Gottesdiensten, bei denen äußerlich alles stimmt und »in Ordnung« ist – und doch lebt nichts! Wenn Gotteslob, Fürbitte, Schriftlesung usf. lediglich zur heiligen Zeit am heiligen Ort stattfinden und nicht zu unserem Lebensstil werden, ist der Gottesdienst nichts weiter als ein raffinierter Weg, dem Willen Gottes auszuweichen. Bereits im Alten Testament sagt Gott, was er von dieser Art frommer Gottlosigkeit hält: »*Ich bin euren Feiertagen gram und verachte sie und mag eure Versammlungen nicht riechen. Und wenn ihr mir auch Brandopfer und Speisopfer opfert, so habe ich kein Gefallen daran und mag auch eure fetten Dankopfer nicht ansehen. Tu weg von mir das Geplärr deiner Lieder; denn ich mag dein Harfenspiel nicht hören! Es ströme aber das Recht wie Wasser und die Gerechtigkeit wie ein nie versiegender Bach*« (Amos 5,21-24; vgl. Jesaja 1,12-15; Micha 6,6-7).

Freilich ist es oft gar nicht böser Wille, der die Menschen davon abhält, ein gottesdienstliches Leben zu führen. Oft ist es einfach nur Unkenntnis und Unvermögen. Niemand hat ihnen gesagt, dass der Gottesdienst kein Kult, keine abgetrennte heilige Stunde ist, sondern sich auf den Alltag auswirken will. Sie denken, wenn sie am Sonntag Gott gelobt, Fürbitte geleistet, ihren Glauben bekannt und ihre Kollekte gegeben haben, dass sie dann ihre Pflicht absolviert haben. Und selbst wenn sie wissen, dass dem nicht so ist, haben sie doch keine Ahnung, wie sie es anders machen sollen. An dieser Stelle sind die Pfarrerinnen und Pfarrer gefragt. Eine ihrer wichtigsten Aufgaben ist es, den Gottesdienst nicht nur zu zelebrieren, sondern im Leben der Gottesdienstteilnehmer zu verankern.

Eine der wichtigsten Aufgaben von Pfarrerinnen und Pfarrern ist es, den Gottesdienst nicht nur zu zelebrieren, sondern im Leben der Gottesdienstteilnehmer zu verankern.

Laut Kirchenordnung liegt die Zuständigkeit für den Gottesdienst bei uns Pfarrerinnen und Pfarrern. Das heißt bei weitem nicht nur, dass wir die eine Stunde am Sonntagmorgen möglichst gut über die Bühne bringen sollen. Im Gegenteil: Diese Aufgabe könnten wir getrost an andere delegieren, wenn sie entsprechend begabt sind; auf jeden Fall sollen wir sie mit anderen teilen. Die spannendste Aufgabe dessen, der für das gottesdienstliche Leben in der Gemeinde zuständig ist, fängt erst *nach* dem Gottesdienst an, nämlich dann, wenn es um die Frage geht, wie die Liturgie des Gottesdienstes zu einer Art »Liturgie des Alltags« werden kann. Pfarrer und Pfarrerinnen brauchen darum nicht nur ein Konzept, wie sie Gottesdienst *feiern*, sondern auch, wie sie Gottesdienst zusammen mit ihrer Gemeinde *leben* wollen. (Eine Vielzahl Anregungen, wie das praktisch aussehen kann, finden Sie in meinem Buch »Gottes Liebe feiern«.)

Mir geht es nicht darum, den Sonntagsgottesdienst zu nivellieren. Der Alltagsgottesdienst kann den Gottesdienst am Sonntag nicht ersetzen. Der Gottesdienst, den wir am Sonntag feiern, ist vielmehr Quelle, Urbild und Krönung unseres Alltagsgottesdienstes. Hier laufen alle Fäden zusammen, hier bringen wir Gott die Siege und Niederlagen der vergangenen Tage und bekommen neue Kraft und Inspiration für das Kommende. Der Gottesdienst am Sonntag steht dem Alltagsgottesdienst zweifellos als etwas Besonderes gegenüber. Aber er darf nicht davon isoliert sein. Wenn der Gottesdienst leben soll, muss unser Leben zum Gottesdienst werden.

Gottesdienste, die nicht ins Leere laufen wollen, müssen in ein umfassendes Gemeindekonzept eingebunden sein.

Mir geht es bei alledem, was ich hier schreibe, nicht nur um eine Gottesdienstreform. Versuche, den Gottesdienst lebendiger und moderner zu gestalten, hat es in den letzten Jahren immer wieder gegeben. Da gab es beispielsweise die Beatmessen oder die Liturgischen Nächte, die von den Kirchentagen auf unsere Gemeinden übergekommen sind. Andere führten – inspiriert von irgendeiner Tagung oder einer Fahrt – Taizé-Andachten, Segnungsgottesdienste oder Tanzmeditationen in ihren Gemeinden ein. An vielen Orten gab es hochmotivierte Aufbrüche, die sich aber in aller Regel nicht durchgehalten haben. Warum nicht? Ich sehe vor allem drei Gründe:

Zum einen war die Theologie, die in manchen dieser Gottesdienste verfochten wurde, ziemlich dünnflüssig. Ich verweise auf weiter oben Gesagtes: Wenn die Mitte nicht stimmt, helfen uns die besten äußeren Formen nichts. Eine Erneuerung der *Strukturen* kann nur mit einer entsprechenden Rückbesinnung auf die *Inhalte* einhergehen. So sehr ich für Modernisierung unserer Gottesdienste bin: Das Entscheidende ist und bleibt die Substanz. Wenn die fehlt, werden wir Leute immer nur kurzfristig in unsere Kirchen ziehen können.

Der zweite Grund, warum sich diese Gottesdienst(re)formen nicht durchhielten, ist der, dass zwar die *Gottesdienste* geändert wurden, die

Gemeinden im Wesentlichen aber die gleichen blieben. Damit aber blieben sie dort letztlich Fremdkörper. Sie durften zwar Akzente setzen, aber nichts wirklich ändern. Sie wurden geduldet, aber die Akzeptanz reichte nur so weit, wie das Neue den vertrauten Betrieb nicht störte. Das Ende vom Lied war meist Frustration bei allen Beteiligten: Die einen regten sich über die Sturheit und Unbeweglichkeit der anderen auf – und gingen. Diese wiederum sahen sich einmal mehr in ihrer Ansicht bestätigt, dass Änderungen nur zu Unruhe und Streit führen – und schworen sich, dass sie es nie wieder dazu kommen lassen würden. Das ist übrigens eine Sorge, die ich bei vielen Gemeinden habe, die derzeit voller Begeisterung auf den Zug »Gottesdienste für Kirchendistanzierte« aufspringen. So sehr wir mit unserem »GoSpecial« selbst zur Verbreitung solcher Gottesdienste beitragen, frage ich mich doch, ob die betreffenden Gemeinden wissen, was sie tun. Wir können nicht einfach »mal eben so« ein neues Gottesdienstkonzept einführen. Wir müssen uns dessen bewusst sein, dass das die ganze Gemeinde prägen und verändern – oder einen Scherbenhaufen hinterlassen wird.

Der dritte Grund war vielleicht der tragischste: Viele Gemeinden hatten kein Konzept, was sie mit den Leuten machen sollten, die auf einmal in die Kirche kamen. Die bittere Lektion, die man in diesen Jahren lernen konnte, war die, dass ein noch so substanzvoller und interessant gestalteter Gottesdienst nichts bringt, wenn er nicht mit einer klaren Konzeption von Gemeindeentwicklung einhergeht. Gottesdienste, die nicht in ein klares, gesundes Gemeindeaufbaukonzept eingebettet sind, können Sie vergessen! Sie sind wie Bäume, die zwar bunte Blätter, aber keine Früchte hervorbringen. In einer mir bekannten Gemeinde gab es vor Jahren einen Pfarrer, dessen Gottesdienste ausgesprochen gut besucht waren. Die Leute kamen zum Teil von weit her, um seinen Predigten zuzuhören. Er war ein richtiger »Publikumsmagnet« und seine Gemeinde galt als entsprechend lebendig. Als dieser Pfarrer pensioniert wurde, brach der Gottesdienstbesuch innerhalb weniger Wochen total ein. Nicht nur das: Auch das übrige Gemeindeleben erlebte einen massiven Rückschlag. Was war geschehen? Dieser Mann hatte versäumt, für eine gesunde Gemeindeentwicklung zu sorgen. Er war einfach nur ein guter Prediger gewesen. Das ist in diesen Zeiten viel – aber es ist nicht genug. Statt eine Gemeinde um Christus zu scharen, hatte er – sicherlich nicht willentlich, aber doch faktisch – einen Fankreis um seine Person aufgebaut. Mit seiner Pensionierung verlor diese Gruppe von Menschen ihre Mitte und fiel deshalb in kurzer Zeit auseinander.

> *Gottesdienste, die nicht in ein klares, gesundes Gemeindeaufbaukonzept eingebettet sind, können Sie vergessen!*

So dankbar die Leute dafür auch sind: Es genügt nicht, einfach nur gute Predigten zu halten. Und es genügt auch nicht, im Gottesdienst moderne Musik zu spielen und Multimedia, Bibliodrama, Tanz oder Film einzusetzen. So sehr das alles zu begrüßen ist: Wir brauchen vor allem ein Konzept, wie aus Gottesdienstbesuchern – sagen wir es deutlich: – Jünger und Jüngerinnen Jesu werden können. Wir brauchen Kleingruppen und Dienste, in die wir sie integrieren können, und wir müssen sie motivieren und befähigen, ein persönliches geistliches Leben zu führen und anderen Menschen Gottes Liebe in Wort und Tat weiterzugeben. Allerdings haben die allerwenigsten Gemeinden einen Plan, wie sie das erreichen wollen.

Der Gottesdienst ist nur *ein* – wenn auch zweifellos wichtiges – Element des Gemeindeaufbaus. Die Aufgabe, der sich unsere Gemeinden unterziehen müssen, ist, dass sie ein umfassendes Gemeindekonzept entwickeln und definieren, welchen Stellenwert der Gottesdienst innerhalb dieser Konzeption hat. Es müssen klare Beziehungen geschaffen werden zu den anderen Bereichen der Gemeindearbeit. Erst dann sind größere Änderungen am Gottesdienst wirklich sinnvoll. (Kleinere Modifikationen sind natürlich auch so möglich.)

Im Epheserbrief (4,13) heißt es: »*Wir sollen zu mündigen Christen heranreifen, zu einer Gemeinde, in der Christus mit der ganzen Fülle seiner Gaben wirken kann*« (Übersetzung: Hoffnung für alle). Das ist das Ziel der gesamten Gemeindearbeit. Diesem Ziel hat auch der Gottesdienst zu dienen, sonst bleibt er ein bloßes »Event«, eine isolierte Veranstaltung und das ist – selbst wenn sie gut »gemacht« ist – einfach zu wenig. Dagegen kann innerhalb eines solchen Gesamtkonzeptes von Gemeinde ein ansprechend aufgezogener Gottesdienst das Inspirierendste sein, was es überhaupt gibt; nämlich ein Ort, an dem die Liebe Gottes erfahren, erlebt und weitergegeben wird und wo sich Menschen von Grund auf verändern. Hier – im Gottesdienst – findet die Gemeinschaft der Brüder und Schwestern Jesu ihren lebendigsten Ausdruck und konstituiert sich gleichzeitig immer wieder neu. Darum ist Christsein ohne Gottesdienst auf Dauer ebenso wenig möglich wie ein Christsein, das sich auf den Gottesdienstbesuch beschränkt.

> *Ein Christsein ohne Gottesdienst ist auf Dauer ebenso wenig möglich wie ein Christsein, das sich auf den Gottesdienstbesuch beschränkt.*

Die zehnte Aufgabe:
Die innergemeindlichen Strukturen vereinfachen

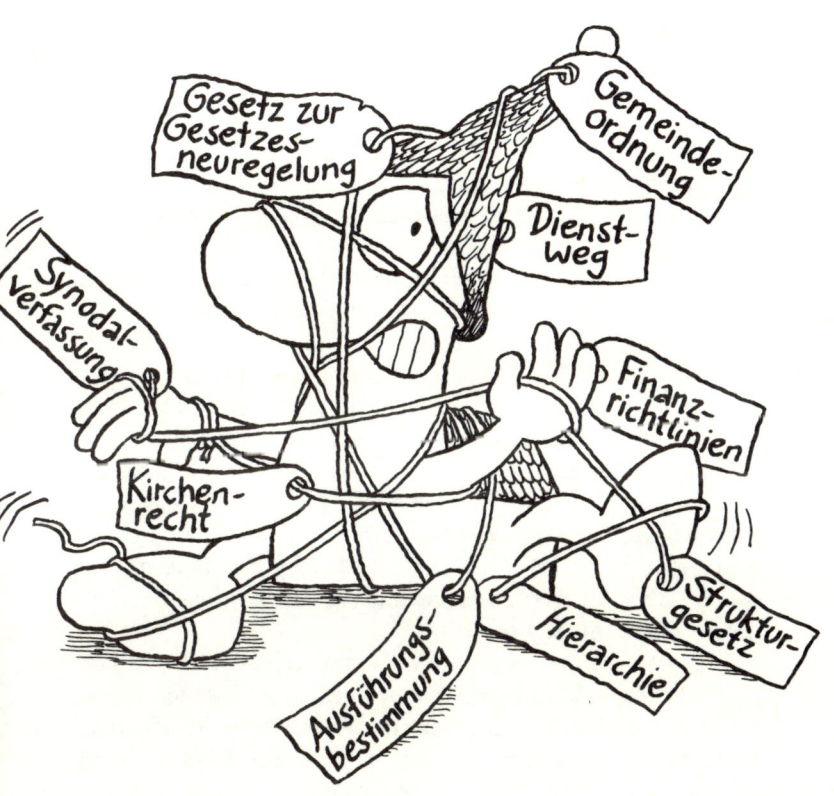

*»Was nicht einfach geht,
geht einfach nicht.«*

73 Die Strukturen der Kirche sind von enormer geistlicher Relevanz.

Wer sich heute anschickt, eine Änderung der kirchlichen Strukturen anzupacken, muss sich mit zwei weit verbreiteten Auffassungen auseinandersetzen: Auf der einen Seite gibt es viele Leute, die die althergebrachte Struktur für heilig und unantastbar erklären. Der Mensch ist wesensmäßig konservativ. Woran er sich einmal gewöhnt und worin er sich einmal häuslich eingerichtet hat, das lässt er sich nicht gerne nehmen. Gerade in der Kirche ist dabei die Versuchung groß, das persönliche Lebensgefühl theologisch zu überhöhen: Aus der alten Ordnung wird auf diese Weise eine »ewige« und aus der einem selbst wichtigen Tradition eine »geheiligte«. Auf der anderen Seite stehen die, die Frage der Strukturen für nicht so wichtig halten: »Das Entscheidende ist doch die Spiritualität oder die Theologie! Wenn nur der Glaube stimmt, so die Auffassung dieser Gruppe, dann kommt es auf die äußeren Formen nicht so an. Ob die Kirche altmodisch daherkommt oder modern – dem ›Geist‹ kann dies doch nichts ausmachen, oder?« Beide genannten Argumente widersprechen sich zwar, sie verstärken sich aber gegenseitig in ihrer Wirkung, dass die Strukturen unserer Kirche im Wesentlichen unangetastet bleiben. Frei nach dem Motto: »Ein feste Burg ist unser Trott.«

Jesus hat gesagt, dass man jungen Wein nicht in alte Schläuche gießen soll. Andernfalls, so sagte er, werde der junge Wein die alten Schläuche zerreißen – und damit das eine mit dem anderen verloren gehen (Markus 2,22). Auf unseren Zusammenhang angewandt bedeutet das: Ein geistlicher Aufbruch braucht immer auch eine neue Struktur. Andernfalls kommt es zu einer Zerreißprobe, in deren Ergebnis sowohl der Neuaufbruch als auch die alte Struktur irreparablen Schaden erleiden. In manchen Fällen kann es passieren, dass sich die alte Struktur dem Neuaufbruch gegenüber durchsetzt. Im Bild gesprochen: Dass die alten Schläuche den jungen Wein verderben. Aber wir werden es nie erleben, dass sich das Neue inmitten der alten Struktur durchsetzt.

Wie weit werden Sie mit einem spirituellen Aufbruch kommen, wenn die gottesdienstlichen Formen seit Jahrhunderten im Wesentlichen festgeschrieben sind, wenn der Pfarrer weiterhin die Macht hat, mit seinem »Nein« in seiner Gemeinde faktisch alles zu unterbinden (oder doch zumindest klein zu halten), was ihm theologisch nicht gefällt, und wenn Hauskreise und ähnliche Kleingruppen mittlerweile in den meisten Gemeinden zwar *erlaubt* sind, dort aber keine konstitutive Rolle spielen, sondern im Wesentlichen nur eine Nischenveranstaltung für ein paar besonders Fromme sind? – Das alles aber sind Strukturfragen.

Ich bin keineswegs der Meinung, dass Strukturfragen wichtiger wären als die Frage nach der Theologie oder Spiritualität. Das Gegenteil ist der Fall: Nichts, aber auch gar nichts werden wir erreichen, wenn wir in der Kirche lediglich die Strukturen reformieren, ohne uns unserer theologischen und spirituellen Basis zu vergewissern. Es hat genügend Strukturdebatten gegeben, die im Sande verlaufen sind, weil es in ihnen *nur* um die Erneuerung von Strukturen ging, nicht aber um die Frage, wozu diese Strukturen dienen sollen. Freilich hat uns die Geschichte der letzten Jahrhunderte auch das Umgekehrte gezeigt, dass, wenn die Strukturfrage nicht befriedigend geklärt ist, letztlich auch die Theologie und die Spiritualität auf der Strecke bleiben. Falsche und überkommene Strukturen sind in der Lage, jeden noch so hoffnungsvollen geistlichen Aufbruch im Keim zu ersticken. Darum sind Strukturfragen – auch wenn man es auf den ersten Blick nicht vermuten möchte – von enormer geistlicher Relevanz.

Neuer Wein und alte Schläuche passen nicht zusammen. Entweder wird der geistliche Aufbruch die alte Struktur sprengen, oder die Struktur wird sich als stärker erweisen und den geistlichen Aufbruch domestizieren (= zähmen, seiner Freiheit berauben). Der geistliche Aufbruch wird dann kanalisiert in die alten Formen und Strukturen und kann seine Wirkung nicht voll entfalten. Darum müssen wir uns um die Frage der Strukturen kümmern! Die Frage der Strukturen ist der Prüfstein der neuen Reformation: Den Willen zu einem geistlichen Neuaufbruch hatten schon viele. Doch erst wenn sich eine Kirche oder eine Gemeinde aufmacht, deswegen ihre Strukturen nachhaltig zu verändern, können wir wirklich von einer *Reformation* sprechen.

> *Nichts, aber auch gar nichts werden wir erreichen, wenn wir in der Kirche lediglich die Strukturen reformieren, ohne uns unserer theologischen und spirituellen Basis zu vergewissern.*

> *Die Geschichte der letzten Jahrhunderte hat uns gezeigt, dass, wenn die Strukturfrage nicht befriedigend geklärt ist, letztlich auch die Theologie und die Spiritualität auf der Strecke bleiben.*

74 Wir sind für die Strukturen verantwortlich, in denen wir leben.

In kaum einem anderen Bereich des gemeindlichen Lebens wird die Verantwortung so häufig auf andere abgeschoben wie im Bereich der gemeindlichen Strukturen. Das ist auch naheliegend: Die allerwenigsten äußeren Formen und Strukturen, in denen wir uns bewegen, haben wir selber geschaffen. Sie reichen weit, teilweise sogar Jahrhunderte zurück, sie sind eben das »Vorgegebene«, etwas, was wir hinzunehmen haben, was eben so ist, wie es ist, und wofür wir keine Verantwortung tragen.

Doch genau hier liegt der Irrtum. Wir sind für die Strukturen, in denen wir leben, durchaus verantwortlich! Wir sind es nicht in dem Sinn, dass uns dafür ein persönlicher Vorwurf zu machen wäre, dass es sie gibt, aber wir sind ver-antwortlich in dem Sinne, dass es unsere Entscheidung ist, wie wir auf die vorgegebenen Strukturen *antworten*. In vielen Fällen mögen wir selbst nicht bei der Entstehung unserer gemeindlichen Strukturen mitgewirkt haben, aber wir tragen die volle Verantwortung für sie. Denn es ist unsere Entscheidung, wenn wir ihnen erlauben, unsere Arbeit zu prägen. Es ist unsere Entscheidung, welchen Einfluss wir ihnen einräumen. Es ist unsere Entscheidung, sie nicht abzuschaffen oder zu verändern oder – wenn beides nicht geht – uns gegebenenfalls darüber hinwegzusetzen. Hierin liegt unsere Verantwortung, die wir auf niemand anderes abschieben können.

Alle gemeindlichen Strukturen sind – wenn auch bisweilen vor langer Zeit – von Menschen ausgedacht worden und folglich auch nur von Menschen zu verändern. Auch hier hat es wenig Sinn, auf »die da oben« zu warten. Zum einen wäre ein solcher Ansatz unevangelisch. Wir erinnern uns: Wir sind dem Wesen nach eine »Kirche von unten«. Zum andern wird »von oben« in dieser Hinsicht auch nicht viel kommen. Das ist gar keine böse Absicht. Doch bis in die höchsten Kirchenränge hinein spürt man allenthalben eine vergleichbare Machtlosigkeit wie beim einfachen Gemeindeglied, sobald es um die Veränderungen von Strukturen geht.

Alle gemeindlichen Strukturen sind von Menschen ausgedacht worden und folglich auch nur von Menschen zu verändern.

Diese Leute sind genauso (und manchmal noch viel stärker!) eingebunden und gefangen in einem System, das ihnen kaum Handlungsspielraum lässt. Pointiert gesagt: Ein Bischof oder Oberkirchenrat kann die Gottesdienstordnung, die Aufgabenbeschreibung für Pfarrer oder die Gemeindestruktur genauso wenig ändern wie jede(r) andere – selbst wenn er es wollte. Ja, die einzelne Gemeinde vor Ort hat hier vielleicht mehr Freiheit als ein offizieller Repräsentant der Kirche, der dem System, dem er seine Position verdankt, auch eine entsprechende Loyalität entgegenzubringen hat, wenn er sich nicht eine Menge Ärger einhandeln möchte. Alles in allem gilt: Jeder von uns ist nur ein kleiner »David«, wenn es darum geht, der großen, mächtigen Kirchenstruktur entgegenzutreten. Trotzdem sollten wir es tun. Jeder auf seinem Platz. Sonst sind wir mit dafür verantwortlich, wenn gewachsene Strukturen verhindern, dass es zu einem spirituellen Aufbruch in unserer Kirche kommt.

75 Wir müssen uns entscheiden, welche Priorität wir setzen wollen: Die äußere Kirche zu bewahren oder die innere wieder zu beleben.

Es gibt in der Bibel nicht viele Vorgaben, wie die äußere Gestalt der Gemeinde aussehen sollte. Und die wenigen Vorgaben, die sie uns gibt, halten wir in der Regel nicht ein. Wir organisieren uns weder in Hausgruppen noch haben wir ein »fünffaches Führungsamt« in der Gemeinde noch sind unsere Gottesdienste ein Ereignis, zu dem viele Menschen etwas beitragen usw. Stattdessen hat sich im Lauf der Jahre ein Wust von neuen Regeln und Strukturen angehäuft, in die wir unsere Gemeinden hineinzupressen versuchen wie in ein Prokrustesbett – hier muss etwas gezogen, dort etwas abgeschnitten werden, Hauptsache, es passt! Ob groß oder klein, ob Stadt oder Land, ob alt oder jung: überall herrscht im Wesentlichen die gleiche Struktur. Und das ist im wahrsten Sinne des Wortes tödlich. Es hält eine Vielzahl von Menschen davon ab, zum Glauben zu kommen und im Glauben zu wachsen – und unsere Gemeinden sterben vor sich hin.

Das heißt nicht, dass die äußere Gestalt unserer Kirche prinzipiell schlecht ist. Es gibt durchaus einige Menschen, denen genau diese Struktur hilft. Nur sind diese Menschen mittlerweile zu einer verschwindend geringen Minderheit innerhalb der Kirche geworden. Das fällt freilich nicht auf, denn die anderen 90 % sind still und heimlich gegangen. Sie haben »mit den Füßen abgestimmt«. Sie kommen noch zu irgendwelchen hohen Festen oder lassen ihr Kind taufen. Aber ansonsten bleiben sie weg. Deswegen stellt die verbleibende Minderheit paradoxerweise die absolute Mehrheit in unseren Entscheidungsgremien. Muss es einen wirklich wundern, dass sich bei uns so wenig ändert? Verstehen Sie mich recht: Ich will diese Minderheit nicht vom Tisch wischen. Sie ist wichtig und wert, in unserer Kirche gehört zu werden. Aber ich frage mich: Was geschieht mit den anderen? Können wir es uns leisten, Strukturen, die nicht einmal 10 % unserer Kirchenmitglieder helfen, für alle 100 % verbindlich festzuschreiben?

Es geht nicht an, dass 10 % (und hierbei runde ich deutlich auf!) unserer Kirchenmitglieder Strukturen und äußere Formen festbetonieren, welche die anderen 90 % davon abhalten, in die Kirche zu kommen! Mein Vorschlag lautet *auch* nicht, dass die anderen 90 % nun die Macht ergreifen und die-

Es gibt in der Bibel nicht viele Vorgaben, wie die äußere Gestalt der Gemeinde aussehen sollte. Und die wenigen Vorgaben, die sie uns gibt, halten wir in der Regel nicht ein.

Es geht nicht an, dass 10 % unserer Kirchenmitglieder Strukturen und äußere Formen festbetonieren, welche die anderen 90 % davon abhalten, in die Kirche zu kommen!

jenigen herauswerfen sollen, die bislang den Kurs der Kirche bestimmt haben. Vielmehr muss es eine Lösung geben, die, wenn nicht allen, so doch möglichst vielen gerecht wird. Da es aber nicht *eine* Struktur gibt, die allen unseren Gemeindegliedern gleichermaßen entspricht, geht das nur, wenn wir in unseren äußeren Formen ein Höchstmaß an Flexibilität walten lassen. Wenn selbst die Bibel uns nur eine Hand voll Vorgaben gibt, wie eine Gemeindestruktur auszusehen hat, warum legen *wir* die äußere Form auf vielen Hundert Seiten fest – und zwar für alle Gemeinden im Wesentlichen gleich, egal wo sie sind und mit welchen Leuten und besonderen Umständen sie es zu tun haben? Sagen Sie bitte nicht, dadurch bewahre man die »evangelische Identität«. Diese entscheidet sich nicht an äußeren Formen, sondern an den Inhalten! Gerade die *Freiheit* in der äußeren Form würde unsere evangelische Identität viel stärker dokumentieren als ihre starre Festlegung.

Das Festhalten an äußeren Formen der Kirche darf nicht dazu führen, dass das Leben in ihr erkaltet und abstirbt. Darum haben der Strukturkonservatismus und der Traditionalismus in unserer Kirche ausgedient. Sie werden den Menschen heute nicht mehr gerecht. Auch ein prinzipieller *Anti-Traditionalismus* hilft uns nicht weiter. Es geht nicht um eine Entscheidung *gegen* die herkömmlichen Strukturen, sondern *für* die gesunde Entwicklung unserer Gemeinden. Wofür ich also plädiere, ist ein *pragmatischer,* das heißt ein nützlichkeitsorientierter Umgang mit den äußeren Formen und Strukturen unserer Kirche: Bestimmend für unsere Vorgehensweise und die Gestaltung der äußeren Formen unserer Kirche darf nicht mehr sein, was schon immer gemacht wurde, sondern nur noch das, was der Entwicklung lebendiger, gesunder Gemeinden dient.

> Bestimmend für unsere Vorgehensweise und die Gestaltung der äußeren Formen unserer Kirche darf nicht mehr sein, was schon immer gemacht wurde, sondern nur noch das, was der Entwicklung lebendiger, gesunder Gemeinden dient.

76 Wer möchte, dass Kirche bleibt, wie sie ist, möchte nicht, dass Kirche bleibt.

Anfang der achtziger Jahre veröffentlichten die amerikanischen Unternehmensberater Tom Peters und Robert Waterman das Aufsehen erregende Buch »Auf der Suche nach Spitzenleistungen«, in dem sie 43 der bestgeführten Unternehmen der USA auf ihre Erfolgsprinzipien hin untersuchten. Nur zwei Jahre nach Erscheinen des Buches steckten 14 dieser Firmen in ernsthaften finanziellen Schwierigkeiten. Warum? – Vielleicht waren sie *zu* erfolgreich. Erfolg macht träge. Erfolg verleitet dazu, die Rezepte der Vergangenheit festzuschreiben. Und damit produziert der Erfolg von gestern den Misserfolg von morgen. Denn die Geschichte wiederholt sich nicht (und wenn sie es doch tut, so in aller Regel nur dann, wenn wir es am allerwenigsten brauchen können). Die Gemeinde von morgen lässt sich nicht mit den Mitteln und Methoden von gestern bauen.

Erfolg macht träge. Erfolg verleitet dazu, die Rezepte der Vergangenheit festzuschreiben. Und damit produziert der Erfolg von gestern den Misserfolg von morgen.

Tradition – das habe ich in → These 2 näher begründet – ist wichtig. Keiner von uns möchte das Rad noch einmal neu erfinden. Doch neben die Tradition tritt in diesem Jahrtausend aber ein neuer Wert: das Vergessen. Was sich gestern bewährt hat, kann bereits heute genau das Falsche sein! Wir leben in einer unglaublich schnelllebigen Zeit, in der alles, aber auch wirklich alles im Fluss ist. Die Menschen ändern sich rapide, ihre Vorlieben und kulturellen Gewohnheiten, die individuellen Lebenskonzepte, die technischen Möglichkeiten, die sozialen und politischen Umstände, die ethischen Herausforderungen usw. Wenn wir als Christen die einzigen sind, die sich in unserer Gesellschaft nicht verändern, dann »gute Nacht«! Dann werden wir nur diejenigen erreichen, die sich in der Welt von heute nicht mehr zu Hause fühlen – und werden zusammen mit dieser Gattung aussterben.

Die große Gefahr unserer Kirche ist derzeit nicht der Fundamentalismus der Inhalte. Es mag einige Randgruppen geben, die in diese Richtung tendieren, aber eine besonders bedeutsame Rolle spielen sie nicht. Sehr viel mehr Sorgen sollte uns der über die verschiedensten theologischen Lager hinweg verbreitete »morphologische Fundamentalismus« (= ein Fundamentalismus in der äußeren Gestalt) in unserer Kirche machen. Er ist genauso unevangelisch wie der inhaltliche Fundamentalismus und wird sich für die Zukunft unserer Kirche als nicht minder tödlich erweisen.

Ein großes Problem bei Veränderungsprozessen innerhalb der Kirche liegt in den Gefühlen altbewährter Mitarbeiter(innen), die sich durch das Beschreiten neuer Wege und den Einsatz neuer Methoden nicht nur verunsichert, sondern oft auch persönlich angegriffen fühlen. Ganz so, als wollte man ihre Verdienste in der Vergangenheit herabwürdigen. »Ja, sollten wir denn alles falsch gemacht haben?« – »Nein. Früher war das, was Sie taten, gut und richtig. Aber wenn wir dasselbe heute noch tun würden, dann würden wir tatsächlich etwas falsch machen.« – »Ach – und meine *Erfahrung* ist jetzt wohl nicht mehr gefragt?«

In einer sich pfeilschnell verändernden Zeit ist Erfahrung nur ein relativer Wert.

– Ich weiß, dass das, was ich jetzt schreibe, für einige sehr schmerzhaft ist. Aber es muss gesagt werden: In einer sich pfeilschnell verändernden Zeit ist Erfahrung nur ein relativer Wert. Natürlich ist es gut, wenn nicht jeder von uns das Rad neu erfinden muss. Aber wenn ich einen Ozean überqueren will, ist jemand, der sehr viel Erfahrung mit der Herstellung von Rädern hat, nicht unbedingt der beste Ratgeber. (In diesem Fall ist der Rad-geber gerade *kein* guter Ratgeber.) Ja er hat, wenn man es genau nimmt, gar keine Erfahrung, jedenfalls nicht mit dieser neuen Situation, nicht mit dieser neuen Aufgabenstellung. Wenn er trotzdem anfängt, auf seine Erfahrung und Autorität zu pochen, wird er – ob er es will oder nicht – zum Bremser und Verhinderer des Neuen.

Strukturen sind naturgemäß an den Erfahrungen der Vergangenheit orientiert. Die Frage ist, ob das ausreicht, um die Herausforderungen von morgen zu meistern. Wenn ich mir die Kirchengesetze anschaue, habe ich den Eindruck, dass auch hier oft der Versuch gemacht wird, die Erfolge und Erfahrungen der Vergangenheit festzuschreiben. Als wir in unseren Gottesdiensten zunehmend mit moderner Musik operierten, blätterte ich nach, was unsere Rechtssammlung zu diesem Thema zu sagen hat. Ich fand auch prompt eine Verordnung über die »Benutzung elektronischer Instrumente in den Kirchengemeinden«. Dem Inhalt nach sagt diese Verordnung aus, dass die Anschaffung einer elektronischen Orgel nicht genehmigt werden kann, da diese sehr wartungsanfällig und überdies von schlechter Klangqualität sei. Scheinbar konnte man sich zur Zeit der Abfassung dieses Gesetzes kein anderes elektronisches Instrument im Gottesdienst vorstellen als eine elektronische Orgel. Und auch der seinerzeit sicherlich sinnvolle Hinweis auf die mangelnde Qualität dieser Instrumente ist mittlerweile vom Lauf der Entwicklung überholt. Das Gesetz ist aber weiterhin gültig.

Die Jünger Jesu heißen im Urtext der Bibel *matheteis*, d.h. Lernende, Lehrlinge, Schüler. Das Jünger-Sein definiert sich geradezu dadurch, dass wir ständig dazulernen – und zwar nicht nur mit dem Kopf, sondern auch und gerade in dem, wie wir Dinge anpacken, wie wir Entscheidungen fällen und welche äußere Gestalt wir unseren Gemeinden geben. Wo aber schlägt sich das in unseren Strukturen nieder, dass wir »Dazulernende« sind? Natürlich glaube auch ich, dass es Strukturen geben muss, und Strukturen haben immer etwas Dichtes, Verhärtendes. Sie sind sozusagen die »Knochen« am Leib der Gemeinde. Das heißt: In sich selbst – ohne Fleisch

Wir dürfen das Leben nicht diesen Strukturen anpassen, sondern müssen die Strukturen dem Leben anpassen. Strukturen dürfen uns nicht der Flexibilität berauben, sondern im Gegenteil: Es ist ihre Aufgabe, ein Höchstmaß an Flexibilität zu ermöglichen.

und Blut – sind sie tot. Fleisch und Blut ihrerseits sind ohne Knochen auch lebensunfähig. Wir brauchen Strukturen und Ordnungen. Aber wir dürfen das Leben nicht diesen Strukturen anpassen, sondern müssen die Strukturen dem Leben anpassen. Strukturen dürfen uns nicht der Flexibilität berauben, sondern im Gegenteil: Es ist ihre Aufgabe, ein Höchstmaß an Flexibilität zu *ermöglichen*. Schauen Sie sich den menschlichen Körper an: Er hat über 200 Knochen, und doch: wie beweglich, geschmeidig und flexibel ist er! So stelle ich mir eine kirchliche Struktur vor: Von überschaubarer Größe, so fest und stabil, dass sie dem »Körper« Halt verleiht, aber doch so dienstbar, dass sie dem Körper ein Höchstmaß an Beweglichkeit und Flexibilität verleiht.

77 Strukturen, die den Gemeindeaufbau nicht fördern, verhindern ihn.

»Der Sabbat ist um des Menschen willen gemacht und nicht der Mensch um des Sabbats willen« (Markus 2,27). Jesus selbst hat uns vorgelebt, was es heißt, einen pragmatischen Umgang mit Regeln und Strukturen zu pflegen. Immerhin handelte es sich beim Sabbatgebot nicht um eine Kirchenordnung, sondern um eins der Zehn Gebote Gottes! Was Jesus mit diesem Satz ausdrückt ist Folgendes: »Es geht nicht darum, dass das Leben der Struktur dient – und sei diese noch so sinnvoll! –, sondern die Struktur muss dem Leben dienen.«

Auf unsere Kirche bezogen bedeutet das: Wir müssen uns angewöhnen, die vorhandenen kirchlichen Strukturen streng von ihrer »Zweckmäßigkeit« her zu betrachten. Alle kirchlichen Ordnungen und Strukturen müssen dazu dienen, dass sich in den Gemeinden möglichst viel Leben entfalten kann und dass Gottes Reich weltweit wächst. Sie tragen ihren Sinn nicht in sich selber. Sie sind kein Selbstzweck, sondern sie dienen einem bestimmten Zweck. Sie sind ein Hilfsmittel, nicht mehr und nicht weniger. Sie sollen es zumindest sein. Und als solche sind sie auch entstanden. Nahezu alle äußeren Formen, Regeln und Strukturen unserer Kirche wurden einmal eingeführt, weil sie in irgendeinem Punkt hilfreich waren. Sie wurden eingeführt, um den Gemeinden zu dienen. Das Problem ist, dass man dann später nie wieder hinterfragt hat, ob diese Regeln und Strukturen den Gemeinden denn immer noch dienen, ob sie ihren ursprünglichen Sinn und Zweck denn immer noch erfüllen. Immerhin ist die Zeit inzwischen weitergegangen und die Menschen und die Verhältnisse haben sich geändert. Die Strukturen aber sind die gleichen geblieben. Die Frage, die in unserer

Die Frage, die in unserer Kirche viel zu wenig gestellt wird, ist die, ob die Hilfsmittel der Vergangenheit heute immer noch helfen.

Kirche viel zu wenig gestellt wird, ist die, ob die Hilfsmittel der Vergangenheit heute immer noch helfen. Wenn sie dies nämlich nicht tun, können wir fast immer davon ausgehen, dass sie der Kirche stattdessen schaden. Eine Struktur, die befolgt sein will, obwohl ihr Nutzen für die gesunde Entwicklung der Gemeinden heute fragwürdig geworden ist, wird mehr und mehr zum Gemeindeaufbauhindernis, und sei es auch nur dadurch, dass ihre Befolgung Zeit kostet.

Eigentlich müssten wir uns die Mühe machen, bei jeder einzelnen kirchlichen Ordnung und Struktur zu fragen, weshalb sie entstanden ist, welchen Sinn und Zweck sie transportiert, *und ob sie das immer noch tut*. Ob beispielsweise Verwaltungsstellen, die ursprünglich einmal dazu eingerichtet wurden, um die Gemeinden zu entlasten und ihnen zu dienen, nicht mittlerweile über sie bestimmen. Ob Riten und Gewohnheiten, die einmal eingeführt wurden, weil sie die Menschen früher mitten ins Herz trafen, heute überhaupt noch verstanden werden, und wenn ja, von wie vielen. Oder ob Verordnungen, die früher einmal ganz bestimmte Prozesse und Abläufe erleichtern sollten, diese nicht mittlerweile erschweren. Meine Vermutung ist, dass uns bei einer solchen Übung die Augen übergehen würden, wie viele Ordnungen in unserer Kirche ihr Verfallsdatum längst überschritten haben. Aber sie müssen immer noch befolgt werden. Und kosten damit unendlich Mühe und Zeit und verhindern die Ausbildung neuer, kreativer Formen. Sie wirken wie Sandsäcke, die außen an einem Heißluftballon hängen und ihn daran hindern, abzuheben und zu fliegen. Die Lösung wäre einfach: Weg damit! Doch wer immer diesen Vorschlag macht, wird sich den Vorwurf einhandeln, er sei ein Träumer, oder schlimmer noch: er gefährde den Ballon in seiner Substanz.

Überhaupt ist mein Vorschlag ziemlich illusorisch. Auch wer mir im Wesentlichen zustimmt, wird Bedenken haben, zusammen mit den Sandsäcken vielleicht Wichtiges oder sogar Lebensnotwendiges über Bord zu werfen. Es ist außerdem ganz und gar unmöglich, alle unsere Regeln, Traditionen und Ordnungen noch einmal einzeln zu hinterfragen, und zwar allein schon auf Grund ihrer schieren Menge. Diese Aufgabe würde jede Synode hoffnungslos überfordern. Und so werden auf jeder Synodentagung zwar weiterhin Dutzende neuer Gesetze erlassen, aber kaum ein altes ersatzlos abgeschafft. Die Gemeinden verheddern sich in der Zwischenzeit mehr und mehr in einem Dickicht von Vorgaben und Strukturen und kommen weniger und weniger dazu, ihre eigentliche Arbeit zu machen: nämlich Menschen für Christus zu gewinnen und sie an ihr volles Potenzial heranzuführen. Die Frage ist, wie lange das so weitergehen soll und wo uns das auf Dauer hinführen wird.

78 Aufgabe der Synoden in den nächsten Jahren wird sein, die Gemeinden von ca. 80 % der derzeit gültigen Regeln zu entlasten. In der Zwischenzeit sind die Gemeinden zu zivilem Ungehorsam aufgerufen.

Beim Durchforsten der derzeit in der Kirche vorhandenen Regeln und Strukturen kann man zwischen mehreren Kategorien unterscheiden.

1. Da sind zunächst jene Ordnungen, die für die gesunde Entwicklung der Gemeinden und die weltweite Ausbreitung des Reiches Gottes *absolut notwendig* sind.
2. Dann gibt es zweitens jene Regeln und Ordnungen, die zu diesem Zweck zwar nicht notwendig, aber doch ganz *hilfreich* sind.
3. Drittens finden wir Regeln, die dem eben beschriebenen Zweck zwar nicht unbedingt dienen, die ihm aber auch *nicht schaden* (jedenfalls nicht vordergründig).
4. Und schließlich gibt es Ordnungen und Strukturen, die diesem Zweck geradezu *entgegenwirken*.

Mein Plädoyer geht dahin, die Gemeinden von allen Regeln, die zu letzteren beiden Gruppen gehören, sofort zu entlasten und bei der zweiten Gruppe genau zu überlegen, ob die betreffenden Ordnungen wirklich hilfreich *sind* oder ob sie es lediglich einmal *waren*. Auch hier würde ich vorschlagen, im Zweifelsfall für die Freiheit der Gemeinde zu optieren und die Regelung abzuschaffen. Es gibt so viele Regelungen, die sicherlich irgendwo ihren Sinn haben, aber den Betrieb der Gemeinde unglaublich aufhalten und für die Ausbreitung des Reiches Gottes in der Welt schlichtweg unnötig sind. So brauchen wir beispielsweise kein kircheneigenes Rechnungswesen und kein eigenes kirchliches Arbeitsrecht – das weltliche Recht ist hier und auch in anderen Fällen völlig hinreichend (und in vielen Fällen sogar besser und unkomplizierter als das unsere)! Meiner Schätzung nach könnten wir unsere Gemeinden und überregionalen Dienste bequem von ca. 80 % des derzeit gültigen Regelwerkes entlasten, ohne dabei an Substanz zu verlieren – wir würden im Gegenteil an Substanz gewinnen.

Im Grunde müssten wir eine Obergrenze festlegen, über die hinaus es keine kirchlichen Regeln und Bestimmungen mehr geben darf. (Ich gebe zu, das wäre eine weitere Regel.) Für jede neue Regel, die in Zukunft eingeführt wird, müssten wir vier alte ersatzlos abschaffen, bis wir in einigen Jahren endlich unterhalb dieser Grenze angekommen sind.

Im Grunde müssten wir eine Obergrenze festlegen, über die hinaus es keine kirchlichen Regeln und Bestimmungen mehr geben darf.

Dann könnten wir das Verhältnis von neuen und abzuschaffenden Regeln auf 1:1 reduzieren. Nun glaube ich kaum, dass auch nur eine der derzeit in Deutschland agierenden Landessynoden sich mit dem Gedanken anfreunden wird, für jede neu ins Leben gerufene Regel vier alte abzuschaffen. Das sieht nach einer ziemlich mühseligen Arbeit aus. Daher mache ich folgenden (zunächst einmal sicherlich unrealistisch klingenden) Alternativvorschlag, der die ganze Prozedur erheblich abkürzen würde: Statt zu überlegen, welche Gesetze man *abschaffen* will, sollten wir uns überlegen, welche wir unbedingt *beibehalten* wollen. Die Synoden könnten eine Arbeitsgruppe beauftragen, eine neue Kirchenordnung zu entwickeln, die dem Umfang nach auf jeden Fall unter der besagten Obergrenze zu bleiben hätte. Die von dieser Arbeitsgruppe erarbeitete neue Kirchenordnung wäre in der Synode eingehend zu diskutieren, gegebenenfalls zu verbessern und löste, wenn sie verabschiedet ist, ersatzlos die komplette alte Kirchenordnung ab. Dabei wäre natürlich darauf zu achten, dass es großzügige Übergangsregelungen gibt und es vor allem in Personalfragen zu keinen sozialen Härtefällen kommt.

In der Zwischenzeit müssen sich die Gemeinden in zivilem Ungehorsam üben (das halte ich für eine grundevangelische Tugend: So ist unsere Kirche entstanden). Das Wörtlein »zivil« signalisiert, dass es um einen nicht-militanten, nicht-zerstörerischen Ungehorsam geht. Der zivile Ungehorsam entspringt vielmehr einer Grundloyalität. Selbst wenn man die von der Kirche vorgeschriebenen Wege hier und dort verlässt, geht es letztlich doch immer um ein gemeinsames Grundanliegen, über das man sich mit seiner Kirche einig weiß. Was mir vorschwebt, ist ein weitgehendes gegenseitiges Verständnis und eine einvernehmliche Lösung. Die *Gemeinden* müssen Verständnis aufbringen für die Langwierigkeit des Prozesses, dessen es bedarf, um die bestehenden Kirchengesetze zu überprüfen und von unnötigem Ballast zu befreien: Die Kirche ist in vielerlei Hinsicht wie ein großer Tanker, den man erst nach einem Bremsweg von vielen Kilometern zum Stoppen oder auch nur zum Wenden bringt. Die *kirchenleitenden Gremien und Personen* müssen ihrerseits Verständnis dafür aufbringen, dass die Gemeinden das kommende Recht hier und dort schon einmal vorwegnehmen. Sie können es sich einfach nicht leisten, zu warten, bis die neue Kirchenordnung Wirklichkeit geworden ist. Sie müssen in der Zwischenzeit ihre Arbeit tun, und das möglichst gut. Ein »Gentleman's Agreement« also von beiden Seiten. Und irre ich mich? Ich habe den Eindruck, dass das heute ohne-

> *Die Kirche ist in vielerlei Hinsicht wie ein großer Tanker, den man erst nach einem Bremsweg von vielen Kilometern zum Stoppen oder auch nur zum Wenden bringt.*

hin schon ziemlich oft so gehandhabt wird. Es würde freilich viel zur Entkrampfung der Lage beitragen, wenn man das auch mal so deutlich aussprechen würde.

79 Komplizierte Strukturen lähmen unsere Gemeinden. Die Devise der Zukunft lautet daher Vereinfachung. Was nicht *einfach* geht, *geht* einfach nicht.

Wir Menschen haben die Tendenz, einfache Dinge zu komplizieren. Was mit Gottes Zehn Geboten begann, walzte sich schon im mosaischen Gesetz in über 600 Einzelgebote aus. Das so genannte Spätjudentum, allen voran die Pharisäer und Schriftgelehrten, mit denen Jesus so heftig aneinander geriet, tat ein Übriges und verfasste eine Fülle von Kommentaren zu diesen Geboten und Gesetzen. Dies alles geschah in der wohlmeinenden Absicht, den Menschen zu helfen und ihnen eine Orientierung zu geben. (Was zeigt, dass man vor Beamtenwohlwollen manchmal genauso geschützt werden muss wie vor Beamtenwillkür). Das Ideal bei alledem war es, möglichst jeden Eventualfall des Lebens zu regeln, sodass keine Frage mehr offen blieb. Aber gerade damit *erstickte* man das Leben. Ich glaube, daraus kann man ein allgemeines Gesetz ableiten: Zu viele Regeln strangulieren das Leben. Sie tun es, auch wenn sie noch so gut gemeint sind. Sie ersticken das Leben deshalb, weil alle Regeln im Grunde nur zwei Fragen zulassen: Ja oder nein. Es gibt da keinen Raum für Ausnahmen, Spontaneität, Humanität und echtes, abwechslungsreiches Leben. Natürlich müssen einige Dinge – auch und gerade in der Kirche – klar geregelt sein. Aber wer versucht, das Leben der Gemeinden in eine Vielzahl von Regeln zu pressen, um möglichst vielen Eventualfällen vorzubeugen, lähmt und erstickt diese Gemeinden, auch wenn er es noch so gut meint.

Zu viele Regeln strangulieren das Leben.

Eine der großartigsten Leistungen Jesu bestand darin, diesen ganzen Wust an Regeln, Ordnungen und Gesetzen beiseite zu schieben und das, was Gott will, auf den einen grandiosen Satz zurückzuführen: »*Du sollst den Herrn, deinen Gott, lieben von ganzem Herzen, von ganzer Seele, von allen Kräften und von ganzem Gemüt, und deinen Nächsten wie dich selbst*« (Lukas 10,27). Mir ist klar, dass sich mit einem solchen Satz keine große Kirche von mehreren Millionen Mitgliedern steuern lässt, aber ich wünschte mir, unser Regel- und Ordnungssystem würde wenigstens ansatzweise die geradezu verblüffende Einfachheit und Unkompliziertheit widerspiegeln, mit der Jesus der Vielgestaltigkeit des Lebens begegnete.

Bei meinen Reisen durch die USA besuchte ich über ein Dutzend großer und lebendiger Gemeinden aller möglichen Konfessionen. Dabei fragte ich die leitenden Pastoren nach ihrem »Erfolgsrezept«. Immer wieder stieß ich auf den Satz: »Keep the structures simple.« (»Halte die Strukturen möglichst einfach.«) Während bei uns in scheinbarer Logik die Komplexität des Regelsystems mit der Anzahl der Leute und Arbeitsbereiche zunimmt, sagen diese erfahrenen Pastoren: »Damit macht ihr eure Gemeinden kaputt! Je mehr Leute und Bereiche es zu regeln gilt, desto einfacher und simpler müssen die Strukturen werden.« Der Erfolg gibt ihnen Recht – und widerlegt all unsere Bedenken, dass so etwas nicht gut gehen könne. (Übrigens kann man Ähnliches derzeit auch in der Wirtschaft beobachten: Dass eine radikale Vereinfachung der Strukturen in vielen Betrieben durchaus nicht das befürchtete Chaos ausbrechen, sondern neues Leben aufblühen lässt.)

Was unsere innergemeindlichen Strukturen betrifft, lautet das Motto der Zukunft: größtmögliche Vereinfachung. Was nicht einfach geht, geht einfach nicht.

Was unsere innergemeindlichen Strukturen betrifft, lautet das Motto der Zukunft: größtmögliche Vereinfachung. Möglichst viel Ballast abwerfen! Was nicht *einfach* geht, *geht* einfach nicht. Wir müssen zu Strukturen und Handlungsweisen zurückfinden, die in ihrer Einfachheit und Schönheit mehr an die Worte und die Vorgehensweise des Manns aus Nazaret erinnern – und weniger an die Regelungsfreude einiger Brüsseler EU-Beamten.

80 Wir brauchen nicht nur eine Strukturreform, sondern eine Reformation der Strukturen.

Mir ist bewusst, dass ich in diesem Kapitel mehr darüber gesagt habe, welche Art von Strukturen ich *nicht* will, als konstruktive Vorschläge zu machen, wie ich mir eine Neustrukturierung unserer Kirche denn *positiv* vorstelle. Doch habe ich hierzu im Laufe dieses Buches bereits eine Menge Anregungen gegeben – und es kommen im Verlauf des folgenden Kapitels noch einige Vorschläge dazu. (Im übrigen verweise ich auf die Literaturliste am Ende des Buches.) Hier sei noch einmal auf den Punkt gebracht, wo ich bevorzugt ansetzen würde, was die *Strukturen* anbetrifft (wohlgemerkt: Wir reden jetzt nicht über die *Inhalte* oder die Spiritualität):

1. Da ist zunächst das *Pfarramt,* das meiner Überzeugung nach völlig neu definiert werden muss – mit allen Konsequenzen für den Beamtenstatus, die Ausbildung der Theologen usw.

2. Sodann wäre die Reformation des *Gottesdienstes* zu nennen – welche nicht ohne Folgen für die Kirchraumgestaltung oder das Berufsbild des Kirchenmusikers bleiben wird etc.
3. Als Drittes nenne ich die grundlegende Wende von einer pfarrer- zu einer *mitarbeiterzentrierten Kirche,* in der es die wichtigste Aufgabe der Leiter ist, Menschen in ihrer Gemeinde an ihr volles, gottgewolltes Potenzial heranzuführen.
4. Viertens wäre für mich die Wiederentdeckung der *Kleingruppen* als Grundstruktur zumindest der aktiven Gemeinde zu nennen.
5. Und fünftens – dazu komme ich im nächsten Kapitel – müssen Hierarchien und Verwaltungsstrukturen abgebaut werden zu Gunsten eines eindeutigen *Primats der Gemeinden,* wobei das jahrhundertealte Parochialsystem (= die Einteilung der Kirche in feste Amtsbezirke) durch eine Vielfalt von anderen Gemeindemodellen ergänzt werden muss.

Das alles – und vieles andere, was ich angesprochen habe – sind Punkte, die erhebliche strukturelle Konsequenzen nach sich ziehen. Sie machen aber auch deutlich, dass es mit einer Strukturreform allein nicht getan ist. Eine Strukturreform versucht in einer Zeit, in der sich die äußeren Rahmenbedingungen erheblich verschlechtert haben, möglichst viel vom alten System zu retten. Nur denke ich, uns ist mit einer »schlanken Version« des alten Systems nicht viel geholfen. Die grundlegende Reformation der Strukturen, wie sie mir vorschwebt, setzt vielmehr bei ihrer *geistlichen* und nicht so sehr bei der *umständebedingten* Notwendigkeit der zu ergreifenden Maßnahmen an. Freilich ist die derzeitige Kirchenkrise ein durchaus geeigneter Moment, auch eher zögerliche Menschen davon zu überzeugen, dass es Zeit für einen grundlegenden Neuanfang ist.

Die Strukturen dieser Kirche werden sich in den nächsten dreißig Jahren ohnehin dramatisch ändern. Die Kirche von morgen wird völlig anders organisiert sein als die Kirche, die wir heute kennen. Schon die Not wird uns gebieten, neue Wege zu beschreiten. Ob daraus jedoch wirklich eine *Reformation* wird oder nur ein Konglomerat halbherziger Lösungen, wird wesentlich daran liegen, dass die notwendigen organisatorischen Veränderungen nicht nur als *Notlösung,* sondern in ihrer *geistlichen Notwendigkeit* begriffen werden. (Nur ein Beispiel: Das Ehrenamt gilt es nicht deshalb zu fördern, weil für hauptamtliche Mitarbeiter plötzlich kein Geld mehr da ist, sondern weil es dem neutestamentlichen Bild von Gemeinde entspricht und weil es außerdem in

In der derzeitigen Situation gleicht ein bloß halbherziger Wille, die Kirche zu reformieren, dem Versuch, einen Abgrund in mehreren Sätzen zu überspringen.

der Sachlogik einer evangelischen Kirche liegt.) Andernfalls werden wir mit unseren Reformbemühungen lediglich – mehr oder weniger gelungen – ein wenig Flickschusterei betreiben. In der derzeitigen Situation aber gleicht ein bloß halbherziger Wille, die Kirche zu reformieren, dem Versuch, einen Abgrund in mehreren Sätzen zu überspringen.

Man wird mir vielleicht vorwerfen, ich handele verantwortungslos, weil ich Altbewährtes preisgebe, die neue Gestalt der Kirche aber nur ansatzweise beschreibe. Doch mehr kann ich auch nicht. Keiner von uns weiß genau, was kommt. Nur ist mit Händen zu greifen, dass sich derzeit eine völlig neue Gestalt von Kirche Bahn bricht – und zwar inmitten der alten. Es ist, als würde Gott zu uns wie seinerzeit zu Abraham sprechen: »Geh fort aus deinem Land, verlass deine Heimat und deine Verwandtschaft und zieh in das Land, das ich dir zeigen werde« (1. Mose 12,1, übersetzt nach »Hoffnung für alle«). Der Glaube unserer Kirche ist derzeit aufs Tiefste herausgefordert. Und er geht durch eine große Angst: Das Alte, das es zu verlassen gilt, ist vielleicht nicht das, wovon wir immer geträumt haben, aber es ist uns wenigstens bekannt. Es ist das uns Vertraute und wir haben im Lauf der Jahre einiges an Mühe und Liebe in es hinein investiert. Das Neue hingegen, das kommen wird, kennen wir nicht. Wir wissen nicht, ob da *überhaupt* etwas ist außer Leere und Wüste. Alles, was wir haben, ist das *Wort* Gottes, das uns aus dem Vertrauten in ein neues Land ruft. Das ist – menschlich betrachtet – nicht viel. Allerdings ist es das Selbstverständnis der evangelischen Kirche, sich genau auf dieses Wort und auf nichts anderes zu gründen. Bereits in meinem Einleitungskapitel hatte ich gesagt, dass man die alten Ufer verlassen muss, um neue Horizonte zu entdecken. Dabei bin ich davon überzeugt, dass diese »neuen Horizonte« alles in den Schatten stellen werden, was uns an der bisherigen Gestalt der Kirche lieb und teuer war. Wenn Gott uns etwas nimmt, dann, weil er uns etwas Größeres geben will. Dieser Gedanke macht es mir etwas leichter, das alte Ufer freiwillig zu verlassen und nicht darauf zu warten, bis die mit immer stärker werdender Macht heranbrechende Flut auch den letzten Damm brechen lässt.

> *Wenn Gott uns etwas nimmt, dann, weil er uns etwas Größeres geben will.*

Die elfte Aufgabe:
Den Primat der Gemeinde wieder herstellen

»Die Kirche ist dafür da,
die Gemeinden zu stärken –
und nicht umgekehrt.«

81 Die größte Stärke der Landeskirche – die Ortsgemeinde – bleibt über weite Strecken ungenutzt.

Wenn es die Ortsgemeinde nicht gäbe, müsste man sie erfinden. Die Tatsache, dass Menschen zu einer Gemeinde gehören, die nichts anderes verbindet als der gemeinsame Glaube und der Ort, an dem man wohnt, schafft eine wunderbare Vielfalt: Alte und junge, arme und reiche, gebildete und weniger gebildete Menschen kommen zusammen und bringen ihre Erfahrungen und Gaben ein. Das schafft nicht nur ein weites Spektrum, sondern ist durch das Aufeinanderprallen der unterschiedlichsten Aspekte des Lebens auch ein ständiges Einübungs- und Bewährungsfeld für die Liebe. Der Ort, an dem man wohnt, schafft überdies gemeinsame Erfahrungen und eine Vielzahl natürlicher Beziehungsfelder und Berührungspunkte. Die Vorteile, die sich in der Ortsgemeinde ganz von selbst ergeben, müsste man in jeder anderen Gemeindeform erst mühsam schaffen. Die Ortsgemeinde lebt von ihrer Vielfalt, davon, dass sie das Leben nicht parzelliert, sondern in seiner Gesamtheit annimmt. Zumindest der *Theorie* nach ist das so. Auch wenn die Praxis vielerorts anders aussieht, steckt in jeder Ortsgemeinde zumindest dieses Potenzial.

Auch im Neuen Testament finden wir ausschließlich Ortsgemeinden. Das hat allerdings weder theologische noch andere inhaltliche oder gar rechtliche Gründe. In einer Zeit, in der es weder Autos noch Fahrräder gab und auch der Esel einen nicht allzu weit trug, gab es einfach keine andere Möglichkeit. In den größeren Städten – etwa in Jerusalem – organisierte man sich in Hausgruppen (vgl. → These 49), die sich auf Grund persönlicher Beziehungen und nicht auf Grund territorialer Grenzziehung zusammensetzten. Man wohnte in relativer Nähe zueinander, aber es gab keine fest abgegrenzten Gemeindebezirke (= »Parochien«). Diese kamen erst im Lauf der Jahrhunderte hinzu. Der so genannte »Pfarrzwang«, demzufolge sich ein Christ in allen geistlichen Belangen an den territorial zuständigen Pfarrherrn zu wenden hat, wurde zu Beginn des 9. Jahrhunderts von Kaiser Karl dem Großen eingeführt. Die Reformation hat die parochiale Ordnung samt Pfarrzwang nahezu unverändert übernommen. Im Verlauf der Jahrhunderte wurde diese allerdings insofern gelockert, als ein Christ heute in den meisten evangelischen Landeskirchen die Gemeinde nach Wunsch wechseln und »Amtshandlungen« (Taufen, Trauungen und Beerdigungen) an einem anderen Ort oder durch einen ortsfremden Pfarrer vornehmen lassen kann. Allerdings bedarf es zu solchen Ausnahmen immer noch der Zustimmung des territorial zuständigen Pfarrers bzw. des Kirchenvorstandes.

Das territoriale Denken erweist sich auch dort immer noch als intakt, wo Pfarrer sauer reagieren, wenn manche »ihrer« Gemeindeglieder die Gottesdienste und Veranstaltungen anderer Gemeinden besuchen. Statt froh zu sein, dass diese Menschen eine geistliche Heimat gefunden haben, reden sie davon, dass die andere Gemeinde oder der entsprechende Kollege ihnen die »Schafe stehle«. Doch das Bild stimmt hinten und vorne nicht. Gemeindeglieder sind nicht der Besitz ihres Pfarrers. Sie sind nicht willenlos, darum kann man sie weder »stehlen« noch darf man sie mit Machtmitteln in der Hürde der einen oder anderen Gemeinde festhalten. »Schafe« wechseln ihren »Stall« in der Regel dann, wenn sie sich nicht gut genug versorgt fühlen oder wenn sie den Eindruck haben, dass ihren Interessen woanders eher entsprochen wird. Ein solcher Wechsel ist absolut in Ordnung und das sollte auch entsprechend propagiert und gefördert werden. Es muss für uns allerhöchste Priorität haben, dass sich ein Mensch in seiner Gemeinde wohl fühlt – und wenn er das nicht tut und die Gemeinde sich nicht ändert (was man auch nicht immer erwarten kann), soll er guten Gewissens in eine Gemeinde wechseln dürfen, in der seinen Wünschen und Interessen eher entsprochen wird. In manchen Landeskirchen in Deutschland ist meines Wissens eine Umpfarrung in eine andere Gemeinde immer noch nicht möglich. An dieser Stelle müssen wir einfach offener werden. Die Ortsgemeinde ist eine gute Einrichtung und wird als solche auch auf Dauer überleben – auch ohne mittelalterlich-territoriales Hoheitsdenken. In dem Moment aber, in dem man die an sich sinnvolle Idee der Ortsgemeinde mit äußerem Zwang verbindet, bringt dies mehr Schaden als Nutzen.

Derzeit haben wir in der EKD (= Evangelische Kirche in Deutschland) rund 18.000 Ortsgemeinden. Sie sind der größte Aktivposten unserer Kirche: Schätzungsweise eine halbe Million Menschen nehmen durchschnittlich pro Tag an Veranstaltungen ihrer Kirchengemeinde Teil: im Chor, im Konfirmandenunterricht, im Jugendclub, beim Seniorenkaffee, im Dritte-Welt-Arbeitskreis etc. Was sich hier ereignet – an Gesprächen, an Glaubenserfahrungen, an Heimat – ist gedanklich kaum auszuloten. Und dies ist nur die Spitze des Eisberges. Denn eigentlich verfügt die Ortsgemeinde über ein Vielfaches an Möglichkeiten: Rund 600.000 Kinder besuchen tagtäglich eine evangelische Kindertageseinrichtung. Sie kommen nicht allein, sondern werden gebracht: von Eltern, Großeltern, Geschwistern – welch lohnende Aufgabe, wenn Kirche diese Kontakte nutzen würde, um werbend auf sich hinzuweisen und diese Menschen einzubinden! Dazu kommen acht Millionen Schüler, die wöchentlich den Religionsunterricht besuchen. Sie setzen sich mit Fragen des Glaubens und Lebens auseinander, doch es gibt kaum ernsthafte Versuche seitens der Kirchengemeinden, dieses Potenzial zu nutzen und den Schulen eine über die Pflichtstunden des Pfarrers hinausgehende Kooperation anzubieten. Auch dieses Kapital liegt im Wesentlichen brach, ebenso wie die Altenheime und Jugendhäuser, die Gruppe der Neuzugezogenen, der Konfirmanden- und der Taufeltern etc. Bei all diesen Menschen hat die Ortsgemeinde die wunderbare Möglichkeit, durch einen hervorragenden Service für Kirche zu werben, ihre Inhalte zu transportieren, zu Veranstaltungen einzuladen und zu kooperieren. Diese Möglichkeiten werden sicherlich hier und dort genutzt, im Grunde aber nach dem Zufallsprinzip und – was ihre Gesamtheit anbetrifft – in aller Regel nur oberflächlich.

Die meisten Gemeinden haben hierfür weder ein Konzept noch die Leute dazu, und auch nicht die nötigen Finanzmittel. Wobei das fehlende Konzept den Gemeinden anzulasten ist (das habe ich weiter oben verhandelt), die fehlenden Finanzen und das fehlende Personal hingegen einer Kirchenpolitik, die gerade dort spart, wo das Geld am dringendsten nötig wäre: nämlich dort, wo die Kirche vor Ort mit Menschen zu tun hat. Statt radikal Verwaltungsposten und Hierarchieebenen abzubauen, streicht man vornehmlich Stellen vor Ort: Gemeindepädagogen, Diakone, Pfarrstellen. Wer, wenn nicht diese Leute, soll aber das allgemeine Priestertum vor Ort aktivieren, das allein in der Lage wäre, die Fülle der anstehenden, lohnenden Aufgaben zu bewältigen? Jeder personelle Abbau vor Ort bedeutet eine quantitative und qualitative Verschlechterung kirchlicher Arbeit und richtet einen massiven Flurschaden an. Darum hat jede einzelne Stellenstreichung auf Gemeindeebene negative Folgen für die Menschen, die uns anbefohlen sind – und damit auch für die Zukunft der Kirche. Eigentlich wäre das genaue Gegenteil nötig.

> *Jeder personelle Abbau vor Ort bedeutet eine quantitative und qualitative Verschlechterung kirchlicher Arbeit und richtet einen massiven Flurschaden an. Darum hat jede einzelne Stellenstreichung auf Gemeindeebene negative Folgen für die Menschen, die uns anbefohlen sind – und damit auch für die Zukunft der Kirche.*

82

Die derzeitige Strategie vieler Landeskirchen, Gemeinden zusammenzulegen, wird sich über kurz oder lang als tödlich erweisen. Wir brauchen nicht *weniger*, sondern *mehr* Gemeinden.

In den letzten Jahren wurden – dem Sparzwang gehorchend – vor allem in den großen Städten viele Gemeinden zusammengelegt. Dies war in vielen Fällen sicherlich unabwendbar, aber wir müssen uns überlegen, wie wir vermeiden wollen, dass wir in wenigen Jahren wieder vor der gleichen Situation stehen und diese neu entstandenen »Großgemeinden« mangels Masse abermals mit anderen zusammengelegt werden. Man mag mir vorwerfen, dass ich den Teufel an die Wand male, aber ich will Ihnen sagen, warum ich glaube, dass genau dies passieren wird, wenn wir uns nicht langsam etwas einfallen lassen:

Ich kenne keinen einzigen Fall, in dem die betroffenen Gemeinden von sich aus auf die Idee gekommen wären, mit anderen zu fusionieren. Oft musste ein mehr oder minder »sanfter« Druck auf die entsprechenden Kirchenvorstände ausgeübt werden. Das heißt, die Stimmung in den betreffenden Gemeinden ist latent schlecht. Mir ist außerdem kein einziger Fall bekannt, in dem sich die Zusammenlegung zweier oder mehrerer Gemeinden auf diese positiv belebend ausgewirkt hätte. Vielmehr kam es in der Summe meist zu einem weiteren Rückgang im Gottesdienstbesuch und den anderen Gemeindeaktivitäten. Gleichzeitig aber wuchs die Unzufriedenheit vieler Gemeindeglieder, die sich mit der auf diese Weise entstandenen »Megagemeinde« nicht mehr identifizieren konnten. Die Fusion mehrerer Gemeinden war in vielen Fällen überdies mit dem Wegfall einer Pfarrstelle verbunden, sodass die übrig gebliebenen Pfarrerinnen und Pfarrer vor lauter Kasualien (Taufen, Trauungen, Beerdigungen) kaum mehr dazu kommen, über Gemeindeaufbau nachzudenken, geschweige denn, ihn in Gang zu bringen.

Es kann begründete Einzelfälle geben, in denen die Zusammenlegung zweier Gemeinden das Mittel der Wahl ist. Aus der Wirtschaft können wir aber lernen, dass eine Fusion zweier Betriebe in der Regel nur dann erfolgreich ist, wenn zwei *starke* Partner sich miteinander verbinden oder wenn ein starker Betrieb einen schwachen »schluckt«. Mir ist völlig klar, dass es fragwürdig ist, dieses Bild auf die Kirche zu übertragen. Aber die Erfahrungen, die wir dort machen, sind durchaus vergleichbar. Eine Fusion zweier Gemeinden, die aus der Not heraus geboren wird, schafft meist nicht die viel beschworenen »Synergieeffekte« (= positive Kräfte, die dann frei werden, wenn mehrere Personen, Gruppen oder Institutionen ihre Stärken zusammenwerfen), sondern bewirkt eher das Gegenteil: nämlich dass sich die *Schwächen* der betroffenen Gemeinden gegenseitig verstärken.

Die Gründe dafür liegen auf der Hand: Viele Menschen treten deshalb aus der Kirche aus, weil für sie der »Service« nicht mehr stimmt. Sie fühlen sich nicht in genügender Weise wahr- und ernstgenommen. Bei einer Relation von einem Hauptamtlichen auf viele Hundert Gemeindeglieder und einem nicht einmal ansatzweise durchgeführten allgemeinen Priestertum der Gläubigen ist das auch kein Wunder. Der Kirchenaustritt ist in hohem Maße eine Folge der Tatsache, dass Menschen oft schon seit Jahren jeglichen Kontakt zu ihrer Kirche verloren haben. Wenn die Kirche auf diese Austritte dergestalt reagiert, dass sie die wenigen Berührungsflächen, die die Menschen noch zur Kirche haben, noch weiter verringert, indem sie Personal abbaut, Büros schließt und Gemeindehäuser und Kirchen verkauft, ist eigentlich mit Händen zu greifen, wohin das auf mittlere Frist führen muss: nämlich zu weiteren Kirchenaustritten. Wenn die mangelnde Präsenz der Kirche vor Ort einer der Hauptgründe für die vielen Kirchenaustritte ist, dann ist die weitere Reduzierung dieser Präsenz ein genauso sinnvolles Mittel zur Lösung dieses Problems wie die Verabreichung von Rizinusöl gegen Durchfall. Gerade umgekehrt müssten wir verfahren: Wir dürfen und müssen auch an allem Möglichen sparen – Publikationen, Verwaltungsstellen und -gebäude, (ich sag's nur ungern:) an Pfarrerbezügen, Kirchenbeamten etc. – nur nicht an unserer Präsenz vor Ort.

Zweifellos ist es leichter gesagt als in die Tat umgesetzt, aber wir wären schon einen wesentlichen Schritt weiter, wenn die Verantwortungsträger unserer Kirche diesem Satz wenigstens theoretisch zustimmen könnten: Die meisten Gemeinden sind zu groß, um Platz für echte Gemeinschaft zu bieten. Das Allerletzte, was wir in der jetzigen Situation brauchen, sind weniger und noch größere Gemeinden und Pfarrer, die nur noch auf dem Friedhof anzutreffen sind, sondern was wir brauchen, sind deutlich kleinere Gemeinden! Wenn wir diesem Satz zustimmen könnten, würde sich mit einem Schlag unsere Perspektive verändern: Wir würden wegschauen von der Krise, die uns im Moment umtreibt, hin auf das, was die Menschen vor Ort brauchen und was auch unserer Kirche gut täte: nämlich mehr Nähe und die Möglichkeit eines intensiveren Kontaktes des Einzelnen zu seiner Kirche. Wohlgemerkt: Keiner *müsste* diesen intensiveren Kontakt in Anspruch nehmen – es geht nicht um Zwang, sondern um ein *Angebot*. Ich bin mir aber sicher, dass eine Vielzahl von Menschen einen intensiveren Kontakt mit der Kirche begrüßen würden, wenn er ihnen ermöglicht würde.

> *Das Allerletzte, was wir in der jetzigen Situation brauchen, sind weniger und noch größere Gemeinden, sondern was wir brauchen, sind deutlich kleinere Gemeinden!*

Die Frage ist nicht, ob sich eine Landeskirche 2000 oder nur noch 1500 Pfarrer(innen) leisten kann und ob ein Pfarrbezirk 2300 oder 3800 Mitglieder haben muss, denn all dies heißt, von der Finanznot her zu fragen. Wir müssten stattdessen die Frage stellen, was eine Gemeinde braucht, um ihren Aufgaben und ihrer Vision wirklich gerecht zu werden – ohne uns gleich von der Frage der Finanzierbarkeit einschüchtern zu lassen. Ich werfe hier einfach einmal zwei Zahlen in die Debatte: Für jeweils 1000 Bewohner eines Ortes müsste es eine christliche Gemeinde – egal welcher Konfession – geben, um den Menschen eine ansprechende Vielfalt anzubieten und ihnen eine halbwegs ausreichende persönliche kirchliche Versorgung vor Ort zu ermöglichen. Ich bin mir dessen bewusst, dass kleine Gemeinden keine Garantie für gelingendes kirchliches Leben sind, aber sie sind eine Voraussetzung dazu.

Pro angefangene hundert Gottesdienstbesucher bedarf es außerdem einer hauptamtlichen Kraft im seelsorgerlich-verkündigenden Bereich. Hier wäre die Möglichkeit, Gemeinden für gute Arbeit zu honorieren, indem man zusätzliche Stellen schafft, wo eine Arbeit offensichtlich blüht und gedeiht. Überhaupt bin ich grundsätzlich der Meinung, dass für wachsende Gemeinden immer Geld da sein muss. Sie dürfen nicht in gleicher Weise alimentiert werden wie Gemeinden, in denen überhaupt nichts passiert, die aber auf dem Papier die gleiche »Seelenzahl« aufzuweisen haben. Allzu gerechtes Handeln ist an dieser Stelle eben nicht mehr gerecht. An dieser Stelle wäre eine grundlegende Meditation des Jesuswortes »Wer da hat, dem wird gegeben werden« (Matthäus 25,29) angebracht. Wie auch immer eine solche »Erfolgsförderung« innerhalb der Kirche aussehen mag: Wir brauchen auf jeden Fall nicht nur Sparmaßnahmen, sondern auch gezielte Investitionen.

Für wachsende Gemeinden muss immer Geld da sein.

Wir brauchen nicht nur Sparmaßnahmen, sondern auch gezielte Investitionen.

Die kirchliche Versorgung wird nicht verbessert, indem man die Anzahl der Gemeinden noch weiter reduziert, sondern indem man sie erhöht. Statt auf die *Zusammenlegung* bestehender Gemeinden müsste die generelle Politik unserer Kirche daher auf die *Pflanzung und Gründung* neuer Gemeinden zielen. Pro existierender Gemeinde müsste in den nächsten Jahren mindestens eine, im Idealfall sogar zwei neue Gemeinden entstehen bzw. ins Leben gerufen werden! Dies ist durchaus möglich. Freilich erfordert es den erklärten politischen Willen, dieses Ziel zu erreichen. Und es bedarf eines neuen Denkens außerhalb der üblichen Kanäle. Wir brauchen hierfür völlig neue Formen von Gemeinde. Wir brauchen überdies ein neues Verständnis des Pfarrberufes. Ferner müssen wir uns von dem in unserer

Kirche immer noch stark verbreiteten Territorial- und Besitzstandsdenken seitens der bestehenden Gemeinden lösen. Davon ist in den nächsten drei Thesen die Rede.

83 Das Jahrhunderte alte System von Ortsgemeinden bedarf der Ergänzung durch eine Vielfalt anderer Gemeindemodelle.

Die naive Gleichsetzung »Gemeinde = Territorialgemeinde« entstammt dem Mittelalter und ist im dritten Jahrtausend nicht mehr zeitgemäß.

1. Die *Ortsgemeinde* wird – wenn auch mit erheblich offeneren Grenzen als früher – mit Sicherheit auch in Zukunft der Grundtyp von Gemeinde innerhalb eines volkskirchlichen Systems bleiben. Sie muss aber durch eine Vielzahl und durch eine Vielfalt von anderen Gemeindemodellen ergänzt werden. Die naive Gleichsetzung »Gemeinde = Territorialgemeinde« entstammt dem Mittelalter und ist im dritten Jahrtausend nicht mehr zeitgemäß.

2. Die neuen Gemeinden, die in den nächsten Jahren entstehen werden, setzen sich größtenteils nicht mehr territorial zusammen, sondern auf Grund einer bewussten Entscheidung, zu dieser Gemeinde gehören zu wollen. Solche *Personalgemeinden* gab es zwar bislang auch schon, allerdings eher selten. Wir werden erleben, dass ihre Existenz und Vermehrung in unserer Kirche viel selbstverständlicher wird.

3. Aus dem Leben unserer Kirche kennen wir darüber hinaus so genannte *Funktionsgemeinden,* die sich vor allem durch eine gemeinsame Lebenslage (Krankenhausaufenthalt, Militärseelsorge, Heimbewohner, Studentengemeinden etc.) oder besondere Interessen ihrer Mitglieder (Kirchenmusik, Dritte-Welt-Engagement, Meditation etc.) auszeichnen. Diese haben oft keinen eigenen Rechtsstatus, sondern sind einer Ortsgemeinde zugeordnet. Warum eigentlich? Nur in den seltensten Fällen besteht hier wirklich eine organische Verbundenheit. Ich plädiere dafür, ihnen einen eigenen Gemeindestatus zuzuerkennen, wenn sie das wollen.

4. Als vierte Gemeindeform nenne ich die so genannte *Richtungsgemeinde*: Ihre Mitglieder verbindet eine über den volkskirchlichen Konsens hinausgehende gemeinsame Glaubenshaltung bzw. theologische Einstellung. Sie sind oft aus einer bestimmten Arbeitsform heraus erwachsen, die so stark wurde, dass sie im Lauf der

Zeit mehr und mehr eigene Gemeindestrukturen ausgebildet hat. Richtungsgemeinden sind bislang meist als Personalgemeinden verfasst. In Zukunft werden wir verstärkt erleben, dass Ortsgemeinden sich besonders profilieren und dadurch den Charakter einer Richtungsgemeinde bekommen.

5. Vor allem für den Bereich der Großstädte sehe ich kommen, dass sich in den nächsten Jahren einige große *Mittelpunktsgemeinden* ausbilden werden. Diese unterscheiden sich von den Richtungsgemeinden vor allem durch ihre Größe. Richtungsgemeinden können durchaus klein sein und nur von ihrer unmittelbaren Umgebung wahrgenommen werden. Eine Mittelpunktsgemeinde hingegen wirkt wie eine »Stadt auf dem Berge« weit in ihre Region hinein. Wenn die anderen Gemeinden sich davon lösen könnten, sie als Bedrohung zu sehen, könnte von diesen Mittelpunktsgemeinden Hoffnung und eine Vielzahl von Impulsen auch für kleinere Gemeinden ausgehen. Sie könnten sie in mancherlei Hinsicht auch entlasten.

6. An dieser Stelle ist ein Wort zu den *übergemeindlichen Diensten und Werken* angebracht. Sie sind wichtig und für sie wird es in der Kirche immer einen Ort geben, weil sich bestimmte Aufgabenbereiche nicht sinnvoll territorial aufteilen lassen. Allerdings dürfen diese Dienste den Gemeinden nicht »von oben« verordnet werden, sonst schafft das Entfremdung auf beiden Seiten. Ich sehe daher kommen, dass sie wieder stärker an die Gemeinden gebunden werden (es sei denn, sie übernehmen selbst Gemeindecharakter).

7. In den letzten Jahren des 20. Jahrhunderts ist es vor allem in England zu einer von der anglikanischen Kirche bewusst geförderten *Pflanzung neuer Gemeinden* gekommen. Rund 350 neue, blühende Gemeinden wurden auf diese Weise innerhalb der neunziger Jahre ins Leben gerufen. Ausgangspunkt dabei war vor allem die Beobachtung, dass die normale Ortsgemeinde in aller Regel gerade *nicht* einen repräsentativen Querschnitt der dort ansässigen Bevölkerung erreicht (was ja eigentlich das große Argument für die Ortsgemeinde ist), sondern nur einen bestimmten gesellschaftlichen Ausschnitt. Das heißt: Die Ortsgemeinde erhebt zwar den Anspruch, eine alle soziale und kulturelle Unterschiede umgreifende Gemeinschaft zu sein, faktisch aber dominiert dort meist die Kultur einer bestimmten Form des Bürgertums. Eine Vielzahl gesellschaftlicher Schichten wird durch das Angebot dieser Gemeinden nicht angesprochen. Die meisten Gemeindepflanzungen treten genau in diese Nische. Meist beginnen sie damit, dass einige Mitarbeiter ei-

nen Gottesdienst für eine bestimmte Zielgruppe anbieten, die bislang von der Ortsgemeinde nicht erreicht wurde. Was als Gottesdienst beginnt, wächst sich im Lauf der Zeit mehr und mehr zu einem eigenen Arbeitszweig aus, bis schließlich eine neue Gemeinde »geboren« wird. In der Regel haben diese neuen Gemeinden keine eigenen Räumlichkeiten, sondern hangeln sich von Notlösung zu Notlösung. Dennoch stellen sie die normalen Ortsgemeinden, was ihre Vitalität, ihr solidarisches Eintreten für andere und ihre missionarische Kraft betrifft, meist bei weitem in den Schatten.

Nicht immer verläuft die Geburt einer neuen Gemeinde sanft und nicht immer ist die »Muttergemeinde« dabei glücklich. Manchmal gibt es im Vorfeld einer Gemeindeneugründung Spannungen zwischen der ursprünglichen Gemeinde und dem neuen Arbeitszweig: Kompetenzgerangel, Verlustängste, Streit um Räume, Finanzen, Ressourcen, Konzepte. Wenn man sich hier nicht einigen kann, kommt es zu einem mehr oder minder harten Schnitt. Das muss aber keineswegs so sein. Nicht nur das Beispiel Englands zeigt, dass die Gründung neuer Gemeinden durchaus harmonisch vonstatten gehen kann. Voraussetzung dafür ist allerdings, dass die Pflanzung neuer Gemeinden nicht als Übel begriffen wird, sondern als etwas, was es anzustreben gilt. Eine neue Gemeinde ist keine Konkurrenz (zumal wir alle für den gleichen »Chef« arbeiten!), sondern im Idealfall die Frucht und der Erfolg der alten Gemeinde: etwas, worauf sie hinarbeiten soll und worauf sie, wenn sie dieses Ziel erreicht hat, auch mit Grund stolz sein kann.

In den letzten Jahren ist es auch in Deutschland vereinzelt zur Gründung neuer Gemeinden innerhalb der Landeskirche gekommen. Teils haben sich Arbeitszweige bereits vorhandener Gemeinden verselbstständigt, teils wurden regelrechte »Tochtergemeinden« an anderen Orten gegründet. In manchen Fällen haben sich Orte, die vorher von anderen Ortsgemeinden »mitversorgt« wurden, selbstständig gemacht. Hier sehe ich in Deutschland ein besonders lohnendes Feld für Gemeindepflanzungen, denn die Tatsache, dass ein Pfarrer oder eine Pfarrerin in ländlichen Gebieten oft mehrere Predigtstätten und Orte mitzuversehen hat, ist eins der größten Übel unserer herkömmlichen Parochialstruktur. Zwei oder drei Predigtstätten, die der Pfarrer am Sonntagmorgen anfährt, sind keine Seltenheit. In den neuen Bundesländern habe ich von Fällen gehört, dass das Gebiet mancher Gemeinden bis zu zwanzig Orte umfasst. Ich kann mir nicht vorstellen, dass unter solchen Umständen an Gemeinde-

Die Tatsache, dass ein Pfarrer in ländlichen Gebieten oft mehrere Predigtstätten und Orte mitzuversehen hat, ist eins der größten Übel unserer herkömmlichen Kirchenstruktur.

aufbau auch nur zu denken ist. Sobald sich hier irgendwelche sinnvollen Ansätze auftun, sind die betreffenden Kollegen oder Kolleginnen nämlich schon wieder unterwegs zum nächsten Ort. Hier werden in den nächsten Jahren hoffentlich eine Vielzahl neuer, eigenständiger Gemeinden entstehen – ob mit oder ohne Begleitung durch einen hauptamtlichen Pfarrer.

Alles in allem bewegt sich hier etwas im Denken unserer Kirche und auch in den Strukturen. Die neuen Gemeindepflanzungen haben zwar samt und sonders noch einen Exotenstatus und sind durchaus umstritten – vor allem bei den benachbarten Ortsgemeinden, die befürchten, dass ihnen dadurch etwas weggenommen werden könnte. Doch diese Befürchtung entstammt zum guten Teil noch dem alten, territorialen Besitzstandsdenken, demzufolge ein Gemeindeglied seiner Gemeinde oder auch seinem Pfarrer »gehört«. Hier ist nicht der Ort, über die rechtlichen Voraussetzungen zu reflektieren, wann und unter welchen Voraussetzungen eine Gruppe in der Kirche den Gemeindestatus zuerkannt bekommen soll. Ich persönlich plädiere aber dafür, hier die Schwelle möglichst niedrig anzusetzen.

Am Anfang dieses neuen Jahrtausends brauchen wir neue Gemeinden und Gemeindeformen. Die kirchenleitenden Stellen müssen die Voraussetzung dafür schaffen, indem sie die Schaffung solcher Gemeinden rechtlich ermöglichen und moralisch fördern. Das aber wird einen erheblichen Mangel an Pfarrern nach sich ziehen. Dieser Mangel besteht schon heute: Wir haben zwar zu wenig Geld, aber nicht zu viele Pfarrer! Dieses Problem werden wir nur lösen können, wenn wir bereit sind, das bestehende Pfarrdienstrecht nachhaltig zu ändern.

Pfarrer müssen keine Akademiker und sie dürfen keine Beamten sein. 84

Bereits weiter oben habe ich mich mit der Frage des Pfarrberufs ausführlich auseinander gesetzt (siehe → Thesen 33 bis 40). Ich muss auf diese Frage noch einmal zurückkommen. Wenn wir – wie von mir vorgeschlagen – in den nächsten Jahren die Anzahl unserer Gemeinden mindestens verdoppeln oder gar verdreifachen wollen, müssen wir uns überlegen, wie wir diese Gemeinden pastoral versorgen wollen. Selbst wenn wir mit dem Gedanken des allgemeinen Priestertums aller Gläubigen Ernst machen, stellt sich hierbei früher oder später die Frage nach einem »Trainer« der ehrenamtlichen Mitarbeitenden. Das heißt: Wir brauchen auf Dauer mindestens die dreifache Anzahl an Pastorinnen und Pastoren. Diese Zahl ist schon deswegen nicht zu hoch angesetzt, weil bereits die *bestehenden* Gemeinden pastoral hoffnungslos

> *Es gibt keine einzige Gemeinde, die genug oder gar zu viele Pfarrer hat. Mag sein, dass sie träge oder auch unfähige Pfarrer hat, aber sie hat nicht zu viele!*

unterversorgt sind. Ich behaupte: Es gibt keine einzige Gemeinde, die genug oder gar zu viele Pfarrer hat. Mag sein, dass sie träge oder auch unfähige Pfarrer hat, aber sie hat nicht zu viele! Wenn wir wirklich davon ausgehen, dass die Pfarrer die Trainer der Ehrenamtlichen sind, dann brauchen wir nicht weniger, sondern mehr davon. Allerdings müssen wir loskommen von dem klassischen Rollenbild, das sich für viele immer noch mit dem Begriff des Pfarrers verbindet und das eng verbunden ist mit dem derzeit geltenden Pfarrdienstrecht.

In absehbarer Zeit wird es die verschiedensten Formen des Pfarramtes geben (die folgende Auflistung habe ich von Michael Herbst): Neben das traditionelle parochiale Pfarramt tritt bereits seit einiger Zeit das Teilzeitpfarramt. Projektstellen sind ebenfalls nichts Neues, auch wenn sie mangels Geld derzeit wieder zurückgefahren werden. Unsere Landeskirche (EKHN) hat unlängst die Möglichkeit einer Ordination ins Ehrenamt beschlossen – von hier aus ist der Schritt zu einem ehrenamtlichen Pfarramt nicht mehr weit (bislang nehmen die betreffenden Kollegen und Kolleginnen nur Teilaufgaben in Gemeinden wahr). Hauptamtliche »Reiseapostel« werden kleinere Gemeinden betreuen, die jeweils einen ehrenamtlichen Pastor oder eine ehrenamtliche Pastorin haben. Warum sollen die bereits vorhandenen Lektor/innen und Prädikant/innen nicht verstärkt pastorale Aufgaben übernehmen, wenn sie und die Gemeinden das wollen und wenn sie die Fähigkeit dazu haben? Es wird Pfarrerinnen und Pfarrer für überregionale Aufgaben geben und in regionalen kirchlichen Zentren. Irgendwann einmal wird man sich überlegen, warum man vielerorts zwar die Jugendarbeit und die Diakonie überregional organisiert, nicht aber die Trauungen und Beerdigungen.

Alles in allem ist das herkömmliche Pfarrdienstrecht bereits heute in Auflösung begriffen und diese Tendenz wird sich in Zukunft noch verstärken. Ich weiß, dass viele Bestandteile des heutigen Pfarrdienstrechtes im Laufe der Kirchengeschichte mühsam errungen wurden. Dennoch ist es so nicht mehr tragbar. Es bedarf einer erheblichen Flexibilisierung und Ausweitung auch auf so genannte Laien sowie auf nicht-ordinierte Theologinnen und Theologen. Aber auch was die ordinierten Theologen anbetrifft, bedarf es erheblicher Änderungen. Hier möchte ich vor allem drei grundlegende Änderungen vorschlagen:

1. Das *Theologiestudium* soll zwar die Regelvoraussetzung zur Zulassung zum Pfarramt bleiben, darf aber keinesfalls der einzige Weg dahin sein. Das Theologiestudium als Regelvoraussetzung zum

Pfarrdienst ist übrigens noch gar nicht so alt. Noch zu Luthers Zeiten war der Großteil der Pfarrer weitgehend unausgebildet, was sich verheerend auf die Gemeinden auswirkte. Insofern ist es gut, dass die Kirche irgendwann einmal verlangt hat, dass ihre Pfarrer eine bestimmte Grundqualifikation für ihren Dienst mitbringen mussten. Freilich wird mit der Hürde »Theologiestudium« einer ganzen Anzahl durchaus befähigter Leute der Weg ins Pfarramt versperrt. Es gab und gibt immer wieder hervorragende Leute, die auf anderen Wegen zum Pfarramt kamen, und diese Möglichkeit muss es auch weiterhin geben! Sie ist infolge der so genannten »Theologenschwemme« abgeschafft worden, aber ich kann nicht entdecken, dass die Kirche sich damit einen Gefallen getan hat. Einer weltweiten Umfrage zufolge, die Christian Schwarz in Tausenden von Gemeinden durchgeführt hat, wird die weit überwiegende Zahl aller wachsenden Gemeinden von Pfarrern geleitet, die kein akademisches Theologiestudium absolviert haben. Das sollte uns zu denken geben. Nach der derzeitigen Rechtslage würden weder Jesus selbst noch einer seiner Jünger eine Stelle als Pfarrer oder auch nur als Jugendleiter in unserer Kirche bekommen. Erschwerend kommt hinzu, dass das Theologiestudium – mit Ausnahme des Nebenfachs »Praktische Theologie« – die Leute so gut wie überhaupt nicht auf den Beruf des Pfarrers vorbereitet. Wer in Griechisch und Hebräisch patzt, fliegt aus der Kurve – obwohl er vielleicht ein ausgezeichneter Pfarrer geworden wäre. Wer hingegen Examensstoff gut memorieren kann, kommt zumindest ins Vikariat, obwohl er vielleicht in seinem ganzen Leben noch nie aktiv in einer Gemeinde mitgearbeitet hat. An dieser Stelle müssen die Prioritäten neu geordnet werden.

Nach der derzeitigen Rechtslage würden weder Jesus selbst noch einer seiner Jünger eine Stelle als Pfarrer oder auch nur als Jugendleiter in unserer Kirche bekommen.

2. Sodann ist nicht einzusehen, *warum ein evangelischer Pfarrer faktisch ein Beamter ist*. Das gibt ihm zwar eine erfreuliche Sicherheit, die historisch gesehen alles andere als selbstverständlich ist. Wenn man sieht, wie sich seine Amtsbrüder im Ausland teilweise abrackern müssen, um finanziell über die Runden zu kommen, kann man die Vorteile, die einem der Beamtenstatus bietet, nicht hoch genug schätzen. Andererseits sind sie auch beschämend. In der Nachfolge dessen, der »keinen Ort hatte, wo er sein Haupt hinlegen« konnte (vgl. Lukas 9,58), nimmt sich diese Sicherheit ebenso befremdlich aus wie der mit dem Beamtenstatus verbundene hoheitliche Anspruch. Vor allem ist angesichts der derzeit überhaupt nicht

absehbaren finanziellen Zukunft der Kirche eine derart langfristige finanzielle und personelle Festlegung seitens der Mutterkirche nicht verantwortbar. Mit dem Beamtenstatus wird gerade den jüngeren Pfarrern ein Versprechen gegeben, von dem keiner weiß, ob es überhaupt eingehalten werden kann. Das ist nicht nur ihnen gegenüber unfair, sondern auch unseren Kindern gegenüber, die diese Verpflichtungen eines Tages einlösen müssen. Darum sollten wir diesen Status – mit den nötigen Übergangslösungen – nach und nach abschaffen. Denn letztlich sind es wir Pfarrer selbst, die darunter zu leiden haben: Da jede Neueinstellung unumkehrbar und mit einem Stellenanspruch versehen ist und jahrzehntelange finanzielle Konsequenzen für die Kirchen bedeutet, bleiben Hunderte hervorragend begabter und ausgebildeter Theologen und Theologinnen ohne Ordination und Anstellung. Das aber bedeutet für die Pfarrerinnen und Pfarrer, die sich bereits im Amt befinden, eine kaum zu verkraftende Mehrbelastung.

3. Das dritte Element, das im Pfarrdienstrecht geändert werden muss, ist die Schaffung der Möglichkeit, *dass Gemeinden ihre Verträge mit Pfarrern frei aushandeln*. Das fängt bei der Auswahl des Bewerbers an: Es ist nicht einzusehen, warum Landesgrenzen hier weiterhin bindend sein müssen. Ebenso muss die Gemeinde das Recht haben, in begründeten Fällen auch Nichttheologen für eine pastorale Aufgabe einzustellen. Frei verhandelbar muss sodann auch der Bereich sein, in dem der betreffende Pfarrer eingesetzt werden soll. Statt der allgemeinen Dienstanweisung »Gottesdienst, Seelsorge und Unterweisung« muss die Gemeinde die Möglichkeit haben, einen Pastor beispielsweise speziell für Seelsorge oder Altenarbeit einzustellen. Das dient nicht nur der betreffenden Gemeinde, sondern auch dem Kollegen oder der Kollegin, die sich auf diese Weise ganz auf ihre Stärken konzentrieren können. Auch die Frage des *Gehaltes* muss zwischen Gemeinde und Pfarrer frei aushandelbar sein. Die Angst, dass die eine die jeweils andere Seite bei solchen Verhandlungen »über den Tisch zieht«, halte ich für vernachlässigbar. Im Übrigen kann sowohl die eine als auch die andere Seite ja »nein« sagen. Ebenso glaube ich nicht, dass reiche Gemeinden dann die besten Pfarrerinnen und Pfarrer haben werden. Die Erfahrung zeigt, dass Menschen eine lohnende Aufgabe einem lohnenden Gehalt durchaus vorziehen. Denkbar ist auch – wie etwa von Jürgen Fliege vorgeschlagen – die Festsetzung eines festen Sockelgehaltes und darüber hinaus eine leistungsbezogene Besoldung des Pfarrers. Ein Aspekt, der im Zusammenhang des Pfarrberufes in Zukunft eine bedeutsame Rolle spielen wird, ist die Wiederentdeckung des so ge-

nannten »*Zeltmacherprinzips*«. Dieser Begriff ist dem Neuen Testament entnommen. Der Apostel Paulus pflegte sich auf seinen Missionsreisen von der Zeltmacherei zu ernähren (vgl. Apostelgeschichte 18,3). Auf heute übertragen bedeutet das, das viele Pfarrer auch in Zukunft wieder zumindest einen Teil ihres Verdienstes über einen anderen Beruf hereinspielen werden. Denn manche Gemeinde wird sich keine (zusätzliche) volle Pfarrstelle leisten können.

Im übrigen ist nicht einzusehen, warum sich ein Pfarrer – ob verbeamtet oder nicht – nicht von Zeit zu Zeit einer *Wiederwahl* stellen muss. Auch hier gilt: Es ist gut, wenn der Pfarrer sich in seinen Entscheidungen und Handlungsweisen nicht ständig daran orientieren muss, dass er evtl. nicht wiedergewählt wird. Die Gemeinde muss aber die Möglichkeit haben, alle sieben bis acht Jahre ein Votum darüber abzugeben, ob ihr Pfarrer die in ihn gesetzten Erwartungen erfüllt hat oder nicht. Eine Ablehnung wäre zwar bitter, aber der Pfarrer gewinnt meiner Meinung nach überhaupt nichts dabei, wenn er in einer Gemeinde verbleibt, die ihn und seine Arbeit mehrheitlich ablehnt – und die Gemeinde auch nicht. Eine Bestätigung hingegen – vielleicht sogar verbunden mit einer deutlichen Gehaltserhöhung – kann ihm einen zusätzlichen Ansporn für seine Arbeit geben. Nicht viel halte ich freilich von den Vorschlägen, die Anzahl der möglichen Wiederwahlen zu begrenzen. Warum will man das von außen festlegen? Hier wird wieder einmal für andere gedacht, und das geht meistens schief. Ich persönlich habe die Philosophie, dass ein Pfarrer entweder ganz kurz oder ganz lang bei seiner Gemeinde bleiben soll. Und wenn beide miteinander zufrieden sind – warum soll es dann nicht ein – wenn auch alle sieben Jahre überprüfter – »Bund fürs Leben« sein?

> *Eine Gemeinde muss die Möglichkeit haben, alle sieben bis acht Jahre ein Votum darüber abzugeben, ob ihr Pfarrer die in ihn gesetzten Erwartungen erfüllt hat oder nicht.*

Eine Gemeinde, die nicht mehr pfarrerzentriert ist, wird auf Dauer auch keine andere Autorität mehr über sich zulassen. Das ist konsequent umgesetztes »Priestertum der Gläubigen« auf höherer Ebene.

85

Bereits in These → 36 hatte ich auf die Tatsache hingewiesen, dass es im Neuen Testament zwar Vereinbarungen der Gemeinden untereinander, aber keine der einzelnen Gemeinde übergeordnete Instanz gab. Man darf sich unter dem Begriff des »Bischofs«, der auch im Neuen

Testament auftaucht, nicht naiv dasselbe vorstellen, was wir darunter verstehen. Der Begriff des Bischofs bezeichnet dort weniger ein festes *Amt* als vielmehr eine *Tätigkeit,* die zum Aufgabenbereich der Ältesten bzw. Pastoren mit dazugehörte. Ein eigenes, den anderen Pastoren übergeordnetes Bischofsamt entwickelte sich erst im Laufe des frühen zweiten Jahrhunderts. Ihm fielen dann nach und nach alle Vollmachten des Ältestenkreises zu. Aber immer noch gab es keine der Gemeinde übergeordnete Instanz. Die Gemeinden untereinander standen in lockerem Verbund, waren aber wesentlich unabhängig und hatten auch keine gemeinsame Dachorganisation. Erst der Kampf gegen die verschiedenen Irrlehren ließ eingehendere Absprachen unter den Gemeinden notwendig werden. So wurden in der zweiten Hälfte des zweiten Jahrhunderts erste Bischofsversammlungen einberufen, Mitte des dritten Jahrhunderts gab es erste Bezirke, die *jährliche* Bischofsversammlungen einberiefen, die sich dann im Laufe der Zeit für mehr und mehr Fragen zuständig erklärten, die zuvor in den Gemeinden geregelt worden waren. Nach der konstantinischen Wende gewannen die Bischöfe und Päpste dann zunehmend auch politische Macht.

Martin Luther wollte auch, was die Kirchenverfassung anbetraf, zu den Ursprüngen des Neuen Testamentes zurückkehren. Vor allem der junge Luther träumte von einer Kirche, in der es keine höhere Instanz als die jeweilige Gemeinde selbst mehr geben sollte. In einer Schrift von 1523 mit dem vielsagenden Titel »Dass eine christliche Gemeinde das Recht habe, alle Lehre zu beurteilen und Lehrer zu berufen« stellt Luther Forderungen auf, die nicht nur für damalige Verhältnisse revolutionär waren, sondern die auch heute noch geeignet wären, die evangelische Kirchenlandschaft nachhaltig in Unruhe zu versetzen. Was Luther anstrebte, war ein Kirchensystem, dem zufolge jede Gemeinde eigene Rechtshoheit besitzt und in dem es statt einer hierarchischen Kirchenstruktur nur einen relativ lockeren Verbund der verschiedenen Einzelgemeinden gibt. Luther hatte es sattsam erlebt, welche Folgen eine hierarchisch verfasste Kirchenstruktur, an deren Spitze ein Bischof steht, für die Freiheit der Christen, die Unabhängigkeit der Gemeinden und nicht zuletzt für die Sauberkeit der theologischen Lehre haben kann. Zum andern lag die Vorstellung von einer wesentlich hierarchiefreien Kirche absolut in der Sachlogik von Luthers Lehre vom allgemeinen Priestertum aller Gläubigen. Wenn jeder einzelne Gläubige in gleicher Unmittelbarkeit zu Gott steht und es keines vermittelnden Priestertums dazu bedarf, um vor Gott zu treten, dann wird jeder Gläubige selbst zu einer Art Priester, zu einem »freien Christenmenschen«, der – einem berühmten Wort des Reformators zufolge – »niemandem untertan« ist – auch und schon gar nicht irgendeiner innerkirchlichen Instanz. Das Gleiche gilt *mutatis mutandis* (mit den nötigen Abänderungen) auch für die Gemeinschaft der Gläubigen innerhalb der Gemeinde: Prinzipiell gibt es nichts und niemanden, der der Gemeinde von außen sagen dürfte, was sie zu tun oder zu lassen hat. Die Gemeinde untersteht Gott allein. Die Kirche ist ein *Zusammenschluss* von Gemeinden. Sie steht nicht *über* der Gemeinde.

Die Kirche ist ein Zusammenschluss von Gemeinden. Sie steht nicht über der Gemeinde.

Ich weiß, das klingt in unseren Ohren ziemlich aufrührerisch, aber auch diese Gedanken sind grundevangelisch. Die Frage nach der *Autorität der Kirche* beantwortete Luther zeit seines Lebens so, dass die Kirche nur eine abgeleitete Autorität habe. Allein die Heilige Schrift galt ihm als Richtschnur für das Denken, Leben und Handeln der Christen und auch der Gemeinden und auch hier vor allem, insofern sie auf Christus hinweist. Deshalb darf die Kirche nicht Gehorsam ihr gegenüber, sondern nur Christus gegenüber fordern. Kirche setzt sich immer aus fehlbaren und sündigen Menschen zusammen, was sie selbst, wie Luther sagt, zur »*magna peccatris*«, das heißt zur *größten* aller Sünderinnen macht. Der Kirche gegenüber gebührt bei aller Fehlbarkeit Respekt und Anerkennung für ihre Bemühungen, aber sie hat von den Menschen keinen Gehorsam zu verlangen. Luther träumte von einer Kirchenstruktur, die dem Rechnung trug und die den Menschen dafür Freiheit ließ.

Der Kirche gegenüber gebührt bei aller Fehlbarkeit Respekt und Anerkennung für ihre Bemühungen, aber sie hat von den Menschen keinen Gehorsam zu verlangen.

Dass Luther mit seiner Forderung nach einer Kirche, in der es keine der Gemeinde übergeordnete Instanz gibt, nicht durchdrang, hatte vor allem drei Ursachen: Zum einen herrschte an der Basis der einzelnen Gemeinden nach Jahrhunderten, in denen man sie unmündig gehalten hatte, eine erschreckende Unreife. Die Gläubigen hatten nicht die Fähigkeit, in die »Schuhe« zu schlüpfen, die der evangelische Glaube ihnen bereit stellte. Zum anderen bekam Luther angesichts der immer stärker werdenden Bewegung der Wiedertäufer und der so genannten »Schwärmer« Angst vor der eigenen Courage. Er hatte seine eigene Reformation nicht mehr im Griff, was ihn mehr und mehr von seinen ursprünglichen Vorstellungen einer »Kirche von unten« abrücken ließ. Schließlich musste Luther unter dem Zwang der politischen Verhältnisse ein Zweckbündnis mit den Landesfürsten eingehen, die sich als die natürlichen Nachfolger der Landesbischöfe ansahen und entsprechende Macht über ihre jeweiligen Territorialkirchen beanspruchten. So wurde aus der *Volkskirche*, die Luther ursprünglich gewollt hatte, bereits kurz nach seinem Tode eine *Landeskirche*. Erst im 20. Jahrhundert ging diese Macht dann von weltlichen wieder auf kirchliche »Bischöfe« über. Zwar ist die evangelische Hierarchie mittlerweile weitgehend demokratisch legitimiert. Aber von der Idee weitgehend selbstständiger Gemeinden, die Luther im Anschluss an das Neue Testament ursprünglich vorgeschwebt hatte, sind wir heute so weit entfernt wie eh und je.

86 Die Gemeinden sind nicht dazu da, der Institution Kirche zu dienen, sondern die Institution Kirche ist dazu da, den Gemeinden zu dienen.

Dass ich nicht falsch verstanden werde: Ich plädiere *nicht* dafür, die Großkirchen total aufzulösen. Das war auch nicht Luthers Idee. Was er wollte – und worin ich mich ihm anschließe –, war, dass es eine verbindliche Vorgabe gibt, was als evangelisch zu gelten hat und was nicht und dass über diesen Konsens hinaus die Gemeinden eine größtmögliche Eigenständigkeit besitzen. Hier wiederhole ich, was ich bereits vorher gesagt habe: Die Identität der evangelischen Kirche konstituiert sich durch das *Zentrum* des Glaubens und nicht durch die *Ränder* der vielen praktischen Einzelfragen. Ein solches System schließt weder eine Zusammenarbeit der verschiedenen Gemeinden aus noch eine organisatorische Zusammenfassung etwa auf Verwaltungsebene – solange diese wirklich eindeutig im *Dienst* der Gemeinden steht und nicht beginnt, diesen mehr und mehr Vorschriften zu machen. Natürlich ist es das Selbstverständnis aller kirchenleitenden Stellen, den Gemeinden zu dienen. Fakt ist aber, dass sich ein großer Teil der Gemeinden durch die übergeordneten Stellen bevormundet und oft sogar entmündigt vorkommt – und dies mit Recht. Es ist gar nicht der persönliche böse Wille als vielmehr ein *strukturelles* Problem: Aber allein die Tatsache, dass es eine Kirchenleitung gibt, verweist die Gemeindeleitung mehr oder minder in eine Statistenrolle.

Aber allein die Tatsache, dass es eine Kirchenleitung gibt, verweist die Gemeindeleitung mehr oder minder in eine Statistenrolle.

Wieso beispielsweise haben übergemeindliche Stellen darüber zu befinden, aus welchem Bundesland ein Bewerber für eine Pfarr- oder Gemeindepädagogenstelle kommen darf und aus welchem nicht? Welchen Sinn hat es, dass eine Gemeinde die Zustimmung der Kirchenverwaltung abwarten muss, wenn sie sich ein neues Auto kaufen will? Auch wenn die Genehmigung hierfür in der Regel erteilt wird: Warum muss sie überhaupt fragen? Und warum, um alles in der Welt, können Gemeinden nicht selber entscheiden, ob und inwiefern sie ihre Gemeinderäume um- oder ausbauen dürfen oder nicht – solange sie dafür selbst aufkommen? – Die Antworten, die man auf solche Fragen zu hören bekommt, sind beschämend: »Weil es sich hierbei um große und wichtige Entscheidungen handelt.« Was auf Deutsch heißt: »Solche wichtigen Entscheidungen zu treffen, dazu ist der normale deutsche Kirchenvorstand nicht fähig.« Die Angst vor Unfähigkeit oder Missbrauch ist so groß, dass man den Kirchenvorstand weitgehend entmündigt hat. Dass die Kirche Fachleute für bestimmte Sachfragen hat, ist gut. Aber sie darf den Gemeinden diese Fachleute nicht aufzwingen, sondern lediglich anbieten. Mag sein, dass eine Gemeinde den gut gemeinten Rat in den Wind schlägt oder auch eine falsche Entscheidung trifft. Das halte ich für tolerierbarer als die derzeitige Situation, die den Gemeinden faktisch die Freiheit nimmt. Die Tatsache, dass Freiheit falsch genutzt werden kann, darf nie dazu verleiten, Gemeinden diese Freiheit zu nehmen.

Die Tatsache, dass Freiheit falsch genutzt werden kann, darf nie dazu verleiten, Gemeinden diese Freiheit zu nehmen.

Manchmal sagen mir Verantwortungsträger unserer Kirche: »Sie gehen zu sehr von ihrer eigenen Gemeinde aus. Die meisten real existierenden Gemeinden können das nicht: weitreichende und weise Entscheidungen selber treffen. Sie brauchen unsere Hilfe und manchmal auch sanften Druck von oben.« Ich glaube, unsere Gemeinden könnten das *sehr wohl,* wenn man sie in die Mündigkeit führte und wenn das ein erklärtes Ziel wäre! Wenn Kirchenleitungen sagen, dass die Gemeinden das nicht schaffen, dann wiederholt sich auf einer höheren Ebene die gleiche Logik, wie wenn Pastoren sagen: »Meine Gemeinde ist unmündig, darum muss ich alles selber machen.« Dann muss man ihnen sagen: »Genau das ist aber eure Aufgabe: Sie stark und unabhängig von euch zu machen! Wenn ihr sagt, sie sind nicht mündig, habt ihr euren Job nicht richtig gemacht!«

Die Institution Kirche soll Gemeinden nicht festlegen, sondern freisetzen. Wenn Gemeinden in ihrem Handeln ständig darauf achten müssen, dass sie auch ja die Vorschriften der Institution Kirche recht beachten, dann wedelt der Schwanz mit dem Hund. Denn die Gemeinden sind nicht dazu da, der Institution Kirche zu dienen, sondern die Institution Kirche ist dazu da, den Gemeinden zu dienen. Die Kirche als Organisation ist kein Selbstzweck, sondern ihr Sinn und Zweck liegt darin, dass sie die konkrete Arbeit der Gemeinden vor Ort unterstützt. Kirche und Gemeinde verhalten sich einem alten Bild zufolge wie eine Muschel zu der ihr innewohnenden Perle: Auch die Muschel ist Gottes Werk und Schöpfung. Sie zu verachten, weil sich Schlick und Tang außen auf ihr abgelagert haben und weil sie im Lauf der Zeit vielleicht unan-

Die Institution Kirche soll Gemeinden nicht festlegen, sondern freisetzen.

sehnlich geworden ist, ist völlig unangebracht. Denn die Perle wächst nicht anders als eben in der Muschel, die sie schützt und ernährt. Freilich muss die Relation klar bleiben: Nicht die Perle hat der Muschel zu dienen, sondern umgekehrt. Und eines Tages wird die Muschel zerbrochen werden, die Perle aber wird bleiben.

Ohne Bild gesprochen: Es gibt keine Gemeinde Jesu ohne eine äußere institutionelle Form, die wir »Kirche« nennen. Sobald eine Gruppe von Menschen verbindlich zusammen lebt, bilden sich Ordnungen und Strukturen aus: »Wann und wo trifft man sich? Was tut man, wenn man zusammenkommt? Wer gehört dazu und wer nicht? Soll jemand in der Gruppe das Sagen haben, und wenn ja: wer? Wie geht man mit gemeinsamen Finanzen und Besitztümern um und woher bekommt man die?« – All diese und noch viel mehr Fragen müssen geklärt werden. So bildet sich um jede christliche Gruppierung nach und nach ein institutioneller Rahmen. Jener Romantizismus, dem zufolge es möglich ist, ohne irgendeinen institutionellen Rahmen als Christ zu leben, muss daher ins Reich der Fabel verwiesen werden. Doch so notwendig die Institution Kirche auch sein mag: Ihr einziger Sinn und Zweck besteht darin, die Arbeit vor Ort freizusetzen, zu fördern und zum Blühen zu bringen. Kircheninstitutionen bestehen immer nur auf gewisse Zeit. Sie kommen und gehen. Umso mehr ist es die Aufgabe der Kirche, die Gemeinden vor Ort möglichst unabhängig von ihr selbst zu machen. Denn anders als jede kirchliche Struktur trägt die Gemeinde in sich in der Tat das Potenzial, die Jahrhunderte zu überdauern.

Jener Romantizismus, dem zufolge es möglich ist, ohne irgendeinen institutionellen Rahmen als Christ zu leben, muss ins Reich der Fabel verwiesen werden.

87 Innerhalb unserer Kirche müssen Hierarchien und Verwaltungsstrukturen radikal abgebaut werden – und das möglichst bald.

Die rund 27 Millionen Mitglieder der evangelischen Kirche in Deutschland sind verteilt auf 24 Landeskirchen, deren territoriale Grenzen im Lauf der Jahrhunderte auf Grund gewonnener und verlorener Kriege entstanden sind. Jene Länder von damals gibt es größtenteils längst nicht mehr, wohl aber die dazugehörigen Kirchen. In einer Zeit, in der die Bundesregierung laut darüber nachdenkt, ob die Anzahl von 15 Bundesländern nicht sinnvoller Weise auf 10 reduziert werden kann, leisten wir uns den Luxus von 24 Landeskirchen, von denen fast jede ihre eigene Rechtsprechung, ihren eigenen Verwaltungsapparat, ihr eigenes Finanzsystem, ihre eigene Hierarchie, ihre eigene Kirchenzeitung, ihr eigenes Missionswerk, ihre eigene Agende, ihr eigenes Ausbildungssystem und ihr eigenes Examen usw. hat. Auf der Ebene jeder einzelnen dieser Landeskirchen gibt es eine Fülle von Gremien, Ämtern und Verwaltungsebenen, die sich einmal auf der Leitungsebene, dann auf überregionaler und schließlich auf lokaler Ebene gegenseitig beschäftigen und kontrollieren. Überall dort gibt es leitende Personen, leitende Ämter, Räte und Beiräte, Fachreferate, Versammlungen, Vorstände, Konferenzen, Synoden, Koordinierungsgremien und Ausschüsse. Dieses ganze Verfahren kostet nicht nur viel Zeit und ein »Heidengeld«, es bringt auch einen um ein Vielfaches multiplizierten Verwaltungsaufwand mit sich und nimmt der Kirche einen erheblichen Teil ihrer Schlagkraft.

Der frühere Ratsvorsitzende der EKD, Klaus Engelhardt, sagte einmal: »Wir sind zu einer ver-sessenen Kirche geworden.« Und konstatiert, das sei nicht gerade das, was sich die Bibel unter dem »wandernden Gottesvolk« vorstelle. In der Tat wird unsere Kirche oft mehr durch den Begriff der Sitzung gekennzeichnet als durch den der Sendung. Ein einfacher ehrenamtlicher Mitarbeiter kommt vielleicht noch mit 1-2 Sitzungen pro Monat aus, ein normaler Pfarrer bringt es aber bereits locker auf 100-200 Sitzungen pro Jahr, und je höher man in der Kirchenhierarchie steigt, desto mehr werden es. Eine Menge hervorragender Leute wird so im Laufe ihres Lebens kaltgestellt. Das ganze Geld und die ganze Kraft und die ganze Zeit, die in diese Sitzungen hineinfließen, gehen uns im Gemeindeaufbau, in der Jugend- und Altenarbeit, in der Mission und in der Diakonie verloren! An dieser Stelle müssen wir radikal streichen. Das geht aber nur, wenn drei Dinge geschehen: Erstens muss die Anzahl der vorhandenen Gremien radikal minimiert werden. Zweitens müssen die Führungsstrukturen in Kirche und Gemeinde klarer und effizienter werden. Eine Entscheidung – egal, von welcher Tragweite – darf in Zukunft nie mehr als über zwei Instanzen gehen. Und drittens müssen wir uns eine neue Philosophie aneignen, der zufolge Sitzungen als *ultima ratio* (= als letztes Mittel) und nicht – wie heute – als der Normalfall angesehen werden.

Unsere Kirche wird oft mehr durch den Begriff der Sitzung gekennzeichnet als durch den der Sendung.

Der Nürnberger Pfarrer Hermann Ruttmann hat vor einigen Jahren eine Initiative gestartet, die die Auflösung aller Landeskirchen zu Gunsten der Bildung einer zentralen Evangelischen Kirche in Deutschland anstrebt, die in 500 Dekanate (= Kirchenkreise) mit jeweils ca. 50.000 Mitgliedern unterteilt werden soll. Jedes dieser Dekanate soll dann einen Vertreter in einen so genannten Bundesrat entsenden, dem eine Bundessynode als professionelles, beratendes Gremium zur Seite stünde. Ich bin kein Fachmann in diesen Fragen. Hieran hängen Tausende von Arbeitsplätzen in den derzeitigen Kirchenzentralen, und das ist wohl einer der wesentlichen Gründe, warum – gute Argumente hin, gute Argumente her – sein Vorschlag bislang größtenteils abgeblockt wird. Zweifellos klingt es dramatisch, wenn man sagt, dass es statt 24 plötzlich nur einen Bischof geben soll und dass es in Zukunft statt vieler Hundert nur noch zwanzig Oberkirchenräte geben soll. Doch wenn man die Weichen für diese Entwicklung frühzeitig stellt, muss kein Mensch über seine eigene Absetzung befinden. Selbst wenn Synoden und kirchenleitende Gremien heute den Beschluss fällen, die Landeskirchen zu einer bundesweiten EKD zusammenzulegen, wird es mindestens 10-20 Jahre dauern, bis dies in die Tat umgesetzt sein wird. In dieser Zeit ist genug Raum für langfristige und auch für sozial verträgliche Übergangslösungen. Da mit dem Abbau der Zentralen ein gleichzeitiger Ausbau der Gemeindepräsenz vor Ort Hand in Hand gehen soll, wird es überdies nicht *weniger*, sondern vielleicht sogar *mehr* Arbeitsplätze innerhalb der Kirche geben.

Alles in allem sprechen gute Gründe für den Vorschlag Ruttmanns und seiner Mitstreiter. Seine Realisierung würde *erstens* die Kirche in Deutschland wieder in die Lage versetzen, mit *einer* Stimme zu sprechen (nein, das tut die derzeitige EKD *nicht*); er würde *zweitens* jährlich viele hundert Millionen Euro freisetzen, die in den Gemeinden dringend gebraucht werden; er würde *drittens* viele Tausend Sitzungen im Jahr überflüssig machen und er würde *viertens* die zu über 90 % abgespeckte Kirchenleitung zu einem einerseits sehr viel effektiveren, andererseits aber auch nicht mehr ganz so übermächtigen Gremium machen. Das heißt: Dieses Gremium hätte die Leitung der Kirche inne, es gäbe eine einzige, große Service-Zentrale, die die Mitgliederkarteien, Gehaltsabrechnungen, Computerservice und Publizistik übernähme. Regionale Fragen und kleinere Verwaltungsabläufe lägen bei den Dekanaten. Die eigentliche »Macht« aber wäre dort, wo sie hingehört: nämlich in den Gemeinden. Mit alledem würde unsere Kirche definitiv evangelischer!

Auch von offizieller Seite wird heute über eine Zusammenlegung zumindest der kleineren Landeskirchen nachgedacht. Die derzeit angedachte Reduzierung der 24 Landeskirchen auf eine geringere Anzahl kostet aber fast genauso viel Aufwand wie die große Lösung, bringt aber nur einen Bruchteil des Effekts. Ich weiß es einfach nicht: Vielleicht sind solche kleineren Zwischenschritte nötig. Das Motto der Zukunft muss auf jeden Fall lauten: Nicht die *Gemeinden*, sondern die *Zentralen* zusammenlegen.

Das Motto der Zukunft muss lauten: Nicht die Gemeinden, sondern die Zentralen zusammenlegen.

Die Bildung einer gemeinsamen Kirchenzentrale darf allerdings nicht zu einem neuen Zentralismus führen. Sie soll lediglich der Koordination und der Vereinfachung der Abläufe innerhalb einer Kirche dienen, in der die Gemeinden im Wesentlichen über sich selbst bestimmen. Ziel unserer strukturellen Überlegungen muss eine radikale Verflachung und Vereinfachung der Hierarchien sein, mit dem Ziel der Dezentralisierung und Zurückverlagerung eines Maximums an Verantwortung in die Gemeinden vor Ort.

Freilich wird kirchenpolitisch derzeit genau der gegenteilige Weg beschritten. Heiß diskutiert und in einigen Landeskirchen eifrig vorangetrieben wird im Moment die Stärkung der so genannten »mittleren Ebene« – also der Dekanate bzw. Kirchenkreise. Auch dies ist eine Maßnahme, die überwiegend aus dem Sparzwang heraus geboren wurde. Stellen, die eine Gemeinde nicht mehr finanzieren kann, werden nun auf die regionale Ebene verlagert. Damit aber wird die Präsenz der Kirche vor Ort weiter abgebaut – mit vergleichbaren zu erwartenden Folgen, wie ich sie oben für die Zusammenlegung von Gemeinden beschrieben habe (vgl. → These 82). Um keine Missverständnisse aufkommen zu lassen: Ich bin *für* eine Stärkung der mittleren Ebene. Es spricht viel dafür, Kompetenzen, die derzeit bei der Kirchenverwaltung liegen, in die Kirchenkreise zu verlagern und damit näher an den Kirchengemeinden anzusiedeln. Dies würde erheblich zur Verflachung der Hierarchien beitragen. Die Stärkung der mittleren Ebene, wie sie derzeit betrieben wird, geht aber fast ausschließlich zu Lasten der Gemeinden. Das heißt: Alle Stellen, die hier neu geschaffen werden, werden nicht der Kirchenleitung und Kirchenverwaltung entzogen, sondern den Gemeinden. Das aber muss schief gehen, und zwar allein schon auf Grund der Tatsache, dass die Kirchenkreisebene im Bewusstsein des normalen Kirchenmitgliedes so gut wie keine Rolle spielt. Das mag man bedauern, aber es ist Fakt. Darum werden wir auf dieser Ebene zwar durchaus Verwaltungs- und Administrationsstellen ansiedeln können, die geistliche, spirituelle und diakonische Arbeit aber muss vor Ort bleiben und sogar noch verstärkt werden. Mit Recht sagt der Kirchenpräsident der EKHN, Dr. Peter Steinacker: »Ohne starke Gemeinden ist die mittlere Ebene eine Gespensterkonstruktion – so nötig sie ist.«

Das Ziel aller Umstrukturierungsmaßnahmen innerhalb unserer Kirche kann einzig und allein die Stärkung der Gemeinden sein. Dies aber geht nur, wenn wir die heute existierende Pyramide radikal umkehren und alle »Macht« wieder in die Gemeinden zurückverlegt wird. Ich bin fest davon über-

Wir sollten uns angewöhnen, die derzeitige Kirchenkrise nicht so sehr als Problem als vielmehr als Herausforderung zu sehen.

zeugt, dass eine weitgehende Dezentralisierung nicht zu einem allgemeinen »Gemeindeegoismus« – so das bevorzugte Gegenargument gegen den Gedanken eines Hierachieabbaus – führen wird. Mag sein, dass die eine oder andere Gemeinde aus der Gesamtsolidarität ausscheren wird, insgesamt aber habe ich keinen Zweifel, dass sich eine weitgehende Selbstständigkeit der Gemeinden durchaus mit einer Verpflichtung gegenüber dem Ganzen in Einklang bringen lässt.

88 Die Gemeinde der Zukunft hat das Recht und die Pflicht zur Profilbildung.

Ich sehe im Wesentlichen fünf Bereiche, in denen unsere Gemeinden wieder die alleinige Zuständigkeit zurückbekommen müssen:

1. Die erste Kompetenz, die eine Gemeinde erlangen muss, ist die *Hoheit über ihre (innerprotestantische) Konfession*. In den meisten Gemeinden bestimmt immer noch der Landesfürst einer vergangenen Zeit, ob man lutherisch, reformiert oder uniert ist – ein alter Zopf, der endlich abgeschnitten gehört. Anders ist dies in den verwaltungsunierten Kirchen (zum Beispiel Hessen-Nassau), aber auch hier liegen die Gründe, warum eine Gemeinde sich hier oder dort zuordnet, meist weit in der Vergangenheit zurück und sagen nur wenig über die gegenwärtige Realität in der betreffenden Gemeinde aus. Dazu kommt, dass der Trend ohnehin mehr und mehr dahin geht, dass die klassischen Konfessionsgrenzen aufgebrochen werden, bzw. dass neue dazukommen: So gibt es mehr und mehr Gemeinden liberaler, sozial-diakonischer, hochkirchlicher, evangelikaler oder charismatischer Prägung, die sich in den klassischen Schubladen »lutherisch« oder »reformiert« nicht wiederfinden. Jede Gemeinde muss vor Ort ihre konfessionelle Ausprägung selbst klären. Die Mobilität unserer Gesellschaft ist in ständigem Wachstum begriffen, sodass sich der Charakter einer Gemeinde im Lauf der Jahre verändert. Darum sollte die Frage der konfessionellen Prägung im Abstand jeweils einer Generation (= alle 20 Jahre) vor Ort neu verhandelt werden. Dabei käme es auch jedes Mal zu einer Analyse des Selbstverständnisses und der eigenen Grundlagen.

2. Die zweite Kompetenz, die eine Gemeinde erhalten muss, ist die der eigenen *Profil- und Schwerpunktbildung*. Gemeinden müssen die Möglichkeit haben, sich in ihrem Angebot möglichst unbelastet von irgendwelchen Vorgaben von außen eng an den Bedürfnissen ihrer Mitglieder und ihrer potenziellen Mitglieder zu orientie-

ren. Das Profil, das eine Gemeinde ausbildet, sollte sich nicht an einer schablonenartigen Vorgabe »von oben« orientieren, sondern hängt eng mit dem unter → These 44 verhandelten Leitbild dieser Gemeinde zusammen. Es entwickelt sich, indem man folgende Fragen stellt: »Wohin sehen wir uns von Gott geführt? Was sind die speziellen Bedürfnisse der Bevölkerung vor Ort? Und: Welche Gaben hat Gott unseren Mitarbeiter/innen gegeben?« Wünschenswert wäre es, dass benachbarte Gemeinden *verschiedene* Schwerpunkte setzen und sich auf diese Weise ergänzen, damit die Menschen in der Umgegend eine Wahl haben. So könnte ich mir vorstellen, dass sich die eine Gemeinde stärker politisch engagiert, während die nächste viele meditative Angebote hat und die dritte ihren Schwerpunkt vielleicht auf Kirchenmusik setzt usw. Der »Preis«, den wir für eine solche Profilbildung zu bezahlen haben, ist der, dass die Gemeindegrenzen aufgelockert werden. Es wird zu »Wanderbewegungen« in beide Richtungen kommen. Denn wie auch immer das Profil einer Gemeinde aussehen mag: Es wird die einen ansprechen, andere dagegen nicht. Es kann sogar sein, dass einige dieses Profil absolut nicht mögen. Dies kann man nur vermeiden, indem man profillos bleibt. Eine profillose Gemeinde stößt vielleicht niemanden ab (freilich bin ich mir da nicht so sicher), spricht aber auch niemanden an – und das gilt es unter allen Umständen zu vermeiden. Eine Gemeinde kann nie für alle gleichermaßen anziehend sein, aber wenn sie überhaupt für irgendjemand anziehend sein will, dann braucht sie vor allem eines: Profil!

> *Eine profillose Gemeinde stößt vielleicht niemanden ab, spricht aber auch niemanden an.*

3. Drittens muss die Gemeinde wieder die volle *Hoheit über das von ihr einzustellende Personal* bekommen. Gerade um ihres eigenen Profils willen muss sie selbst bestimmen können, wen sie und auf welchem Gebiet sie jemanden einstellen will. Wenn sie auf einen Pfarrer verzichten möchte, weil sie ohne ihn auszukommen meint, muss sie dies tun und das dafür bereitliegende Geld anderweitig verwenden können. Ansonsten verweise ich auf das unter → These 84 Gesagte: Vorgaben, welche Ausbildung die entsprechende Person zu haben hat, müssen radikal gelockert werden. Vorgaben, was die Höhe des Gehaltes anbetrifft, können in Zukunft nur noch den Charakter einer Empfehlung bzw. eines Richtwertes haben, dürfen aber nicht festgeschrieben werden. Vorgaben, dass Personal nur aus der eigenen Landeskirche eingestellt werden darf, müssen gänzlich gestrichen werden etc.

4. Neben der Personalfrage muss die Gemeinde sehr viel stärker als bisher die *Hoheit über ihre Finanzen* zurückgewinnen. Derzeit kommt nur ein Bruchteil der eingezogenen Kirchensteuer tatsächlich bei den Gemeinden an. Der weit überwiegende Teil geht in einen großen Topf, an den die Gemeinden – wenn überhaupt – nur nach vielem Bitten und Betteln herankommen. Und selbst wenn eine Gemeinde Geld oder Liegenschaften besitzt, kann sie darüber nicht frei verfügen. Das schafft unnötige Bitternis auf Seiten der Gemeinden, die hier eine starke Abhängigkeit von der Kirchenverwaltung erleben, wo es doch eigentlich umgekehrt sein sollte (vgl. These → 82). Es ist völlig klar, dass übergemeindliche Aufgaben bezahlt werden müssen und dass es einen Ausgleich zwischen ärmeren und reicheren Gemeinden geben muss. Ebenso klar ist, dass es Schutzmechanismen geben muss, die eine Gemeinde davor bewahren, ihr Geld sinnlos zu verschleudern (ich denke da an eine Art Aufsichtsrat oder, wie ich es in den USA kennen gelernt habe, eine Gemeindeabstimmung über das jährliche Budget). Aber der Großteil des bei den Gemeindegliedern eingenommenen Geldes muss auch bei den Gemeinden ankommen und sie müssen darüber verfügen können! Ich schlage darum vor, dass – umgekehrt wie heute – die Kirchensteuern direkt an die Gemeinden fließen und nur ein je nach Reichtum der Gemeinde prozentual gestaffelter Beitrag an die Kirchenzentrale und an die Dekanate abgeführt wird, die damit wiederum strukturschwache Gebiete unterstützen und überregionale Aufgaben finanzieren können.

Darüber hinaus müssen wir uns Gedanken machen, wo wir in Zukunft über die Kirchensteuer hinaus Gelder herbekommen wollen. Viel des noch vor wenigen Jahren selbstverständlichen Service ist heute nicht mehr finanzierbar. Mit der Kirchensteuer werden wir in Zukunft nur noch das nackte »Pflichtprogramm« und die äußeren Rahmenbedingungen unserer Gemeinden aufrechterhalten können (Räume, Personal, Heizkosten, Telefon etc.). Jegliche »Kür« darüber hinaus muss anderweitig finanziert werden. Diese »Kür« aber ist es gerade, die eine Gemeinde attraktiv macht. Profilierte Gemeinden brauchen Geld. Hier werden wir über Vereinsgründungen, Sponsoren, Stiftungen, freiwillige Kostenbeiträge und vor allem das Wiederentdecken des Prinzips des »Zehnten« gänzlich neue Wege beschreiten müssen.

5. Fünftens müsste die Gemeinde die klare *Hoheit über die Gottesdienstgestaltung* auf ihrem Gebiet bekommen. Es geht einfach nicht, dass sich Gemeinden mit Agenden (= Gottesdienstordnungen) herumschlagen, die aus vergangenen Jahrhunderten stam-

men, und darüber mehr und mehr die Menschen des 21. Jahrhunderts verlieren – nur, weil ihnen das »von oben« so vorgegeben wird. Auch zu dieser Frage habe ich mich weiter oben ausführlich geäußert (vgl. Thesen → 65 bis 72). Solange noch eine qualifizierte Anzahl von Menschen die alte Art des Gottesdienstes liebt und besucht, soll er ruhig weitergeführt werden, aber gleichzeitig ist unter Hochdruck an der Entwicklung neuer Gottesdienstformen zu arbeiten, mit denen man wenigstens einen Teil der Menschen zurückgewinnt, die man über die alten Gottesdienstformen schon lange nicht mehr ansprechen kann. Und wir sollten uns nichts vormachen: Diese neuen Gottesdienste werden die Gottesdienste der Zukunft sein. Das ist eine Entwicklung, die ohnehin kommen wird, und keine Verordnung »von oben« sollte sie künstlich aufhalten, denn mit jedem Jahr verlieren wir mehr Menschen. Darum sollte es den Gemeinden ab sofort freigegeben werden, welche Art von Gottesdiensten sie anbieten wollen und welche nicht. Auch dies hat mit ihrer Profilbildung unmittelbar zu tun.

Mir ist klar, dass dies alles angesichts der heutigen Realität umstürzlerisch klingt. Hier und dort ist mir vorgeworfen worden, ich habe freikirchliche Vorstellungen. Ich glaube nicht, dass derartige Etiketten irgendjemandem weiterhelfen. Die Frage ist nicht, ob Freikirchen ähnliche Strukturen aufweisen, wie ich sie hier aufgewiesen habe. Die Frage ist vielmehr, ob solche Strukturen sinnvoll sind oder nicht. (Wir kämen auch nicht auf den Gedanken, den Beruf des Pfarrers abzuschaffen, nur weil dieser auch in Freikirchen vorkommt.) Darüber hinaus denke ich, meine Loyalität zur Volkskirche und meine theologische Verankerung im Luthertum hinreichend unter Beweis gestellt zu haben. Mag sein, dass man bei dem von mir Skizzierten hier etwas wegnehmen und dort einiges hinzufügen muss. Das Ganze ist ein Entwurf und kein fertiger Fahrplan für die Zukunft. Allerdings glaube ich, dass wir uns mit der hier skizzierten Richtung stärker an das Bild einer evangelischen Kirche annähern, das von den Reformatoren des sechzehnten Jahrhunderts gewollt war. Vor allem aber nähern wir uns damit wieder mehr dem Urbild von Kirche an, wie es uns im Neuen Testament begegnet. Und wenn es noch so aufrührerisch klingt, im Grunde ist es tief evangelisch: Es darf über den Gemeinden keine andere Macht geben. Das Wort »Macht« sollte in der Kirche ohnehin überflüssig werden. Wenn es in der Kirche überhaupt so etwas gibt wie »Macht«, dann muss sie von der Basis ausgehen: das heißt innerhalb der Gemeinde von den Gemeindegliedern und innerhalb der Institution Kirche von den Gemeinden.

Das Wort »Macht« sollte in der Kirche mehr und mehr überflüssig werden.

Die zwölfte Aufgabe:
Die Kirche nach vorne träumen

»*Nur indem man das Unerreichbare anstrebt, gelingt das Erreichbare.*«

89 Mehr als an allen finanziellen und personellen Engpässen leidet unsere Kirche derzeit an fehlenden Träumen.

Unserer Kirche sind die Träume ausgegangen. Wann haben Sie das letzte Mal erlebt, dass Ihnen ein Pfarrer, ein Kirchenvorsteher oder ein Oberkirchenrat mit leuchtenden Augen erzählt hat, wie begeistert er darüber ist, für die Kirche zu arbeiten? Wann haben Sie das letzte Mal jemanden enthusiastisch über die Zukunft der Kirche reden hören? Und wie ist das bei Ihnen selbst? Wenn Sie an die Kirche denken, hellt sich Ihre Stimmung spontan auf oder verdüstert sie sich eher? (Ganz schlimm wäre es, wenn Sie der Gedanke total kalt ließe.)

Wir haben in unserer Kirche finanzielle und personelle Engpässe. Vor allem aber haben wir einen Traum-Engpass. Da wird viel getan, um zu retten, was noch zu retten ist, aber die Leute, die eine positive, ansteckende *Vision* von der Zukunft der Kirche haben, sind in der Minderheit. Ich würde gerne ein neues Stellenprofil ausschreiben für unsere Gemeinden, aber auch für die Kirche insgesamt: »Träumer gesucht!« Ich weiß, dass der Begriff des Träumers im Allgemeinen eher negativ besetzt ist. Ein Träumer gilt als nicht sonderlich seriös. Er gilt für unsere Begriffe als ein leichtfertiger Luftikus, der es mit der Realität nicht sonderlich genau nimmt. Doch genau bei diesem letzten Punkt möchte ich ansetzen und versuchen, einen positiven Begriff von »Traum« und – damit verbunden – auch eines Träumers vorzunehmen:

Ein Traum ist eine bildhafte Vorstellung von einer Zukunft, die sich gegenüber der Realität der Gegenwart durchsetzen wird. Der Träumer glaubt dem, was kommt, mehr als dem, was ist. Darum hat es in der Tat den Anschein, als würde er die gegenwärtige Realität nicht ganz ernst nehmen. Dabei tut er dies durchaus. Aber er lässt sich in seinem Denken, Handeln und Empfinden mehr von der *Zukunft* bestimmen, die er vor seinem inneren Auge sieht, als von der *Gegenwart*, die ihm äußerlich vor Augen ist. *Sehen* tut er beides. *Bestimmen* lässt er sich aber nur von dem einen.

Alle großen Errungenschaften dieser Welt wurden erreicht, weil irgendjemand einmal einen Traum hatte. Noch vor rund 120 Jahren galt es beispielsweise als völlig unmöglich, dass der Mensch eines Tages fliegen könnte. »Wenn Gott gewollt hätte, dass der Mensch fliegt«, so hieß es damals, »hätte er ihm Flügel wachsen lassen.« Aber da waren Träumer: Menschen, die nicht abließen von ihrer Vision, einmal fliegen zu können. Sie setzten sich für ihren Traum teilweise der absoluten Lächerlichkeit aus und riskierten teilweise Leib und Leben. Und sie setzten sich durch! Sie straften alle so genannten Realisten Lügen, ja, sie erwiesen sich im Endeffekt als die *eigentlichen* Realisten! Sie sahen die kommende Wirklichkeit nicht nur voraus, sondern in gewisser Weise schufen sie diese Wirklichkeit durch ihre Träume mit. Träume sind eine realitätschaffende Macht! Vor 120 Jahren war es noch ein Traum, aber heute gehört das Fliegen zu den Selbstverständlichkeiten unserer Welt.

Träume sind eine realitätschaffende Macht!

Es sind die Träumer, die diese Welt voranbringen. Und umgekehrt: Wo immer Menschen aufhören zu träumen, kommt es zum Stillstand. Das gilt für das persönliche Leben, für die Wissenschaft und Kultur, für die Gesellschaft – und selbstverständlich auch für die Kirche. Ein wesentlicher Grund, warum es in unserer Kirche nicht vorangeht, ist, dass uns die Träume(r) ausgegangen sind. Ich weiß nicht, wann und wo es angefangen hat, aber an irgendeinem Punkt haben wir der »Realität« erlaubt, unsere Träume zu ersticken, statt mit unseren Träumen eine neue Realität zu schaffen. Seitdem wird unsere Kirche von »Realisten« beherrscht. Realisten sind in unserer Kirche wichtig. Gottvertrauen ist gut, aber wir brauchen auch nüchterne Rechner in unserer Mitte. Doch Realisten haben keinen echten Blick für die Zukunft. Sie können immer nur das Vergangene und Gegenwärtige fortschreiben. Das aber bringt uns nicht wirklich voran. Sie können lediglich auf das Bestehende reagieren. Was wir aber brauchen, sind Menschen, die *pro-agieren*. In dem Moment, in dem es um »echte Zukunft« geht, sind die Realisten die Bremser. Sie können nur sagen: »Das war noch nie da!« Damit haben sie zweifellos recht, und das macht ihre Argumente so überaus einleuchtend. Der Träumer hingegen sagt: »Die Zukunft gleicht nicht der Vergangenheit« und geht neue Wege, denkt außerhalb der gewohnten Kanäle, bürstet liebgewordene Überzeugungen gegen den Strich – und findet eine verblüffende Lösung. Realisten können in schwierigen Zeiten wie diesen nichts anderes tun als eben den *Mangel* verwalten. Das aber ist nicht genug! Wir können die Tortenstücke immer kleiner schneiden, aber was wir eigentlich brauchen ist jemand, der eine Idee hat, wo man eine neue Torte herbekommt.

Wo sind die Leute in unseren Reihen, die einen Traum haben, der so stark und so strahlkräftig und so ansteckend ist, dass er auch die Zögerlichen unter uns mitreißt – einer neuen Realität entgegen!? Träume schaffen neue Realitäten. Und die haben wir in unserer Kirche im Moment weiß Gott nötig. Was wir brauchen, sind Leute, die konstruktiv und krea-

Realisten haben keinen echten Blick für die Zukunft. Sie können immer nur das Vergangene und Gegenwärtige fortschreiben. Das aber bringt uns nicht wirklich voran.

tiv mit der derzeitigen Kirchenkrise umgehen können. Die, wie der Volksmund sagt, aus Zitronen Limonade machen. Ich bin davon überzeugt: Wir *haben* diese Leute. Wir müssen ihnen allerdings auch den Raum geben, zu handeln, statt sie ängstlich in das Korsett der überkommenen Strukturen zu zwängen. In Abwandlung eines berühmten Churchill-Zitates (»Protect the rebels!« = »Beschützt eure Rebellen!«) könnte man sagen: Beschützt eure Träumer! Hegt und pflegt sie! Sie denken zwar oft in völlig anderen Kategorien, sie sind unbequem und manchmal sieht es aus, als wollten sie alles, was einem lieb ist, kaputt machen, in Wirklichkeit ist das, was sie kritisch einzubringen haben, aber genau das, was wir brauchen.

90 Träume sind nicht unrealistisch. Sie sind lediglich in einer anderen Realität verwurzelt.

Wenn wir die Gegenwart zum Maßstab machen, sind Träume so gut wie immer unrealistisch. Doch wer sagt uns, dass wir die Gegenwart zum Maßstab machen dürfen?

Das Argument, dieser oder jener Traum sei unrealistisch, geht davon aus, dass nur das real ist, was es heute schon gibt und was wir heute schon kennen. Wenn wir die *Gegenwart* zum Maßstab machen, sind Träume so gut wie immer unrealistisch. Doch wer sagt uns, dass wir die Gegenwart bzw. das, was wir jetzt im Moment als Realität verstehen, zum Maßstab machen dürfen? Der Träumer weigert sich, sich von dem winzigen Ausschnitt der Realität, der uns heute bekannt ist, in seinem Denken und Handeln eingrenzen zu lassen. Er ist sozusagen in einer *anderen* Realität verankert – in einer, die noch nicht da ist. Sein Traum nimmt diese kommende Realität gedanklich vorweg.

Ich glaube, es gibt einen theologisch qualifizierten Begriff von Traum. Die Bibel nennt das, was ich hier »Traum« nenne, »Glauben«. Glauben, so sagt Paulus, heißt *dem* Gott zu vertrauen, der die Toten lebendig macht und der das, was *nicht* ist, zum Sein ruft (Römer 4,17). Er macht an der Person des Abraham deutlich, was das bedeutet. Abraham hat noch fast hundertjährig daran geglaubt, dass Gott ihn zum Vater eines großen Volkes machen würde – obwohl er immer noch kinderlos und seine Frau auch schon an die siebzig Jahre alt war. *»Denn er zweifelte nicht an der Verheißung Gottes durch Unglauben, sondern wurde stark im Glauben und gab Gott die Ehre und wusste aufs Allergewisseste: was Gott verheißt, das kann er auch tun«* (Vers 20-21).

Der Gott, an den wir glauben, wird uns bereits in den ersten Sätzen der Bibel als derjenige vorgestellt, der etwas, was nicht ist, durch sein bloßes Wort zum Sein ruft. Dieses Wesen Gottes zieht sich durch die ganze Bibel hindurch. Immer waren da Menschen, die dem, was noch nicht war, mehr glaubten als ihrer gegenwärtigen Realität. Sie wurden verspottet und verlacht, missverstanden und verfolgt, aber im Endeffekt erwiesen sie sich als die eigentlichen Realisten. Denn sie rechneten nicht nur mit dem, was vor Augen ist, sondern mit der Realität Gottes. Sie bauten ihr Leben nicht nur auf Fakten, sondern auf die Verheißungen Gottes auf. »*Der Glaube*«, sagt der Hebräerbrief (11,1), »*ist eine feste Zuversicht auf das, was man hofft, und ein Nichtzweifeln an dem, was man nicht sieht.*« Es gibt nicht nur unsere Realität, es gibt auch eine »Realität Gottes«, und es steht uns als Kirche gut zu Gesichte, dieser Realität Gottes mehr zu glauben als jener, die vor Augen steht. Die Realität ist nicht Herr über Gott, sondern Gott ist der Herr über die Realität. Als Christen tun wir gut daran, uns mehr in der »Realität Gottes« zu verankern als in der »Realität«, die vor Augen liegt.

Die Realität ist nicht Herr über Gott, sondern Gott ist der Herr über die Realität.

Freilich müssen wir unterscheiden zwischen bloß *unrealistischen* und *utopischen* Träumen. Träume sind zwar immer unrealistisch, wenn wir die Gegenwart zum Maßstab machen, aber sie dürfen deswegen nicht utopisch sein. Das Wort »utopisch« kommt von dem griechischen Wort *U-topia,* was so viel bedeutet wie: nirgendwo. Der Träumer nimmt gedanklich die Zukunft vorweg, der Utopist hingegen baut Luftschlösser. Der Träumer im theologisch qualifizierten Sinne verankert sich in der Verheißung Gottes. Der Utopist hingegen verankert sich weder in der gegenwärtigen noch in der kommenden Realität, sondern lediglich in seinen eigenen Hirngespinsten. Das Problem ist nur: Äußerlich ist das eine nicht vom anderen zu unterscheiden. Wie also sollen wir das auseinanderhalten: Menschen, die einen Traum haben, und Phantasten bzw. Utopisten? Hier gibt es keine exakte Wissenschaft, aber es gibt Kriterien, um das eine vom anderen zu unterscheiden. Ich nenne Ihnen einige davon:

Buchstäblich Hunderte von Versen und Glaubens-Geschichten in der Bibel weisen uns darauf hin, wo ein »Traum« im theologisch qualifizierten Sinn zuallererst verankert sein muss: in einer *Verheißung Gottes.* Die Leute der Bibel glaubten nicht ins Blaue hinein, sondern vertrauten einem konkreten Wort Gottes, das ihnen gegeben wurde. So wäre das *erste* und wichtigste Kriterium für einen Kirchen-Traum, ob er in einem Wort Gottes verankert ist. Freilich ist es eine traurige Tatsache, dass das Wort der Bibel missbraucht werden kann. Die Versuchung, ein solches vor den Karren eigener Interessen zu spannen und entsprechend zu missdeuten, ist groß. Es kann also nicht darum gehen, seinem Traum nur ein isoliertes Bibelwort (oder gar ein »prophetisches Wort«, das man direkt vernommen zu haben glaubt) zu Grunde zu legen. Der Traum muss auch mit den *großen Linien* der Bibel übereinstimmen. Hilfreich ist es, den eigenen Traum anderen Christen zur Prüfung vorzulegen, von denen man überzeugt ist, dass sie selber mit ihrer Existenz in der Bibel verwurzelt sind. Es ist wichtig, ihr Urteil zu hören, ob der Traum ihrer Meinung nach »nach Gott schmeckt« oder nicht. Darüber hinaus sollte man sich auch fragen, ob der betreffende Traum Gott wirklich ehrt und ob er den Menschen hilft. Und *last but not least* kann man die Frage stellen, ob dieser Traum den Träumer selbst liebevoller macht oder ob er ihn fanatisiert. Wie gesagt, auch bei einem solchen »Prüfverfahren« sind immer noch Irrtümer möglich, aber in der Praxis sind das doch einige ganz geeignete Kriterien, um einen Traum von einer Utopie zu unterscheiden.

91 **Die Kirche nach vorne zu träumen heißt, in unseren Gemeinden den Traum von der Urgemeinde neu zu beleben.**

Das mag insofern verwundern, als es bei unserem Traum von Kirche ja um die *Zukunft* und die *Zukunftsfähigkeit* gehen soll. Und habe ich im Verlauf dieses Buches denn nicht häufig genug behauptet, dass die Rezepte der Vergangenheit nicht ausreichen, um die Zukunft zu bewältigen? Warum sollen wir also den Blick in die Vergangenheit richten – vor allem noch in eine, die schon knapp 2000 Jahre alt ist? Liegen zwischen unserer Welt und derjenigen der ersten Christen nicht Welten? Was hilft uns der Blick in den Rückspiegel, wenn wir vorwärts kommen wollen?

Jede Generation der Kirche muss ihre Glaubens- und Gemeindepraxis an der Heiligen Schrift messen. Auch wenn sich die damaligen Verhältnisse nicht naiv auf heute übertragen lassen, so hat doch das, was uns im Neuen Testament über das Leben und Zusammenleben der ersten Christen erzählt wird, für uns exemplarische Funktion. Viele dieser Christen hatten Jesus noch persönlich erlebt und der Geist des Anfangs ist in diesen Texten immer noch spürbar. An den Fragen der Urgemeinde entzünden sich unsere Fragen neu und an ihren Antworten müssen sich alle späteren Antworten messen lassen. Bisher hat noch jede Erneuerung der Kirchengeschichte ihre wesentliche Inspiration aus dem Neuen Testament bezogen.

Insofern ist das, was uns beispielsweise in Apostelgeschichte 2 über die Zusammenkünfte der ersten Gemeinde berichtet wird, nicht wirklich vergangen. Es ist aber – zumindest hier in Deutschland – auch keine reale Gegenwart. Und doch ist es in vielen Christen lebendig – als Traum, als Sehnsucht, als Herzenswunsch. Es ist eigenartig: Überall, wo ich diese Verse vorlese, sagen die Leute: »Ach, wäre das schön!« (Nur an den Gedanken der Güterteilung müssen sich viele von uns noch gewöhnen.) Dieser Text ist mehr als nur abgeschlossene Vergangenheit. Er hat prophetischen Charakter: Das ist es, wo wir verwurzelt sind, wo wir hingehören und wo wir hinwollen. Apostelgeschichte 2,41-47 ist wie ein Traum, der unser eigenes Träumen von Kirche anspornt, ergänzt und veredelt.

> »*Sie blieben aber beständig in der Lehre der Apostel und in der Gemeinschaft und im Brotbrechen und im Gebet. Es kam aber Furcht über alle Seelen, und es geschahen auch viele Wunder und Zeichen durch die Apostel. Alle aber, die gläubig geworden waren, waren beieinander und hatten alle Dinge gemeinsam. Sie verkauften Güter und Habe und teilten sie aus unter alle, je nachdem es einer nötig hatte. Und sie waren täglich einmütig beieinander im Tempel und brachen das Brot hier und dort in den Häusern, hielten die Mahlzeiten mit Freude und lauterem Herzen und lobten Gott und fanden Wohlwollen beim ganzen Volk. Der Herr aber fügte täglich zur Gemeinde hinzu, die gerettet wurden.*«

In meinem Studium habe ich gelernt, man dürfe einen Text wie diesen nicht wörtlich nehmen und schon gar nicht auf die heutige Zeit übertragen. Lukas idealisiere die Urgemeinde und so, wie es hier stehe, hätten die Ereignisse niemals stattgefunden. Damals habe ich das geglaubt, heute hingegen bin ich mir da nicht mehr so sicher. Woher nehmen manche Theologen nur die Unverfrorenheit, so etwas einfach zu behaupten? Weil es zu wunderbar klingt, was hier steht? Wer erlaubt uns, die kirchliche Normalität von heute zur Norm dessen zu machen, was von dem, was uns in der Bibel berichtet wird, wirklich passiert sein kann und was nicht? Ich plädiere für das umgekehrte Verfahren: Lasst uns die Berichte der Apostelgeschichte zur Norm machen, an der wir unsere gemeindliche Wirklichkeit messen! Völlig aus der Luft gegriffen haben kann Lukas das alles nicht. Immerhin lebten viele Augenzeugen der Ereignisse noch, als er dies aufschrieb. Sie gehörten in vielen Fällen sogar zu seinen Lesern.

> *Wer erlaubt uns, die kirchliche Normalität von heute zur Norm dessen zu machen, was von dem, was uns in der Bibel berichtet wird, wirklich passiert sein kann und was nicht? Ich plädiere für das umgekehrte Verfahren: Lasst uns die Berichte der Apostelgeschichte zur Norm machen, an der wir unsere gemeindliche Wirklichkeit messen!*

Die Apostelgeschichte hätte nie die Akzeptanz gefunden, die sie gefunden hat, wenn Lukas hier Lügenmärchen erzählt hätte.

Lukas berichtet uns das alles nicht nur aus historischen Gründen, sondern um seine Leser zu inspirieren und Gemeinden zu ermutigen, sich an dem Vorbild der Urgemeinde zu orientieren. Selbst wenn in diesem Text ein Vollkommenheitsideal beschrieben wird, das wir nie ganz erreichen werden (und das so vielleicht auch nie ganz erreicht und vor allem *durchgehalten* wurde), so ist uns damit doch ein Ziel vorgegeben, auf das wir uns hin bewegen sollen, und ein Kriterium, an dem wir unser Christenleben und unsere gemeindliche Praxis messen lassen müssen. Was uns in Apostelgeschichte 2 über das Leben und Zusammenleben der ersten Christen berichtet wird, ist und bleibt für alle Zeiten wegweisend sowohl für den einzelnen Christen als auch für die Gemeinde als Ganzes.

Ich wünschte mir, dass wir uns von diesem und anderen neutestamentlichen Texten inspirieren lassen und miteinander träumen von einer Kirche, die geprägt ist von einer leidenschaftlichen Spiritualität, durch liebevolle Beziehungen nach innen und nach außen, durch inspirierende Gottesdienste, durch ansteckendes Christsein und durch hochmotivierte Gemeindeglieder. Von einer Kirche, die offen ist und authentisch, die von Herzlichkeit und Begeisterung geprägt ist, die bunt ist und lebensfroh und in der Menschen exzellente Arbeit leisten für ihren Gott und für die ihnen anvertrauten Menschen, sodass etwas ausstrahlt auf die Menschen um uns herum, dass sie kommen und sagen: »Das Licht und die Liebe in eurer Mitte ziehen uns an. Was habt ihr, was wir nicht haben? Wie kann man euren Gott kennen lernen? Wir möchten gerne Teil eurer Bewegung werden.« Das ist zumindest *mein* Traum. Und ich glaube nicht, dass das nur mein persönlicher Traum ist. Ich glaube, dass Gott selbst sich eine solche Kirche erträumt (vgl. hierzu zum Beispiel Jesaja 2,3). Und wo immer ich von diesem Traum erzähle, mache ich die Erfahrung, dass Menschen sagen: »Ach, eigentlich würde ich das auch gerne träumen.« Na, dann *tun* Sie's doch! Ich glaube fest daran, dass dieser Traum Wirklichkeit werden kann!

92 Die kommende Kirche träumen heißt, Gottes Traum von Kirche nachspüren.

Vielleicht erscheint uns der Gedanke ungewöhnlich, aber Gott selbst hat einen Traum von Kirche. Das ist wichtig zu wissen, denn wir sind in aller Regel ziemlich selbstzentriert, wenn es um die Fragen unserer Kirchen-Träume geht. Wir überlegen uns gerne: »Von was für einer Kirche träume ich? Wie müsste die Kirche aussehen, damit *ich* mich darin wohl fühle?« Viel ist schon gewonnen, wenn wir beginnen, zu fragen: »Wie müsste Kirche aussehen, damit *andere* sich darin wohl fühlen? Wie können wir den Bedürfnissen der Menschen gerecht werden?« All diese Fragen sind legitim und wichtig, und im Prozess des Träumens sollte keine von ihnen unter den Tisch fallen. Aber sie entbinden uns nicht davon, einen grundlegenden Perspektivwechsel vorzunehmen und nicht so sehr von den Bedürfnissen und Träumen der Menschen als vielmehr von den Träumen und Bedürfnissen *Gottes* her zu denken. Dabei können wir getrost davon ausgehen, dass, wenn sich Gottes Träume erfüllen, unsere menschlichen Träume darin gut aufgehoben sind. Drei Dinge dazu:

1. *Gott träumt von einer gesunden Kirche.* Keine Kirche und keine Gemeinde auf dieser Welt ist perfekt. Eine Gemeinde muss auch nicht *perfekt* sein, aber sie sollte *gesund* sein. Die Gesundheit einer Gemeinde lässt sich in drei Dimensionen erfassen: Nach *oben* hin zeigt sie sich in der Innigkeit ihrer Gottesbeziehung. Nach *innen* tut sie sich als Vitalität und Lebensfreude kund. Nach *außen* hin schließlich äußert sie sich in einem lebendigen Austausch mit ihrer Außenwelt. Zur *innigen Gottesbeziehung* ist in diesem Buch schon viel gesagt worden (vgl. die → Thesen 15,16 und 58). Sie ist die Wurzel aller Gesundheit in Kirche und Gemeinde. So wie ein Mensch sich nicht gesund entwickeln kann, wenn er sich nicht richtig ernährt, so kann dies eine Gemeinde auch nicht ohne intensive Beziehung zu Gott. *Vitalität und Lebensfreude* sind ein Zeichen, dass die Liebe Gottes anfängt, eine Gemeinde wirklich zu durchdringen und mehr und mehr von innen heraus zu verändern. Eine Kirche oder Gemeinde mag in ihren Gottesdiensten und Kreisen noch so viel theologische Richtigkeiten äußern und bedenken, wenn ihr der Schwung, die Energie und die ansteckende Lebensfreude fehlen, ist sie nicht wirklich gesund. Der *lebendige Austausch* mit der Außenwelt sollte für eine Gemeinde eigentlich eine Selbstverständlichkeit sein. Wir sind nicht dazu berufen, uns selbst zu genügen oder in einer Wagenburg zu verschanzen. Wir müssen heraus aus unserem christlichen Getto und hinein in die Welt, um ihr zu geben, was wir haben, – und um zu empfangen, was sie hat!

> Eine Gemeinde muss nicht perfekt sein, aber sie sollte gesund sein.

2. *Gott träumt von einer wachsenden Kirche.* Für diesen Punkt nehme ich mir etwas Zeit, weil er in unserer Kirche besonders umstritten ist. Wir haben uns angewöhnt, das »Lob der kleinen Zahl« zu singen. Oft zitieren wir dabei Jesu Wort: »Wo zwei oder drei in mei-

»Eine leere Kirche darf man nicht für voll nehmen.«

nem Namen versammelt sind ...« (Matthäus 18,20). Was Jesus hier benennt, ist – auch und gerade im Neuen Testament – nicht der Normalfall, sondern die absolute Untergrenze. Ich stimme daher Jürgen Fliege zu, wenn er sagt: »Eine leere Kirche darf man nicht für voll nehmen.« Ich bin davon überzeugt: Gott möchte wachsende Gemeinden.

Sehr oft höre ich den Einwand, es käme viel mehr auf die Qualität an als auf die Quantität. In der Tat ist eine volle Kirche an sich noch kein Wert. Sie sagt nichts über die Spiritualität, über die Liebe oder über die missionarische Kraft der betreffenden Gemeinde aus. Quantitatives Wachstum in sich selber ist darum auch kein sinnvolles Ziel für eine Gemeinde. Das Ziel der Gemeindearbeit kann immer nur *qualitatives* Wachstum sein. Freilich glaube ich nicht daran, dass die niedrigen Quantitäten, an die wir uns in unserer Kirche gewöhnt haben, darauf zurückzuführen sind, dass wir den Menschen stattdessen so viel Qualität bieten. Das Gegenteil ist der Fall: Unsere Kirchen sind deswegen so leer, weil die Qualität unserer Gemeinden nicht stimmt. Und wenn die Qualität unserer Gemeinden besser wäre, kämen auch mehr Leute in die Kirche!

Gott möchte, dass unsere Gemeinden wachsen. Überlegen Sie einmal, warum Jesus so viele Gleichnisse vom Wachstum erzählt (Senfkorn und Sauerteig, die selbstwachsende Saat, das vierfache Ackerfeld, das Weizenkorn usw.). Was er damit aussagt, ist, dass es in der Natur des Reiches Gottes liegt zu wachsen. Wie stark infolgedessen die Wachstumsdynamik gesunder Gemeinden sein kann, bestätigt uns die Apostelgeschichte in eindrucksvoller Weise. Und die neutestamentlichen Briefe erklären, wie es zu solchem Wachstum kommt: »Vom Haupt her wird der ganze Leib durch Gelenke und Bänder gestützt und zusammengehalten und *wächst* durch Gottes Wirken« (Kolosser 2,19 – Kursivsetzung von mir). Was hiermit ausgesagt ist, ist Folgendes: Wenn die Verbindung des Leibes mit dem Haupt stimmt, geschieht Gemeindeaufbau und Gemeindewachstum. Quantität ist eine Folge von Qualität. Die gleiche Aussage finden wir in Epheser 4,15-16: »Lasst uns aber wahrhaftig sein in der Liebe und *wachsen in allen Stücken* (= qualitatives Wachstum, d.Vf.) zu dem hin, der das Haupt ist, Christus, von dem aus der ganze Leib zusammengefügt ist ... und der bewirkt, dass der Leib *wächst* (= quantitativ, d.Vf.) und sich selbst aufbaut in der Liebe.«

1.Timotheus 2,4 nennt uns den Grund, warum Gott möchte, dass seine Gemeinde wächst: »Gott will, dass allen Menschen geholfen werde und sie zur Erkenntnis der Wahrheit kommen« (ähnlich

2. Petrus 3,9). Das heißt: Solange auch nur *ein* Mensch im Einflussbereich unserer Gemeinden Christus noch nicht kennt, haben wir das Mandat zu wachsen. Nicht um unseret-, sondern um der *Menschen* um uns herum willen sollen unsere Gemeinden von einem gesunden Wachstum gekennzeichnet sein! Gemeindewachstum ist ein Gebot Gottes. Aber nicht nur das: Es ist auch das Natürlichste von der Welt! Ich sage das extra so pointiert, weil wir Gemeindewachstum oft als etwas völlig Exotisches, ja geradezu Verdächtiges ansehen. Jemand, der in Deutschland allzu offen von Wachstum in der Gemeinde redet, muss sich pausenlos Fragen anhören, ob seine Motive denn auch wirklich geistlich sind. Statt dass wir mal den allgemeinen Stillstand in der Kirche in Frage stellen, kommen hier zu Lande *die* Leute unter Rechtfertigungsdruck, die Gemeindewachstum wollen. Gemeindewachstum muss man nicht eigens »machen«. Es liegt im Wesen der Gemeinde bzw. im Wesen des Wortes Gottes begründet, das diese Gemeinde konstituiert. Es wächst und multipliziert sich und bringt vielfältige Frucht. Wir brauchen dieses Wachstum nicht künstlich herzustellen, sondern alles, was wir zu tun haben, ist, die Barrieren abzubauen, die das Wachstum verhindern. Solche Wachstumsbarrieren sind neben ungeeigneten Strukturen die persönlichen Grenzen der Entscheidungsträger (Temperament, Kleinglaube etc.), die Angst unserer Gemeinden vor Veränderung, unbiblische Konventionen (»Eine Gemeinde hat klein zu sein«; »Das Regelinstrument für den Gottesdienst ist die Orgel« etc.) und vor allem die vielfachen theologischen Überhöhungen dieser Grenzen, Ängste und Konventionen.

> *Solange auch nur ein Mensch im Einflussbereich unserer Gemeinden Christus noch nicht kennt, haben wir das Mandat zu wachsen.*

> *Statt dass wir mal den allgemeinen Stillstand in der Kirche in Frage stellen, kommen hier zu Lande die Leute unter Rechtfertigungsdruck, die Gemeindewachstum wollen.*

3. *Gott träumt von einer sich reproduzierenden Kirche.* Es gibt nur einen akzeptablen Grund, warum eine Gemeinde nicht wächst, und das ist, dass sie sich *reproduziert*. Auch biologisches Leben – etwa ein Baum – wächst nicht unbegrenzt, sondern fängt stattdessen an, Früchte auszubilden (eine Zeit lang kann er sogar beides!). Das Wachstum findet dann sozusagen auf einer anderen Ebene statt. So kann ich mir gut vorstellen, dass eine Gemeinde ihre Kraft weniger darauf verwendet, selber zu wachsen, als vielmehr andere Gemeinden beim Wachstum zu unterstützen, evtl. Tochtergemeinden (vgl. → Thesen 82 und 83) zu gründen, ein missionarisches oder

diakonisches Werk ins Leben zu rufen oder Ähnliches. Multiplikations- bzw. Reproduktionsfähigkeit ist der stärkste Ausdruck dafür, dass ein Organismus lebendig und gesund ist. Gott träumt davon, dass wir in unseren Gemeinden diese Perspektive wieder in den Blick bekommen. Dass wir uns nicht damit begnügen, uns selbst zu versorgen, sondern um uns herum neues, blühendes Leben schaffen.

93 Unsere Träume müssen groß genug sein, dass Gott darin Platz findet.

Oft, wenn ich einen Vortrag über Kirchen-Träume halte, wird mir die Frage gestellt: »Sehen Sie nicht eine Gefahr darin, zu *groß* zu träumen?« Ehrlich gesagt: Nein. Wir träumen in aller Regel nicht zu groß, sondern zu klein. Auf einem Seminar, das ich vor einiger Zeit besuchte, mussten die einzelnen Teilnehmer den anderen ihre Lebensträume und -ziele nennen. Ein junger Mann sagte: »Ich träume davon, in spätestens 15 Jahren so viel Geld verdient zu haben, dass ich für den Rest meines Lebens am Strand liegen kann.« Wir alle hielten den Atem an, was der Seminarleiter dazu sagen würde. Er wollte uns dazu bringen, große Träume zu träumen. Das Ziel des jungen Mannes schien uns sehr hoch gesteckt. Der Seminarleiter baute sich vor diesem Mann auf und rief: »Das ist ein Scheiß-Ziel!!« – Nun mag man über die Pädagogik unseres Seminarleiters streiten, aber mir wurde in diesem Moment eines klar: Der junge Mann hatte in der Tat nicht zu groß, sondern viel zu klein von sich geträumt! Was ist das für ein Ziel, die Hälfte seines Lebens nur noch herumhängen zu wollen, anstatt Spuren zu hinterlassen, anstatt den Menschen zu dienen, anstatt das wunderbare Abenteuer zu erleben, das es bedeutet, wenn man sein Leben Gott zur Verfügung stellt?!

> *Wir träumen in aller Regel nicht zu groß, sondern zu klein.*

Ein Traum, in den wir Gott nicht eingezeichnet haben, ist immer zu klein dimensioniert. Nun werden Sie vielleicht sagen, dass Gott keine *großen* Räume braucht, um darin Platz zu finden. Doch! Natürlich hat ein schäbiger Viehstall an Weihnachten genügt, um den Sohn Gottes aufzunehmen. Aber wir müssen bedenken, dass er dort nicht *geblieben* ist. Sein Wort und seine Macht durchdringen heute die Welt! In der Tat genügt der kleinste Platz in unserem Leben, um Gott aufzunehmen. Aber glauben Sie wirklich, Gott gibt sich für den Rest unseres Lebens damit zufrieden, im letzten Winkel unseres Lebens zu wohnen? Nein, vielmehr ist es so: Wo Gott *einmal* Wohnung genommen hat, nimmt er mehr und mehr Räume ein. Es ist wie mit dem Mond: Entweder er nimmt zu oder er nimmt ab. Das gilt auch für unsere Träume. Es kann sein, dass wir an der Hand Gottes erst einmal anfangen, ganz kleine Träume zu träumen. Aber glauben Sie mir: Er weitet auch diese Räume aus. Er weitet sie aus, bis sie ihm entsprechen und bis er mit Hilfe unserer Träume seine Ziele verwirklichen kann.

Große Träume sind nichts Schlechtes – vorausgesetzt, sie sind wirklich groß. In aller Regel denken wir nämlich zu klein von uns. Gott hat für jeden von uns einen Traum, der weit über das hinausgeht, was wir sind und was wir ahnen. Gott hält für jeden von uns Möglichkeiten bereit, die weit über das hinausgehen, was man uns heute ansehen kann. In Epheser 3,20 heißt es: »Gott kann unendlich viel mehr an uns tun, als wir jemals von ihm erbitten oder uns ausdenken können.« Wenn das stimmt, dann dürfen wir nicht zu bescheiden sein. Wir dürfen gerne gering von *uns* denken, aber wir dürfen nicht gering von *Gottes Möglichkeiten* mit uns denken. Ich habe es in meinem Leben und im Leben anderer Menschen radikal erlebt, was Gott aus einem Nichts von einem Leben machen kann, wenn man es ihm nur hinhält.

Alles in allem läuft dieses Kapitel auf ein einfaches Plädoyer hinaus: Lasst uns nicht von der Wirklichkeit der Kirche, sondern von den Möglichkeiten Gottes her denken! Große Träume müssen nicht von Gott sein, aber alle Träume von Gott spiegeln etwas von Seiner Größe wider. Darum: Haben Sie keine Angst vor großen Träumen! Große Träume sind bei Gott das völlig Normale. Gott geht in seinen Plänen mit uns weit über das hinaus, was wir uns vernünftigerweise selbst zutrauen können. In jedem von uns steckt ein Potenzial, das wir nicht einmal ansatzweise ausgeschöpft haben! Darum denke ich: Wenn wir im Leben einen Fehler begehen, sollte er lieber darin bestehen, dass wir das Potenzial, das Gott in uns hineingelegt hat, überschätzen als dass wir es unterschätzen. Gerade in christlichen Kreisen erlebe ich an dieser Stelle so eine furchtbare Kläglichkeit: »Wer bin ich schon, solche großen Träume zu träumen?« Die Antwort ist einfach: Du bist ein Kind Gottes! Du bist ein *Bild* Gottes! Gott hat etwas von seinem Wesen in dich hineingelegt! Glaubst du wirklich, das hättest du bereits ausgeschöpft? Du hast ein Recht, große Träume zu träumen!

Lasst uns nicht von der Wirklichkeit der Kirche, sondern von den Möglichkeiten Gottes her denken!

Ähnlich sollten wir auch von unseren Gemeinden denken: Sie sind der »Leib Christi.« Als solcher haben sie Teil an seinen Wundmalen und seinem Leiden, aber auch an seiner Kraft und seiner Herrlichkeit. Das Leiden und das Kreuz kommen ganz von selbst, da brauchen wir uns nicht künstlich klein zu halten. Wir können uns nicht um einer

Lassen Sie uns große Dinge für Gott anstreben und große Dinge von Gott erwarten. Alles andere ist nicht Bescheidenheit, sondern Unglaube.

falsch verstandenen »Theologie des Kreuzes« willen weigern, das Potenzial freizulegen, das Gott in seine Kirche gelegt hat! Sonst wäre die Urgemeinde die blasphemischste aller Kirchen gewesen, denn sie wuchs und blühte mit ungeheurer Dynamik. Ich denke kaum, dass sie dies tat, weil sie die Botschaft vom Kreuz verwässerte. Der Grund, warum unsere Kirche in dem Zustand ist, in dem sie ist, hat jedenfalls mit dem Kreuz Christi nicht viel zu tun. Vielmehr leben wir weit unterhalb des Potenzials, das Gott in uns hineingelegt hat. Darum sollten wir anfangen, unsere Kirchenträume deutlich größer zu dimensionieren und entsprechend zu handeln. Lassen Sie uns große Dinge für Gott anstreben und große Dinge von Gott erwarten. Alles andere ist nicht Bescheidenheit, sondern Unglaube.

94 Träumen allein reicht nicht. Wir müssen unsere Träume auch in die Tat umsetzen.

Ein Satz, der mir in den letzten Jahren wichtig geworden ist, ist der: »Träume nicht dein Leben, lebe deinen Traum!« Ich glaube, es ist auf den letzten Seiten deutlich geworden, dass ich nichts gegen Träume habe. Im Gegenteil: Ich sehe eine meiner Hauptaufgaben darin, Menschen zum Träumen zu inspirieren. Aber beim bloßen Traum darf es nicht bleiben. Zwischen dem Traum und dem *Erreichen* dieses Traumes steht Arbeit, Arbeit und nochmals Arbeit. Das klingt ernüchternd, aber ich kenne zu dieser Regel keine Ausnahme. Alle Menschen, die ich kenne, die in ihrem Leben etwas erreicht und einen Teil ihrer Träume verwirklich haben, zeichnen drei Dinge aus: Erstens ein großes *Ziel,* das sie sich gesteckt haben, zweitens ein fester *Glaube,* dieses Ziel auch erreichen zu können, und drittens ein bienenartiger *Fleiß,* wenn es darum geht, die gesteckten Ziele in die Realität umzusetzen.

Denken Sie an die in → These 89 erwähnten Pioniere, die um die Wende vom 19. zum 20. Jahrhundert ihren Traum vom Fliegen verwirklichten. Der Traum vom Fliegen ist so alt wie die Menschheit selbst. Und doch hatten vor 120 Jahren 99,9 % der Menschen diesen Traum aufgegeben. Nur eine kleine Zahl von Männern arbeitete kontinuierlich an der Verwirklichung dieses Menschheitstraumes. Bei der Verwirklichung ihres Zieles mussten sie Tausende von Fehlversuchen hinnehmen und dabei eine Menge Spott und Hohn über sich ergehen lassen. Jeder neue Versuch geriet zum Volksfest. Eine johlende Menge lachte und vergnügte sich dabei, wenn die Träumer nach einem kurzen

Hüpfer wieder einmal abstürzten. Dennoch hielten sie eisern an ihrem Ziel fest. Warum? Weil sie daran glaubten! Dieser Glaube hielt die Pioniere der Flugzeit auch nach dem soundsovieltausendsten Fehlversuch in Bewegung: »Wir sind jetzt wieder einen Schritt weiter. Wir kennen eine weitere Methode, wie es *nicht* funktioniert.« – Diese Leute haben nicht nur geträumt, sondern nahezu unermüdlich gesägt, gehämmert, genäht und probiert, bis dann im Jahr 1891 Otto Lilienthal bzw. im Dezember 1903 die Gebrüder Wright endlich den nicht nur *erträumten*, sondern auch mühevoll *erarbeiteten* Durchbruch schafften.

Für diese Vorgehensweise gibt es auch in der gemeindlichen Praxis leider keine Abkürzung. Ich schreibe dies deshalb, weil ich allzu oft erlebe, dass manche Christen das meinen. Sie wollen ernten, ohne vorher gepflügt, gesät und gegossen zu haben. Sie setzen sich auf die Couch, »denken positiv«, beten und meinen, ihnen würden die gebratenen Tauben von selbst in den Mund fliegen. Sie berufen sich darauf, dass doch »alles Gnade« sei – und kommen nicht darauf, dass die Tatsache, dass man *arbeiten* kann, vielleicht auch eine Gnade ist. Ich bin der Letzte, der die oft gnadenlosen Gesetze der Leistungsgesellschaft auch auf unsere Kirche übertragen möchte, aber wir dürfen nicht verkennen, dass Gott selbst das Gesetz von Arbeit und Ertrag in die Abläufe dieser Welt hinein gelegt hat. Nicht nur im Ackerbau, sondern auch in der Gemeinde – ja sogar im *Alphabet* kommt die Arbeit vor dem Ertrag!

Nicht nur im Ackerbau, sondern auch in der Gemeinde – ja sogar im Alphabet kommt die Arbeit vor dem Ertrag!

»Gott gibt jedem Vogel sein Futter, aber er wirft es ihm nicht ins Nest.« Kein Traum geht allein dadurch in Erfüllung und keines unserer gemeindlichen Probleme wird dadurch gelöst, dass wir die Hände in den Schoß legen und darauf warten, dass Gott alles alleine tut. Wenn wir also das Neue Testament aufschlagen und dort ein so faszinierendes Bild von Gemeinde vorfinden, dass wir zu träumen beginnen, müssen wir wissen, dass wir für diese Träume von diesem Moment an verantwortlich sind. Gott erwartet, dass wir diese Träume nicht nur *genießen*, sondern dass wir sie in die Tat umsetzen, dass wir vom Träumen ins Handeln kommen. Wer – durch die Heilige Schrift inspiriert – in seiner Gemeinde liebevolle Beziehungen, eine leidenschaftliche Spiritualität, ganzheitliche Kleingruppen, inspirierende Gottesdienste und dergleichen mehr sehen möchte, muss auch dafür Sorge tragen, dass Wege geschaffen werden, diesen Traum in die Realität umzusetzen (vgl. hierzu das bereits zu → These 45 Gesagte). *Gott* ist es, der uns die Vision schenkt und

Kein Traum geht allein dadurch in Erfüllung, dass wir die Hände in den Schoß legen und darauf warten, dass Gott alles alleine tut.

> *Gott ist es, der uns die Vision schenkt und uns die Ausrüstung dazu gibt, aber es ist unsere Aufgabe, mit dieser Vision im Herzen eine neue Realität zu schaffen.*

uns die Ausrüstung dazu gibt, aber es ist *unsere* Aufgabe, mit dieser Vision im Herzen eine neue Realität zu schaffen.

An dieser Stelle kommen die Realisten ins Spiel, die in diesem Kapitel bislang nicht allzu gut weggekommen sind. Ein Traum braucht nicht nur Flügel, er braucht auch ein Fahrgestell zum Landen. Dafür sind die Realisten wichtig. Träumer und Realisten brauchen einander. Meistens gibt es zu wenig Träumer und zu viele Realisten in der Kirche.

Erst muss geträumt werden – dann aber geht es daran, die Träume in die Realität umzusetzen. Es ist bequem, immer *nur* zu träumen. Genauso wie es bequem ist, *nur* auf die unrealistisch hohen Kosten zu schauen und damit alle Träume im Keim zu ersticken.

Die Aufgabe der Realisten ist es nicht, Träume zu verhindern, sondern mitzuhelfen, sie unter den jeweils gegebenen Umständen zu verwirklichen. Wir brauchen das Know-how der Realisten, dass unser Traum nicht »abstürzt«. Wir brauchen es aber nicht, dass sie uns erzählen, dass das Fliegen unmöglich sei. Glauben Sie mir: Die Gebrüder Wright wussten wahrscheinlich mehr über die Gesetze der Schwerkraft als alle ihre »realistischen« Kritiker zusammen. Das brauchte ihnen keiner zu sagen. Was diejenigen, die sagten, Fliegen sei unmöglich, in Wirklichkeit meinten, war: Es ist *noch* nicht möglich. Der Träumer kennt kein »Nein«, sondern nur ein »Noch nicht«. In *seiner* Bibel steht: »*Bei Gott ist kein Ding unmöglich*« (Lukas 1,37). Das steht zwar auch in der Bibel des Realisten, aber er ist zu realistisch, dies zu glauben. Das mag eine verständliche Schwäche sein, aber es ist eine Schwäche. Darum aber kann der Realismus in der Kirche immer nur eine dienende, aber nicht die herrschende (und schon gar nicht die *vor*herrschende) Haltung sein. In einer den Träumen dienenden Haltung aber ist der Realismus unverzichtbar. Denn auch, wenn wir den Blick fest auf den Himmel gerichtet haben, sollten wir mit beiden Beinen auf dem Boden stehen.

> *Der Träumer kennt kein »Nein«, sondern nur ein »Noch nicht«.*

95 Die Kirche nach vorne träumen heißt Neues zu umarmen.

Der Gott der Bibel hat eine Leidenschaft für das Neue. »*Siehe, ich mache alles neu*«, heißt es am Ende der Offenbarung (21,5). »*Pflüget ein Neues*«, heißt es bei Jeremia (4,3). Bei Jesaja heißt es: »*Siehe, ich will ein Neues schaffen, jetzt wächst es auf, erkennt ihr's denn nicht? Ich mache einen Weg in der Wüste und Wasserströme in der Einöde«* (43,19). Natürlich ist nicht alles, was neu ist, deswegen schon gottgewollt. Aber *darum* geht es Gott quer durch die ganze Heilige Schrift hindurch: Erneuerung der Herzen, Erneuerung seines Volkes, Erneuerung des Gottesdienstes usw. Es gibt keinen Grund, der darauf hinweist, dass wir und unsere Kirche die einzigen wären, die von diesem allgemeinen Erneuerungswillen Gottes ausgenommen sind. Weder diese Kirche noch unser Leben noch diese Welt überhaupt sind schon so, wie Gott sich das vorstellt. Darum möchte er Veränderung, und er möchte, dass dieses Neue inmitten seines Volkes anbricht: zuerst im Leben von uns Christen, dann in unseren Gemeinden und schließlich in der Welt.

Freilich stößt die Begeisterung Gottes für das Neue bei uns auf wenig Gegenliebe. Viele Menschen sehen in der Kirche so etwas wie einen »Fels in der Brandung«. In einer Zeit rasanten Wandels verleiht dieser Fels ihnen ein Gefühl der Sicherheit und des Beständigen. Gerade ältere Menschen sind durch die Veränderungen der letzten Jahre tief verunsichert und sie sind froh und dankbar, dass wenigstens in der Kirche die Dinge noch einigermaßen berechenbar sind. Dieses Bedürfnis nach Vertrautheit ist legitim und wir als Kirche tun gut daran, es zu »bedienen«. Wir müssen Menschen, die mit dem pfeilschnellen Wandel, der sich derzeit vollzieht, nicht zurechtkommen, eine Heimat bieten. Freilich dürfen wir nicht übersehen: Diese Menschen sind bereits heute in der Minderheit. Und mit jedem Jahr wird ihre Anzahl innerhalb der Kirche geringer. Die Anzahl jener Menschen, die mit dem Wandel groß geworden sind, ja die den Wandel vielleicht sogar selbst mit initiiert haben, wird hingegen ständig größer. Für sie ist der Wandel das ganz normale Lebensgefühl. Ihnen macht er keine Angst. Sie suchen keinen Fels in der Brandung. Sie gehen lieber surfen oder zum Rafting. Felsen hingegen finden sie eher langweilig (es sei denn zum Klettern). Auch dieses Lebensgefühl ist legitim. Es ist nicht schlechter oder besser als das Erstgenannte. Es ist einfach da und setzt sich mehr und mehr durch. Und wir müssen zusehen, dass wir diesen Menschen ebenso ein Zuhause bieten wie den anderen. Denn auch sie sind Kirchenmitglieder – allerdings mit stark abnehmender Tendenz. Vor allem ihre aktive Mitgliedschaft geht gegen null, denn sie finden bei uns nicht sehr viel, was ihrem Lebensgefühl entgegenkommt.

Die Kirche steht dabei vor einem Dilemma: Setzt sie einseitig auf die erste Gruppe, bleiben ihr – wie man derzeit allerorten beobachten kann – die Mitglieder der zweiten weg. Fängt sie hingegen an, der zweiten Gruppe etwas mehr entgegen zu kommen, bekommt sie Ärger mit der ersten. (Zumal viele Entscheidungsträger innerhalb der Kirche zu der erstgenannten Gruppe gehören.) Außerdem hat man keine Gewähr, dass, wenn man sich der zweiten Gruppe mehr öffnet, diese Leute auch wirklich kommen. So könnte man am Schluss sowohl die einen als auch die anderen verloren haben. Darum entscheidet man sich in aller Regel für den Spatz in der Hand – also für die Leute, die man bereits »hat« – und lässt die Taube auf dem Dach. Damit aber tun wir etwas, was wir den Politikern auf ökologischem Gebiet zu Recht vorwerfen: Wir verspielen mehr und mehr unsere Zukunft, um den gegenwärtigen Besitzstand zu halten. Platt ausgedrückt: Wir wollen es uns mit den Alten nicht verderben und vergraulen damit die Jugend. Und realisieren nicht einmal, dass diese »Jugend« mittlerweile auch schon stark auf die Fünfzig zugeht.

Ich glaube, wir müssen in der Kirche lernen, Neues zu »umarmen«, das heißt: es wirklich wertzuschätzen. Es nicht als Bedrohung zu sehen, sondern als Chance. Wir müssen zwar auch den Menschen ein Zuhause bieten, die das Neue als Bedrohung sehen, aber wir dürfen uns von ihren Ängsten nicht in unserem Handeln bestimmen lassen. Wir dürfen es zum einen nicht, weil uns sonst über kurz oder lang die Leute wegbleiben. Vor allem aber dürfen wir es nicht, weil Gott selbst uns nach vorne zieht!

Einem Wort Ralph Neighbours zufolge werden die letzten sieben Worte der Kirche lauten: »Das haben wir aber immer so gemacht.« Die Tendenz unserer Kerngemeinden, an alten Formen und Verfahrensweisen festzuhalten, ist einerseits verständlich: Die »Insider« unserer Gemeinden wären keine, wenn sie sich bei dem, was wir tun und wie wir es tun, nicht einigermaßen wohl fühlten. Daher herrscht bei der Kerngemeinde im allgemeinen die Tendenz, sich in bewegten Zeiten in die christliche Wagenburg zurückzuziehen und die Welt »da draußen« weitgehend sich selber zu überlassen. Auf der anderen Seite wird genau diese Tendenz der Tod der Kirche sein. Wenn wir an den Lösungen von gestern festhalten, werden wir an den Problemen von morgen scheitern. Und wir werden schneller, als uns lieb ist, erfahren, was es bedeutet, dass Jesus seine Kirche in die *Nachfolge* – also in einen Bewegungsprozess – hineinruft und nicht in einen statischen, ein für alle Mal gesicherten Zustand.

Die letzten sieben Worte der Kirche werden lauten: »Das haben wir aber immer so gemacht.«

Wenn wir an den Lösungen von gestern festhalten, werden wir an den Problemen von morgen scheitern.

Veränderung wird von vielen kirchliche Insidern immer noch als die *ultima ratio* (= das letztmögliche Mittel) angesehen. Erst, wenn es überhaupt nicht anders geht, lässt man sich zögernd darauf ein, um baldmöglichst zu den alten, vertrauten Gewohnheiten zurückzukehren, sobald der Druck etwas nachlässt. Im Ergebnis führt das zu mehr oder minder moderaten Reformen, die bei weitem nicht ausreichen, den anstehenden Problemen wirklich an die Wurzel zu gehen. Im Moment stehen noch zu viele auf dem Standpunkt: »Es muss etwas geschehen, aber es darf nichts passieren.« Innerhalb eines solchen Klimas ist es sehr schwierig, eine neue Reformation durchzuführen. Ich glaube trotzdem daran. In den letzten Jahren hat sich der Wind innerhalb der Landeskirche deutlich gedreht. Noch vor wenigen Jahren waren Fragen des Gemeindeaufbaus Tabuthemen in unserer Volkskirche. Heute erlebe ich an dieser Stelle eine immer größere Offenheit. Das macht mir Mut. Noch sind die Menschen, die einen Traum haben und die deswegen einen Wandel wollen (statt ihn nur über sich ergehen zu lassen), innerhalb der Kirche eine Minderheit. Aber diese Minderheit ist nicht mehr zu überhören und sie wächst von Tag zu Tag.

Im Moment stehen noch zu viele auf dem Standpunkt: »Es muss etwas geschehen, aber es darf nichts passieren.«

»Wenn der Wind des Wandels kommt, bauen die einen Dämme, die anderen Windmühlen.« Ich möchte uns Mut machen, den Wind, der uns derzeit kräftig ins Gesicht bläst, zu nutzen. Dies geht aber nur, wenn wir unsere Flügel entsprechend ausrichten. Leider sind der Rückgang und die kleinen Zahlen für uns heute das Normale geworden. Und wenn wir damit fortfahren, das zu tun, was wir auch in der Vergangenheit getan haben, werden wir auch die gleichen Ergebnisse erreichen: nämlich einen weiteren Rückgang der Zahlen. Wer ungewöhnliche Ergebnisse (und das wäre in diesem Fall qualitatives und quantitatives Wachstum) erzielen will, muss bereit sein, ungewöhnliche Wege zu beschreiten.

Ich bin mir völlig dessen bewusst, dass die von mir vorgeschlagenen Änderungen einen erheblichen Eingriff in die Gesamtstruktur unserer Kirche bedeuten. Aber ein solcher Eingriff kommt sowieso auf uns zu. Die Änderungen, die uns in den nächsten Jahren ins Haus stehen, werden rasant sein. Und zwar *mit* oder *ohne* Reformation. Ob wir eine radikale Veränderung in der Kirche bejahen oder uns mit Händen und Füßen dagegen wehren: Sie wird kommen. Jeder von uns, der in den nächsten zwanzig, dreißig Jahren auch nur irgendeine Entscheidungsfunktion in der Kirche innehat, wird über Veränderungen geradezu dramatischen Ausmaßes mitentscheiden müssen. Die einzige Wahl, die wir dabei haben, ist die, ob wir diesen Prozess reaktiv oder pro-aktiv begleiten. Ob die Veränderung von *uns* ausgeht oder ob wir uns das Handeln von außen durch irgendwelche Umstände aufdiktieren lassen. Ob wir diese Kirche verändern, weil wir

Der Zeitpunkt für einen grundlegenden Wandel ist günstig, denn ein radikaler Wandel wird ohnehin kommen. Warum also wollen wir es nicht gleich richtig machen?

einen Traum haben, oder ob wir sie verändern, weil wir mit dem Rücken zur Wand stehen. Mein Argument ist also dies: Der Zeitpunkt für einen grundlegenden Wandel ist günstig, denn ein radikaler Wandel wird ohnehin kommen. Warum also wollen wir es nicht gleich richtig machen? Warum wollen wir weiter an Notlösungen herumbasteln, die niemanden wirklich zufrieden stellen, statt einen wirklich »großen Wurf« zu wagen und einen Traum zu verwirklichen?

96 Die einzigen Mächte, die etwas zum Guten verändern können, sind Glaube, Liebe und Hoffnung.

Mir ist bewusst, dass vieles von dem, was in diesem Buch steht, eine ziemliche Herausforderung an unsere Kirche bedeutet. Immerhin haben wir eine in langen Jahren gewachsene Tradition und vielen von uns, die darin großgeworden sind, ist diese Tradition lieb und teuer geworden. Was also könnte einen Menschen, dem eine Tradition lieb und teuer geworden ist und der innerhalb dieser Tradition Gott begegnet ist, dazu bewegen, dieses Altvertraute zurückzufahren und plötzlich ganz neue Dinge auszuprobieren? Was bewegt uns *überhaupt* dazu, alte, eingefahrene Lebensmuster hinter uns zu lassen und noch einmal vollkommen neu anzufangen?

Der erste mögliche Beweggrund ist *Einsicht*. Schon Sokrates war der Meinung, der Mensch müsse nur eine Sache richtig einsehen, dann würde das automatisch das richtige Verhalten nach sich ziehen. Ich persönlich glaube, dass das nur bedingt stimmt. Wie viele Dinge habe ich in meinem Leben schon eingesehen und erkannt, ohne daraus die notwendigen Konsequenzen zu ziehen! Wenn es darum geht, eingefahrene Lebensmuster zu überwinden, ist Einsicht oft nur von begrenztem Nutzen. Das gilt leider auch für die Kirche. Wenn Einsicht wirklich etwas verändern würde, wären wir heute schon erheblich weiter. Die Erkenntnis, dass man »eigentlich« dies oder jenes ändern müsste, ist durchaus verbreitet. Aber die Kräfte der Beharrung – auch und gerade die im eigenen Leben! – sind einfach stärker.

Besser »funktioniert« da der *Schmerz*. Schmerz ist ein effektiver Lehrmeister, der in der Lage ist, selbst die eingefahrensten Lebensmuster innerhalb kürzester Zeit zu durchbrechen. So kann man hier und dort tatsächlich hören: »Warten wir's doch einfach ab. Sobald der Schmerz groß genug ist, werden sich die Dinge auch in der Kirche nachhaltig ändern. Erste Anzeichen dazu gibt es ja bereits.« Mit einer solchen Haltung habe ich drei grundsätzliche Probleme: *Erstens* halte ich sie für zynisch. Wer jemanden schätzt und liebt, sagt nicht: »Warten wir's ab, bis er Schmerzen hat.« Man wünscht niemandem Schmerzen, den man liebt. Auch im eigenen Leben würde man nicht so vorgehen. *Zweitens* ist es meist schon ziemlich spät, wenn der Schmerz erst einmal da ist, manchmal *zu* spät. Schmerz kann ein guter Indikator sein, dass man etwas ändern muss. Aber manche Dinge muss man ändern, *bevor* der Schmerz da ist, sonst bestraft einen das Leben. Das *dritte* Problem ist dies: Wer in seinem Leben nur etwas ändert, weil er Schmerz vermeiden will, ändert sich meistens nicht tiefgehend und gründlich genug. Ein Beispiel: Jemand bekommt Rückenschmerzen, fängt hektisch mit der Gymnastik an, hält sich gerade, nimmt ein paar Pfunde ab etc. Er erreicht das gewünschte Ergebnis: Die Schmerzen lassen nach, gehen vielleicht sogar ganz weg. Doch was passiert dann? Er fällt langsam, aber sicher wieder in die alten Muster zurück. Er hat gelernt, den Schmerz zu vermeiden, *kapiert* hat er aber nichts. So sind wir Menschen: Der Schmerz verändert nichts wirklich *von innen* heraus, jedenfalls nicht zum Positiven. Und auch hier gilt: Das ist in der Kirche nicht anders. Solange wir nur etwas ändern, weil der entsprechende Leidensdruck da ist, werden wir uns nicht gründlich genug und nicht wirklich verändern.

> *Solange wir nur etwas ändern, weil der entsprechende Leidensdruck da ist, werden wir uns nicht gründlich genug und nicht wirklich verändern.*

Einsicht und Schmerz werden uns nicht dazu bringen, die nötigen Veränderungsprozesse einzuschlagen. Die einzigen Mächte, die wirklich etwas zum Guten verändern, sind *Glaube, Liebe und Hoffnung.*

Glauben heißt: Zu etwas unbedingt und absolut »ja« sagen. Gott begegnet uns in der Bibel als jemand, der sich mit dem Status quo in unserem Leben und in unserer Kirche nicht zufrieden gibt, der eine Leidenschaft für das Neue, Zukunftsfähige hat und der uns deshalb zur Veränderung ruft. Wenn wir zu diesem Gott absolut und unbedingt »ja« sagen, wird sich unser Leben und auch unsere Kirche verändern. Jesus sagt: *»Der Glaube kann Berge versetzen«* (Matthäus 17,20). Das gilt auch für die Problemberge, die sich derzeit vor unserer Kirche auftürmen – und für die Verteidigungswälle, die einige bauen, um die Kirche möglichst in ihrer alten Form zu belassen.

Das Zweite, was uns verändern wird, ist die *Liebe*. Jemanden lieben heißt sagen: »Du bist mir wichtig. Du bist mir wertvoll.« Das wird unsere Kirche verändern: Die Liebe zu all den Nachbarn, Arbeitskollegen, Freunden und Verwandten, die im Moment große Probleme haben, sich in unseren Gemeinden wohl zu fühlen, solange sie so sind, wie sie sind. Je intensiver wir von diesen Menschen her denken, weil sie uns wertvoll und wichtig sind, desto leichter wird es uns fallen, von altvertrauten Gewohnheiten abzulassen und wieder zur Volkskirche im guten Sinne zu werden: Zur Kirche für das Volk, zu einer Kirche, die sich voller Liebe auf die Menschen einlässt.

Wenn Gott uns etwas nimmt, dann, um uns etwas Größeres, Besseres zu geben.

Die dritte Macht schließlich, die uns verändern wird, ist die *Hoffnung*. Hoffnung zu haben bedeutet: »Ich gehe davon aus, dass die gegenwärtige Realität nicht die endgültige ist, sondern dass etwas kommt, was diese Realität bei weitem übersteigt und überbietet.« Hoffnung ist kein bloßes Wunschdenken, sondern ein Davon-Ausgehen, dass es so kommen wird. Hoffnung ist darum auch keine Wirklichkeitsflucht, sondern gibt einem im Gegenteil den Mut und die Kraft, diese Wirklichkeit anzugehen und zu verändern. Was uns verändern wird, ist die Hoffnung, dass die neue Gestalt von Kirche die derzeitige bei weitem übersteigen und überbieten wird, auch wenn wir sie im Moment noch nicht vor Augen sehen. Wenn Gott uns etwas nimmt, dann, um uns etwas Größeres, Besseres zu geben. Wenn wir das wirklich glauben, brauchen wir nicht krampfhaft festzuhalten, was wir in Händen haben und was uns im Moment doch nur zwischen den Fingern zerrinnt, sondern können es getrost loslassen und warten, dass Gott uns die leeren Hände füllt. Ich jedenfalls gehe davon aus, dass unsere evangelische Kirche ihren besten Tage nicht *hinter,* sondern noch *vor* sich hat.

Nachwort

Liebe Leserin, lieber Leser, wir sind am Ende unserer Reise angekommen. Diese hat Sie durch alle wesentlichen Bereiche kirchlichen und gemeindlichen Lebens hindurchgeführt. Wahrscheinlich kamen Sie sich manchmal vor wie in einer Achterbahn. Ich danke Ihnen, dass Sie sich die Zeit dafür genommen haben. Die größten Mühen – ich scheue mich fast, es zu sagen – stehen Ihnen jedoch jetzt erst bevor. Jetzt geht es nämlich darum, das Gelesene in die Tat umzusetzen. Dazu möchte ich Ihnen gerne noch drei Ratschläge mit auf den Weg geben:

1. Bleiben Sie nicht allein

Wenn Sie die Anregungen dieses Buches in die Tat umsetzen wollen, müssen Sie sich Weggefährten suchen. Die Kräfte, die dem entgegenwirken, was unserer Kirche eigentlich Not tut, sind immens. Es sind teilweise über Jahrhunderte eingespurte Denk- und Verhaltensmuster, die sich nicht von heute auf morgen auflösen werden. Es sind Bräuche und Gewohnheiten, über die und über deren oft verhängnisvolle Rolle wir gar nicht mehr nachdenken, weil wir und viele um uns herum der Meinung sind, es *müsste* so sein. Und es sind natürlich jene Menschen, die die derzeitige Gestalt unserer Kirche lieben und die alles daran setzen, dass die Dinge so bleiben, wie sie sind – auch wenn uns darüber über 90 % der Leute weggelaufen sind.

Gegen diese Kräfte kommen Sie nicht alleine an. Sie brauchen – wie bei allen wesentlichen Schritten des Glaubens – Menschen, die mit Ihnen gehen. Darum schlage ich vor, dass Sie innerhalb Ihrer Gemeinde ein »Dream-Team« aufbauen: eine kleine Gruppe von Menschen, die Ihren Traum von einer neuen Kirche mitträumt – und die in der Lage ist, zumindest einen Teil dieses Traumes in die Realität umzusetzen. Wie Sie dieses Team finden, kann ich Ihnen hier von meinem Schreibtisch aus nicht sagen. Wenn Sie beispielsweise Pfarrer oder Pfarrerin sind, haben Sie da andere Möglichkeiten als ein Jugend- oder Hauskreisleiter oder eine Kirchenvorsteherin. Der Weg zur Verwandlung Ihrer Gemeinde wird aber auf jeden Fall damit beginnen, dass Sie Gott um einen Menschen bitten, der diesen Weg mit Ihnen gemeinsam geht. Und wenn Sie ihn gefunden haben, werden Sie Gott gemeinsam um den dritten und den vierten bitten usw. Nehmen Sie sich vor, dass Sie jedes Jahr durch Gebet, gemeinsame Treffen und ausführliche Gespräche etc. *einen* Menschen gewinnen, der wiederum willens und in der Lage ist, jährlich einen solchen Menschen für Ihren gemeinsamen

Traum zu gewinnen. Durch dieses etwas mühsam klingende Verfahren würde sich eine ungeheure Dynamik entfalten: Wenn es Ihnen gelingt, jedes Jahr die Anzahl der Träumer und Träumerinnen in Ihrer Gemeinde zu verdoppeln, haben Sie nach zehn Jahren über 1000 Leute zur Verfügung – selbst wenn Sie heute noch allein sind. Auch wenn Ihnen das – wie mir – nur halb gelingt, können Sie damit doch einigermaßen etwas bewegen, oder?

> *Wenn es Ihnen gelingt, jedes Jahr die Anzahl der Träumer und Träumerinnen in Ihrer Gemeinde zu verdoppeln, haben Sie nach zehn Jahren über 1000 Leute zur Verfügung – selbst wenn Sie heute noch allein sind.*

Ich empfehle überdies, dass Sie auch *als Gemeinde* nicht allein bleiben. Eine gesunde Gemeinde ist weitgehend autark, das heißt sie kann ohne Hilfe anderer leben. Das ist im Neuen Testament so und wenn Leute in scheinbarer Frömmigkeit das Gegenteil behaupten, sollten wir sehr, sehr genau hinschauen, warum sie das tun. Doch segnet Gott die Zusammenarbeit mehrerer Gemeinden in besonderer Weise. Gemeinden können sich gegenseitig inspirieren, gemeinsame Projekte planen und füreinander beten. Ihre Schwächen und Stärken können sich gegenseitig ausgleichen und sie können innerhalb einer Region, wie in These → 64 vorgeschlagen, unterschiedliche Schwerpunkte setzen.

Ich sehe am Anfang dieses neuen Jahrtausends neben den herkömmlichen Kirchenkreisen (Dekanaten) mehr und mehr eine neue Form der Zusammenarbeit zwischen Gemeinden am Horizont aufsteigen: Die *Netzwerkbildung*. Die Zusammenarbeit von Gemeinden innerhalb einer Region ist gut und wichtig, aber oft haben diese Gemeinden völlig unterschiedliche theologische Konzepte, von Fragen des Gemeindeaufbaus ganz zu schweigen. Entsprechend schnell stößt man auf dieser Ebene an seine Grenzen, wenn es darum geht, sich untereinander über missionarische Konzepte, neue Gottesdienstformen oder Fragen der Hauskreisarbeit auszutauschen. Hier wird eine Gemeinde sich ihre Partnerinnen und Partner zum Teil von weither suchen müssen.

> *Eine gesunde Gemeinde ist weitgehend autark, doch segnet Gott die Zusammenarbeit mehrerer Gemeinden in besonderer Weise.*

Wir haben vor Jahren angefangen, mit Gemeinden zusammenzuarbeiten, die teilweise Hunderte von Kilometern entfernt liegen. Trotz der geografischen Entfernung empfinden wir eine enge Verbundenheit, und wir merken, dass dieses Netz im Lauf der Zeit immer dichter wird. Mittlerweile haben wir auf Grund der Vielzahl dieser Kontakte begonnen, diesem Netz einen stärker organisierten Rahmen zu geben. Mit Hilfe von Seminaren, Kongressen, Infobriefen, Arbeitshilfen und einem Info-Pool im Internet versuchen wir, vor allem Gemeinden innerhalb der Landeskirche in Deutschland, Österreich und der Schweiz zu sammeln (Infos über: http://www.andreasgemeinde.de). Ob Sie sich jetzt diesem oder dem weltweit größten und professionellsten Netzwerk der Willow Creek Association (info@willowcreek.de) anschließen oder ein eigenes aufbauen (wozu ich Ihnen Mut machen möchte: In diesen Dingen gibt es keine Konkurrenz) oder es innerhalb Ihres Kirchenkreises versuchen, weil Sie dort gute Chancen sehen: Bleiben Sie nicht allein. Verbünden Sie sich mit anderen Gemeinden.

2. Haben Sie keine Angst

Ich schreibe das deswegen, weil Angst eine der häufigsten Reaktionen ist, wenn ich in Seminaren oder auf Kongressen von der Kirche der Zukunft rede. Selbst bei Leuten, die eigentlich von der Notwendigkeit einer grundlegenden Veränderung überzeugt sind, stellt sich diese Angst zumindest untergründig mit ein. Bei anderen liegt sie ganz offen zu Tage. Teilweise schrecken sie vor der Größe der bevorstehenden Aufgabe zurück. Immerhin geht es nicht nur darum, irgendwelche *Teile* des Systems, sondern das System selbst zu verändern. Andere fürchten den Widerstand, der sich ihnen entgegenstellt. Und oft spielt auch die Angst mit, man könne bei alledem etwas kaputt machen oder schlicht und einfach scheitern.

Was die *Größe der Aufgabe* anbetrifft, so ist sie überblickbarer, als man auf den ersten Blick vermuten möchte. Wer sich konsequent an das Programm setzt, das ich in diesem Buch entwickelt habe, wird in einer durchschnittlichen Gemeinde bereits nach zwei Jahren die ersten Früchte zu sehen bekommen. Meiner Einschätzung nach dauert es, wenn die Verantwortlichen weitgehend an einem Strick ziehen, weitere etwa fünf bis acht Jahre, bis eine Gemeinde alle wesentlichen Arbeitsbereiche auf Herz und Nieren geprüft und einer grundlegenden Neuausrichtung unterzogen hat. Was dann folgt, ist eine »*never ending story*«, da natürlich alle Bereiche des Gemeindelebens – so wie das Leben überhaupt – ständig optimiert und verbessert werden können. Die wesentliche Arbeit der Neuausrichtung ist dann aber bereits getan. Ausruhen können wir uns darauf freilich nicht. Aber ich sehe vom Arbeitsaufwand her einen großen Unterschied zwischen der grundlegenden Wende, die wir innerhalb der ersten zehn Jahre vornehmen müssen, und den ständigen Nachkorrekturen im Kleinen, die wir auch danach werden vornehmen müssen.

Das Zweite, was hier zu nennen ist, ist die *Angst vor Widerstand*. Zweifellos wird Ihnen der Wind kräftig ins Gesicht blasen, wenn Sie

Die Argumentation »Wir erreichen von 2000 Gemeindegliedern zwar nur noch 50, aber wenn wir uns auf den Weg der Veränderung machen, könnten wir etwas kaputt machen« halte ich für reichlich absurd.

sich auf den Weg machen, die Gedanken dieses Buches in die Tat umzusetzen. Ich kann mich in meiner gesamten pfarramtlichen Praxis an keine einzige Veränderung erinnern, die keinen Widerstand erzeugt hätte – egal wie positiv und segensreich sie sich im Endeffekt ausgewirkt hat. Das Neue hat gegenüber dem Altbewährten immer einen schweren Stand und der Widerstand dagegen wird sich in aller Regel sehr schnell, sehr laut und oft auch sehr aggressiv äußern – und zwar mitten in den eigenen Reihen, das heißt bei den Menschen, die für das Altbewährte verantwortlich zeichnen bzw. sich darin wohl fühlen. Es ist gut, wenn Sie diesen Widerstand nüchtern einkalkulieren und sich nicht davon erschrecken lassen. Ich sage nicht, dass Sie kritische Stimmen einfach ignorieren sollen. Aber wir müssen Gott mehr gehorchen als den Menschen!

Was die *Angst, etwas kaputt zu machen,* anbetrifft, ist es gut, sich zu vergegenwärtigen, dass unsere Gemeinden alles andere als intakt sind und dass die Tendenz weiter nach unten zeigt. Etwas rüde ausgedrückt: Die Argumentation »Wir erreichen von 2000 Gemeindegliedern zwar nur noch 50, aber wenn wir uns auf den Weg der Veränderung machen, könnten wir etwas kaputt machen« halte ich für reichlich absurd. Natürlich ist mir bewusst, dass der Weg, den ich in diesem Buch vorschlage, gefährlich ist. Aber haben wir wirklich eine andere Chance?

»Wer nichts riskiert, riskiert alles.«

»Wer nichts riskiert, riskiert alles«, lautet eine bekannte Graffiti-Weisheit. Dies scheint mir eine postmoderne Umschreibung des oben erwähnten Jesuswortes zu sein: »Wer sein Leben erhalten wird, der wird es verlieren.«

Die *Angst zu scheitern* schließlich darf uns niemals davon abhalten, das zu tun, was wir als richtig erkannt haben. Natürlich lässt sich die Möglichkeit nicht von der Hand weisen, dass Sie scheitern! Das gilt auch für unsere Gemeinde: Im Moment sind wir sehr erfolgreich. Das kann sich in den nächsten Jahren grundlegend wandeln und ich ahne, welchen Spott und welche Häme man dann über uns ausgießen wird. Schließlich haben wir den Mund reichlich voll genommen. Aber selbst wenn wir scheitern: Dann haben wir es wenigstens *versucht!* Und das gilt auch für Sie, wenn Sie sich auf den Weg der neuen Reformation machen.

Ich halte Scheitern im Reich Gottes für überhaupt nichts Schlimmes. Viel schlimmer ist es, nach dem Motto »Wer schläft, sündigt nicht« dem schleichenden Tod unserer Kirche weiter tatenlos zuzusehen. In dieser Hinsicht nichts zu tun ist schlimmer als jedes Versagen! Scheitern ist bei dem Gott, an den wir glauben, keine Tragödie. Wir haben einen Gott, dessen Kraft gerade in den Schwachen und in unserer Schwachheit zur Vollendung kommt. Der Kreuzestod Jesu ist das Sinnbild des Scheiterns schlechthin – und was hat Gott Großartiges aus diesem Kreuzestod gemacht! Wenn Sie also der festen Überzeugung sind, dass Gott Sie in diese Richtung führt – packen Sie es an und haben Sie keine Angst vor einem eventuellen Scheitern. Haben Sie eher Angst davor, dass unsere Kirche vollends »den Bach runtergeht«, weil Sie aus Angst vor einem eventuellen Scheitern nicht genügend zu ihrer Rettung unternommen haben.

Solange Sie keine Angst verspüren, haben Sie die Größe der Aufgabe wahrscheinlich noch gar nicht erkannt, zu der Gott uns herausfordert.

Angst ist eine ziemlich natürliche Reaktion auf das Programm, das ich in diesem Buch entwickelt habe. Sie sollten sich nicht davon beunruhigen lassen, wenn Sie solche Gefühle in sich verspüren. Schließlich geht es darum, unsere Kirche zu reformieren. Das macht man nicht »eben mal so« nebenher. Was wäre da angemessener als Angst? Ich möchte es sogar so ausdrücken: Solange Sie keine Angst verspüren, haben Sie die Größe der Aufgabe wahrscheinlich noch gar nicht erkannt, zu der Gott uns herausfordert. Ich jedenfalls habe manchmal Himmelangst, wenn ich darüber nachdenke, was in den nächsten Jahren auf unsere Kirche zukommt. Und das ist auch gut so: Denn unsere Angst wirft uns immer wieder auf Gott zurück, treibt uns ins Gebet und verhindert vor allem, dass wir stolz, satt und selbstzufrieden werden. Wir dürfen ruhig Angst haben. Aber wir dürfen unserer Angst nicht gehorchen.

Wir dürfen ruhig Angst haben. Aber wir dürfen unserer Angst nicht gehorchen.

3. Handeln Sie aus Liebe

Es gibt heute nicht mehr viele Menschen, die ihre Kirche lieben. Wir finden sehr viel mehr Leute, die sich selbst *in* dieser Kirche lieben und sich deshalb gegen jede Veränderung sträuben. Nichts und niemand ist ihnen so wichtig, als dass sie bereit wären, sich dafür von lieb gewordenen äußeren Formen zu trennen. Freilich gilt das nicht für alle Vertreter einer konservativen Linie in der Kirche. Nicht nur Trägheit und Bequemlichkeit lässt Menschen sich dafür einsetzen, dass die Kirche ihre derzeitige Gestalt behält. Manche tun dies aus aufrichtig empfundener Liebe. Diese Liebe äußert sich so, dass sie die Kirche vor dem

Wind der Veränderung möglichst bewahren wollen. Dass diese Leute mit dieser Art von Liebe der Kirche vielleicht kurzfristig etwas Gutes tun, ihr aber auf Dauer schaden, ist eine traurige Ironie. Das ist der typische Fall, dass jemand aus an sich richtigen Motiven heraus etwas Falsches tut.

Freilich gibt es auch das Umgekehrte, dass Menschen aus falschen Motiven heraus das Richtige tun. So kann man aus den verschiedensten Gründen auf den fahrenden Zug der neuen Reformation aufspringen: aus Ehrsucht, aus Ärger, aus verzweifelter Not, weil nichts anderes mehr geht, aus ideologischem Denken oder auch nur aus Pflichtgefühl. Paulus hat seinerzeit gegenüber Menschen, die aus eigensüchtigen Motiven heraus Christus verkündeten, eine sehr pragmatische Haltung eingenommen: »Was soll's? Solange nur Christus verkündet wird, ist es schon gut so« (vgl. Philipper 1,15-18). In ähnlicher Weise könnte man versucht sein, zu sagen: »Egal, aus welchen Motiven heraus einzelne Gemeinden anfangen, sich zu bewegen, Hauptsache, es kommt überhaupt etwas ins Rollen!« Doch ich glaube, dass das nicht stimmt. Es gibt nur einen legitimen Grund, sich auf den Weg der Veränderung zu machen, wie ich es in diesem Buch vorgeschlagen habe, und das ist Liebe. Einem Menschen, der nicht aus Liebe handelt, wird früher oder später die Puste ausgehen. Und das, was er erreichen wird, wird der Kirche nicht wirklich helfen und wird die Menschen nicht richtig satt machen.

Bei der neuen Reformation kommt es auf beides an: dass wir das *Richtige* tun – und dass wir es aus den richtigen *Motiven* heraus tun. Mit lieblosen Mitteln kann man keine liebevolle Kirche bauen. Liebe aber ist es, was die Kirche von morgen vor allem anderen auszeichnen wird: innige Liebe zu Gott, herzliche Liebe untereinander und überströmende Liebe zu den Menschen. Weil Liebe das Ziel ist, auf das wir uns zu bewegen, darum können wir auch keinen anderen Weg beschreiten als den der Liebe. Alles, was nicht aus Liebe geschieht, wird scheitern. Wenn Sie sich also auf den Weg der Veränderung machen, achten Sie darum auf Ihre Motive. Beten Sie, dass Gott Ihnen Liebe schenkt und dass er Ihre Liebe wachsen lässt.

Bei der neuen Reformation kommt es auf beides an: dass wir das Richtige tun – und dass wir es aus den richtigen Motiven heraus tun.

Liebe bedeutet freilich nicht, dem anderen nach dem Mund zu reden, intolerables Verhalten zu dulden oder ihn davor zu bewahren, notwendige Veränderungsschritte zu gehen. Ich schreibe dies deshalb, weil man Ihnen mit Sicherheit vorwerfen wird, sie handelten »lieblos«, wenn Sie sich anschicken, die neue Reformation in die Tat umzusetzen. Oft wird dieser Vorwurf von Menschen kommen, denen die derzeitige Gestalt der Kirche lieb und teuer ist. Es ist auch wichtig, mit ihnen liebevoll umzugehen, aber gleichzeitig müssen wir uns klarmachen, dass es in unserer Kirche eine sehr viel größere Anzahl von Menschen gibt, die sich eine Veränderung wünschen – oder sie nicht mehr zu hoffen wagen. Es wird Zeit, dass wir anfangen, auch *sie* zu lieben. Und dass wir unsere Liebe auch auf unseren *Gott* erstrecken, der eine Sehnsucht und eine Vision für unsere Kirche hat, die weit über das hinausgeht, was wir im Moment leben oder auch nur ahnen können.

In diesem Sinne möchte ich auch dieses Buch verstanden wissen. Es ist keine Kampfansage, sondern eine Liebeserklärung an meine Kirche. Darum wüsste ich keinen besseren Schluss für mein Buch als das Liebeslied, das mein Freund und Mitstreiter Fabian Vogt der Kirche (= griechisch: »*Ekklesia*«) geschrieben hat:

Dieses Buch ist keine Kampfansage, sondern eine Liebeserklärung an meine Kirche.

Ekklesia

Du, sie fragen immer wieder,
wie ich dich nur lieben kann.
Du bist nicht mehr ganz die Jüngste,
und man sieht es dir auch an.
Früher warst du voller Leben,
hast auch gern mal angeeckt.
Heute hältst du deine Träume
leider allzu oft versteckt.

Weißt du noch, in deiner Jugend
warst du voller Leidenschaft,
heute redest du von Tugend,
und dein Antlitz ist erschlafft.
Vielleicht ist es deine Weisheit,
deine raue Sicht der Welt,
vielleicht ist es deine Schwachheit,
die mich weiter bei dir hält.

Hey, altes Haus,
spürst du den Wind,
mit dem alles von vorn beginnt.
Ich bin bei dir, gib ja nicht auf
mit deinem wilden Lebenslauf,
bist du bald wieder völlig da:
Ekklesia

Du warst damals kaum erwachsen,
da bekamst du sehr viel Macht,
hast die sanften Kinderzeiten
nur noch leise ausgelacht.
Du, ich kann es nicht verstehen,
du hast dich so oft verrannt,
bist charakterlos geworden,
wolltest nur noch Geld und Tand.

Dafür gingst du über Leichen,
du hast vielen Leid getan.
Heut verdammst du diese Zeiten,
diesen verfluchten Größenwahn.
Doch aus allen tiefen Krisen
bist du wieder aufgewacht.
Hast noch mal von vorn' begonnen,
ja, das hat dich ausgemacht.

Hey, altes Haus,
spürst du den Wind,
mit dem alles von vorn beginnt.
Ich bin bei dir, gib ja nicht auf
mit deinem wilden Lebenslauf,
bist du bald wieder völlig da:
Ekklesia

Manchmal kommt das alte Feuer,
dieser Geist der Anfangszeit,
dann wirst du mir ganz geheuer,
dann vergess ich all das Leid.
Fange an, mit dir zu schmusen,
stell mir vor, wie's morgen ist.
Du, ich weiß, dass du im Innern,
so schön wie am Anfang bist.

Hey, altes Haus,
spürst du den Wind,
mit dem alles von vorn beginnt.
Ich bin bei dir, gib ja nicht auf
mit deinem wilden Lebenslauf,
bist du bald wieder völlig da,
Ekklesia

Die 96 Thesen

Die erste Aufgabe:
Zur reformatorischen Mitte zurückkehren

1. Martin Luther wollte die Botschaft der Kirche auf das Fundament der Bibel stellen und ihre äußeren Formen auf die Höhe der Zeit bringen. Die evangelische Kirche ist derzeit im Begriff, sowohl das eine wie auch das andere zu verfehlen.

2. Die Reformation hat nicht im sechzehnten Jahrhundert stattgefunden, sondern liegt als Aufgabe vor uns.

3. Wer die Kirche reformieren möchte, muss bei den Inhalten ansetzen. Er darf dabei aber nicht stehen bleiben.

4. Reformatorisch sind wir dann, wenn wir die Werke der Reformatoren weiter vorantreiben, und nicht, wenn wir sie lediglich konservieren.

5. Der christliche Glaube ist weder ein System von Normen und Regeln noch eine Weltanschauung oder Lehre. Im Zentrum des christlichen Glaubens steht vielmehr die Vertrauensbeziehung eines Menschen zu Jesus Christus.

6. Eine Theologie mit einer klaren Mitte kann sich flexible Ränder leisten. Eine unklare Mitte hingegen führt dazu, dass die Ränder zementiert werden.

7. Die Ränder der Kirche sind nicht beliebig. Sie müssen vielmehr von der Mitte her geformt werden bzw. in bestmöglicher Weise auf diese Mitte hinweisen.

8. Die neue Reformation kann sich in vielen Punkten an die erste Reformation anlehnen. In einigen Fragen muss sie aber auch deutlich darüber hinausgehen.

Die zweite Aufgabe:
Spiritualität freisetzen

9 Die Menschen des 21. Jahrhunderts sind durchaus offen für religiöse Fragestellungen. Allerdings suchen sie die Antwort auf ihre Fragen nicht mehr in der Kirche.

10 Es ist Zeit, dass sich die evangelische Kirche vor allem andern wieder für die Gottesfrage zuständig erklärt.

11 Jesus Christus ist die Antwort auf den spirituellen Hunger unserer Zeit. Allerdings genügt es nicht, dies lediglich zu behaupten. Es muss in unseren Gemeinden auch erfahrbar werden.

12 Die Spiritualität in unseren Gemeinden sollte von Hingabe, Begeisterung und Strahlkraft geprägt sein.

13 Es gibt mindestens fünfzig verschiedene Weisen zu beten – freilich kennen wir davon meist nicht einmal eine Hand voll.

14 Unsere Kirche braucht einen spirituellen Befreiungsschlag.

15 Die Gottesliebe ist weithin der blinde Fleck der evangelischen Theologie.

16 Wichtiger als all unser Tun und Bemühen ist, dass wir immer wieder in die Liebe Gottes eintauchen.

Die dritte Aufgabe:
Den Auftrag wiederentdecken

17 Der oberste Auftrag Jesu an seine Kirche lautet nicht, die Menschen zu betreuen, sondern sie zu Jüngern zu machen.

18 Es ist der Kirche Jesu Christi nicht ins Belieben gestellt, ob sie »Mission« treiben will oder nicht.

19 Mission und Toleranz widersprechen sich nicht.

20 Es gibt kein Christsein ohne Bekehrung – aber durchaus ohne Bekehrungserlebnis.

21 Zum Prozess der Bekehrung gehört die Eingliederung in die Gemeinde.

22 Wer anderen die gute Nachricht weitersagen möchte, sollte selber eine gute Nachricht sein.

23 Wir können nicht erwarten, dass sich die Menschen auf Christus einlassen, wenn wir uns nicht auf sie einlassen.

24 Wir brauchen nicht nur missionarische Veranstaltungen, sondern missionarische Gemeinden.

Die vierte Aufgabe:
Das allgemeine Priestertum der Gläubigen aktivieren

Luthers Lehre vom allgemeinen Priestertum der Gläubigen ist das Wichtigste, was uns heute noch vom Katholizismus unterscheidet. **25**

Die Unterscheidung zwischen so genannten »Geistlichen« und so genannten »Laien« ist unbiblisch und unevangelisch. **26**

Wir können das allgemeine Priestertum in unseren Gemeinden nur aktivieren, wenn wir bei den Menschen eine Liebe zur Heiligen Schrift wecken. **27**

Kein Mensch kann all die Gaben in sich vereinigen, die benötigt werden, damit eine Gemeinde auch nur annähernd mit dem versorgt wird, was sie braucht. **28**

Jeder Christ hat eine persönliche Gabe von Gott – und eine dazu gehörige Auf-Gabe. **29**

Es ist die wichtigste Aufgabe der Gemeindeleitung, den Gemeindegliedern dabei zu helfen, ihre Gaben zu entdecken und zum Einsatz zu bringen. **30**

Menschen sollten in der Gemeinde dort mitarbeiten, wo Gott sie in besonderer Weise begabt hat. **31**

Mitarbeiter(innen), die ihre gottgegebenen Gaben einsetzen, leisten nicht nur gute Arbeit, sondern sind auch motiviert und begeistert. **32**

Die fünfte Aufgabe:
Den Pfarrberuf neu definieren

33 In der evangelischen Kirche laufen – entgegen ihrem eigenen Selbstverständnis – nahezu alle Fäden auf die Pfarrerinnen und Pfarrer zu.

34 Die Pfarrerzentrierung unserer Kirche bringt sowohl unsere Pfarrerinnen und Pfarrer als auch unsere Gemeinden in große Not.

35 Pfarrerinnen und Pfarrer müssen ihre zentrale Position in Kirche und Gemeinde nutzen, um diese zentrale Position aufzulösen.

36 Im Neuen Testament werden Gemeinden nicht von Pfarrern oder Pfarrerinnen, sondern von Teams geleitet.

37 Pfarrerinnen und Pfarrer müssen die Grundsatzentscheidung treffen, ob sie für alle oder für das Ganze da sein wollen.

38 Die Formel der Zukunft lautet: »Der Pfarrer für die Mitarbeitenden, die Mitarbeitenden für die Gemeinde.«

39 Einen guten Pfarrer erkennt man an der Mündigkeit seiner Gemeinde.

40 Die Erneuerung unserer Gemeinden hängt stark von der geistlichen Erneuerung der Pfarrerinnen und Pfarrer ab.

Die sechste Aufgabe:
Führungsverantwortung übernehmen

41 Die Frage der Führung unserer Gemeinden ist ein ungelöstes Problem, das wir als Ballast mit in das neue Jahrtausend genommen haben.

42 Kirchenvorstände sollen Gemeinden leiten. Faktisch aber sind sie überwiegend mit Verwaltungs- und Organisationsaufgaben beschäftigt.

43 Wo keine Führung ist, herrscht nicht Freiheit, sondern das Recht des Stärkeren.

44 Gemeinden brauchen ein Leitbild, an dem sie sich orientieren können.

45 Das Wirken des Heiligen Geistes macht ein planvolles Vorgehen nicht überflüssig, sondern überhaupt erst sinnvoll.

46 Die Aufgabe des Kirchenvorstands der Zukunft lautet: »Vision entwickeln, Vision vermitteln, Vision umsetzen.« – Alle anderen Arbeiten können delegiert werden.

47 Nach der Vorstellung des Neuen Testamentes sollen nur Menschen die Gemeinde führen, die auch in der Lage sind, sie geistlich zu versorgen.

48 Jesus hat uns vorgemacht, wie wir innerhalb der Kirche führen sollen: Er herrschte nicht über seine Jünger, sondern diente ihnen.

Die siebte Aufgabe:
Eine gesunde Kleingruppenstruktur aufbauen

49 Unsere Gemeinden sind zu groß, um persönlich und verbindlich zu sein, und zu klein, um in Hinblick auf Diakonie, Evangelisation oder Spiritualität aus dem Vollen schöpfen zu können.

50 Das neutestamentliche Gemeindeleben hat zwei gleichberechtigte Mittelpunkte: die gottesdienstliche Feier und die Hausgemeinschaft.

51 Gott wohnt nicht in einem eigenen Gebäude, sondern da, wo Menschen wohnen.

52 Die Hauskreise unserer Tage sind nicht identisch mit den Hausgemeinschaften des Neuen Testamentes, aber sie sind ein wichtiger Schritt in diese Richtung.

53 Es gibt kein Medium, das geeigneter wäre, Menschen dabei zu helfen, zum Glauben zu kommen, im Glauben zu wachsen und ihren Glauben mit anderen zu teilen, als die Häuser der Christen.

54 Kreise und Gruppen gibt es in unseren Gemeinden viele. Was wir aber vor allem brauchen, sind ganzheitliche Kleingruppen.

55 Die Gemeinde der Zukunft wird nicht mehr Hauskreise oder ähnliche Kleingruppen haben. Sie wird aus solchen Kleingruppen bestehen.

56 Nur in einer ganzheitlichen Kleingruppe bekommt der Mensch das Maß an Zuwendung, das er wirklich braucht. Darum werden die Kleingruppenleiter die Pastoren der Zukunft sein.

Die achte Aufgabe:
Eine Kultur der Liebe entwickeln

Christliche Liebe ist ihrem Wesen nach anders als jede andere Liebe.	57
Wenn wir möchten, dass die Menschen liebevoller werden, müssen wir ihnen die Liebe Gottes zugänglich machen.	58
Es gibt kein lebendiges Christentum ohne Gemeinschaft.	59
Die christliche Gemeinde ist das wichtigste Beziehungsfeld im Leben eines Christen. Sie ist seine »neue Familie«.	60
Christliche Gemeinschaft ist nicht so sehr ein Ideal, das wir einfordern könnten, als vielmehr eine Aufgabe, an die Gott uns stellt.	61
Liebevolle Gemeinden haben Zulauf.	62
Unsere Gemeinden sollten ein wohltuender Kontrast zur sonstigen Gesellschaft sein.	63
Kirche ist nur Kirche, wenn sie Kirche für andere ist.	64

Die neunte Aufgabe:
Den Gottesdienst losketten

65 Der Gottesdienst, der früher einmal ein Angebot für alle war, ist eine Nischenveranstaltung geworden.

66 Der evangelische Gottesdienst ist an die doppelte Kette von Kirchenmusik und liturgischer Tradition gelegt. Wenn es uns nicht gelingt, ihn davon zu befreien, wird es ihn bald nicht mehr geben.

67 Gottesdienstliche Formen sind nicht beliebig, aber sie müssen flexibel sein.

68 Gottesdienste, die Menschen inspirieren wollen, müssen deren Lebensgefühl ansprechen.

69 Die nähere Zukunft des Gottesdienstes liegt in einem mehrgleisigen Gottesdienstkonzept.

70 Der Gottesdienst der Zukunft wird nicht vom Pfarrer oder der Pfarrerin gehalten, sondern von der Gemeinde gefeiert.

71 Wir brauchen nicht nur ein Konzept, wie wir Gottesdienst feiern, sondern auch, wie wir Gottesdienst leben wollen.

72 Gottesdienste, die nicht ins Leere laufen wollen, müssen in ein umfassendes Gemeindekonzept eingebunden sein.

Die zehnte Aufgabe:
Die innergemeindlichen Strukturen vereinfachen

73 Die Strukturen der Kirche sind von enormer geistlicher Relevanz.

74 Wir sind für die Strukturen verantwortlich, in denen wir leben.

75 Wir müssen uns entscheiden, welche Priorität wir setzen wollen: Die äußere Kirche zu bewahren oder die innere wieder zu beleben.

76 Wer möchte, dass Kirche bleibt, wie sie ist, möchte nicht, dass Kirche bleibt.

77 Strukturen, die den Gemeindeaufbau nicht fördern, verhindern ihn.

78 Aufgabe der Synoden in den nächsten Jahren wird sein, die Gemeinden von ca. 80 % der derzeit gültigen Regeln zu entlasten. In der Zwischenzeit sind die Gemeinden zu zivilem Ungehorsam aufgerufen.

79 Komplizierte Strukturen lähmen unsere Gemeinden. Die Devise der Zukunft lautet daher Vereinfachung. Was nicht einfach geht, geht einfach nicht.

80 Wir brauchen nicht nur eine Strukturreform, sondern eine Reformation der Strukturen.

Die elfte Aufgabe:
Den Primat der Gemeinde wieder herstellen

81 Die größte Stärke der Landeskirche – die Ortsgemeinde – bleibt über weite Strecken ungenutzt.

82 Die derzeitige Strategie vieler Landeskirchen, Gemeinden zusammenzulegen, wird sich über kurz oder lang als tödlich erweisen. Wir brauchen nicht weniger, sondern mehr Gemeinden.

83 Das Jahrhunderte alte System von Ortsgemeinden bedarf der Ergänzung durch eine Vielfalt anderer Gemeindemodelle.

84 Pfarrer müssen keine Akademiker und sie dürfen keine Beamten sein.

85 Eine Gemeinde, die nicht mehr pfarrerzentriert ist, wird auf Dauer auch keine andere Autorität mehr über sich zulassen. Das ist konsequent umgesetztes »Priestertum der Gläubigen« auf höherer Ebene.

86 Die Gemeinden sind nicht dazu da, der Institution Kirche zu dienen, sondern die Institution Kirche ist dazu da, den Gemeinden zu dienen.

87 Innerhalb unserer Kirche müssen Hierarchien und Verwaltungsstrukturen radikal abgebaut werden – und das möglichst bald.

88 Die Gemeinde der Zukunft hat das Recht und die Pflicht zur Profilbildung.

Die zwölfte Aufgabe:
Die Kirche nach vorne träumen

89 Mehr als an allen finanziellen und personellen Engpässen leidet unsere Kirche derzeit an fehlenden Träumen.

90 Träume sind nicht unrealistisch. Sie sind lediglich in einer anderen Realität verwurzelt.

91 Die Kirche nach vorne zu träumen heißt, in unseren Gemeinden den Traum von der Urgemeinde neu zu beleben.

92 Die kommende Kirche träumen heißt, Gottes Traum von Kirche nachspüren.

93 Unsere Träume müssen groß genug sein, dass Gott darin Platz findet.

94 Träumen allein reicht nicht. Wir müssen unsere Träume auch in die Tat umsetzen.

95 Die Kirche nach vorne träumen heißt Neues zu umarmen.

96 Die einzigen Mächte, die etwas zum Guten verändern können, sind Glaube, Liebe und Hoffnung.

INDEX

Stichwort	Thesen
Abendmahl	25; 26; 51; 52; 54; 71
Absolutheitsanspruch	11; (19)
Allgemeines Priestertum	25-32; 53; 85
Alte Menschen	E; 29
Angst	14; N
Attraktivität der Gemeinde	22; 24
Auferbauung und Ermutigung	63
Autorität	V; E; 25; 36; 85
Beamtenstatus der Pfarrer(innen)	84
Begeisterung	12; 32
Begleitung	37; 39; 55; 56; 63
Bekehrung	20; 21
Bibel	4; 27; 40 (siehe auch unter »Wort Gottes«)
Bischof	36; 47; 74; 85; 87
Bohren, Rudolf	39; 56
Bonhoeffer, Dietrich	61; 64
Charismen	29; 30
Demokratie	43; 85
Dekanate (Kirchenkreise)	64; 87; N
Diakonie	E; 24; 49; 54; 64
Eickhoff, Klaus	18; 34; 38; 39; 54
Erfahrung	11; 58; 76
Ethik	5; 6; 7; 10 (siehe auch unter »Moral«)
Evangelisation	24
Familie	60
Fehler	E
Finanzen	E; 82; 84; 88
Form und Inhalt	1; 3; 7
Freiheit	3; 6; 7; 43; 63; 85; 86
Führung / Leitung	36; 38; 41-48; 60
Gaben und Aufgaben	28-32
Gebet	13; 14
Geistliche	26; 28
Gemeindezusammenlegung	E; 82
Gemeindepflanzung	82; 83; 92
Gemeinschaft	54; 59-61
Gesundheit	V; E, 34; 63; 92
Glaube	5; 80; 90; 96
GoSpezial	24; 62; 72
Gottesdienst	37; 65-72; 88
Gottesdienstbesuch	V; 49; 59; 69; 72; 82
Gottesliebe	15; 16; 58; 92
Hauptamtliche	38; 81; 88
Häuser	50-53
Hauskreise	49-56; 60; 73

Heilige Schrift	siehe unter »Bibel«
Heiliger Geist	14; 45
Heilung	siehe unter »Gesundheit«
Hirten	siehe unter »Pastoren«
Hierarchie	E; 25; 48; 85; 87
Individualisierung	E; 59; 62
Integration	21, 54
Kasualien	37; 38; 56; 82
Katholizismus	1; 25
Kerngemeinde	49; 56; 95
Kirche des Wortes	11
Kirche für andere	64
Kirchenaustritte	E; 82
Kirchendistanzierte	23; 64
Kirchengebäude	53
Kirchenkreis	siehe unter »Dekanat«
Kirchenmusik	4; 66
Kirchenrecht /-ordnung	6; 7; 44; (60); 78; 79
Kirchenvorstand	V; 31; 39; 42; 46; 47; 48; 60;86
Kleingruppen	27; 49-56; 73
Kranke	29; 47 (siehe auch unter »Gesundheit«)
Kreuz	22; 93; N
Krise	E
Kritik und Korrektur	63
Kult	71
Kultur	23; 63; 68; 83
Kybernetik	36; 46
Laien	26; 28; 33; 53
Langeweile	12
Leitbild	44; 45; 91
Leitung der Gemeinde	siehe unter »Führung«
Liebe – allgemein	57-64; 96; N
Liebe – zu Gott	15; 16; 58; 92
Liebe – zum Nächsten	1; 10; 15; 17; 57; 59; 62
Liturgie	4; 16; 66; 70; 71
Luther, Martin	1-4; 8; 15; 26; 52; 54; 85
Markt	23
Mission	17-19; 22; 24; 54; 64
Mittelpunktsgemeinden	83
Mittlere Ebene	siehe unter »Dekanat«
Modernität	2; 3; 23; 67; 69
Moral	5; 10; 58; 59 (siehe auch unter »Ethik«)
Multiplikation	17; 36; 38; 50; 56; 63; 87; 92
Nächstenliebe	1; 10; 15; 17; 57; 59; 62
Netzwerkbildung	55; N
Ortsgemeinde	81; 83
Parochie	siehe unter »Ortsgemeinde«
Pastoren, pastoraler Dienst	36-39; 47; 53; 56; 84
»pastorale Grundversorgung«	37; 38; 56
Personal	siehe unter »Hauptamtliche«
Pfarrerinnen und Pfarrer	25; 28; 33-40; 84

Pfarrerzentrierung	33-35; 39; 85
Planvolles Vorgehen	45
Predigt	39; (58); 72
Priesterkirche	25; 26
Priestertum, allgemeines	25-32; 53
Protestantismus	1; 2; 4; 25; 26; 88
Qualität und Quantität	49; 50; 56; 92
Qualitätsarbeit	32
Realismus	89; 90; 94
Rechtfertigung	6
Richtungsgemeinden	83
Ruttmann, Hermann	87
Sakramente	8; 11; 52
Scheitern	N
Seelsorge	37; 53; 63; 84
Sekten	9; 10; 11
Sitzungen	46; 87
Spiritualität	9-16; 40; 54; 73
Strukturen	V; 73-88
Sünde	E; 17; 85
Sünder	E; 61
Synoden	77; 78
Taufe	5; 20; 21; 52
Theologiestudium	84
Toleranz	19
Tradition	V; 2; 6; 66; 75; 76
Traum	91-96
Übergemeindliche Dienste	36; 83; 88
Urgemeinde	30; 51; 53; 54; 91
Vision	46; 61; 94
Veränderung	V; 95
Verheißung	V; E; N
Vernetzung	siehe unter »Netzwerkbildung«
Volkskirche	23; 26; 56; 64; 66; 69; 85
Wachstum	45; 50; 54; 92
Wiederwahl	43; 84
Willow Creek	24; 30; 56
Wort Gottes	11 (siehe auch unter »Bibel«)
Zeltmacherprinzip	84
Ziele	44; 45; 94
Zielgruppe	E; 54; 65; 69; 83
Zinzendorf, Nikolaus Ludwig	5; 21; 59
Zusammenlegung von Gemeinden	E; 82

Die Zahlen beziehen sich auf die Thesen
V = Vorwort
E = Einleitung
N = Nachwort

Literaturverzeichnis:

Bohren, Rudolf: Unsere Kasualpraxis – eine missionarische Gelegenheit?, in: Theologische Existenz heute 147, München 1960
Bonhoeffer, Dietrich: Gemeinsames Leben (1939), München 1985(20)
Buchholz, Siegfried: Fit für die Zukunft – Aufspringen auf einen fahrenden Zug, in: Fit für die Zukunft. Konzepte christlicher Führungskräfte, (Hrsg.: *Jörg Knoblauch* und *Horst Marquardt*), Gießen 1999, S. 7-20
Brummer, Arnd / Nethöfel, Wolfgang (Hrsg.): Vom Klingelbeutel zum Profitcenter? Strategien und Modelle für das Unternehmen Kirche, Hamburg 1997
Donahue, Bill: Authentische Kleingruppen leiten. Das Handbuch für eine lebensverändernde Kleingruppenarbeit, Asslar 1997
Douglass, Klaus: Glaube hat Gründe. Wie ich eine lebendige Beziehung zu Gott finde, Stuttgart 1994
Douglass, Klaus: Gottes Liebe feiern. Aufbruch zum neuen Gottesdienst, Emmelsbüll 1998
Douglass, Klaus / Scheunemann, Kai / Vogt, Fabian: Ein Traum von Kirche. Wie ein Gottesdienst für Kirchendistanzierte eine Gemeinde verändert, Asslar 1998
Douglass, Klaus / Scheunemann, Kai / Vogt, Fabian: Halte deine Träume fest. Wie ein selbstbewusster Umgang mit Fehlern und Grenzen das Leben verändert, Asslar 2000
Douglass, Klaus / Scheunemann, Kai / Vogt, Fabian: Träume nicht dein Leben – lebe deinen Traum. Wie eine klare Vision den Alltag verändert, Asslar 1998
Fliege, Jürgen, Kirchenbeben. 150 Schritte aus der Kirchenkrise, Düsseldorf/ München 1997
George, Carl F.: Gemeindemodell für die Zukunft: Die Meta-Gemeinde. Wie eine Gemeinde wächst und doch familiär bleibt, Frankfurt 1994
Eickhoff, Klaus: Brief an einen Hauskreis, Asslar 2000
Eickhoff, Klaus: Gemeinde entwickeln. Für die Volkskirche der Zukunft. Anregungen zur Praxis. Göttingen 1992
Eickhoff, Klaus: Vom Geheimnis des Leitens, in: Fit für die Zukunft. Konzepte christlicher Führungskräfte, (Hrsg.: *Jörg Knoblauch* und *Horst Marquardt*), Gießen 1999, S.32-45
EKHN (Hrsg.): Person und Institution – Volkskirche auf dem Weg in die Zukunft. Arbeitsergebnisse und Empfehlungen der Perspektivkommission der Evangelischen Kirche Hessen und Nassau, Frankfurt 1992.
Herbst, Michael: Missionarischer Gemeindeaufbau in der Volkskirche, Stuttgart 1987
Herbst, Michael: Warum unsere Volkskirche wieder zu einer Kirche für das Volk werden muss (Unveröffentlichtes Manuskript eines Vortrages, der am 17.6.2000 auf dem Kongress »Kirche mit Vision« in der evangelischen Andreasgemeinde in Niederhöchstadt gehalten wurde.)
Herbst, Michael: Wie sich das Leitbild des Pastors im 21. Jahrhundert ändern wird (Unveröffentlichtes Manuskript eines Vortrages, der am 16.6.2000 auf dem Kongress »Kirche mit Vision« in der evangelischen Andreasgemeinde in Niederhöchstadt gehalten wurde.)
Huber, Wolfgang: Kirche in der Zeitenwende. Gesellschaftlicher Wandel und Erneuerung der Kirche, Gütersloh 1998
Jordahl, David: Die zehn Ängste der Kirche, Stuttgart 1993

Kallestadt, Walt / Buttkereit, Jens / Schey, Steve: Kirche mit Qualität. Aus Liebe zu Gott und den Menschen, Asslar 1999
Knoblauch, Jörg / Bräuning, Heiko: Gottesdienst a la carte. Warum wir zielgruppenorientierte Gottesdienste brauchen, Asslar 1999
Kunz, Stefan: Ihr seid meine Freunde. Von der Freundschaft mit Gott, Gießen 1997.
Kurz, Rüdiger: Kirche bei den Menschen. Eine Kirchengemeinde auf dem Weg ins 21. Jahrhundert, Asslar 2000
Lohfink, Gerhard: Braucht Gott die Kirche?, Freiburg 1998
Lohfink, Gerhard: Wie hat Jesus Gemeinde gewollt?, Freiburg 1982
Luther, Martin: zitiert nach: »Luther Deutsch«, 10-bändige Ausgabe (Hrsg. *Kurt Aland*)
Moltmann, Jürgen: Der gekreuzigte Gott, München 1972
Ortberg, John: Das Leben, nach dem du dich sehnst, Asslar 1998
Ortberg, John: Die Liebe, nach der du dich sehnst, Asslar 2000
Parkinson, C. Northcote: Parkinsons neues Gesetz, Hamburg 1998
Peters, Tom: Das Tom-Peters-Seminar. Management in chaotischen Zeiten, Frankfurt am Main / New York 1995
Peters, Tom / Waterman, Robert H.: Auf der Suche nach Spitzenleistungen. Was man von den bestgeführten US-Unternehmen lernen kann, München 1982
Pompe, Hans-Hermann: Der erste Atem der Kirche. Urchristliche Hausgemeinden – Herausforderung für die Zukunft, Neukirchen-Vluyn 1996
Rieg, Timo: Mehr Kirche, Bochum 1998
Ruttmann, Hermann (Hrsg.): Für eine Evangelische Kirche in Deutschland!: Zur Auflösung der 24 Landeskirchen, Möckmühl 1998
Scheunemann, Kai: Kirche für Distanzierte. Das Erfolgsgeheimnis der Willow Creek-Gemeinde, Wiesbaden 1995
Schwarz, Christian: Die dritte Reformation. Paradigmenwechsel in der Kirche, Emmelsbüll 1993
Schwarz, Christian: Die natürliche Gemeindeentwicklung, Emmelsbüll 1996
Sheely, Steve: Was Gruppenleiter wissen müssen, Gießen/Basel 1996
Simson, Wolfgang: Häuser, die die Welt verändern, Emmelsbüll 1999
Simson, Wolfgang: Abschied von Herrn und Frau »Alle«, in: Gemeindewachstum Heft 53 (2/93), Seite 13f.
Vogt, Fabian: Der Liedtext »Ekklesia« entstammt der CD »Die Pfaffen rasen durch den Wald« von Duo Camillo, Asslar 2000 (Rechte beim Autor)
Vogt, Fabian / Bittlinger, Clemens: Die Sehnsucht leben. Gottesdienst – neu entdeckt, München 1999
Vogt, Fabian / Birschel, Hermann / Seemann, Johannes: Sie sind gefragt! Wie Gemeinden mit Menschen ins Gespräch kommen, Asslar 1999
Warner, Rob: Kirche im 21. Jahrhundert, Asslar 1999
Warren, Rick: Kirche mit Vision, Asslar 1998

Die Bibelzitate folgen, wenn nicht anders gekennzeichnet, der Lutherrevision von 1984. Die Zitate wurden von mir jedoch in die neue Rechtschreibung übertragen.
Die andere Bibelübersetzung, die ich verwende, ist die »Hoffnung für alle« aus dem Brunnen-Verlag Basel/Gießen 1998(3).

Die Deutsche Bibliothek – CIP-Einheitsaufnahme
Ein Titeldatensatz für diese Publikation ist bei
Der Deutschen Bibliothek erhältlich

1 2 3 4 5   05 04 03 02 01

© Kreuz Verlag GmbH & Co. KG Stuttgart 2001
Ein Unternehmen der Dornier Medienholding GmbH
Postfach 80 06 69, 70506 Stuttgart, Tel. 0711-78 80 30
Sie erreichen uns rund um die Uhr unter www.kreuzverlag.de
Umschlaggestaltung: Atelier Reichert, Stuttgart
Umschlagfoto: Fensterfüllungen im Kreuzgang des Christus-Pavillons der
EXPO 2000 in Hannover; Foto: Heiner Leiska/Agentur Artur, Köln
Satz: Rund ums Buch – Rudi Kern, Kirchheim/Teck
Druck und Bindung: GGP Media, Pößneck
Die Schreibweise entspricht den Regeln der neuen Rechtschreibung.
ISBN 3 7831 1833 6

Wachsender Glaube

320 Seiten
Paperback
Bestell-Nr.
1649

Klaus Douglass zeigt, wie lebendiger Glaube wachsen kann. Glaube, der durchs Leben trägt und im besten Sinne ansteckend ist. Theologisch fundiert und in frischer Sprache geschrieben!

KREUZ: Was Menschen bewegt.
www.kreuzverlag.de

...wirklich neu und lesenswert!

576 Seiten
Hardcover
Bestell-Nr.
1795

Lang ersehnt: Hier kommt die neue Übertragung des Neuen Testaments von Jörg Zink in preiswerter Ausgabe. Ein genialer Einführungstext von Jörg Zink fasst außerdem die 12 wichtigsten Glaubensaussagen des Alten Testaments zusammen. Die Ausgabe enthält auch die üblichen Versangaben sowie ein Inhaltsverzeichnis.

KREUZ: Was Menschen bewegt.
www.kreuzverlag.de